해설집이 수록된
텝스 영역별 실전 모의고사

텝스 **청해**
기출분석
실전**8**회

How to TEPS 텝스 청해 기출 분석 실전 8회

지은이 넥서스 TEPS연구소
펴낸이 안용백
펴낸곳 (주)넥서스

초판 1쇄 발행 2010년 6월 30일
초판 6쇄 발행 2014년 2월 15일

2판 1쇄 발행 2016년 1월 20일
2판 2쇄 발행 2016년 1월 25일

출판신고 1992년 4월 3일 제311-2002-2호
04044 서울특별시 마포구 양화로 8길 24
Tel (02)330-5500 Fax (02)330-5555

ISBN 979-11-5752-644-4   13740
       979-11-5752-643-7   13740 (SET)

본 책은 〈How to TEPS 시험 직전 리얼 청해〉의 개정판입니다.

www.nexusbook.com

How to TEPS

해설집이 수록된
텝스 영역별 실전 모의고사

텝스 청해
기출분석
실전8회

텝스 고득점을 보장하는 영역별 모의고사

양준희 지음

넥서스

PREFACE

영어 능력 검정 시험으로 그 타당성과 변별력을 인정받은 TEPS가 도입된 지도 오래되었습니다. TEPS 교재 선택폭도 넓어졌고 시험 또한 활성화됐지만 TEPS 유형을 제대로 반영한 문제를 경험하고자 하는 수험생들의 요구 사항을 충분히 반영한 책은 아직도 드문 것 같습니다. 이러한 수험생들의 목마른 니즈를 충족시키고자 본서를 개발해 청해-문법-어휘-독해 각 영역별로 풀어 볼 수 있는 모의고사를 내놓기로 했습니다. 특히 독해편은 학교 및 학원, 또는 스스로 시험을 준비하는 전국의 TEPS 수험생에게 더없이 좋은 교재가 될 줄로 믿습니다.

이 책은 Pretest 1회분과 Actual Test 8회분으로 총 500문항을 싣고 있으며 문제 완성도 면에 있어서도 기출 문제에 손색없을 정도입니다. TEPS 기본서로 공부를 끝낸 수험생들이 실전 감각을 익히기에 충분한 양이며 순수한 청해 실력 향상을 위해서도 적합한 교재입니다. 먼저 Pretest 를 통해 자신의 실력을 가늠해 보고 MP3를 들으며 스스로 TEPS 시험 환경을 조성해 Actual Test 1회분씩 테스트해 본 후 녹음 대본을 꼼꼼히 체크해 본다면 더없이 청해가 쉬운 영역이 될 것입니다.

TEPS 시험이 고득점 획득이 쉽지 않고, 특히 청해 영역은 한국인이 가장 힘들어하는 부분입니다. 하지만 역으로 TEPS 청해만 잘하면 전체 점수를 올리기는 그만큼 쉽다는 뜻이기도 합니다. 단, 시중의 다른 시험과 달리 단기간의 점수 향상을 위한 얕은 학습 방법이나 비법은 통하지 않고 열심히 듣고 따라 읽으며 암기해야 조금씩 결실을 맺을 수 있는 쉽지 않은 시험입니다. 그러므로 제대로 된 교재 선택이야말로 학습 효과 극대화를 위한 첫걸음임을 잘 알고 있을 겁니다. 수험생 여러분의 시간을 아껴 효율적으로 원하는 목표를 달성할 수 있도록 넥서스 TEPS연구소 의 모든 know-how를 담았습니다.

이 책을 통해 지금까지 학습한 것을 꼼꼼하게 점검하여 원하는 목표에 도달하길 바랍니다.

넥서스 TEPS연구소

CONTENTS

정답 및 해설

TEPS Q & A

1

TEPS란?

❶ Test of English Proficiency developed by Seoul National University의 약자로 서울대학교 언어교육원에서 개발하고, TEPS관리위원회에서 주관하는 국가공인 영어시험

❷ 1999년 1월 처음 시행 이후 연 12~16회 실시

❸ 정부기관 및 기업의 직원 채용, 인사고과, 해외 파견 근무자 선발과 더불어 대학과 특목고 입학 및 졸업 자격 요건, 국가고시 및 자격 시험의 영어 대체 시험으로 활용

❹ 100여 명의 국내외 유수 대학의 최고 수준 영어 전문가들이 출제하고, 언어 테스팅 분야의 세계적인 권위자인 Bachman 교수(미국 UCLA)와 Oller 교수(미국 뉴멕시코대)로부터 타당성을 검증받음

❺ 말하기 – 쓰기 시험인 TEPS Speaking & Writing도 별도 실시 중이며, 2009년 10월부터 이를 통합한 *i*-TEPS 실시

2

TEPS 시험 구성

영역	Part별 내용	문항수	시간/배점
청해 Listening Comprehension	Part I : 문장 하나를 듣고 이어질 대화 고르기	15	55분 400점
	Part II : 3문장의 대화를 듣고 이어질 대화 고르기	15	
	Part III : 6~8 문장의 대화를 듣고 질문에 해당하는 답 고르기	15	
	Part IV : 담화문의 내용을 듣고 질문에 해당하는 답 고르기	15	
문법 Grammar	Part I : 대화문의 빈칸에 적절한 표현 고르기	20	25분 100점
	Part II : 문장의 빈칸에 적절한 표현 고르기	20	
	Part III : 대화에서 어법상 틀리거나 어색한 부분 고르기	5	
	Part IV : 단문에서 문법상 틀리거나 어색한 부분 고르기	5	
어휘 Vocabulary	Part I : 대화문의 빈칸에 적절한 단어 고르기	25	15분 100점
	Part II : 단문의 빈칸에 적절한 단어 고르기	25	
독해 Reading Comprehension	Part I : 지문을 읽고 빈칸에 들어갈 내용 고르기	16	45분 400점
	Part II : 지문을 읽고 질문에 가장 적절한 내용 고르기	21	
	Part III : 지문을 읽고 문맥상 어색한 내용 고르기	3	
총계	13개 Parts	200	140분 990점

☆ **IRT** (Item Response Theory)에 의하여 최고점이 990점, 최저점이 10점으로 조정됨.

3

TEPS 시험 응시 정보

현장 접수
❶ www.teps.or.kr에서 인근 접수처 확인
❷ 준비물: 응시료 36,000원(현금만 가능), 증명사진 1매(3×4 cm)
❸ 접수처 방문: 해당 접수기간 평일 12시~5시

인터넷 접수
❶ 서울대학교 TEPS관리위원회 홈페이지 접속 www.teps.or.kr
❷ 준비물: 스캔한 사진 파일, 응시료 결제를 위한 신용 카드 및 은행 계좌
❸ 응시료: 36,000원(일반) / 18,000원(군인) / 39,000원(추가 접수)

4

TEPS 시험 당일 정보

❶ 고사장 입실 완료: 9시 30분(일요일) / 2시 30분(토요일)
❷ 준비물: 신분증, 컴퓨터용 사인펜, 수정테이프, 수험표, 시계
❸ 유효한 신분증
   성인: 주민등록증, 운전면허증, 여권, 공무원증, 현역간부 신분증, 군무원증, 주민등록증 발급 신청 확인서, 외국인 등록증
   초·중고생: 학생증, 여권, 청소년증, 주민등록증(발급 신청 확인서), TEPS 신분확인 증명서
❹ 시험 시간: 2시간 20분 (중간에 쉬는 시간 없음, 각 영역별 제한시간 엄수)
❺ 성적 확인: 약 2주 후 인터넷에서 조회 가능

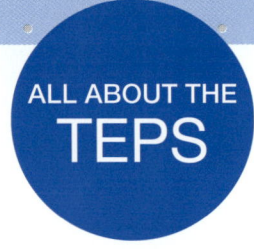
Listening Comprehension 60문항

• PART I

Choose the most appropriate response to the statement. (15문항)

문제유형 질의 응답 문제를 다루며 한 번만 들려주고, 내용은 일상의 구어체 표현으로 구성되어 있다.

> W   I wish my French were as good as yours.
> M   _____

(a) Yes, I'm going to visit France.   ✔ (b) Thanks, but I still have a lot to learn.
(c) I hope it works out that way.   (d) You can say that again.

번역 W 당신처럼 프랑스어를 잘하면 좋을 텐데요.
M _____

(a) 네, 프랑스를 방문할 예정이에요.   (b) 고마워요. 하지만 아직도 배울 게 많아요.
(c) 그렇게 잘 되기를 바라요.   (d) 당신 말이 맞아요.

• PART II

Choose the most appropriate response to complete the conversation. (15문항)

문제유형 두 사람이 A–B–A–B 순으로 대화하는 형식이며, 한 번만 들려준다.

> W   I wish I earned more money.
> M   You could change jobs.
> W   But I love the field I work in.
> M   _____

(a) I think it would be better.   ✔ (b) Ask for a raise then.
(c) You should have a choice in it.   (d) I'm not that interested in money.

번역 W 돈을 더 많이 벌면 좋을 텐데요.
M 직장을 바꾸지 그래요?
W 하지만 난 지금 일하고 있는 분야가 좋아요.
M _____

(a) 더 좋아질 거라고 생각해요.   (b) 그러면 급여를 올려 달라고 말해요.
(c) 그 안에서 선택권이 있어야 해요.   (d) 돈에 그렇게 관심이 있지는 않아요.

• PART III

Choose the option that best answers the question. (15문항)

문제유형 비교적 긴 대화문. 대화문과 질문은 두 번, 선택지는 한 번 들려준다.

> M Hello. You're new here, aren't you?
> W Yes, it's my second week. I'm Karen.
> M What department are you in?
> W Customer service, on the first floor.
> M I see. I'm in sales.
> W So, you'll be working on commission, then.
> M Yes. I like that, but it's very stressful sometimes.

Q: Which is correct according to the conversation?
(a) The man and woman work in the same department.
✔ (b) The woman works in the customer service department.
(c) The man thinks the woman's job is stressful.
(d) The woman likes working for commissions.

번역 M 안녕하세요. 새로 오신 분이시죠?
W 예, 여기 온 지 2주째예요. 전 캐런이에요.
M 어느 부서에서 근무하시나요?
W 1층 고객 지원부에서 일해요.
M 그렇군요. 전 영업부에서 일해요.
W 그러면 커미션제로 일하시는군요.
M 네. 좋기는 하지만 가끔은 스트레스를 많이 받아요.

Q: 대화에 따르면 옳은 것은?
(a) 남자와 여자는 같은 부서에서 일한다.
(b) 여자는 고객 지원부에서 일한다.
(c) 남자는 여자의 일이 스트레스가 많다고 생각한다.
(d) 여자는 커미션제로 일하는 것을 좋아한다.

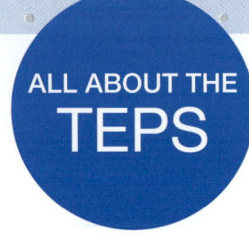

• PART IV

Choose the option that best answers the question. (15문항)

문제유형 담화문의 주제, 세부 사항, 사실 여부 및 이를 근거로 한 추론 등을 다룬다.

> Confucian tradition placed an emphasis on the values of the group over the individual. It also taught that workers should not question authority. This helped industrialization by creating a pliant populace willing to accept long hours and low wages and not question government policies. The lack of dissent helped to produce stable government and this was crucial for investment and industrialization in East Asian countries.

Q: What can be inferred from the lecture?
(a) Confucianism promoted higher education in East Asia.
(b) East Asian people accept poverty as a Confucian virtue.
✔ (c) Confucianism fostered industrialization in East Asia.
(d) East Asian countries are used to authoritarian rule.

번역 유교 전통은 개인보다 조직의 가치를 강조했습니다. 또한 노동자들에게 권위에 대해 의문을 제기하지 말라고 가르쳤습니다. 이것은 장시간 노동과 저임금을 기꺼이 감수하고 정부의 정책에 의문을 제기하지 않는 고분고분한 민중을 만들어 냄으로써 산업화에 도움이 되었습니다. 반대의 부재는 안정적인 정부를 만드는 데 도움이 되었고, 이는 동아시아 국가들에서 투자와 산업화에 결정적이었습니다.

Q: 강의로부터 유추할 수 있는 것은?
(a) 유교는 동아시아에서 고등교육을 장려했다.
(b) 동아시아 사람들은 유교의 미덕으로 가난을 받아들인다.
(c) 유교는 동아시아에서 산업화를 촉진했다.
(d) 동아시아 국가들은 독재주의 법칙에 익숙하다.

Grammar 50문항

• PART I

Choose the best answer for the blank. (20문항)

A, B 두 사람의 짧은 대화 중에 빈칸이 있다. 동사의 시제 및 수 일치, 문장의 어순 등이 주로 출제되며, 구어체 문법의 독특한 표현들을 숙지하고 있어야 한다.

> A   Should I just keep waiting ＿＿＿＿＿＿＿＿ me back?
>
> B   Well, just waiting doesn't get anything done, does it?

(a) for the editor write

✔ (b) until the editor writes

(c) till the editor writing

(d) that the editor writes

번역   A 편집자가 나한테 답장을 쓸 때까지 기다리고만 있어야 합니까?

B 글쎄요, 단지 기다리고 있다고 해서 무슨 일이 이루어지는 건 아니겠죠?

• PART II

Choose the best answer for the blank. (20문항)

문제유형   문어체 문장을 읽고 어법상 빈칸에 적절한 표현을 고르는 유형으로 세부적인 문법 자체에 대한 이해는 물론 구문에 대한 이해력도 테스트한다.

> All passengers should remain seated at ＿＿＿＿＿＿ times.

(a) any

(b) some

✔ (c) all

(d) each

번역   모든 승객들은 항상 앉아 있어야 합니다.

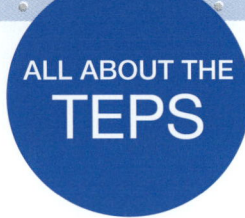

ALL ABOUT THE
TEPS

• PART III

Identify the option that contains an awkward expression or an error in grammar. (5문항)

문제유형   대화문에서 어법상 틀리거나 어색한 부분이 있는 문장을 고르는 문제로 구성되어 있다.

> (a)   A Where did you go on your honeymoon?
> (b)   B We flew to Bali, Indonesia.
> ✔ (c)   A Did you have good time?
> (d)   B Sure. It was a lot of fun.

번역   (a)   A 신혼여행은 어디로 가셨나요?

(b)   B 인도네시아 발리로 갔어요.

(c)   A 좋은 시간 보내셨어요?

(d)   B 물론이죠. 정말 재미있었어요.

• PART IV

Identify the option that contains an awkward expression or an error in grammar. (5문항)

문제유형 한 문단 속에 문법적으로 틀리거나 어색한 문장을 고르는 유형이다.

> (a) Morality is not the only reason for putting human rights on the West's foreign policy agenda. (b) Self-interest also plays a part in the process. (c) Political freedom tends to go hand in hand with economic freedom, which in turn tends to bring international trade and prosperity. (d) A world in which more countries respect basic human rights would be more peaceful place.

번역 (a) 서양의 외교정책 의제에 인권을 상정하는 유일한 이유가 도덕성은 아니다. (b) 자국의 이익 또한 그 과정에 일정 부분 관여한다. (c) 정치적 자유는 경제적 자유와 나란히 나아가는 경향이 있는데, 경제적 자유는 국제 무역과 번영을 가져오는 경향이 있다. (d) 더 많은 국가들이 기본적인 인권을 존중하는 세상은 더 평화로운 곳이 될 것이다.

Vocabulary 50문항

• PART I

Choose the best answer for the blank. (25문항)

문제유형 A, B 대화 빈칸에 가장 적절한 단어를 넣는 유형이다. 단어의 단편적인 의미보다는 문맥에서 어떻게 쓰였는지 아는 것이 중요하다.

> A Let's take a coffee break.
> B I wish I could, but I'm _____ in work.

✔ (a) up to my eyeballs   (b) green around the gills
(c) against the grain   (d) keeping my chin up

번역 A 잠깐 휴식 시간을 가집시다.
B 그러면 좋겠는데 일 때문에 꼼짝도 할 수가 없어요.

(a) ~에 몰두하여   (b) 안색이 나빠 보이는
(c) 뜻이 맞지 않는   (d) 기운 내는

• PART II

Choose the best answer for the blank. (25문항)

문제유형 문어체 문장의 빈칸에 가장 적절한 단어를 고르는 유형이다. 고난도 어휘의 독특한 용례를 따로 학습해 두어야 고득점이 가능하다.

> It takes a year for the earth to make one _____ around the sun.

(a) conversion   (b) circulation
(c) restoration   ✔ (d) revolution

번역 지구가 태양 주위를 한 번 공전하는 데 일 년이 걸린다.
(a) 전환   (b) 순환
(c) 복구   (d) 공전

Reading Comprehension 40문항

• PART I

Choose the option that best completes the passage. (16문항)

문제유형 지문의 논리적인 흐름을 파악하여 문맥상 빈칸에 가장 적절한 선택지를 고르는 문제이다.

> This product is a VCR-sized box that sits on or near a television and automatically records and stores television shows, sporting events and other TV programs, making them available for viewing later. This product lets users watch their favorite program _____ . It's TV-on-demand that actually works, and no monthly fees.

✔ (a) whenever they want to
(b) wherever they watch TV
(c) whenever they are on TV
(d) when the TV set is out of order

번역 이 제품은 텔레비전 옆에 놓인 VCR 크기의 상자로 TV 공연, 스포츠 이벤트 및 다른 TV 프로그램을 자동으로 녹화 저장하여 나중에 볼 수 있게 해준다. 이 제품은 사용자가 자신이 가장 좋아하는 프로그램을 원하는 시간 언제나 볼 수 있게 해준다. 이것은 실제로 작동하는 주문형 TV로 매달 내는 시청료도 없다.

(a) 원하는 시간 언제나
(b) TV를 보는 곳 어디든지
(c) TV에 나오는 언제나
(d) TV가 작동되지 않을 때

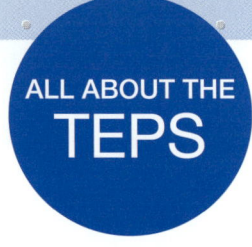

• PART II

Choose the option that best answers the question. (21문항)

문제유형 지문에 대한 이해를 측정하는 유형으로 주제 파악, 세부 내용 파악, 논리적 추론을 묻는 문제로 구성되어 있다.

> The pace of bank mergers is likely to accelerate. Recently Westbank has gained far more profit than it has lost through mergers, earning a record of $2.11 billion in 2003. Its shareholders have enjoyed an average gain of 28% a year over the past decade, beating the 18% annual return for the benchmark S & P stock index. However, when big banks get bigger, they have little interest in competing for those basic services many households prize. Consumers have to pay an average of 15% more a year, or $27.95, to maintain a regular checking account at a large bank instead of a smaller one.

Q: What is the main topic of the passage?
(a) Reasons for bank mergers
✔ (b) Effects of bank mergers
(c) The merits of big banks
(d) Increased profits of merged banks

번역 은행 합병 속도가 가속화될 전망이다. 최근 웨스트 뱅크가 2003년 21억 1천만 달러의 수익을 기록함으로써 합병으로 잃은 것보다 훨씬 더 많은 수익을 얻었다. 웨스트 뱅크 주주들은 지난 10년간 S & P 지수의 연간 수익률 18%를 웃도는 연평균 수익률 28%를 누려왔다. 하지만 규모가 더욱 커진 대형 은행들은 많은 가구가 중요하게 생각하는 기본 서비스에 대한 경쟁에는 별 관심을 두고 있지 않다. 소비자들은 작은 은행 대신 대형 은행의 보통 당좌예금 계정을 유지하기 위해 연평균 15% 이상, 즉 27달러 95센트를 지불해야 한다.

Q: 지문의 소재는?
(a) 은행 합병의 이유
(b) 은행 합병의 영향
(c) 대형 은행의 장점
(d) 합병된 은행들의 수익 증가

• PART III

Identify the option that does NOT belong. (3문항)

문제유형   한 문단에서 전체의 흐름상 어색한 내용을 고르는 유형이다.

> Communication with language is carried out through two basic human activities: speaking and listening. (a) These are of particular importance to psychologists, for they are mental activities that hold clues to the very nature of the human mind. (b) In speaking, people put ideas into words, talking about perceptions, feelings, and intentions they want other people to grasp. (c) In listening, people decode the sounds of words they hear to gain the intended meaning. (d) Language has stood at the center of human affairs throughout human history.

번역   언어로 이루어지는 의사소통은 두 가지 기본적인 인간 활동인 말하기와 듣기에 의해 수행된다. (a) 이 두 가지는 심리학자들에게 각별한 중요성을 지니는데, 이는 두 가지가 인간의 심성 본질 자체에 대한 단서를 쥐고 있는 정신적 활동이기 때문이다. (b) 말할 때 사람들은 다른 사람들이 이해하기를 원하는 지각과 감정, 의도 등을 말하면서 아이디어들을 단어로 표현한다. (c) 들을 때 사람들은 의도된 뜻을 간파하기 위해 들리는 단어의 소리를 해독한다. (d) 언어는 인류의 역사를 통틀어 인간 활동의 중심에 있어 왔다.

ACTUAL TEST

LISTENING COMPREHENSION

MP3 바로 듣기

DIRECTIONS

1. In the Listening Comprehension section, all content will be presented orally rather than in written form.

2. This section contains 4 parts. In parts I and II, each passage will be read only once. In parts III and IV, each passage and its corresponding question will be read twice. But in all sections, the options will be read only once. After listening to the passage and question, listen to the options and choose the best answer.

PRETEST

Part I **Questions 1—5**

You will now hear five conversation fragments, each made up of a single spoken statement followed by four spoken responses. Choose the most appropriate response to the statement.

---

1   (a)   (b)   (c)   (d)

2   (a)   (b)   (c)   (d)

3   (a)   (b)   (c)   (d)

4   (a)   (b)   (c)   (d)

5   (a)   (b)   (c)   (d)

Part II **Questions 6—10**

You will now hear five conversation fragments, each made up of three spoken statements followed by four spoken responses. Choose the most appropriate response to complete the conversation.

---

6   (a)   (b)   (c)   (d)

7   (a)   (b)   (c)   (d)

8   (a)   (b)   (c)   (d)

9   (a)   (b)   (c)   (d)

10   (a)   (b)   (c)   (d)

Part III **Questions 11—15**

You will now hear five complete conversations. For each item, you will hear a conversation and its corresponding question, both of which will be read twice. Then you will hear four options which will be read only once. Choose the option that best answers the question.

11	(a)	(b)	(c)	(d)
12	(a)	(b)	(c)	(d)
13	(a)	(b)	(c)	(d)
14	(a)	(b)	(c)	(d)
15	(a)	(b)	(c)	(d)

Part IV **Questions 16—20**

You will now hear five spoken monologues. For each item, you will hear a monologue and its corresponding question, both of which will be read twice. Then you will hear four options which will be read only once. Choose the option that best answers the question.

16	(a)	(b)	(c)	(d)
17	(a)	(b)	(c)	(d)
18	(a)	(b)	(c)	(d)
19	(a)	(b)	(c)	(d)
20	(a)	(b)	(c)	(d)

ACTUAL TEST 1

Part I Questions 1–15

You will now hear fifteen conversation fragments, each made up of a single spoken statement followed by four spoken responses. Choose the most appropriate response to the statement.

Part II Questions 16–30

You will now hear fifteen conversation fragments, each made up of three spoken statements followed by four spoken responses. Choose the most appropriate response to complete the conversation.

Part III **Questions 31—45**

You will now hear fifteen complete conversations. For each item, you will hear
a conversation and its corresponding question, both of which will be read
twice. Then you will hear four options which will be read only once. Choose the
option that best answers the question.

Part IV **Questions 46—60**

You will now hear fifteen spoken monologues. For each item, you will hear a
monologue and its corresponding question, both of which will be read twice.
Then you will hear four options which will be read only once. Choose the
option that best answers the question.

ACTUAL TEST 2

Part I **Questions 1—15**

You will now hear fifteen conversation fragments, each made up of a single spoken statement followed by four spoken responses. Choose the most appropriate response to the statement.

Part II **Questions 16—30**

You will now hear fifteen conversation fragments, each made up of three spoken statements followed by four spoken responses. Choose the most appropriate response to complete the conversation.

Part III   Questions 31—45

You will now hear fifteen complete conversations. For each item, you will hear a conversation and its corresponding question, both of which will be read twice. Then you will hear four options which will be read only once. Choose the option that best answers the question.

Part IV   Questions 46—60

You will now hear fifteen spoken monologues. For each item, you will hear a monologue and its corresponding question, both of which will be read twice. Then you will hear four options which will be read only once. Choose the option that best answers the question.

ACTUAL TEST 3

Part I **Questions 1—15**

You will now hear fifteen conversation fragments, each made up of a single spoken statement followed by four spoken responses. Choose the most appropriate response to the statement.

Part II **Questions 16—30**

You will now hear fifteen conversation fragments, each made up of three spoken statements followed by four spoken responses. Choose the most appropriate response to complete the conversation.

Part III **Questions 31—45**

You will now hear fifteen complete conversations. For each item, you will hear a conversation and its corresponding question, both of which will be read twice. Then you will hear four options which will be read only once. Choose the option that best answers the question.

Part IV **Questions 46—60**

You will now hear fifteen spoken monologues. For each item, you will hear a monologue and its corresponding question, both of which will be read twice. Then you will hear four options which will be read only once. Choose the option that best answers the question.

ACTUAL TEST 4

Part III **Questions 31—45**

You will now hear fifteen complete conversations. For each item, you will hear a conversation and its corresponding question, both of which will be read twice. Then you will hear four options which will be read only once. Choose the option that best answers the question.

Part IV **Questions 46—60**

You will now hear fifteen spoken monologues. For each item, you will hear a monologue and its corresponding question, both of which will be read twice. Then you will hear four options which will be read only once. Choose the option that best answers the question.

ACTUAL TEST 5

Part I Questions 1—15

You will now hear fifteen conversation fragments, each made up of a single spoken statement followed by four spoken responses. Choose the most appropriate response to the statement.

Part II Questions 16—30

You will now hear fifteen conversation fragments, each made up of three spoken statements followed by four spoken responses. Choose the most appropriate response to complete the conversation.

Part III   **Questions 31—45**

You will now hear fifteen complete conversations. For each item, you will hear a conversation and its corresponding question, both of which will be read twice. Then you will hear four options which will be read only once. Choose the option that best answers the question.

Part IV   **Questions 46—60**

You will now hear fifteen spoken monologues. For each item, you will hear a monologue and its corresponding question, both of which will be read twice. Then you will hear four options which will be read only once. Choose the option that best answers the question.

ACTUAL TEST 6

Part I **Questions 1—15**

You will now hear fifteen conversation fragments, each made up of a single spoken statement followed by four spoken responses. Choose the most appropriate response to the statement.

Part II **Questions 16—30**

You will now hear fifteen conversation fragments, each made up of three spoken statements followed by four spoken responses. Choose the most appropriate response to complete the conversation.

Part III **Questions 31—45**

You will now hear fifteen complete conversations. For each item, you will hear a conversation and its corresponding question, both of which will be read twice. Then you will hear four options which will be read only once. Choose the option that best answers the question.

Part IV **Questions 46—60**

You will now hear fifteen spoken monologues. For each item, you will hear a monologue and its corresponding question, both of which will be read twice. Then you will hear four options which will be read only once. Choose the option that best answers the question.

ACTUAL TEST 7

Part I **Questions 1—15**

You will now hear fifteen conversation fragments, each made up of a single spoken statement followed by four spoken responses. Choose the most appropriate response to the statement.

Part II **Questions 16—30**

You will now hear fifteen conversation fragments, each made up of three spoken statements followed by four spoken responses. Choose the most appropriate response to complete the conversation.

Part III **Questions 31—45**

You will now hear fifteen complete conversations. For each item, you will hear a conversation and its corresponding question, both of which will be read twice. Then you will hear four options which will be read only once. Choose the option that best answers the question.

Part IV **Questions 46—60**

You will now hear fifteen spoken monologues. For each item, you will hear a monologue and its corresponding question, both of which will be read twice. Then you will hear four options which will be read only once. Choose the option that best answers the question.

ACTUAL TEST 8

Part I Questions 1—15

You will now hear fifteen conversation fragments, each made up of a single spoken statement followed by four spoken responses. Choose the most appropriate response to the statement.

Part II Questions 16—30

You will now hear fifteen conversation fragments, each made up of three spoken statements followed by four spoken responses. Choose the most appropriate response to complete the conversation.

Part III Questions 31—45

You will now hear fifteen complete conversations. For each item, you will hear a conversation and its corresponding question, both of which will be read twice. Then you will hear four options which will be read only once. Choose the option that best answers the question.

Part IV Questions 46—60

You will now hear fifteen spoken monologues. For each item, you will hear a monologue and its corresponding question, both of which will be read twice. Then you will hear four options which will be read only once. Choose the option that best answers the question.

정답 및 해설

PART I	**1** (b)	**2** (a)	**3** (b)	**4** (d)	**5** (d)
PART II	**6** (b)	**7** (d)	**8** (c)	**9** (c)	**10** (c)
PART III	**11** (c)	**12** (b)	**13** (b)	**14** (c)	**15** (d)
PART IV	**16** (c)	**17** (a)	**18** (c)	**19** (b)	**20** (a)

PRETEST | **Part I**

1

W Mr. Riley is requesting a sit-down meeting.
M _____
(a) He and I go way back.
(b) I'll pencil him in for tomorrow.
(c) You can sit anywhere you like.
(d) I look forward to speaking with you.

번역 W 라일리 씨가 회의를 요청하십니다.
   M _____
   (a) 그와 난 알고 지낸 지 오래되었어요.
   ✔(b) 내일로 예정을 잡아두도록 하죠.
   (c) 어디든 원하는 곳에 앉아도 돼요.
   (d) 당신과 얘기하길 고대해요.

해설 sit-down meeting은 회의실에 모여 함께 토의하는 형태의 전형적인 회의를 의미한다. 회의를 요청한다는 말에 대해 내일로 일정을 잡아두도록 하겠다는 (b)가 적절한 응답이다.
   request 요청하다 **sit-down meeting** 회의 **go way back** 알고 지낸 지 오래다 **pencil in** 일단은 ~을 예정해 놓다 **look forward to** ~를 고대하다

2

M They say to expect a thousand more layoffs.
W _____
(a) The company's in real trouble.
(b) I can't believe they allowed you.
(c) More interviews are scheduled tomorrow.
(d) There are so many people in this industry.

번역 M 천 명을 더 해고할 거라고 하네요.
   W _____
   ✔(a) 회사가 정말 어려운 상황이군요.
   (b) 그들이 당신을 허락했다니 말도 안 돼요.
   (c) 내일 더 많은 면접이 예정되어 있어요.
   (d) 많은 사람들이 이 업계에 종사하고 있어요.

해설 layoff는 일반적인 해고인 fire와 달리 회사의 재정 상태가 어려워 시행하는 정리 해고를 뜻한다. 천 명 더 해고될 것이 예상된다는 말에 대한 응답으로 회사가 아주 어려운 상황이라는 (a)가 가장 적절하다.
   layoff 정리해고 **industry** 산업

3

W Hello, this is Cathy calling. Is Kevin in?
M _____
(a) We met just last week.
(b) No, he's already left for the day.
(c) Yes, I took the message to him.
(d) Please enter the extension at the beep.

번역 W 여보세요, 저 캐시예요. 케빈 있어요?
　　　M _____
　　　(a) 우린 지난주에 만났어요.
　　✔(b) 아니요, 그는 벌써 퇴근했어요.
　　　(c) 네, 그에게 메시지를 전했어요.
　　　(d) 삐 소리가 나면 내선 번호를 입력하세요.
해설 여자가 전화를 걸어 케빈을 찾고 있으므로 (b)가 적절한 응답이다.
　　　(d)는 회사에 전화했을 때 들을 수 있는 녹음된 안내 메시지이므로
　　　어색하다.
　　　leave for the day 퇴근하다　**extension** 내선 번호

4

W Do you know anyone who is looking for a
　　roommate to share the rent?
M _____
(a) Home sales are slow right now.
(b) Yes, he does look really familiar.
(c) Fred was my roommate in college.
(d) I guess you still haven't found a place.

번역 W 집세를 같이 낼 룸메이트 찾고 있는 사람 없을까?
　　　M _____
　　　(a) 주택 매매는 지금 저조해.
　　　(b) 응, 그 남자 아주 낯익은데.
　　　(c) 프레드는 대학 때 내 룸메이트였어.
　　✔(d) 너 아직 집을 구하지 못한 모양이구나.
해설 룸메이트가 필요한 사람을 찾고 있는 것으로 보아 여자가 집을 구
　　　하는 중이라는 걸 알 수 있으므로 (d)가 자연스러운 응답이다.
　　　share 나누다　**rent** 집세　**slow** 부진한, 경기가 나쁜　**familiar**
　　　익숙한　**place** 집, 사는 곳

5

W It seems like it hasn't stopped raining for weeks!
M _____
(a) I know. It was so pleasant just last week.
(b) Let me show you an umbrella.
(c) Look at that, you soaked it!
(d) That's March for you.

번역 W 몇 주 동안 비가 그치지 않는 것 같아요!
　　　M _____
　　　(a) 맞아요, 지난주에는 아주 좋았는데.
　　　(b) 우산을 하나 보여드릴게요.
　　　(c) 저것 봐요, 그걸 물에 담가버렸군요!
　　✔(d) 3월이 원래 그래.
해설 비가 몇 주 동안 계속 되고 있다는 말에 지난주엔 그렇지 않았다는
　　　(a)는 어색하다. 3월이 원래 그렇게 비가 계속 온다는 말로 응답하
　　　는 (d)가 가장 적절하다.
　　　pleasant (날씨가) 쾌적한, 좋은　**soak** 적시다, 물에 담그다
　　　That's ... for you. ~란 그런 것이다.

PRETEST　　　　　　　**Part II**

6

M My fingertips are killing me.
W They look really raw. What happened?
M I just started playing the guitar.
W _____
(a) You might want to practice more often.
(b) You should develop calluses soon.
(c) I hope you'll play me a song.
(d) For years and years, I bet.

번역 M 손가락 끝이 몹시 아파요.
　　　W 아주 따가울 것 같네요. 무슨 일이 있었어요?
　　　M 기타를 치기 시작했거든요.
　　　W _____
　　　(a) 더 자주 연습하고 싶을지도 몰라요.
　　✔(b) 곧 굳은살이 생기게 될 거예요.
　　　(c) 한 곡 연주해 주셨으면 해요.
　　　(d) 분명 오랫동안일 거예요.
해설 남자가 손가락 끝이 아픈 이유로 기타를 치기 시작했기 때문이라
　　　고 했으므로 (b)가 적절한 응답이다.
　　　fingertip 손가락 끝　**be killing me** 몹시 아프다　**raw** (피부가)
　　　벗겨진, 쓰라린　**callus** 굳은살, 못

7

M Any recommendations for lunch, Amy?

W No, I usually bring mine from home.

M I hear there are lots of great restaurants nearby.

W _____

(a) Sure, we could eat at my house.

(b) OK, I'll bring something back for you.

(c) I go to Andrew's Deli almost every day.

(d) Yeah, they're too pricey for me, though.

번역 M 점심으로 추천할 게 있니, 에이미?
　　 W 아니, 난 주로 점심을 집에서 싸와.
　　 M 근처에 좋은 음식점이 많다고 들었어.
　　 W _____
　　 (a) 물론이지, 우리 집에서 먹어도 돼.
　　 (b) 좋아, 너한테 뭘 좀 갖다 줄게.
　　 (c) 난 거의 매일 앤드류 델리에 가.
✔ (d) 그렇지만 너무 비싸.

해설 좋은 음식점이 많다고 하지만 너무 비싸다는 (d)가 가장 자연스러운 응답이다. 여자가 집에서 도시락을 싸가지고 온다고 했으므로 (c)는 어색하다.
　　 recommendation 추천　nearby 가까이에　pricey 값비싼

8

W David doesn't seem concerned about the recession.

M He should be. He has a lot to lose.

W He says whatever happens, happens.

M _____

(a) You can talk to my financial advisor.

(b) My philosophy is "take it as it comes."

(c) I don't care for that kind of nonchalance.

(d) We're probably not headed for a recession.

번역 W 데이비드는 불경기에 대해 걱정하는 것 같지 않아.
　　 M 걱정할 수밖에 없을 텐데. 그는 잃을 게 많거든.
　　 W 그냥 두고 보자는 식이야.
　　 M _____
　　 (a) 내 재무 상담가에게 얘기하면 될 거야.
　　 (b) 나의 철학은 있는 그대로 받아들이자는 거야.
✔ (c) 신경 안 쓰는 그런 태도는 마음에 안 드네.
　　 (d) 경기 침체가 되진 않을 것 같아.

해설 whatever happens, happens는 '그냥 두고 보자'는 뜻이므로 신경 안 쓰는 그런 태도는 별로라는 (c)가 적절한 응답이다.
　　 be concerned about ~을 걱정하다　recession 불경기
　　 financial 재정적인　philosophy 철학　care for ~을 좋아하
　　 다　nonchalance 태연

9

W Shall we invite Mr. Park to dinner?

M I'd prefer not, if that's OK.

W Oh, you don't like him?

M _____

(a) He told some pretty entertaining stories at dinner.

(b) No, I'm not sure what his dining preferences are.

(c) He snubbed me at the company party last month.

(d) I think that would be a great idea. Let's do it.

번역 W 박 선생님을 저녁 식사에 초대할까?
　　 M 괜찮다면 초대 안 했으면 좋겠는데.
　　 W 아, 그분을 좋아하지 않니?
　　 M _____
　　 (a) 그가 저녁 식사 중에 아주 재미있는 얘기를 했어.
　　 (b) 아니, 그가 식사로 어떤 것을 좋아하는지 잘 모르겠어.
✔ (c) 지난달 회사 파티에서 날 무시했어.
　　 (d) 그거 좋은 생각인 것 같아. 그렇게 하자.

해설 초대하지 않기를 원하는 이유로 과거에 있었던 일을 언급한 (c)가 가장 자연스러운 응답이다.
　　 prefer 선호하다　entertaining 재미있는　snub 냉대하다

10

M Have you seen "A Warming Planet" yet?

W Is that the controversial documentary?

M Yes, it's about climate change.

W _____

(a) Sorry, I've never heard of it.

(b) I haven't read an opinion yet.

(c) I'm worried it'll be too depressing.

(d) No, I didn't watch the news last night.

번역 M 〈지구 온난화〉 봤니?
　　 W 그거 논란이 많은 다큐멘터리지?
　　 M 응, 기후 변화에 관한 거야.
　　 W _____
　　 (a) 미안해, 들어본 적이 없어.
　　 (b) 아직 의견을 못 읽었어.
✔ (c) 내용이 너무 우울할까 봐 걱정이야.
　　 (d) 아니, 어젯밤에 뉴스를 못 봤어.

해설 논란이 되는 기후 변화 다큐멘터리를 봤느냐는 남자의 질문에 대해 '봤다/ 못 봤다'는 직접적인 응답 대신 내용이 걱정된다는 (c)가 적절한 응답이다.
　　 controversial 논란이 많은　documentary 다큐멘터리
　　 climate change 기후 변화　depressing 우울하게 만드는

11

M Can you believe the bus fare hike?

W Well, the company needs more money to keep operating.

M But an increase from a dollar twenty-five to two-fifty? That's excessive.

W You're right. Many people won't be able to afford the ride.

M I know I'll be using the system less.

Q What is the conversation mainly about?

(a) A change in the price of gasoline.

(b) An economic problem facing the city.

(c) An increase in the cost of public transport.

(d) A proposal to expand the public bus system.

번역 M 버스비가 대폭 오른 게 말이 되니?
　　 W 회사를 계속 운영하는 데 돈이 더 든대.
　　 M 하지만 1달러 25센트에서 2달러 50센트로 인상한다고? 너무 심해.
　　 W 맞아. 탈 형편이 안 되는 사람들이 많을 거야.
　　 M 난 잘 안 탈 거야.
　　 Q 대화의 주된 내용은?
　　 (a) 휘발유 가격 변화.
　　 (b) 도시가 직면한 경제적 문제.
　　 ✔(c) 대중 교통비 인상.
　　 (d) 공공 버스 제도 확대 제안.

해설 남자와 여자는 버스 요금 인상의 이유, 인상 폭, 그에 대한 의견 등을 얘기하고 있으므로 (c)가 정답이다.
　　 hike 대폭 인상 **operate** 운영하다 **increase** 증가 **excessive** 과도한 **ride** 탑승 **gasoline** 가솔린, 휘발유 **face** 직면하다 **public transport** 대중 교통 **expand** 확대하다

12

W What interest rate are you currently offering?

M Today's rate is at a fixed 6.25% for a 30-year loan.

W Do you have any adjustable-rate options?

M No, we no longer offer adjustable rates.

W OK, what about the rate on a 15-year loan?

M Let's see, that would save you half a percent. It's at 5.75 today.

Q What is the woman mainly doing in the conversation?

(a) Opening a savings account at a bank.

(b) Inquiring about different bank loan options.

(c) Discussing the schedule for paying back her loan.

(d) Asking about the disadvantages of an adjustable-rate loan.

번역 W 현재 제공하고 있는 이자율이 어떻게 되죠?
　　 M 오늘은 30년 대출에 6.25퍼센트 고정 금리입니다.
　　 W 변동 금리를 선택할 수는 없나요?
　　 M 네, 변동 금리는 더 이상 제공해 드리지 않습니다.
　　 W 알겠어요, 15년 대출 이자율은요?
　　 M 음, 그건 0.5퍼센트가 줄어드는군요. 오늘은 5.75입니다.
　　 Q 여자가 주로 하고 있는 것은?
　　 (a) 은행에서 예금 계좌 개설하기.
　　 ✔(b) 은행의 여러 대출 선택 사항에 대해 문의하기.
　　 (c) 대출을 갚기 위한 계획 상의하기.
　　 (d) 변동 금리 대출의 불리한 점에 대해 묻기.

해설 대출에 관한 대화로 여자가 상품별 금리를 물어보고 있다. 30년 대출, 15년 대출이 언급된 것으로 보아 (b)가 정답이다.
　　 interest rate 이자율 **currently** 현재 **offer** 제공하다 **fixed** 고정된 **loan** 대출 **adjustable-rate** 변동 금리의 **option** 선택 사항 **savings account** 예금 계좌 **inquire** 문의하다 **disadvantage** 불리한 점

13

M Can I see your new smart phone, Vanessa?

W Unfortunately, it's not with me right now.

M Really? Did you leave it at home or something?

W No. I somehow lost my purse while I was shopping last weekend. The phone was in it.

M Oh no! That's terrible!

W Well, lucky for me, someone found it. They're bringing it by this afternoon.

Q Which is correct according to the conversation?

(a) The woman is shopping for a new phone.

(b) The woman misplaced her purse recently.

(c) The man found the woman's smart phone.

(d) The man left something important at home.

번역 M 바네사, 네 새 스마트 폰 좀 보여 줄래?
　　　W 아쉽게도 지금 없어.
　　　M 그래? 집에 두고 오기라도 한 거야?
　　　W 아니. 지난 주말에 쇼핑을 하다가 핸드백을 잃어버렸는데. 휴대폰이 그 안에 있었지.
　　　M 저런! 큰일이네.
　　　W 다행히 누가 찾아주었어. 오늘 오후에 갖다줄 거야.
　　　Q 대화에 따르면 옳은 것은?
　　　(a) 여자는 새로운 휴대폰을 살 것이다.
　　✔(b) 여자는 최근에 핸드백을 잃어버렸다.
　　　(c) 남자는 여자의 스마트 폰을 찾았다.
　　　(d) 남자는 집에 중요한 것을 두고 왔다.

해설 바네사는 휴대폰을 핸드백 속에 넣어둔 채 지난 주말에 쇼핑을 하던 중에 핸드백을 잃어버렸고 누군가 찾아서 오늘 오후에 가져다주기로 했다는 내용이므로 정답은 (b)이다.
smart phone 스마트 폰 purse 핸드백, 지갑 misplace 잘못 두어 잃어버리다

14

W Tom, I wanted to give you this as a thank you for helping me move.

M A painting? Wow! It looks amazing. Is it one of yours?

W Yes. I've been working on it off and on for a couple months.

M I can't believe how realistic it looks. It's like a photograph.

W Thanks. I painted mountains because I know how you like them.

M I love it.

Q Which is correct about the painting according to the conversation?

(a) It is a present for the man's new house.

(b) It was painted by the woman's friend.

(c) It took two months to complete.

(d) It shows a landscape of fields.

번역 W 톰, 이사 도와줘서 고맙다는 뜻으로 이걸 주고 싶었어.
　　　M 그림이야? 왜! 멋져 보인다. 이것도 네 작품이야?
　　　W 응. 하다 말다 작업해서 두 달 정도가 걸렸어.
　　　M 놀랍게도 실제처럼 보이는데. 사진 같아.
　　　W 고마워. 네가 산을 좋아해서 산을 그린 거야.
　　　M 마음에 들어.
　　　Q 그림에 관해 옳은 것은?
　　　(a) 남자의 새집을 위한 선물이다.
　　　(b) 여자의 친구가 그린 것이다.
　　✔(c) 완성하는 데 두 달이 걸렸다.
　　　(d) 들판의 경치를 보여준다.

해설 이사하는 걸 도와준 것에 감사하여 여자가 자신이 그린 그림을 남자에게 선물한 것이다. 시간 나는 대로 그려서 완성하기까지 두 달 정도 걸렸고, 산의 경치를 그린 그림이므로 정답은 (c)이다. 이사를 한 사람은 여자이므로 (a)는 오답이다.
work on 작업하다 off and on 불규칙하게 realistic 사실적인 complete 완성하다 landscape 경치 field 들판

15

M Hi, I'm checking in for flight 519.

W OK, and how many pieces of luggage are you checking in?

M Just this one here.

W Oh, it looks like it's over the weight limit by a couple of pounds.

M What does that mean?

W We charge a $50 fee for overweight bags.

M You're kidding me. Good thing I've got extra room in my carry-on.

Q What can be inferred from the conversation?

(a) The woman will waive the bag fee.

(b) The man will book a different flight.

(c) The woman will collect the bag fee in cash.

(d) The man will repack his bags before checking in.

번역 M 안녕하세요, 519항공편 탑승 수속하려고 해요.

W 알겠습니다, 짐을 몇 개 부치실 건가요?

M 여기 이거 한 개요.

W 아, 몇 파운드가량 중량 제한을 넘은 것 같군요.

M 무슨 말이죠?

W 중량 초과된 짐에 대해 50달러 요금이 청구됩니다.

M 말도 안 되는군요. 기내 휴대용 짐에 여유 공간이 있어서 다행이지만요.

Q 대화에서 유추할 수 있는 것은?

(a) 여자는 수하물 요금을 면제해줄 것이다.

(b) 남자는 다른 항공편을 예약할 것이다.

(c) 여자는 수하물 요금을 현금으로 받을 것이다.

✔(d) 남자는 탑승 수속을 하기 전에 가방을 다시 쌀 것이다.

해설 초과분에 대해 50달러가 든다는 말을 듣고 남자는 어이없어 하지만 휴대용 짐에 여유 공간이 있다고 했다. 따라서 초과되는 짐을 꺼내어 휴대용 가방에 넣을 것이라는 걸 유추할 수 있으므로 가방을 다시 쌀 것이라는 (d)가 정답이다.

check in 탑승 수속을 하다 **luggage** 짐 **weight limit** 중량 제한 **charge** 청구하다 **waive** (규칙 등을) 적용하지 않다 **repack** 다시 꾸리다

16

Home repair can be a daunting task, but if you utilize the resources available to you, there's practically no project you can't take on yourself. First, visit your local library and peruse the texts in the home improvement section. Also, ascertain whether any do-it-yourself classes are being offered in your area. Dedicate a month or two to study, and afterwards you'll have the confidence you need to fix your place up.

Q What is the main topic of the talk?

(a) Advantages of undertaking home repair projects on your own.

(b) A comparison between independent and classroom study.

(c) Methods for acquiring home maintenance skills.

(d) A recently added section at a local library.

번역 집 수리는 힘든 일이 될 수 있지만, 이용할 수 있는 자원들을 활용한다면 스스로 할 수 없는 일은 실제로 없습니다. 우선, 가까운 도서관을 찾아가서 주택 개조 분야의 책들을 잘 읽어보세요. 또한 주변에 DIY 강좌가 있는지 확인해 보세요. 한두 달을 연구하는 데 보내고 나면 집을 수리하는 데 필요한 자신감을 얻게 될 것입니다.

Q 담화의 주제는?

(a) 스스로 주택 수리 작업을 하는 이점.

(b) 독학과 강의 학습의 비교.

✔(c) 주택 관리 기술을 얻는 방법.

(d) 지역 도서관에 최근 추가된 분야.

해설 집 수리가 어려운 일이지만 도서관에서 자료를 보고 연구하고 지역 강좌 듣기 등을 통해 혼자서도 할 수 있다고 제안하므로 (c)의 주택 관리 유지 기술을 얻는 방법이 정답이다. 장점에 대해서는 언급되지 않았으므로 (a)는 오답이다.

daunting 힘든 **utilize** 활용하다 **resource** 자원 **peruse** 정독하다 **home improvement** 주택 개조 **ascertain** 확인하다 **do-it-yourself** (조립 등을) 스스로 하는(DIY) **dedicate** (시간이나 노력을) 바치다. 헌신하다 **confidence** 자신감 **place** 집 **undertake** 떠맡다. 수행하다 **comparison** 비교 **independent** 독립적인 **acquire** 얻다 **maintenance** 관리. 유지

17

Insomnia is defined as a difficulty in falling or remaining asleep that is unrelated to environmental conditions. While often regarded as a single phenomenon, there are multiple shades of insomnia distinguished by the duration of the disorder. Transient insomnia, for instance, plagues patients for periods of days or weeks. Acute insomnia lasts longer, from three to six months, and chronic insomnia is measured in years. Each affects the body in different ways and is brought on by different causes.

Q What is the main idea about insomnia in the lecture?
(a) Not all patients experience it in the same way.
(b) Most sufferers experience it in short durations.
(c) It is untreatable once it reaches the chronic stage.
(d) It can last anywhere from a single day to multiple years.

번역 불면증은 주변 조건과 무관하게 잠이 들거나 계속 잠을 자는 데 있어서 장애라고 정의됩니다. 일반적으로 독립적인 현상이라고 생각되지만 장애의 지속 기간에 따라 미묘하게 다른 불면증과 구별됩니다. 예를 들어, 일시적인 불면증은 며칠이나 몇 주의 기간 동안 환자를 괴롭힙니다. 극심한 불면증은 더 오래, 세 달에서 여섯 달까지 지속되고, 만성적인 불면증은 몇 년까지 측정됩니다. 각각 다른 방식으로 인체에 영향을 주고 다른 원인에 의해 발병됩니다.

Q 불면증에 관한 요지는?
✔(a) 모든 환자가 같은 방식으로 경험하는 것은 아니다.
(b) 대부분의 환자들은 짧은 기간 동안 경험한다.
(c) 만성적인 단계에 이르게 되면 치유할 수 없다.
(d) 하루에서 수년까지 지속될 수 있다.

해설 불면증에 관해 정의를 내린 후 장애의 지속 기간에 따라 차이가 나는 불면증을 설명하고 있는데, 세 가지 불면증을 소개하고 각기 다른 원인에 의해 생긴다고 설명하므로 (a)가 요지로 적절하다.
insomnia 불면증   define 정의하다   unrelated to ～와 무관한   phenomenon 현상   multiple 다수의   shade 미묘한 차이   transient 일시적인   plague 괴롭히다, 고통을 주다   acute 급성의   chronic 만성적인   bring on (질병 따위를) 야기하다   untreatable 치료 불가능한

18

Though the philosopher Plato lived in Athens during an era of democracy, he rejected this form of governance. Democratic leaders tended to rise to power by means of rhetoric and persuasion, but in Plato's view wisdom was the highest virtue so those who were wisest should be the ones in power. He even created a term for such a ruler— Philosopher King—and expanded on the idea in his most famous writing, *The Republic*.

Q Which is correct according to the lecture?
(a) Plato fought against government reform.
(b) Plato thought democracy was a virtue in any society.
(c) Plato believed leaders should demonstrate great wisdom.
(d) Plato neglected to clearly document his political thoughts.

번역 비록 철학자 플라톤이 민주주의 시대에 아테네에서 살고 있었지만 그는 이런 통치 형태를 거부했습니다. 민주주의 지도자들은 미사여구와 설득을 통해 권력을 잡는 경향이 있었지만, 플라톤의 견해에 따르면 지혜는 최고의 덕목이므로 가장 현명한 사람들이 권력층에 있는 사람들이어야 합니다. 그런 통치자에 대해 철학자 왕이라는 용어를 만들기까지 했고 그의 가장 유명한 글인 〈국가론〉에서 사상을 상세화했습니다.

Q 강의에 따르면 옳은 것은?
(a) 플라톤은 정부 개혁에 저항했다.
(b) 플라톤은 민주주의가 모든 사회에서 미덕이라고 생각했다.
✔(c) 플라톤은 지도자들이 훌륭한 지혜를 보여줘야 한다고 여겼다.
(d) 플라톤은 자신의 정치적인 사상을 정확히 기록하지 않았다.

해설 플라톤은 민주주의라는 통치 형태를 거부했는데 지혜가 최고의 덕목이며 지혜를 가진 철학자들이 통치자가 되어야 한다고 주장했기 때문에 (c)가 정답이다. 민주주의라는 정부의 형태를 거부한 것이지 정부의 개혁에 저항한 것이 아니므로 (a)는 오답이다.
philosopher 철학자   era 시대   democracy 민주주의   governance 통치   rhetoric 미사여구, 수사학   persuasion 설득   wisdom 지혜   virtue 미덕, 덕목   term 용어   expand 상세화하다

19

Plastic litter can be particularly destructive to the environment, and Waltham County is taking steps to contain it. Plastic shopping bags have been banned from area grocery stores, and restaurants are forbidden from issuing non-paper to-go containers. Additionally, dozens of plastic recycling stations have been set up around the county. Officials report that positive results are already being observed.

Q   Which is correct according to the news report?
(a) Plastic is hazardous to the health of people.
(b) Restaurant containers must be made of paper.
(c) County recycling stations have been dismantled.
(d) Plastic litter is increasing across Waltham County.

번역 플라스틱 쓰레기는 환경에 특히 해로울 수 있어서 월트햄 카운티는 그것을 방지하기 위한 조치를 취하고 있습니다. 비닐 봉지는 지역 식료품점에서 금지되었고 음식점에서 종이가 아닌 포장 용기를 지급하는 것이 금지되어 있습니다. 게다가, 수십 개의 플라스틱 재활용 처리장들이 카운티 곳곳에 설립되었습니다. 공무원들은 긍정적인 결과들이 이미 관찰되었다고 전합니다.

Q 뉴스 보도에 따르면 옳은 것은?
(a) 플라스틱은 사람의 건강에 위험한 것이다.
✔(b) 음식점 용기들은 종이로 만들어져야 한다.
(c) 카운티 재활용 처리장은 철거되었다.
(d) 플라스틱 쓰레기는 월트햄 카운티 곳곳에서 증가하고 있다.

해설 플라스틱 쓰레기가 환경에 해롭고 음식점에서는 종이가 아닌 포장 용기를 사용할 수 없다고 했다. 또 카운티에 여러 개의 재활용 처리장이 세워졌고 긍정적인 결과들이 나타나고 있다고 했으므로 옳은 것은 (b)뿐이다.
litter 쓰레기 **destructive** 해로운, 파괴적인 **take steps** 조치를 취하다 **contain** (좋지 않은 일을) 방지하다, 억제하다 **ban** 금지하다 **forbid** 금지하다 **issue** 지급하다, 발행하다 **to-go container** 포장 용기 **additionally** 게다가 **dozens of** 수십의 **station** 특정 서비스가 이루어지는 장소 **set up** 세우다 **positive** 긍정적인 **observe** 관찰하다 **hazardous** 위험한 **dismantle** 철거하다

20

The latest offering from Rene LaRisse, *How I Lived*, is sure to be a fan pleaser. LaRisse has always been hesitant to write about herself in her many bestselling psychological thrillers, but *How I Lived* finally delivers. The novel recounts LaRisse's early childhood in Montreal, Canada, her marriage to artist Jean Barteau, and her emergence as one of the great Western writers of the twenty-first century. And of course, it's all told in that unmistakable LaRisse style.

Q   What can be inferred from the talk?
(a) *How I Lived* tells of LaRisse's life.
(b) LaRisse has been a celebrity since childhood.
(c) LaRisse's recent death has spurred her popularity.
(d) *How I Lived* is LaRisse's first novel in several years.

번역 르네 라리쓰의 최신 작품인 〈내가 살아온 길〉은 분명 팬들이 좋아할 만한 것입니다. 라리쓰는 자신의 많은 베스트셀러인 심리 스릴러물에서 자신에 관해 쓰기를 항상 주저했지만 드디어 〈내가 살아온 길〉에서는 보답하고 있습니다. 소설은 라리쓰의 캐나다 몬트리올에서의 초기 유년기와 장 바르또와의 결혼, 21세기 위대한 서구 작가로 등장하게 된 점에 대해 이야기합니다. 그리고 물론 틀림없는 라리쓰의 방식으로 모두 써져 있습니다.

Q 담화에서 유추할 수 있는 것은?
✔(a) 〈내가 살아온 길〉은 라리쓰 자신의 이야기이다.
(b) 라리쓰는 유년기 이후로 유명 인사였다.
(c) 라리쓰는 최근 사망으로 더욱 유명세를 얻었다.
(d) 〈내가 살아온 길〉은 라리쓰의 근간 최초의 소설이다.

해설 라리쓰는 심리 스릴러물에서는 자신에 관해 쓰기를 주저해 왔으나 이번 작품에서는 자신의 유년기, 결혼, 작가로서의 등장에 관한 이야기를 썼다고 했으므로 (a)가 정답이다.
latest offering 최근 작품 **fan pleaser** 팬들이 좋아할 만한 것 **hesitant** 주저하는 **psychological** 심리적인 **thriller** 스릴러물 **deliver** (의견 따위를) 말하다, 발표하다 **recount** 이야기하다 **emergence** 출현 **unmistakable** 틀림없는 **celebrity** 유명 인사 **spur** 원동력이 되다

PART I	1 (d)	2 (a)	3 (d)	4 (b)	5 (b)	6 (a)	7 (c)	8 (c)	9 (d)	10 (b)
	11 (b)	12 (a)	13 (c)	14 (d)	15 (c)					
PART II	16 (b)	17 (d)	18 (c)	19 (b)	20 (a)	21 (d)	22 (d)	23 (c)	24 (a)	25 (b)
	26 (d)	27 (c)	28 (b)	29 (a)	30 (c)					
PART III	31 (b)	32 (a)	33 (a)	34 (c)	35 (d)	36 (d)	37 (b)	38 (c)	39 (c)	40 (b)
	41 (b)	42 (d)	43 (b)	44 (b)	45 (c)					
PART IV	46 (c)	47 (b)	48 (b)	49 (b)	50 (d)	51 (a)	52 (b)	53 (d)	54 (b)	55 (b)
	56 (c)	57 (c)	58 (b)	59 (a)	60 (a)					

ACTUAL TEST 1 **Part I**

1

M I'm definitely going to be hired for this job.

W _____

(a) Mr. Donaldson is in charge of hiring.
(b) An administrative assistant position.
(c) The applications are on your desk.
(d) You shouldn't get overconfident.

번역 M 난 이 직장에 틀림없이 취직이 될 거야.
　　　W _____
　　　(a) 도날드슨 씨가 고용을 담당하고 있어.
　　　(b) 행정 보조직이야.
　　　(c) 신청서는 네 책상 위에 있어.
　✔(d) 자만하지 마.

해설 definitely는 '분명히, 틀림없이'라는 말이므로 반드시 취직이 될 거라고 확신하는 말에 대해 너무 자만하지 말라고 충고하는 (d)가 적절한 응답이다.
　　　hire 고용하다 in charge of ~을 담당하는 administrative 행정의 assistant 보조 overconfident 자만하는

2

W Did you order a trench coat from Morgan Apparel?

M _____

(a) That's right, in gray and brown.
(b) I'd prefer to make it myself.
(c) Let me try it on quickly.
(d) I'll have her set it aside.

번역 W 모건 어패럴에서 트렌치 코트 주문했어요?
　　　M _____
　✔(a) 그렇습니다, 회색과 갈색으로요.
　　　(b) 제가 만드는 걸 더 좋아해요.
　　　(c) 빨리 입어보도록 할게요.
　　　(d) 그녀에게 따로 챙겨 두라고 할 거예요.

해설 특정 브랜드에서 트렌치 코트를 주문했는지 확인하는 질문에 대해 구체적인 색상을 언급하며 응답하는 (a)가 가장 적절하다.
　　　trench coat 트렌치 코트 apparel 의류 try on 입어보다 set aside 따로 두다

3

W Care to come to lunch with us, Justin?

M _____

(a) I'll ask him if he's available.

(b) Yes, I think he'd be interested.

(c) It was quite delicious, I thought.

(d) No thanks, I brought some leftovers.

번역 W 저스틴, 점심 같이 먹을래?

M _____

(a) 그가 시간이 되는지 물어볼게.

(b) 응, 그가 관심이 있을 것 같아.

(c) 아주 맛있었던 것 같아.

✔(d) 괜찮아, 먹다 남은 음식을 싸왔어.

해설 저스틴에게 직접 점심 식사를 제안했으므로 사양하면서 이유를 설명하는 (d)가 알맞은 응답이다. (a)는 '저스틴에게 점심 같이 먹자고 물어볼래?'라고 말했을 때 가능한 답변이다.

care to ~하고 싶다 **lunch** 점심을 먹다 **available** 시간이 되는 **delicious** 맛이 좋은 **leftover** (먹다 남은) 음식

5

W This algebraic equation has me stumped.

M _____

(a) But I have never been a big fan of math.

(b) Just take a break and try again fresh.

(c) It's true. I majored in algebra.

(d) I never equated it with that.

번역 W 이 대수 방정식 때문에 쩔쩔매고 있어.

M _____

(a) 하지만 난 한 번도 수학을 아주 좋아한 적은 없는데.

✔(b) 좀 쉬고 다시 새롭게 시작해.

(c) 맞아. 난 대수를 전공했어.

(d) 그것과 동일시한 적 없었어.

해설 수학 문제가 어려워서 힘들다는 말에 대해 (b)와 같은 충고가 가장 적절한 응답이다. (a)는 상대방의 문제점과 무관하므로 어색하다.

algebraic 대수의 **equation** 방정식 **stump** (어려운 문제 때문에) 쩔쩔매게 하다 **not a big fan of** ~을 별로 좋아하지 않는 **major in** ~을 전공하다 **equate** 동일시하다

4

M This singer is really out of tune.

W _____

(a) I bet she won the contest.

(b) Maybe, but I've heard much worse.

(c) You can adjust the tuning.

(d) I could sing you a song, if you'd like.

번역 M 이 가수는 정말 음이 안 맞아.

W _____

(a) 그녀가 경연대회에서 우승했던 게 분명해.

✔(b) 그럴지도 몰라, 하지만 더 심한 것도 들어봤어.

(c) 음 조율을 하면 돼.

(d) 원한다면 네게 노래를 불러줄 수 있어.

해설 가수가 음이 맞지 않는다는 남자의 말에 여자의 의견이 이어져야 하는 상황인데 일부 동의를 하면서 더 심한 것도 들어봤다는 (b)가 가장 적절한 응답이다.

out of tune 가락이 안 맞아; 조화가 되지 않는 **adjust the tuning** 음을 조율하다

6

W I'm picking up Sarah from the airport tonight.

M _____

(a) Oh, give her my regards.

(b) She always was a little late.

(c) Don't worry, I can pick you up.

(d) It's terrible your flight was canceled.

번역 W 오늘 밤 공항에 사라 데리러 갈 거야.

M _____

✔(a) 아, 그녀에게 안부 전해 줘.

(b) 그녀는 항상 조금 늦었어.

(c) 걱정 마, 널 태우러 갈게.

(d) 네 항공편이 취소되었다니 안됐다.

해설 사라를 만날 여자에게 안부를 전해 달라는 (a)가 적절한 응답이다. (b)는 공항으로 마중 가는 여자의 상황과 맞지 않다.

pick up 태우러 가다 **give someone one's regards** ~에게 안부를 전하다

7

M I'm so upset about losing the contract.

W _____

(a) At least the score was really close.
(b) The contract expires next month.
(c) Hey, I know you'll bounce back.
(d) You can give it to me instead.

번역 M 계약을 놓쳐서 너무 속상해.
　　　W _____
　　　(a) 적어도 점수는 아주 근접했어.
　　　(b) 계약은 다음 달에 끝나.
　✔(c) 너, 다시 회복할 거야.
　　　(d) 대신 나에게 그걸 주면 돼.

해설 계약을 놓쳐서 속상한 남자에게 위로의 말인 (c)가 가장 적절한 응답이다.
　　　lose the contract 계약을 놓치다　**expire** 만료되다　**bounce back** (좋지 않은 일에서) 회복하다　**instead** 대신에

8

W Have you seen Tim's collection of antique postage stamps?

M _____

(a) Yes, he just got hired as a mail carrier.
(b) It looks like he has too much postage on that.
(c) He seems to have a real passion for those things.
(d) I found an antique rocking chair at the store, too.

번역 W 팀이 옛날 우표 수집한 거 본 적 있니?
　　　M _____
　　　(a) 응, 그는 우편 배달부로 막 취직했어.
　　　(b) 그가 거기에 너무 많은 우표를 붙인 것 같아.
　✔(c) 그는 그런 일에 진정한 열정이 있는 것 같아.
　　　(d) 나도 상점에서 골동품 흔들의자를 봤어.

해설 collection은 모아 놓은 수집품을 가리키는 말이다. 팀의 옛날 우표 수집품을 보았냐는 질문에 대해 Yes/ No 대신에 수집한 것을 본 적이 있다는 내용을 간접적으로 묘사한 (c)가 가장 적절한 응답이다.
　　　antique 골동품인　**postage stamp** 우표　**mail carrier** 우편 배달부　**passion** 열정　**rocking chair** 흔들의자

9

M Keller Manufacturing, how may I direct your call?

W _____

(a) Great, I'll take the call in my office.
(b) Manufacturing numbers are down.
(c) No thanks, I'll call back later.
(d) The sales division, please.

번역 M 켈러 매뉴팩처링입니다, 어디로 연결해 드릴까요?
　　　W _____
　　　(a) 좋아요, 그 전화 내 사무실에서 받을게요.
　　　(b) 제조회사 전화가 불통이에요.
　　　(c) 괜찮아요, 나중에 다시 걸게요.
　✔(d) 영업국 부탁합니다.

해설 회사의 대표 번호로 전화를 걸었을 때 받게 되는 질문에 대해 원하는 부서를 말하는 (d)가 적절한 응답이다.
　　　manufacturing 제조업　**direct** 연결하다　**down** 작동이 되지 않는　**call back later** 나중에 다시 걸다　**division** 사업부, 국

10

M I'm so sorry I forgot to send you an invitation!

W _____

(a) I'd better send it to the P.O. Box address.
(b) It's OK, I can make it on short notice.
(c) I know. The party was great fun.
(d) I can mail it if you're too busy.

번역 M 초대장 보내는 걸 잊어서 정말 미안해!
　　　W _____
　　　(a) 사서함 주소로 보내는 게 낫겠어.
　✔(b) 괜찮아, 촉박하게 알려줘도 갈 수 있어.
　　　(c) 응. 파티는 아주 재미있었어.
　　　(d) 네가 많이 바쁘면 내가 보낼게.

해설 초대장 보내지 못한 것을 사과하는 상황이다. 촉박하게 알려줘도 갈 수 있으니 괜찮다는 (b)가 가장 적절하다. send you의 you를 빠뜨리고 들었다면 (d)를 답으로 잘못 이해하기 쉽다.
　　　invitation 초대장　**P.O. Box** 우편 사서함(Post-Office Box)　**make it** 시간에 맞춰 가다　**on short notice** 촉박하게 알리는

11

M Someone tracked mud onto your carpet.

W _____

(a) The rain should stop by this evening.
(b) That's definitely going to leave a stain.
(c) I hope you don't mind taking your shoes off.
(d) I need about 40 square feet of carpet, thanks.

번역 M 누군가 네 카펫에 진흙을 묻혔어.
　　　 W _____
　　　 (a) 비는 오늘 저녁이면 멈출 거야.
　　✔(b) 틀림없이 얼룩이 남을 것 같아.
　　　 (c) 신발을 벗어야 하는데 싫지 않았으면 좋겠다.
　　　 (d) 40평방 피트 정도 카펫이 필요해. 고마워.

해설 카펫 위에 진흙을 묻히고 지나갔다고 했으므로 얼룩이 남을 것 같다는 (b)가 응답으로 적절하다.
　　　 track mud 진흙을 묻힌 발자국을 남기다 onto ~위에 leave a stain 얼룩을 남기다 take off 벗다 square feet 평방 피트

12

W If you're so unhappy, why don't you change your major?

M _____

(a) I've been considering that move.
(b) The college of arts and sciences.
(c) Because I can't stand my current one.
(d) It's hard filling out college applications.

번역 W 그렇게 불만이라면 전공을 바꾸는 게 어때?
　　　 M _____
　　✔(a) 그렇게 할까 생각 중이야.
　　　 (b) 그 인문 과학 대학요.
　　　 (c) 지금 전공이 너무 싫어서 그래.
　　　 (d) 대학 입학 지원서 작성이 어려워.

해설 전공 변경을 권유하는 여자의 말에 고려 중이라고 말한 (a)가 적절한 응답이다. move는 결정이나 행동을 뜻하며 a wise move/ a good move/ the next move 등으로 쓴다.
　　　 major 전공 move 변경, 조처 college of arts and sciences 인문 과학 대학 current 현재의 fill out ~을 작성하다 application 지원(서)

13

M How long will you be visiting the country?

W _____

(a) It takes about 17 hours to get there.
(b) I'd love to see the ancient ruins.
(c) My return flight is on Monday.
(d) Here's my passport.

번역 M 그 나라에 얼마 동안 있을 거니?
　　　 W _____
　　　 (a) 거기 가는 데 약 17시간이 걸려.
　　　 (b) 고대 유적을 보는 거 좋아해.
　　✔(c) 돌아가는 항공편이 월요일에 있어.
　　　 (d) 여기 내 여권이야.

해설 얼마 동안 체류할 건지를 묻는 말에 돌아오는 비행기가 월요일에 있다는 말로 언제 떠나는지 알려주는 (c)가 적절한 응답이다.
　　　 ancient ruins 고대 유적 return flight 돌아오는 비행기 passport 여권

14

W Samuel, what happened to all of my books?

M _____

(a) Let me check the encyclopedia.
(b) College textbooks are so expensive.
(c) I really enjoyed reading all of them.
(d) I had to move them to polish the shelf.

번역 W 사무엘, 내 책들이 다 어떻게 된 거지?
　　　 M _____
　　　 (a) 백과사전을 찾아 볼게.
　　　 (b) 대학 교재들은 아주 비싸.
　　　 (c) 그거 다 정말 재미있게 읽었어.
　　✔(d) 책꽂이를 닦으려고 옮겨야 했어.

해설 What happened to...?는 '~에 무슨 일이 있었니, ~이 어떻게 된 거지?'라는 말이다. 문제가 되는 상황에 대해 묻는 것이므로 책꽂이를 닦으려고 책을 전부 옮겨야만 했다는 (d)가 적절하다. 책을 재미있게 읽었다는 (c)는 어색하다.
　　　 encyclopedia 백과사전 polish 닦다 shelf 책꽂이

15

W I'm going to take the bus downtown.

M _____

(a) OK, I'll go get my car.
(b) It's my first time in town in years.
(c) You'll be better off flagging a taxi.
(d) A left on Fifth Street, and a right on Main.

번역 W 버스 타고 시내 갈 거야.
　　　M _____
　　　(a) 알았어, 가서 내 차 가져올게.
　　　(b) 몇 년 만에 처음으로 시내에 가는 거야.
　　✔(c) 택시를 잡아타는 것이 더 나을 거야.
　　　(d) 5번가에서 왼쪽으로, 메인 가에서 오른쪽으로 돌아.

해설 버스를 타고 시내에 간다는 여자의 말에 다른 교통편을 제안하는 (c)가 적절한 응답이다. '택시를 잡다'는 표현으로 flag a taxi/ hail a taxi/ grab a taxi/ catch a taxi 등이 있다.
downtown 시내 **better off -ing** ~하는 게 낫다 **flag** (열차 따위에) 기로 신호하다; 택시 등을 손을 들어 세우다

17

M I can't eat avocados anymore.

W Why? Don't you like the taste?

M I love the taste, but they make my lips puff up.

W _____

(a) My lipstick is made with avocado oil.
(b) Let's pick up some more at the grocery store.
(c) I know. They're not as great as everyone says.
(d) You've probably developed an allergy to them.

번역 M 아보카도를 더 이상 못 먹겠어.
　　　W 왜? 맛이 좋지 않아?
　　　M 맛은 좋은데 입술이 부어오르게 만들어.
　　　W _____
　　　(a) 내 립스틱은 아보카도 오일로 만들어졌어.
　　　(b) 식료품점에서 좀 더 사자.
　　　(c) 맞아. 다들 말하는 것만큼 대단하지 않아.
　　✔(d) 아보카도 알레르기가 생긴 것 같구나.

해설 과일을 먹고 입술이 부어올랐으므로 (d)가 가장 적절한 응답이다.
puff up 부어오르다 **develop** 병이 생기다

ACTUAL TEST 1　　　Part II

16

W That construction noise is so loud.

M Why don't you just close your window?

W It gets too hot in here with it closed.

M _____

(a) I recommend Lee Brothers Contractors.
(b) Sounds like it's either one or the other.
(c) I'll send someone to fix the window.
(d) No, it's quite comfortable in here.

번역 W 저 공사 소음이 정말 시끄러워.
　　　M 창문을 그냥 닫는 게 어때?
　　　W 닫으면 여기가 너무 더워져.
　　　M _____
　　　(a) 리 브라더스 토건을 추천해.
　　✔(b) 양자택일의 상황인 것 같구나.
　　　(c) 창문 수리할 사람을 보낼게.
　　　(d) 아니, 여기는 상당히 편안해.

해설 소음 때문에 창문을 닫으면 너무 더워지니 둘 중 하나만을 선택해야 하는 상황이므로 (b)와 같은 응답이 어울린다.
construction 공사 **loud** 시끄러운 **recommend** 추천하다 **contractor** 도급업자, 토건업자 **either one or the other** 양자택일인

18

W Jim, any interest in going white water rafting?

M Definitely! What day are you going?

W We'll be leaving Friday afternoon. What do you say?

M _____

(a) Thanks, but that's too adventurous for me.
(b) Rafting is a great way to beat the heat.
(c) Rats! I have to work all day Friday.
(d) What an exciting trip we've had!

번역 W 짐, 급류 타기 하러 가는 데 관심 있어?
　　　M 물론이지! 언제 갈 건데?
　　　W 금요일 오후에 떠날 거야. 어때?
　　　M _____
　　　(a) 고맙지만, 그건 나에겐 너무 대담한 일이야.
　　　(b) 급류 타기는 더위를 견디는 좋은 방법이야.
　　✔(c) 이런! 금요일 하루 종일 일해야 하는데.
　　　(d) 정말 신나는 여행이었어!

해설 What do you say?는 앞에서 말한 것에 대해 어떻게 생각하는지 묻는 말이다. 같이 가자는 제안에 대해 금요일에 일해야 된다며 갈 수 없음을 표현한 (c)가 적절한 응답이다.
white water rafting 급류 타기 **beat** 누그러뜨리다 **rats** 제기랄

19

M I love the style of this hat.

W Yes, it's one of our most popular products.

M Do you have it in green? That's my favorite color.

W _____

(a) I prefer blue, to be honest.
(b) There might be one in the back.
(c) This other one would be warmer.
(d) Give yourself a look in the mirror.

번역 M 이 모자 스타일이 좋네요.
　　W 네, 저희 가장 인기 많은 제품 중 하나예요.
　　M 녹색으로 있어요? 제일 좋아하는 색이거든요.
　　W _____
　　(a) 솔직히 전 파랑이 더 좋아요.
　　✔(b) 뒤에 하나가 있을지도 몰라요.
　　(c) 이것이 더 따뜻할 거예요.
　　(d) 거울에 모습을 비춰보세요.

해설 스타일이 마음에 드는 모자의 다른 색상이 있는지 묻고 있으므로 재고 현황을 언급한 (b)가 가장 자연스럽다.
　　popular 인기 있는　**to be honest** 솔직히　**look in the mirror** 거울을 보다

20

M Hello, law offices of Derek Watts.

W Hi, may I speak with Mr. Watts, please?

M He's on the other line. Can you wait a moment?

W _____

(a) Sure, I'll hold.
(b) It's a legal matter.
(c) This is Mr. Watts.
(d) Yes, we spoke yesterday.

번역 M 여보세요, 데릭 와츠 법률 사무소입니다.
　　W 안녕하세요, 와츠 씨와 통화할 수 있을까요?
　　M 통화 중이세요. 잠시 기다리시겠어요?
　　W _____
　　✔(a) 물론이죠, 끊지 않고 있을게요.
　　(b) 그건 법률적인 문제군요.
　　(c) 제가 와츠입니다.
　　(d) 네, 우리는 어제 얘기했어요.

해설 He's on the other line은 '통화 중이다'라는 뜻으로 He is on another line/ His line is busy now/ He is on the phone 등의 비슷한 표현이 있다. 기다릴 수 있느냐는 질문에 끊지 않고 기다리겠다는 (a)가 적절하다.
　　law office 법률 사무소　**legal** 법적인

21

M Melissa, where have you been?

W I'm sorry, Steve. I got here as fast as I could.

M The meeting's half over. What happened?

W _____

(a) Nothing. Everything worked out great!
(b) I'll call you as soon as I arrive.
(c) The meeting's been postponed.
(d) I was stuck in rush hour traffic.

번역 M 멜리사, 어디 있었어?
　　W 미안해, 스티브. 최대한 빨리 온 거야.
　　M 회의의 반이 지났어. 무슨 일이 있었니?
　　W _____
　　(a) 아무 것도 없어. 모든 게 잘되었어!
　　(b) 도착하는 대로 전화 줄게.
　　(c) 회의는 연기되었어.
　　✔(d) 출퇴근 시간이라 차가 막혔어.

해설 회의의 반이 지나서야 도착한 사람에게 늦은 이유를 물었으므로 교통 상황 때문이라는 (d)가 가장 적절한 응답이다.
　　be over 끝나다　**work out** 해결하다　**postpone** 연기하다　**stuck in** ~에 갇힌　**rush hour** 출퇴근 시간

22

W Miguel, aren't you glad we hired Tom?

M His work so far has been very impressive.

W Yes, he's a real genius!

M _____

(a) Thanks, that's a flattering comment.
(b) That's what Miguel and Tom think.
(c) He has yet to impress me.
(d) I wouldn't go that far.

번역 W 미구엘, 톰이 입사하게 되어 기쁘지 않니?
　　M 그의 업무는 지금까지는 아주 좋았어.
　　W 응, 진짜 천재야!
　　M _____
　　(a) 고마워, 과찬의 말이야.
　　(b) 미구엘과 톰이 생각하는 게 그거야.
　　(c) 그는 날 감동시켜야 해.
　　✔(d) 그 정도는 아니야.

해설 신입 사원이 천재라는 여자의 생각에 대해 이견을 말하는 (d)가 적절한 응답이다. I wouldn't go that far는 '그 정도는 아니야'라는 뜻으로 여자의 말에 전적으로 동의하지 않음을 알 수 있다. (a)는 여자가 남자에 대해 칭찬했다면 할 수 있는 응답이다.
　　hire 고용하다　**impressive** 인상적인　**genius** 천재　**flattering comment** 과찬의 말씀

23

W What a game last night!

M Oh, did our team end up winning?

W You mean you didn't see the finish?

M _____

(a) Yes, see you at the game!

(b) I watched it at your house.

(c) No, I went to bed pretty early.

(d) I know, I'll finish it later today.

번역 W 지난밤 굉장한 경기였지!
　　 M 아, 결국 우리 팀이 이겼니?
　　 W 마지막을 못 봤다는 거니?
　　 M _____
　　 (a) 응, 경기할 때 봐!
　　 (b) 너네 집에서 봤잖아.
　　 ✔(c) 응. 아주 일찍 잤거든.
　　 (d) 그래, 오늘 늦게나 끝낼 거야.

해설 우리 팀이 이겼냐고 묻는 것은 경기를 못 봤다는 뜻이므로 경기를 못 본 것을 확인하는 질문에 대해 이유를 대는 (c)가 적절한 응답이다.
　　 What a+명사 ~이 정말[얼마나] **end up -ing** 마침내 ~되다 **pretty** 매우

24

M Where are you going for summer vacation, Tabitha?

W My family's booked a suite at Palm Tree Resort.

M Oh, it's known for its spa treatments, isn't it?

W _____

(a) And some pretty fabulous beaches.

(b) Great, give my best to your family.

(c) I try to go to the local spa once a month.

(d) Actually, its suites are really overpriced.

번역 M 여름 휴가는 어디로 갈 거니, 타비타?
　　 W 우리 가족은 팜 트리 리조트의 스위트룸을 예약했어.
　　 M 아, 스파 치료로 유명한 곳이지 않니?
　　 W _____
　　 ✔(a) 아주 멋진 해변들도 그렇고.
　　 (b) 좋아, 가족들에게 안부 전해 줘.
　　 (c) 한 달에 한 번씩 가까운 스파에 가려고 해.
　　 (d) 사실 그 스위트는 정말 너무 비싸.

해설 리조트가 스파 치료로 유명한 곳이라는 확인 질문에 부가 설명을 하는 (a)가 가장 적절한 응답이다.
　　 suite 스위트(연결된 몇 개의 방으로 이루어진 공간) **treatment** 치료 **fabulous** 멋진 **overpriced** 아주 비싼

25

W Well, Bob is at it again.

M You mean talking really loudly on his phone?

W Yes. I've asked him repeatedly to quiet down, but he refuses.

M _____

(a) Bob and I go way back.

(b) Someone should set him straight.

(c) I'd be happy to introduce you.

(d) His extension is 231, I believe.

번역 W 밥이 다시 또 그러고 있어.
　　 M 전화 통화를 아주 크게 하는 거?
　　 W 응. 조용히 해 달라고 계속 부탁했는데 거절하네.
　　 M _____
　　 (a) 밥과 나는 안 지가 오래되었어.
　　 ✔(b) 누군가 그를 야단쳐야겠어.
　　 (c) 널 소개하게 되어 기뻐.
　　 (d) 그의 내선 번호는 231일 거야.

해설 전화 통화 크게 하는 것을 지적해도 잘 듣지 않는다고 했으므로 야단을 쳐야겠다는 (b)가 가장 자연스러운 응답이다.
　　 be at it (하지 말아야 할 일을) 하고 있다 **go way back** 알고 지낸 지 오래다 **set ... straight** ~를 야단치다 **extension** 내선 번호

26

W How's your afternoon going, Dan?

M I've been listening to a fly buzz around my office.

W I thought they just sprayed for bugs in here.

M _____

(a) I can help you with office work later.

(b) That's OK. Just buzz me when it's ready.

(c) I'll have to take the day off if that happens.

(d) Apparently they need to use something stronger.

번역 W 오후는 좀 어떠니, 댄?
　　 M 사무실에 파리가 윙윙거리는 걸 듣고 있었어.
　　 W 여기 살충제를 뿌렸던 것 같은데.
　　 M _____
　　 (a) 나중에 네 일을 도와줄게.
　　 (b) 괜찮아. 준비가 되면 전화 줘.
　　 (c) 그런 일이 생기면 하루 휴가 내야 해.
　　 ✔(d) 보기엔 더 강한 걸 써야 할 것 같은데.

해설 살충제를 뿌렸는데도 파리가 있으니 더 강한 걸 써야 할 것 같다는 (d)의 응답이 이어져야 자연스럽다.
　　 buzz 윙윙거리다; 전화를 걸다 **take the day off** 하루 휴가를 내다 **apparently** 겉보기에

27

M Are you signing up for the university meal plan?

W I don't know. It's awfully expensive.

M Yeah, but I think it saves you money in the long run.

W _____

(a) I'll sign up for Professor Davis's class.
(b) I'm not particularly hungry.
(c) I'm still not convinced.
(d) What a rip-off!

번역 M 대학 급식 신청할 거니?
　　 W 모르겠어. 너무 비싸잖니.
　　 M 그래, 하지만 결국에는 돈을 아끼는 거 같아.
　　 W _____
　　 (a) 데이비스 교수님 수업을 신청할 거야.
　　 (b) 특별히 배고프지 않아.
　　 ✔(c) 아직 확신이 안 서.
　　 (d) 완전 바가지야!

해설 여자가 가격 때문에 급식 신청을 망설이자 결국 절약하는 거라는
　　 남자의 말에 대한 응답으로 (c)가 적절하다.
　　 sign up for ~을 신청하다 　**meal plan** 급식 　**awfully** 몹시
　　 in the long run 결국은 　**rip-off** 바가지

28

W I love this photograph, Peter.

M Thanks, it's a limited-edition DaVansky print.

W I thought so. I own several DaVanskys.

M _____

(a) I don't think this edition is available.
(b) We seem to have similar tastes.
(c) OK, you can take my picture.
(d) I'd be happy to sell you one.

번역 W 이 사진 맘에 들어, 피터.
　　 M 고마워, 다반스키 한정판이야.
　　 W 그럴 거라 생각했어. 다반스키 작품을 몇 개 가지고 있거든.
　　 M _____
　　 (a) 이 판은 구할 수 없을 것 같아.
　　 ✔(b) 우리가 취향이 비슷한 것 같은데.
　　 (c) 좋아, 내 사진 찍어도 돼.
　　 (d) 너에게 팔게 되어 다행이야.

해설 같은 작가의 사진을 좋아하고 소장하고 있다는 내용의 대화이므로
　　 (b)가 자연스럽다. 한정판이라고 했지 절판된 것은 아니므로 (a)는
　　 어색하다.
　　 limited-edition 한정판 　**print** 인화한 사진 　**taste** 취향

29

M What type of insurance package are you interested in?

W What are my options?

M We offer both comprehensive and catastrophic plans.

W _____

(a) I'm not familiar with the difference.
(b) Yes, that would be a catastrophe.
(c) I already have health insurance.
(d) I'd appreciate a second opinion.

번역 M 어떤 보험 상품에 관심이 있으세요?
　　 W 어떤 걸 선택할 수 있나요?
　　 M 종합 보험과 재해 보험 모두 있습니다.
　　 W _____
　　 ✔(a) 차이를 잘 모르는데요.
　　 (b) 네, 그건 대재앙이겠는데요.
　　 (c) 건강 보험이 이미 있어요.
　　 (d) 다른 의견을 주시면 좋겠어요.

해설 잘 모르는 두 개의 보험에 대한 고객의 반응으로 하나를 선택할 수
　　 도 있지만 (a)와 같이 '잘 모르겠다'라고도 응답할 수 있다.
　　 comprehensive 종합의 　**second opinion** 다른 사람의 의견

30

W Shall we go to La Ranchera for dinner tonight?

M But it's so crowded on the weekends.

W We can always make a reservation.

M _____

(a) I think our table is ready.
(b) For a party of eight, please.
(c) No, they don't accept them.
(d) OK, I'll have a look at the menu.

번역 W 오늘 밤 저녁 먹으러 라 란체라에 갈까요?
　　 M 그런데 거기 주말에는 아주 붐비잖아요.
　　 W 언제라도 예약하면 돼요.
　　 M _____
　　 (a) 우리 자리가 준비된 것 같아요.
　　 (b) 일행은 여덟 명이에요.
　　 ✔(c) 아니, 거긴 예약은 안 받아요.
　　 (d) 좋아, 메뉴를 좀 볼게요.

해설 식당이 주말엔 붐비지만 예약을 하면 될 거라는 여자의 말에
　　 예약을 할 수 없다는 (c)가 적절한 응답이다. (b)는 예약 후 사람
　　 수를 덧붙일 때, (d)는 메뉴를 고를 때 가능한 표현이다.
　　 crowded 붐비는 　**make a reservation** 예약하다
　　 a party of 일행 ~명

31

M   Hi, can you tell me where the electric drills are?

W   In aisle 6, with the screwdrivers and sanders.

M   I checked there, but I couldn't find them.

W   They run all along the uppermost shelf.

M   Oh, OK. I guess I didn't look high enough.

Q   What is the man mainly doing in the conversation?

(a) Searching for something he misplaced.

(b) Asking where power tools are.

(c) Returning a defective product.

(d) Inquiring how to use a tool.

번역   M   안녕하세요, 전기 드릴 어디에 있나요?

W   6번 통로에 나사 돌리개와 전기 사포와 함께 있어요.

M   거기 확인해 봤는데 찾을 수 없던데요.

W   다 맨 위 선반에 놓여져 있어요.

M   아, 알겠어요. 아주 높은 곳까지는 못 본 것 같아요.

Q   남자가 하고 있는 것은?

(a) 잘못 둔 것 찾기.

✔(b) 전동 공구가 있는 곳 묻기.

(c) 하자 제품 환불하기.

(d) 공구 사용법 문의하기.

해설   대화의 첫 부분에서 남자는 전기 드릴의 위치를 묻고 있는데 6번 통로에 가봤지만 없다고 하자 점원인 여자가 다시 설명해주는 상황이므로 (b)가 정답이다.

electric drill 전기 드릴   **aisle** 통로   **screwdriver** 나사 돌리개   **sander** 전기 사포   **run** (늘어서) 놓여 있다   **uppermost** 맨 위의   **shelf** 선반   **misplace** 잘못 두다, 잃어버리다   **power tool** 전동 공구   **defective** 결함의, 하자의

32

W   Let's see. The total is $50.49 for our meals.

M   I think my meal cost about 18 bucks.

W   Right, $17.99. And mine was only $12.50.

M   Don't forget the bottle of wine. That was $20.

W   OK, and with tax, that adds up correctly. Shall we split it?

M   Sure, let's just halve it down the middle.

Q   What are the man and woman mainly discussing?

(a) Their restaurant tab.

(b) An error on their bill.

(c) The value of the wine.

(d) The quality of their meals.

번역   W   어디 보자. 우리 식사가 전부 50달러 49센트네요.

M   내가 먹은 건 18달러 정도인 것 같네요.

W   맞아요, 17달러 99센트. 제 건 12달러 50센트네요.

M   와인을 잊지 말아요. 그게 20달러예요.

W   알겠어요, 세금까지 하면 정확히 총액이 되네요. 나눠서 낼까요?

M   물론이죠, 절반으로 나눠 냅시다.

Q   두 사람의 대화 내용은?

✔(a) 음식점 계산서.

(b) 청구서 오류.

(c) 와인의 가치.

(d) 식사의 품질.

해설   음식점에서 식사를 하고 계산하기 전 상황이다. 비용을 따져 보고 결국 반으로 나눠서 내기로 했으므로 (a)가 정답이 된다.

meal 식사   **cost** (비용이) 들다   **buck** 달러   **add up** (총액이) ~가 되다   **split** 나누다   **tab** 계산서   **bill** 청구서   **quality** 품질

33

M Have you ever been on a cruise, Amanda?

W Yes, my family and I try to go on one once a year, in fact.

M Oh, you must like them, then.

W They're a lot of fun. You can do whatever activity you like, or just relax.

M Maybe I'll look into one this summer.

W I highly recommend that you do.

Q What is the conversation mainly about?

(a) Vacationing on a cruise ship.
(b) Which cruise operator is the best.
(c) Doing fun activities during summer.
(d) Why cruises with family are relaxing.

번역 M 유람선 여행을 가본 적 있니, 아만다?

W 응, 실은 가족들이랑 1년에 한 번씩 가려고 해.

M 아, 그렇다면 아주 좋아하겠네.

W 무지 재미있거든. 좋아하는 활동을 해도 되고 그냥 쉬어도 돼.

M 이번 여름에 나도 알아봐야겠다.

W 꼭 해봐, 완전 강추야!

Q 대화의 주된 내용은?

✔(a) 유람선에서 휴가 보내기.
(b) 어떤 유람선 여행사가 제일 좋은지.
(c) 여름에 재미있는 활동하기.
(d) 가족과의 유람선 여행이 왜 편안한지.

해설 유람선 여행을 1년에 한 번씩 가족들이랑 간다는 얘기와 유람선 여행의 좋은 점을 언급하면서 가길 권하는 내용의 대화이므로 (a)가 정답이다.

cruise 항해 여행 look into ~을 조사하다 highly 아주, 몹시 vacation 휴가를 보내다 operator 운영자 relaxing 편한, 쉬기 좋은

34

W I'm going to Korea on business next month.

M That sounds nice. Just remember to take off your shoes!

W What do you mean?

M You should remove your shoes when you enter Korean houses, and some restaurants.

W Oh, I wasn't aware of that.

M Yes, it takes some getting used to.

Q What is the conversation mainly about?

(a) How to properly greet Korean people.
(b) The unique tastes of Korean food.
(c) A customary behavior in Korea.
(d) Business prospects in Korea.

번역 W 다음 달에 한국으로 출장 갈 거야.

M 멋지겠다. 신발을 벗어야 하는 거 잊지 마!

W 무슨 말이지?

M 한국에서 몇몇 음식점에 들어갈 때 신발을 벗어야 해.

W 아, 그건 몰랐는데.

M 그래, 익숙해지는 데 시간이 좀 걸리지.

Q 대화의 주된 내용은?

(a) 한국 사람들에게 올바르게 인사하는 법.
(b) 한국 음식의 독특한 맛.
✔(c) 한국의 관습적인 행동.
(d) 한국의 사업 전망.

해설 한국으로 출장을 간다는 여자에게 신발을 벗어야 하는 현지의 예절에 대해서 알려주는 내용이다. 한국의 고유한 관습에 익숙해지는 데 시간이 걸린다고 조언하는 것으로 보아 (c)가 정답이다.

take off 벗다 remove 벗다, 치우다 be aware of ~을 알고 있다 get used to ~에 익숙해지다 properly 적절하게 greet 인사하다 unique 독특한 customary 관습적인 prospect 전망

35

M Professor Singh has been assigning a lot of homework lately.

W Really? I hadn't noticed a change.

M Recently I've been spending two hours a night just on his class.

W Ha. It's been that way for me all semester.

M Oh, well maybe it's just my study habits that have changed.

Q What are the man and woman mainly talking about?

(a) The best way to study for a class exam.

(b) The teaching style of their professor.

(c) The strictness of a new professor.

(d) The workload in their class.

번역 M 싱 교수님은 최근에 과제를 많이 내주셨어.

W 그래? 난 변화를 모르겠던데.

M 요즘 밤마다 2시간씩 그 수업 과제를 하고 있어.

W 아하. 난 학기 내내 그런 식이었는걸.

M 아, 그럼 내 공부 습관이 바뀐 건가 보구나.

Q 두 사람의 대화 내용은?

(a) 과목 시험 공부를 하는 최선의 방법.

(b) 교수님의 가르치는 방식.

(c) 새로 온 교수님의 엄격함.

✔(d) 수업의 학업량.

해설 남자는 교수님이 최근에 많은 과제를 내준다고 생각하지만 여자는 변화가 없다고 생각한다. 매일 밤 두 시간씩 과제를 해야 한다는 남자의 말에 여자는 항상 그렇게 해왔다고 대답하므로 (d)의 수업 학업량에 대해 이야기하고 있음을 알 수 있다.

assign 부과하다, 부여하다   **lately** 최근에   **notice a change** 변화를 알아차리다   **semester** 학기   **strictness** 엄격함   **workload** 학업량

36

M Jan, I saw you've put your house on the market.

W Yeah, I listed it with a realtor yesterday.

M Why are you moving out of such a great place?

W It's too big for me. I don't need all this space.

M It would take more than that for me to move.

W Well, I'm just ready for a change.

Q What is the main topic of the conversation?

(a) How much the woman is asking for her house.

(b) Where the woman plans to move to next.

(c) Where the woman's home is located.

(d) Why the woman is selling her house.

번역 M 잰, 집 내놓은 거 봤어.

W 그래, 어제 부동산에 내놓았어.

M 그렇게 좋은 집에서 왜 이사 나오려는 거야?

W 너무 커. 그 모든 공간이 필요하지 않아.

M 이사하려면 그보다는 더한 이유가 있어야 할 텐데.

W 글쎄, 변화를 맞을 준비가 되었다고 할까.

Q 대화의 주제는?

(a) 여자가 자신의 집값으로 얼마를 부를지.

(b) 여자가 다음에 이사 갈 계획인 곳.

(c) 여자의 집이 위치한 곳.

✔(d) 여자가 집을 팔려는 이유.

해설 여자가 집을 내놓은 것을 알고 남자는 그렇게 좋은 집에서 왜 이사하려는지 묻고 있다. 집이 너무 크다는 이유도 납득이 되지 않는다고 하자, 여자는 변화를 맞고 싶다고 덧붙이고 있으므로 집을 파는 이유인 (d)가 정답이다.

list (팔 물건으로) 내놓다   **realtor** 부동산업자   **move out of** ~에서 이사 나가다   **place** 집, 사는 곳   **be ready for** ~을 위한 준비가 되다   **be located** 위치하다

37

W Randall, I don't see our dog in the backyard.

M He's probably sleeping in the doghouse.

W No, I checked. He's not in there.

M Well, then Sally must have taken him for a walk.

W Could you call her cell, just to be sure?

M OK. Toss me the phone.

Q What is the woman mainly doing in the conversation?

(a) Asking the man for a friend's phone number.

(b) Checking on the whereabouts of her dog.

(c) Trying to get in touch with her friend.

(d) Taking care of some backyard work.

번역 W 랜들, 뒤뜰에 개가 보이지 않아요.
M 아마 개집에서 자고 있겠죠.
W 아니, 확인했는데 거기 없어요.
M 글쎄, 그럼 샐리가 산책을 데리고 갔나 봐요.
W 확인하게 휴대폰으로 전화해 줄래요?
M 알겠어요. 전화기 좀 던져줘요.

Q 여자가 주로 하는 것은?
(a) 남자에게 친구의 전화번호 묻기.
✔(b) 자신의 개의 행방을 확인하기.
(c) 자신의 친구와 연락하기.
(d) 뒤뜰 일을 처리하기.

해설 여자는 개가 보이지 않아서 남자에게 개의 행방을 물어보고 있는데 샐리가 산책을 데리고 간 것 같다고 하자 여자는 전화를 걸어 행방을 확인해 달라고 부탁하고 있으므로 (b)가 정답이다.
backyard 뒤뜰   **must have p.p.** ~했음에 틀림없다
cell 휴대폰(cell phone) **to be sure** 확인차 **toss** 던져주다
whereabouts 소재, 행방

38

W Hi, Jack. Good to see you again.

M Likewise, Susanna.

W We met at last year's tech convention, right?

M I believe that's correct, yes.

W And you're from Baltimore?

M Yes! I'm shocked you could recall that.

W Well, I grew up not far from there.

Q Which is correct according to the conversation?

(a) The man and woman are at a tech convention.

(b) The man is considering relocating to Baltimore.

(c) The woman remembered where the man was from.

(d) The woman was once a childhood friend of the man.

번역 W 안녕, 잭. 다시 만나서 반가워.
M 나도, 수재너.
W 작년 기술 컨벤션에서 만났지, 맞지?
M 그래, 그런 것 같아.
W 넌 볼티모어 출신이지?
M 그래! 그걸 기억하다니 놀라운걸.
W 난 거기서 멀지 않은 곳 출신이야.

Q 대화에 따르면 옳은 것은?
(a) 남자와 여자는 기술 컨벤션에 있다.
(b) 남자는 볼티모어로 전근하는 것을 고려 중이다.
✔(c) 여자는 남자가 어디 출신인지 기억했다.
(d) 여자는 과거에 남자의 어릴 적 친구였다.

해설 기술 컨벤션에서 한 번 만난 적이 있는 남녀가 다시 만난 상황이다. 여자는 남자가 볼티모어 출신이라는 것을 기억하고 있어서 정답은 (c)가 된다.
likewise 마찬가지 **tech convention** 기술 컨벤션
be shocked 놀라다 **recall** 기억하다 **relocate** 전근하다

39

W It might be time to do away with our maid service.

M You think so?

W I've been keeping track of our spending, and we need to cut back.

M But it's so convenient to have the house cleaned once a week.

W I know, but we really can't afford it.

M If you feel that strongly, I'll make the call tomorrow.

Q Which is correct about the man and woman according to the conversation?
(a) They need to clean their house.
(b) They are interested in hiring a maid.
(c) They are trying to rein in their expenditures.
(d) They no longer feel they can afford their home.

번역 W 도우미 아주머니 이제 그만 쓸까 봐요.
M 그렇게 하게요?
W 지출을 조사해 보니까 줄여야겠어요.
M 하지만 일주일에 한 번 집안 청소를 시키니까 아주 편한데요.
W 그렇지만 그럴 여유가 정말 없어요.
M 그렇게 심각하게 생각한다면 내일 전화를 하도록 할게요.

Q 두 사람에 관해 옳은 것은?
(a) 집을 청소할 필요가 있다.
(b) 가사 도우미를 고용하는 데 관심이 있다.
✔(c) 지출 내에서 자제를 하려고 한다.
(d) 더 이상 집을 감당할 형편이 되지 않는다고 생각한다.

해설 지출을 줄이기 위해 도우미 아주머니를 쓰지 않기로 결정하는 내용이다. 쓸 형편이 되지 않는다는 여자의 주장에 남자가 따르는 내용이므로 정답은 (c)가 된다.
do away with ~을 없애다 **maid service** 가사 도우미 서비스 **keep track of** ~을 감시하다 **cut back** 줄이다 **afford** ~할 형편이 되다 **make the call** 전화를 걸다 **rein in** ~을 엄격하게 자제하다 **expenditure** 소비

40

W I've got a terrible ache in my side.

M And how long has this been going on?

W It started up the day before yesterday and then got worse the next day.

M I see. Have you eaten anything out of the ordinary?

W No, I've been following my regular diet.

M It sounds like we'll have to run some tests.

Q Which is correct according to the conversation?
(a) The woman is experiencing some pain in her neck.
(b) The woman's pain began the day before yesterday.
(c) The doctor wants the woman to change her diet.
(d) The doctor has the results of the woman's tests.

번역 W 옆구리가 심하게 아파요.
M 그럼 얼마 동안 지속되고 있나요?
W 엊그제 시작되었는데 어제는 더 심해졌어요.
M 알겠어요. 평소와 다른 걸 먹었나요?
W 아뇨, 늘 먹던 걸로 먹었어요.
M 몇 가지 테스트를 해봐야 할 것 같군요.

Q 대화에 따르면 옳은 것은?
(a) 여자는 목에 통증을 겪고 있다.
✔(b) 여자의 통증은 엊그제 시작되었다.
(c) 의사는 여자가 식단을 바꾸길 바란다.
(d) 의사는 여자의 테스트 결과를 가지고 있다.

해설 여자는 옆구리에 통증이 있는데 엊그제 시작되었으며 평소와 같은 식사를 했고 마지막에 의사가 이제 몇 가지 테스트를 해봐야 될 것 같다고 했으므로 정답은 (b)이다. 테스트하자고 했으므로 이미 결과를 가지고 있다는 (d)는 어긋난다.
ache 통증 **side** 옆구리; 겨드랑이 **start up** 시작되다 **get worse** 악화되다 **out of the ordinary** 평소와 다르게 **sound like** ~인 것 같다 **run a test** 테스트를 하다

41

W How's Jennifer doing, Conrad?

M She's changed a lot over the last year.

W That's what happens when they grow up, you know.

M She used to be so quiet, but not anymore.

W Sometimes it's easier raising a talkative child than a silent one.

M Yeah, but I just don't know where she gets it from.

Q Which is correct about Conrad according to the conversation?

(a) He wishes his daughter would change.

(b) He finds his daughter to be quite noisy.

(c) He regrets his daughter is not talkative.

(d) He agrees it is easier to raise a quiet child.

번역 W 제니퍼는 어떻게 지내니, 콘래드?
M 작년에 많이 변했어.
W 아이들이 자라날 때 그런 일이 생기더라.
M 그 애는 아주 조용했었는데 이제 그렇지 않아.
W 조용한 아이보다 수다스러운 아이를 키우는 게 더 쉽기도 해.
M 그래, 하지만 어쩌다 그렇게 되었는지 알 수가 없어.
Q 콘래드에 관해 옳은 것은?
(a) 딸이 변화되길 바란다.
✔(b) 딸이 상당히 수다스럽다는 것을 알게 되었다.
(c) 딸이 수다스럽지 않아 유감스러워한다.
(d) 조용한 아이를 키우는 것이 더 쉽다는 것에 동의한다.

해설 남자의 딸이 과거에는 말이 없다가 수다스럽게 바뀐 것에 대해 성장하느라 그런 변화가 생기는 것이며, 수다스러운 아이가 기르기 더 쉬울 수도 있다는 여자의 말에 동의하고 있으므로 (b)가 정답이다. (d)는 반대되는 진술이다.

used to (과거) ~이었다   **raise** 기르다   **talkative** 수다스러운
silent 말이 없는   **regret** 안타깝게 생각하다   **quiet** 조용한

42

W I'm really enjoying my new running regimen.

M You go out every afternoon, right? That's a lot.

W Maybe, but I've never felt healthier.

M Well, running is a great form of exercise.

W Not only that, but when I'm running, all my stress and worry just melts away.

M Maybe I should take it up.

Q Which is correct about the woman according to the conversation?

(a) She usually runs with the man.

(b) She is concerned she runs too often.

(c) She has worries about her well-being.

(d) She views running as a way to relieve stress.

번역 W 새로운 달리기 요법이 아주 좋아.
M 매일 오후에 나가지, 맞지? 많이 하는구나.
W 그럴지도 모르지만 훨씬 건강해진 느낌이야.
M 글쎄, 달리기는 좋은 운동 방법이지.
W 그뿐 아니라 달릴 때 스트레스와 걱정이 사라져.
M 나도 해봐야겠다.
Q 여자에 관해 옳은 것은?
(a) 평소에 남자와 같이 달린다.
(b) 너무 자주 달리는 게 걱정이 된다.
(c) 자신의 행복에 대해 염려한다.
✔(d) 달리기를 스트레스 해소 방법으로 생각한다.

해설 여자가 너무 많이 달리는 게 아닌가 걱정하는 것은 남자이고, 달리기 요법을 아주 만족스럽게 생각하고 있고 스트레스와 걱정을 없애는 방법으로 여기고 있으므로 (d)가 옳은 내용이다.

regimen 요법, 처방   **melt away** 서서히 사라지다   **take up** 채택하다   **well-being** 웰빙, 행복   **relieve** 덜어주다

43

M Can I give you a hand with that, Barbara?

W Do you know how to hook up this projector?

M Hmm, no. But Joe from Technical Services does. Call him.

W I would, but I don't know his extension.

M Oh, I do. Leave it to me.

W Thanks, Chris. That's nice of you.

Q What will the man likely do next?

(a) Set up the projector.

(b) Solicit help from Joe.

(c) Give Barbara a phone book.

(d) Take the projector to be repaired.

번역 M 그걸 좀 도와줄까, 바바라?

　　W 이 프로젝터 연결하는 법 알아?

　　M 음, 아니. 하지만 기술팀 조는 알지. 그에게 전화해.

　　W 그러고 싶은데 내선 번호를 몰라.

　　M 아, 내가 알아. 나에게 맡겨.

　　W 고마워, 크리스. 정말 친절하구나.

　　Q 남자가 다음에 할 것 같은 일은?

　　(a) 프로젝터 설치하기.

　✔(b) 조에게 도움 요청하기.

　　(c) 바바라에게 전화번호부 주기.

　　(d) 프로젝터 수리하러 보내기.

해설 남자의 마지막 말에서 내선 번호를 알고 있으니 자신에게 맡기라고 하며 여자를 대신해 기술 서비스부 직원에게 도움을 청하는 전화를 걸 것이므로 정답은 (b)가 된다.
give someone a hand ~에게 도움을 주다　**hook up** 전원에 연결하다　**projector** 영사기　**extension** 내선 번호　**set up** ~을 설치하다　**solicit** 요청하다　**phone book** 전화번호부

44

W You're here to open an investment account, correct?

M Yes, that's right.

W What type of portfolio would you prefer?

M I haven't put much thought into it.

W Well, why don't I go over some options with you?

M OK, as long as I can open the account today.

Q What can be inferred from the conversation?

(a) Most investment portfolios are similar.

(b) The man is eager to make an investment.

(c) The woman will meet the man again tomorrow.

(d) Bankers find investment accounts troublesome.

번역 W 투자 계좌를 개설하려고 여기 오신 거 맞죠?

　　M 네, 맞습니다.

　　W 어떤 종류의 투자 종목을 선호하세요?

　　M 그것에 대해 많이 생각하지 못했어요.

　　W 그럼, 몇 가지 선택 안들을 훑어보시는 게 어떨까요?

　　M 좋습니다, 오늘 계좌를 개설할 수 있다면요.

　　Q 대화에서 유추할 수 있는 것은?

　　(a) 대부분의 투자 종목은 비슷하다.

　✔(b) 남자는 투자하고 싶어 한다.

　　(c) 여자는 남자를 내일 다시 만날 것이다.

　　(d) 은행 직원은 투자 계좌가 골칫거리라고 생각한다.

해설 남자는 투자 계좌를 개설하려고 왔고 미리 많이 고려하지는 않았지만, 여러 종목들을 살펴보고 오늘 투자 계좌 개설을 원한다는 것을 마지막 말에서 알 수 있으므로 (b)를 유추할 수 있다.
open an account 계좌를 개설하다　**investment** 투자　**portfolio** 상품 목록, 유가 증권 보유 열람표　**go over** 검토하다　**be eager to** ~하고 싶어 하다　**troublesome** 골칫거리인

45

W   This neighborhood's changing fast.

M   Yeah, there's been a lot of urban renewal money poured into it.

W   If you ask me, change isn't always a good thing.

M   But it means more economic growth.

W   Right. But we're losing the soul of the place at the same time.

M   There's nothing we can do about that.

W   No, I guess not.

Q   What can be inferred about the woman from the conversation?

(a) She only recently moved into the area.

(b) She supports economic growth at any cost.

(c) She is disheartened by the urban renewal project.

(d) She is anxious to see what the neighborhood becomes.

번역   W   이 근처가 빠르게 변화하고 있어.

M   그래, 거기에 많은 도시 재개발 자금이 들어갔지.

W   변화는 항상 좋은 일만은 아닌 것 같아.

M   하지만 더 많은 경제 성장을 의미하잖아.

W   맞아. 하지만 동시에 우리는 그 장소의 정기를 잃는 거야.

M   그걸 해결할 방법은 없는데.

W   맞아. 없는 것 같아.

Q   여자에 관해 유추할 수 있는 것은?

(a) 최근에 이 지역으로 이사 왔다.

(b) 무슨 일이 있어도 경제 성장을 지지한다.

✔(c) 도시 재개발 사업 때문에 낙심하고 있다.

(d) 인근이 어떻게 바뀌게 될지 매우 보고 싶어 한다.

해설   여자의 말 change isn't always a good thing, we're losing the soul of the place 등에서 여자가 도시 재개발 사업에 대해 우려하고 있음을 보아 (c)를 유추할 수 있다.

neighborhood 근처   **urban renewal** 도시 재개발   **at any cost** 무슨 일이 있어도   **disheartened** 낙담한   **be anxious to** ~하고 싶은 생각이 간절하다

46

You haven't seen elegance until you've laid eyes on the 100% mahogany Victorian-style dining table from Furniture Plaza. Measuring 30 inches across and 84 inches long, this is the choice for those who want to dine and entertain in style. Also included is a removable leaf that adds another 18 inches of table length. On sale for four hundred and ninety nine dollars this week only at Furniture Plaza.

Q   What is mainly being advertised?

(a) A storewide furniture sale.

(b) An expandable work table.

(c) A dining room furniture piece.

(d) A valuable variety of hardwood.

번역   퍼니처 플라자에서 100퍼센트 빅토리아 양식의 마호가니 식탁을 보기 전에는 여러분은 우아함을 알지 못합니다. 가로 30인치와 세로 84인치로 이것은 화려하게 식사하고 즐기기를 원하는 분들을 위한 선택입니다. 또한 식탁의 길이를 18인치 연장하고 떼어낼 수 있는 덧판이 포함되어 있습니다. 퍼니처 플라자에서만 이번 주에 499달러로 할인 중입니다.

Q   광고 내용은 ?

(a) 전 매장 가구 할인 판매.

(b) 확장이 가능한 작업대.

✔(c) 식탁 가구.

(d) 값비싼 단단한 나무 종류.

해설   퍼니처 플라자에서 판매되고 있는 100퍼센트 빅토리아 양식의 마호가니 식탁 광고이다. 크기, 용도, 부가적인 특징을 설명하면서 할인 행사를 하는 시기와 장소를 안내하고 있는 내용이므로 (c)가 정답이다.

elegance 우아함   **lay eyes on** ~을 발견하다   **dining table** 식탁   **measure** ~로 측정되다   **across** 너비로   **dine** 식사하다   **entertain** 여흥을 즐기다   **removable** 떼어낼 수 있는   **leaf** 덧판   **storewide** 전 매장의   **expandable** 확장할 수 있는   **valuable** 값비싼   **hardwood** 단단한 나무

47

The Mountain Gorilla is found in four different countries in Central Africa and at present is classified as critically endangered. Most of the threats facing the gorillas are human caused. These included poaching, disease, habitat loss, and the wars and other violent conflicts that plague this region of the continent. It is hoped that by promoting the animals and their habitat as a tourist draw, sufficient funds can be raised for conservation. So far, results are mixed.

Q What is the main idea about the Mountain Gorilla in the lecture?
(a) It is a newly endangered species.
(b) Its continued existence is under threat.
(c) Its habitat covers most of Central Africa.
(d) It is Africa's most popular tourist attraction.

번역 마운틴 고릴라는 중앙 아프리카의 네 개의 나라에서 발견되고 현재 심각한 멸종 위기 상태로 분류되어 있습니다. 고릴라가 직면하고 있는 대부분의 위협은 인간이 초래한 것입니다. 여기에는 밀렵과 질병, 서식지 유실, 전쟁, 이 지역을 괴롭히는 폭력적인 갈등이 있습니다. 동물과 서식지를 관광객을 유치할 만한 것으로 홍보함으로써 보호를 위한 충분한 자금이 모금되기를 바라고 있습니다. 지금까지 결과는 반반입니다.

Q 마운틴 고릴라에 관한 강의의 주제는?
(a) 새로 멸종 위기에 처한 종이다.
✔(b) 고릴라의 생존이 위험에 처해 있다.
(c) 서식지가 중앙 아프리카의 대부분을 포함한다.
(d) 아프리카의 가장 유명한 관광 명소이다.

해설 마운틴 고릴라는 이미 심각한 멸종 위기 상태에 있으며 그들이 겪고 있는 위협은 인간이 초래한 것이라고 하면서 보존 자금을 모으기 위해 이곳을 관광 명소로 소개하고 있으나 결과는 아직 반반이라고 했으므로 정답은 (b)가 된다.

be classified as ~로 분류되다 **critically endangered** 심각하게 멸종 위기에 처한 **poach** 밀렵 **habitat** 서식지 **conflict** 갈등 **plague** 괴롭히다 **region** 지역 **continent** 대륙 **promote** 홍보하다 **tourist draw** 관광객을 끄는 것 **sufficient** 충분한 **fund** 자금 **raise** 모금하다 **conservation** 보존 **mixed** 좋고 나쁨이 엇갈린, 반반의

48

Students reading Chaucer in high school often report that his works seem as if they were written in a foreign language. In a way they were. During Chaucer's time, a dialect known as Middle English was in use in England. Much older than our present-day Modern English, Middle English retained more influences from its Norman, or French, roots. So the next time you hear students complain that reading Chaucer is like learning a foreign language, you can tell them why.

Q What is the main topic of the talk?
(a) Keeping Chaucer in high school curricula.
(b) The foreignness of Chaucer's Middle English.
(c) Broadening the scope of English literature studies.
(d) The Norman influence on English works of Chaucer.

번역 고등학교 때 초서의 작품을 읽는 학생들은 종종 그것이 마치 외국어로 쓰여진 것처럼 느껴집니다. 일면 그렇기도 했습니다. 초서의 시대에는 중세 영어라고 알려진 방언이 영국에서 사용되었습니다. 현재의 현대 영어보다 훨씬 오래된 중세 영어는 노르만이나 프랑스 뿌리로부터 영향을 많이 받았습니다. 그래서 다음에 초서를 읽는 학생들이 외국어를 배우는 것 같다고 불평한다면 그들에게 이유를 말해줄 수 있습니다.

Q 담화의 화젯거리는?
(a) 고등학교 교육과정에 초서 유지하기.
✔(b) 초서의 중세 영어가 지닌 외래성.
(c) 영문학 연구의 영역 넓히기.
(d) 초서의 영문 작품에 끼친 노르만의 영향.

해설 초서 작품을 읽을 때 글이 외국어처럼 느껴지는 것은 당시 쓰여진 중세 영어가 외국의 영향을 많이 받았던 언어였기 때문이라고 설명하고 있다. 그러므로 학생들이 초서를 배울 때 영어가 아니라 외국어처럼 느껴진다는 것이 일리가 있다고 말하는 내용이므로 (b)가 정답이다.

as if 마치 ~인 것처럼 **dialect** 방언 **Middle English** 중세 영어 **Modern English** 현대 영어 **retain** 보유하다 **root** 근원 **complain** 불평하다 **curricula** 교육과정 **foreignness** 외래성 **broaden** 넓히다 **scope** 영역

49

Scientists now believe genetics may play an active role in causing premature births. Up until recently, it was thought that only environmental factors were to blame for preterm labor. This new evidence explains why some women experience a premature birth when all other pregnancy benchmarks appear normal. The next step is to analyze these genetic catalysts more closely and hopefully develop a risk assessment test for prospective mothers.

Q   What is the lecture mainly about?
(a) The risks of premature birth.
(b) A genetic trigger of preterm labor.
(c) Steps to take for a healthy pregnancy.
(d) An analysis of pregnant women's genes.

번역 이제 과학자들은 유전적인 특징이 조산을 초래하는 데 적극적인 역할을 할지도 모른다고 생각합니다. 최근까지도 환경적인 요인만이 조산의 원인이 된다고 믿었습니다. 이 새로운 증거는 일부 여성들이 다른 모든 임신 표준이 정상으로 보이는데도 왜 조산을 경험는지 설명해 줍니다. 다음 단계는 유전적인 촉매를 보다 상세하게 분석하고, 바라건대 잠재적인 산모들을 위한 위험 평가 테스트를 만들어내는 것입니다.

Q   강의의 주된 내용은?
(a) 조산의 위험.
✔(b) 조산의 유전적인 촉발.
(c) 건강한 임신을 위한 단계.
(d) 임신한 여성의 유전자 분석.

해설 조산의 원인으로 과거에는 환경적인 요인만 믿었지만 이제는 유전적인 특징을 연구하고 있다는 내용이다. 다음 연구 단계는 유전적인 촉매를 분석하고 위험 평가 테스트를 만들어내기를 바라고 있다고 설명하고 있으므로 (b)가 주된 내용이다.
genetics 유전적인 특징   premature birth 조산   be to blame ~의 책임이다   environmental 환경적인   factor 요인   preterm labor 조산   evidence 증거   pregnancy 임신   benchmark 표준   normal 정상적   analyze 분석하다   catalyst 촉매   assessment 평가   prospective 잠재적인   trigger 촉발자   analysis 분석   gene 유전자

50

Tourism board officials now confirm that Sweden's most famous ice hotel, which receives close to 10,000 guests each winter, will delay its opening by up to a month. The hotel is one of the country's biggest attractions and is constructed each fall from blocks of solid ice in northern Sweden. This season, however, warm temperatures and a lack of snowfall have resulted in poor ice formation. Management has no choice but to wait for more substantial precipitation before breaking ground on this year's hotel.

Q   What is the main topic of the announcement?
(a) Sweden's changing climate.
(b) An ice hotel's inaugural opening.
(c) Declining tourism figures in Sweden.
(d) A setback in ice hotel construction plans.

번역 관광 위원회 임원들은 매년 겨울 10,000명에 가까운 손님들을 수용하는 스웨덴의 가장 유명한 얼음 호텔이 최대 한 달 정도 개장을 연기한다고 확정했습니다. 그 호텔은 국내 최대의 관광 명소 중의 하나이고, 북부 스웨덴에서 매년 가을 고체 얼음 블록으로 건축됩니다. 그러나 이번 시즌에는 따뜻한 기온과 적설량 부족으로 얼음 생성이 잘 안 되었습니다. 관리팀은 올해 호텔 착공 전에 보다 충분한 양의 눈을 기다리는 수밖에 없습니다.

Q   공고의 주요 화제는?
(a) 스웨덴의 변화하는 기후.
(b) 얼음 호텔 개관식.
(c) 스웨덴의 관광객 수 감소.
✔(d) 얼음 호텔 건설 계획 차질.

해설 스웨덴의 가장 유명한 얼음 호텔은 매년 착공되는데 올해에는 적설량의 부족과 높은 기온 때문에 지연되었고 충분한 강설량을 기다리는 것 외에 다른 방법이 없다는 내용이므로 (d)가 정답이다.
tourism 관광   board official 이사회 임원   attraction 관광 명소   construct 건축하다   solid 고체   result in ~라는 결과를 낳다   formation 형성   have no choice but to ~하는 수밖에 없다   substantial 충분한   precipitation 강수량   break ground 착공하다   inaugural opening 개관식   declining 감소하는   figure 숫자   setback 차질

51

When refurbishing the floors of your home, there are many options available to you. Wood is one of the most classic choices, but maintaining it in pristine condition is difficult. Thus, materials like tile, concrete, and laminate have become increasingly common in recent decades. They are easy to install, come in a variety of colors and patterns, and do not require much effort to keep clean.

Q What is the main idea of the talk?
(a) Various flooring materials have their pros and cons.
(b) Laminate floors last longer than other types.
(c) Most home renovation projects involve wood.
(d) Wood floors are difficult to install and maintain.

번역 집안의 바닥을 새로 교체할 때 이용할 수 있는 여러 선택 사항들이 있습니다. 목재가 가장 고전적인 것 중 하나이지만 새것 같은 상태를 유지하기가 어렵습니다. 그래서 타일, 콘크리트, 합판과 같은 재료들은 최근 수십 년 사이 점점 흔해지게 되었습니다. 설치하기 쉽고 색과 무늬가 다양하며 깨끗하게 유지하는 데 많은 노력이 들지 않습니다.

　　Q 담화의 주제는?
　　✔(a) 다양한 바닥 재료마다 장단점이 있다.
　　(b) 합판 바닥이 다른 종류보다 더 오래 간다.
　　(c) 대부분의 집 개조 작업에 목재가 포함된다.
　　(d) 목재 바닥은 설치하고 유지하기 어렵다.

해설 전통적으로 바닥 재료로 많이 쓰는 목재는 유지하기 어렵지만 최근에 흔히 사용되는 타일, 콘크리트, 합판 같은 재료는 설치가 쉽고 색과 무늬가 다양하며 유지가 쉽다는 장점이 있다는 내용이므로 (a)가 주제로 적절하다.
　　refurbish 재단장하다 **option** 선택 사항 **maintain** 유지하다
　　pristine 새것과 같은 **material** 재료 **tile** 타일 **concrete** 콘크리트 **laminate** 합판 **decade** 십 년 **install** 설치하다
　　pros and cons 찬성과 반대 **renovation** 개조

52

The group of artists known as Dadaists adhered to an aesthetic that, in large part, can be seen as a response to the horrors of World War I. How could any civilization that engaged in such barbarity, they argued, be worthy of respect. Their art sought to question and mock modern society and the mainstream art it produced. On the one hand, their productions were absurd. But the anti-establishment subtext of their pieces was quite powerful, and remains so even today.

Q What is the main idea about Dadaism in the lecture?
(a) It came to an end as a result of WWI.
(b) It rejected modern cultural conventions.
(c) Its subject matter focused on war horrors.
(d) Its practitioners rejected civilized behavior.

번역 다다이스트라고 알려진 예술가 집단은 많은 부분에서 1차 세계 대전의 공포에 대한 대응으로 보이는 미적 가치에 충실했습니다. 그들은 심한 야만성과 관련된 문명이 어떻게 존경을 받을 만한가를 따졌습니다. 그들의 예술은 현대 사회와 그것이 만들어낸 주류 예술을 의문시하고 조롱하고자 합니다. 한편으로 그들의 작품들은 부조리한 것이었습니다. 그러나 그들 작품 속에 숨겨진 반체제라는 개념은 상당히 강력해서 오늘날까지도 남아 있습니다.

　　Q 다다이즘에 관한 요지는?
　　(a) 1차 세계 대전의 결과로 끝나게 되었다.
　　✔(b) 현대 문화 관습을 거부했다.
　　(c) 주제는 전쟁의 공포에 집중되어 있다.
　　(d) 실천가들은 문명화된 행동을 거부했다.

해설 다다이스트들은 1차 세계 대전의 공포에 대한 대응의 미학을 가지고 야만적인 현대 문명을 의문시하고 조롱하고자 했으므로 부조리한 작품들을 만들어내기도 했다는 내용을 볼 때 (b)가 정답이다.
　　adhere to ~을 고수하다 **aesthetic** 미학의; 미의 **in large part** 아주 많이 **response** 응답 **barbarity** 야만성 **be worthy of** ~의 가치가 있다 **seek to** ~하기를 추구하다 **mock** 조롱하다 **mainstream** 주류 **absurd** 부조리한 **anti-establishment** 반체제 **subtext** 숨겨진 의미 **piece** 작품

53

In the US House of Representatives, the majority party is headed by the Speaker of the House. The position is elected by House members and holds the responsibility of setting the legislative agenda of the Congressional chamber. What many people don't know is that the Speaker is not constitutionally required to be a current member of the House of Representatives, though in the past everyone to hold this position has been. Additionally, if something were to happen to both the President and Vice President, the Speaker would assume the presidency. Both chambers of Congress are headed by the Speaker.

Q Which is correct according to the lecture?
(a) The Speaker is elected by a national vote.
(b) The Speaker cannot dictate House agendas.
(c) The Speaker of today is not a House member.
(d) The Speaker is third in line to become President.

번역 미국의 하원에서 다수당은 하원 의장을 수반으로 합니다. 그 직위는 하원 의원들에 의해 선출되고 국회의 입법 안건을 세우는 책임을 맡습니다. 많은 사람들이 모르고 있는 것은 의장은 비록 과거에는 의원이었던 사람이지만, 헌법적으로 현 하원 의원일 필요는 없다는 것입니다. 부가적으로 대통령이나 부통령에게 모두 어떤 일이 생겼을 경우 의장은 대통령직을 맡게 됩니다. 국회의 양원은 의장을 수반으로 합니다.

Q 강의에 따르면 옳은 것은?
(a) 의장은 국민 투표로 선출된다.
(b) 의장은 하원 안건을 지시할 수 없다.
(c) 현 의장은 하원 의원이 아니다.
✔(d) 의장은 대통령이 될 서열 세 번째이다.

해설 의장은 하원 의원들에 의해 선출되고, 국회의 입법안을 세우는 책임을 맡고, 과거 의원일 필요는 있지만 현 의원일 필요는 없다고 했고 대통령과 부통령의 사고 시 그 역할을 맡는다고 했으므로 (d)가 옳은 내용이다.
House of Representatives 하원 **majority party** 다수당 **be headed by** ~을 수반으로 하다 **Speaker of the House** 하원 의장 **legislative agenda** 입법 안건 **Congressional chamber** 국회 **constitutionally** 헌법적으로 **presidency** 대통령직 **national vote** 국민 투표 **dictate** 지휘하다

54

The current temperature is a balmy 85 degrees, but we can expect that to plummet this Wednesday evening as a northern front moves in. Temperatures will approach freezing tonight and won't rise much above 45 all day tomorrow. The cold snap will last through Friday, but fortunately more moderate conditions look likely for the weekend. By early next week, we should be back to our spring averages—75 and humid.

Q Which is correct according to the weather report?
(a) It will get warmer before it gets colder.
(b) A cold front will soon hit the area.
(c) It will be freezing this weekend.
(d) A rainy period is due next week.

번역 현재 기온은 따뜻한 85도인데 북쪽 전선이 유입되면서 이번 수요일 저녁에는 급락할 것으로 예상됩니다. 기온은 오늘 밤 혹한에 가깝고 내일 하루 종일 45도 이상으로는 그다지 오르지 않을 것입니다. 기습 한파는 금요일까지 지속되겠지만 다행히 주말에는 보다 온화한 상태일 것입니다. 다음 주 초반엔 평년 봄 기온인 75도로 돌아갈 것이고 습한 날씨가 될 것입니다.

Q 일기 예보에 따르면 옳은 것은?
(a) 더 추워지기 전에 더 따뜻해질 것이다.
✔(b) 한랭 전선은 지역에 곧 영향을 줄 것이다.
(c) 이번 주말에 아주 추울 것이다.
(d) 우기는 다음 주로 예상된다.

해설 이번 수요일에 한랭 전선 유입이 예상되고 있으므로 (b)가 정답이다. 다음 주 초반에 평년 기온을 회복하는데 그 전에는 기습 한파가 온다고 했으므로 (a)는 옳지 않고, 주말에는 온화해져서 평년 기온을 회복한다고 했으므로 (c), (d)도 오답이다.
balmy 온화한 **plummet** 급락하다 **front** 전선 **freezing** 매우 추운 **cold snap** 기습 한파 **moderate** (기후 등이) 온화한 **average** 평균 **humid** 습한 **rainy period** 우기

55

People who desire the pleasure and convenience of a home swimming pool, but can't afford the traditional in-ground pool, often opt for an above-ground model. However, this might not be a wise investment. Above-ground pools are much more susceptible to damage, and they never last as long as in-ground pools. Moreover, the money required to maintain them quickly cancels out any up-front savings. Homeowners shopping for pools should bite the bullet and go in-ground or save the purchase for another day.

Q   Which is correct according to the talk?
(a) In-ground pools are more affordable to people.
(b) Above-ground pools are not a good investment.
(c) Swimming pools above ground are easy to maintain.
(d) Below ground pools are not worth their high expense.

번역 가정 수영장의 즐거움과 편리함을 원하지만 전통적인 매립식 수영장이 형편에 맞지 않는 사람들은 종종 지상형 모델을 선택합니다. 그러나, 이것은 현명한 투자가 아닐지도 모릅니다. 지상형 수영장은 피해를 입기 쉽고 매립식 수영장보다 오래 가지 못합니다. 게다가, 그것을 유지하는 데 필요한 돈은 선행 투자금을 빠르게 상쇄할 것입니다. 수영장을 구입하려는 주택 소유자들은 이를 악물고 매립식 수영장을 사거나 구매를 나중으로 미뤄야 합니다.

Q   담화에 따르면 옳은 것은?
(a) 매립식 수영장은 사람들에게 더 저렴하다.
✔(b) 지상형 수영장은 좋은 투자가 아니다.
(c) 지상형 수영장은 관리하기가 쉽다.
(d) 매립식 수영장은 높은 비용만큼의 가치가 없다.

해설 매립식 수영장을 살 형편이 안 되는 사람들이 지상형 수영장을 산다고 했으며, 지상형 수영장은 관리가 어렵기 때문에 좋은 투자가 아니라고 하며, 이를 악물고 매립식 수영장을 사라고 한 것은 그만큼의 가치가 있다는 의미이므로 옳은 것은 (b)뿐이다.
desire 바라다   **convenience** 편리성   **in-ground** 매립식의   **above-ground** 지상의   **susceptible to** ~에 민감한   **cancel out** 상쇄하다   **up-front savings** 선행 투자 예금   **bite the bullet** 이를 악물고 하다   **purchase** 구매

56

The Marine Safety Commission has issued a shark alert for the communities of Welford and McDyson Beach. Aerial patrols have spotted at least two abnormally large great white sharks near the coast, and there are likely others in the area. Residents are encouraged but not required to stay out of the water until the alert is lifted. Should the sharks be seen to move closer to shore, a mandatory swim ban will go into effect.

Q   Which is correct according to the news report?
(a) Residents of three towns were alerted about sharks.
(b) Two small sharks have been spotted off the coast.
(c) The commission's current order is not obligatory.
(d) A ban on swimming will stay in effect all day.

번역 해양 안전 위원회는 웰퍼드와 맥다이슨 해변 지역 주민들에게 상어 경고를 발표했습니다. 항공 정찰기들은 해변 가까이에서 적어도 두 마리의 비정상적으로 거대한 백상어를 발견했고 인근에 다른 상어들이 있을 가능성이 있습니다. 거주민들은 경보가 해제될 때까지 물에 들어가지 말도록 강요까지는 아니지만 권고를 받고 있습니다. 상어가 해변 쪽으로 더 가까이 움직이는 것이 발견되면 강제적인 수영 금지가 발효될 것입니다.

Q   뉴스 보도에 따르면 옳은 것은?
(a) 세 개 마을의 거주민들은 상어에 대해 경고를 받았다.
(b) 두 마리의 작은 상어가 연안에서 발견되었다.
✔(c) 위원회의 최근 명령은 의무적인 것은 아니다.
(d) 수영 금지 명령은 하루 종일 유효할 것이다.

해설 두 해변 지역 주민들에게 경고가 내려졌고 적어도 두 마리의 비정상적으로 거대한 백상어가 발견되었고 물에 들어가지 말라는 위원회의 지시는 강요가 아니라 권고 사항이며 해변으로 더 가까이 움직이면 강제적인 수영 금지령이 발효될 것이라고 했으므로 (c)가 정답이다.
commission 위원회   **issue** 발표하다   **shark alert** 상어 경보   **community** 지역   **aerial** 항공의   **patrol** 순찰대   **spot** 발견하다   **abnormally** 비정상적으로   **coast** 해변   **resident** 거주민   **encourage** 권고하다   **require** 요구하다   **lift** 해제하다   **mandatory** 강제적인   **ban** 금지   **go into effect** 시행되다   **obligatory** 의무적인

57

We probably best know Louis Pasteur as the inventor of the method for removing harmful microorganisms from beverages, most commonly milk. It was named "pasteurization" after him. But the life work of this microbiologist was much more varied. His work was instrumental in proving the germ theory of disease, and he created numerous vaccines for previously widespread diseases. All told, Pasteur's contributions to science have perhaps saved more lives than those of any other individual.

Q Which is correct about Louis Pasteur according to the lecture?

(a) He partially contributed to the invention of pasteurization.

(b) He was responsible for formulating the germ theory.

(c) His scientific efforts dealt with disease prevention.

(d) His work led to the discovery of new diseases.

번역 아마도 루이 파스테르를 가장 흔하게는 우유 같은 음료수에서 유해한 미생물을 없애는 방법을 발명한 사람으로 가장 잘 알고 있을 것입니다. 그의 이름을 따라 '파스테르화'라고 했습니다. 그러나, 이 미생물학자의 업적은 훨씬 더 다양했습니다. 그의 작업은 질병의 세균 이론을 증명하는 수단이 되었고 이전에는 널리 확산되었던 질병의 백신을 무수히 만들었습니다. 통틀어서, 파스테르의 과학에의 기여는 아마도 다른 어떤 사람보다 더 많은 생명을 살렸을 것입니다.

Q 루이 파스테르에 관해 옳은 것은?

(a) 파스테르화의 발명에 부분적으로 기여했다.

(b) 세균 이론을 형성하는 데 책임이 있었다.

✔(c) 그의 과학적인 노력은 질병 예방을 해결해냈다.

(d) 그의 작업은 새로운 질병의 발견으로 이어졌다.

해설 루이 파스테르는 음료수에서 유해한 미생물을 제거하는 파스테르화로 가장 잘 알려진 발명가이며 세균 이론을 증명하는 수단으로 그의 작업이 쓰였고 이전에는 널리 퍼진 질병의 백신을 만들어서 누구보다도 많은 생명을 살렸다고 했으므로 (c)가 정답이다.

inventor 발명가 microorganism 미생물 beverage 음료수 be named after ~을 따라 이름을 짓다 pasteurization 저온 살균 instrumental 수단이 되는 germ 세균 numerous 수많은 vaccine 백신 previously 이전에는 widespread 널리 퍼진 contribution 기여 formulate 형성하다 deal with ~을 처리하다 prevention 예방

58

If you're ready to embrace the age of electronic banking, then you're ready for Star Quest Banking Online. Consolidate all of your finances—monthly bills, mortgage and rent payments, taxes, and more—in one easy-to-use platform, accessible from any computer with Internet connectivity. Star Quest also allows you to build your investment portfolio directly into your account profile, which truly gives you everything you need in one convenient service. And the best part is, as part of our special startup promotion, the first 1,000 customers to sign up automatically receive a one hundred dollar credit to their account.

Q What can be inferred about Star Quest Banking Online from the advertisement?

(a) It charges users a monthly fee.

(b) It is a newly introduced service.

(c) It offers customers a tax benefit.

(d) It was designed primarily for investors.

번역 전자 금융을 받아들일 준비가 되었다면 스타 퀘스트 은행 온라인을 쓸 준비가 된 것입니다. 월 청구서와 대출, 임대료, 세금 등 모든 자금을 쓰기 쉬운 하나의 플랫폼에 통합하세요. 인터넷 연결이 된 컴퓨터라면 이용 가능합니다. 스타 퀘스트는 또한 계좌 개요로 바로 투자 포트폴리오를 세울 수 있게 해주는데 이는 하나의 편리한 서비스로 꼭 필요한 모든 것을 드리는 것입니다. 그리고 가장 좋은 점은 특별 창업 홍보의 일환으로, 신청하시는 최초 1,000명의 고객들은 계좌에 백 달러를 자동으로 받게 된다는 것입니다.

Q 스타 퀘스트 뱅킹 온라인에 관해 유추할 수 있는 것은?

(a) 사용자들에게 월별 요금을 청구한다.

✔(b) 새로 소개되는 서비스이다.

(c) 고객들에게 세금 우대를 제공한다.

(d) 주로 투자자들을 위해 설계되었다.

해설 이 서비스에서 제공하는 가장 좋은 점은 가입 고객 천 명에게 백 달러를 준다는 것인데 이것을 특별 창업 홍보로서 제공한다고 언급했다. 따라서 이 온라인 뱅킹 서비스가 새로 소개하는 사업임을 알 수 있으므로 (b)가 정답이다.

embrace 받아들이다 electronic banking 전자 금융 consolidate 통합하다 finance 재정 mortgage 대출 platform 사용 기반이 되는 컴퓨터 시스템 accessible 접근이 가능한 investment portfolio 투자 종목 profile 개요 startup 창업의 promotion 홍보 sign up 신청하다 tax benefit 세금 우대 primarily 주로 investor 투자자

59

Did you ever wonder why most grocery stores are laid out in the same way? It's no coincidence, for the placement of each item is guided by carefully conducted sales research. For instance, high-value items like produce, dairy, and specialty products are found around the store's perimeter, areas that see the most foot traffic. This system carries over into individual aisles as well, where high-profit items will always be placed at eye level, whereas their lower-priced alternatives occupy the bottom shelves. When it comes to product placement, nothing is left to chance.

Q What can be inferred from the lecture?
(a) Stores earn a high profit margin from produce.
(b) Most shoppers search the bottom shelves first.
(c) Dairy sections tend to be at the center of stores.
(d) Grocery stores are typically laid out in a square.

번역 대부분의 식료품점은 왜 똑같은 방식으로 진열을 하는지 궁금하지 않았나요? 각 제품의 배치는 우연의 일치가 아니라 신중하게 실행된 판매 조사에 의해 지시된 것입니다. 예를 들어, 농산품, 유제품, 특산품과 같은 고가치 상품은 상점의 가장 많은 사람들이 돌아다니는 구역인 가장자리에서 찾아 볼 수 있습니다. 이 방식은 개별적인 통로에도 적용이 되는데, 고수익 상품은 항상 눈높이에 있는 반면 낮은 가격의 대체물은 바닥 선반에 놓여 있습니다. 생산품 배치에 있어서 어떤 것도 우연은 없습니다.

Q 강의에서 유추할 수 있는 것은?
✔(a) 상점은 농산품에서 높은 수익을 낸다.
(b) 대부분의 쇼핑객들은 바닥 선반을 먼저 찾는다.
(c) 유제품은 상점의 중간에 있는 경향이 있다.
(d) 식료품점은 전형적으로 사각형으로 배치된다.

해설 고가치 상품에 농산품, 유제품, 특산품 등을 포함시키고 있는데 이들은 수익이 높기 때문에 상점에서 사람들이 가장 많이 다니는 쪽에 배치된다고 했다. 그러므로 농산품도 높은 수익을 낸다는 것을 유추할 수 있으므로 (a)가 정답이다.
grocery store 식료품점 coincidence 우연의 일치 placement 자리 배치 item 물품 produce 농산물 dairy 유제품 perimeter 둘레 aisle 통로 whereas 반면에 alternative 대체물 occupy 차지하다 margin 이익 lay out 전시하다

60

As you all know, it's important for us to maintain a semblance of modesty during these tough economic times. The country's citizens are hurting, so there's understandably some resentment towards the fact that our fourth-quarter earnings were so high. In order to improve our reputation, my advisors have recommended that we place a freeze on executive bonus payouts for the time being. I've reluctantly agreed, but I assure you the move will only be temporary. We'll reinstate your bonus schedule as soon as the economic climate warms.

Q What can be inferred from the CEO's talk?
(a) The company has remained successful.
(b) Executives will not earn bonuses for many years.
(c) The advisors are worried the company could collapse.
(d) Citizens have staged a boycott of the company's products.

번역 아시다시피, 이와 같은 경제적으로 어려운 시기에 겸손한 모습을 유지하는 것이 중요합니다. 우리의 4사분기 수익이 아주 높다는 사실에 대해 이 힘든 불경기에 국민들의 분노가 당연히 있습니다. 우리의 평판을 개선하기 위해서 저의 고문들은 당분간 임원진의 상여금 동결을 권했습니다. 저는 마지못해 수락했지만 그 변화는 일시적일 뿐이라는 걸 확실히 말씀드릴 수 있습니다. 경제가 호조되는 대로 상여금 계획을 복귀시킬 것입니다.

Q CEO의 담화에서 유추할 수 있는 것은?
✔(a) 회사는 아직 성공적이다.
(b) 임원진은 여러 해 동안 상여금을 받지 않을 것이다.
(c) 고문들은 회사가 붕괴될 것을 걱정하고 있다.
(d) 시민들은 그 회사의 상품 거부 운동을 일으켰다.

해설 담화는 한 회사가 경제적으로 힘든 시기에 높은 수익을 내고 있어서 시기와 분노의 대상이 될 것을 우려하여 겸손의 외양을 갖추자는 내용이므로 (a)가 정답이다. 임원진의 상여금 동결을 추진하고 있는 것으로 보아 회사는 아직까지 성공적으로 잘 되고 있음을 유추할 수 있다.
semblance 외관 modesty 겸손 resentment 분노 fourth-quarter 4사분기 reputation 명성 place a freeze 중단시키다 payout 지불금 for the time being 당분간 reluctantly 억지로 assure 확신하다 temporary 일시적인

☐	bounce back	(좋지 않은 일에서) 회복하다
☐	ancient ruins	고대 유적
☐	encyclopedia	백과사전
☐	puff up	부어 오르다
☐	extension	내선 번호
☐	apparently	겉보기에
☐	rip-off	바가지, 폭리
☐	comprehensive	종합의
☐	workload	학업량, 업무량
☐	list	(팔 물건으로) 내놓다
☐	recall	기억하다
☐	rein in	~을 엄격하게 자제하다
☐	regimen	요법, 처방
☐	hook up	전원에 연결하다
☐	solicit	요청하다
☐	at any cost	무슨 일이 있어도
☐	lay eyes on	~을 발견하다
☐	storewide	전 매장의
☐	poach	밀렵
☐	habitat	서식지
☐	plague	괴롭히다
☐	dialect	방언
☐	catalyst	촉매
☐	assessment	평가
☐	substantial	충분한
☐	precipitation	강수량
☐	setback	차질
☐	pros and cons	찬성과 반대
☐	presidency	대통령직
☐	plummet	급락하다

PART	I	**1** (b)	**2** (d)	**3** (b)	**4** (a)	**5** (a)	**6** (c)	**7** (a)	**8** (c)	**9** (b)	**10** (c)
		11 (c)	**12** (b)	**13** (b)	**14** (d)	**15** (a)					
PART	II	**16** (d)	**17** (b)	**18** (d)	**19** (d)	**20** (d)	**21** (a)	**22** (c)	**23** (d)	**24** (d)	**25** (b)
		26 (a)	**27** (c)	**28** (d)	**29** (b)	**30** (b)					
PART	III	**31** (d)	**32** (a)	**33** (b)	**34** (c)	**35** (d)	**36** (b)	**37** (b)	**38** (b)	**39** (c)	**40** (c)
		41 (d)	**42** (d)	**43** (b)	**44** (a)	**45** (b)					
PART	IV	**46** (d)	**47** (b)	**48** (b)	**49** (d)	**50** (d)	**51** (d)	**52** (a)	**53** (c)	**54** (c)	**55** (b)
		56 (d)	**57** (d)	**58** (a)	**59** (d)	**60** (c)					

ACTUAL TEST 2   **Part I**

1

W   I can help you in the garden this Saturday.

M   _____

(a) It was a tremendous help.
(b) Really? That would be great.
(c) No, it's going to be a pleasant day.
(d) Potatoes, mainly. Also some carrots.

번역   W   이번 토요일에 정원 일 도울게요.
      M   _____
      (a) 도움이 아주 많이 됐어요.
      ✔(b) 정말이요? 그렇게 해주시면 고맙죠.
      (c) 아니요, 즐거운 하루가 될 거예요.
      (d) 주로 감자예요. 당근도 있고요.

해설   여자가 정원 일을 돕겠다는 말에 대한 남자의 응답으로 기쁘게 감사를 표하는 (b)가 가장 적절하다. (a)는 과거시제로 도움을 받고 난 후 할 수 있는 말이다.
     tremendous 굉장한

2

M   When can Mr. Yang see me?

W   _____

(a) Mr. Yang? He's a friend of mine.
(b) It took about half an hour.
(c) On the top floor.
(d) He's busy until 6.

번역   M   언제 양 씨를 뵐 수 있죠?
      W   _____
      (a) 양 씨라고요? 그는 내 친구인데요.
      (b) 약 30분 걸렸습니다.
      (c) 꼭대기 층에서요.
      ✔(d) 6시까지 바쁩니다.

해설   의문사 When에 대한 답은 시간을 나타내는 말이 포함돼야 하나 (b)는 어떤 일을 하는 데 시간이 걸렸다는 뜻이므로 (d)가 적절한 응답이다.
     top floor 최상층

3

W   How did your vacation turn out?

M   _____

(a) I'm glad you liked it.
(b) I got quite sunburned.
(c) Yes, a lot of people.
(d) Two weeks in Fiji.

번역   W   휴가는 어땠나요?

      M   _____

      (a) 그것이 마음에 든다니 다행이네요.
      ✔(b) 피부가 많이 탔어요.
      (c) 네, 많은 사람들이요.
      (d) 피지에서 2주일간이요.

해설   휴가를 다녀온 남자에게 어떠했는지 묻고 있으므로 피부가 탔다는 (b)가 적절한 응답이다. (d)는 휴가 기간과 장소를 묻는 질문에 대한 응답이다.

      turn out 결국 ~이 되다   **sunburned** 볕에 그을린

4

W   I'm dreading my lunch with Albert tomorrow.

M   _____

(a) Then just cancel it.
(b) I'll call to invite him.
(c) I'm hungry. Let's go now.
(d) We can meet at my place instead.

번역   W   내일 앨버트와 점심 식사하는 게 두려워요.

      M   _____

      ✔(a) 그러면 취소해 버리세요.
      (b) 그를 초대하려고 전화할 거예요.
      (c) 배가 고파요. 지금 갑시다.
      (d) 대신 우리 집에서 만납시다.

해설   다른 사람과의 점심 약속이 두렵다는 여자의 말에 여러 응답이 가능하나 나머지는 어색하며 (a)가 자연스러운 응답이다.

      dread 두려워하다   **cancel** 취소하다   **place** 집

5

W   Sam, did anyone call for me while I was out?

M   _____

(a) No, there hasn't been a peep.
(b) Yes, he prefers to be called Sam.
(c) I'll make sure to tell him you called.
(d) I don't mind if you take the day off.

번역   W   샘, 내가 외출한 동안 전화 온 게 있었나요?

      M   _____

      ✔(a) 아니요, 전화 한 통도 안 왔어요.
      (b) 네, 그는 샘이라고 불리는 걸 더 좋아해요.
      (c) 전화했다고 그에게 확실히 말할게요.
      (d) 일을 하루 쉬어도 상관없어요.

해설   부재 중에 자신에게 온 전화를 확인하는 질문에 대한 응답으로 그 여부를 알려주는 (a)가 적절하다.

      peep 삑하는 소리를 내다   **take a day off** 일을 하루 쉬다

6

M   Oh no, I left my house key at the office.

W   _____

(a) You must be able to walk to work.
(b) He has a key to solving the crime.
(c) There's a spare under the mat.
(d) You have to jiggle the knob.

번역   M   맙소사, 사무실에 집 열쇠를 두고 왔네요.

      W   _____

      (a) 분명 걸어서 직장에 갈 수 있어요.
      (b) 그가 범죄를 해결할 실마리를 갖고 있어요.
      ✔(c) 현관 깔개 밑에 예비 열쇠가 있어요.
      (d) 문 손잡이를 가볍게 당겨야 해요.

해설   열쇠를 두고 와서 문을 못 여는 상황이다. (d)는 열쇠와는 상관없이 문이 잘 안 열리는 경우에 가능한 응답이고, spare는 여분의 물건을 뜻하므로 (c)가 가장 적절하다.

      jiggle 가볍게 당기다   **knob** 문 손잡이

7

M Waitress, this chicken is undercooked.

W _____

(a) I'm sorry. I'll get them to cook you another.
(b) Chicken is healthier for you if it's overcooked.
(c) Today's special is roast chicken with a cup of soup.
(d) That's right, and you get a side of vegetables with it.

번역 M 여기요, 이 닭고기 덜 익었는데요.
　　　W _____
　　　✔(a) 죄송합니다. 새로 하나 굽도록 하겠습니다.
　　　(b) 닭고기는 푹 익히면 건강에 더 좋아요.
　　　(c) 오늘의 특별 요리는 수프를 곁들인 구운 닭고기입니다.
　　　(d) 맞아요, 거기에 야채를 곁들여 드시게 됩니다.

해설 식당에서 주문한 닭고기가 덜 익었다고 말하는 남자와 종업원의 대화이다. (b)는 너무 익혀 요리된 경우에 가능한 응답이고, (a)가 적절하다.

undercook 덜 익히다　**overcook** 너무 익히다

9

M Ms. Witherby, it's John Hammond from Summit Cable Services calling.

W _____

(a) Check channel 1-68.
(b) Sorry, this isn't a good time.
(c) The TV was heavily discounted.
(d) I don't think they're hiring right now.

번역 M 위더비 씨, 저는 서밋 케이블 서비스의 존 해몬드입니다.
　　　W _____
　　　(a) 채널 1-68을 확인해 보세요.
　　　✔(b) 죄송한데, 지금은 곤란해요.
　　　(c) 그 텔레비전은 대폭 할인되었어요.
　　　(d) 그들이 당장 고용하리라고 생각지 않아요.

해설 남자는 케이블 회사의 직원으로 고객에게 전화를 건 상황이므로 전화 받기 곤란하다는 (b)가 적절하다.

heavily 많이　**discount** 할인하다　**hire** 고용하다

8

M Does this belt seem a bit overpriced to you?

W _____

(a) You can have it for five bucks.
(b) You're missing a belt loop.
(c) No, that's real leather.
(d) No, on the sales rack.

번역 M 이 벨트는 약간 비싸지 않아요?
　　　W _____
　　　(a) 5달러에 그것을 살 수 있어요.
　　　(b) 벨트 고리가 없네요.
　　　✔(c) 아니요, 진짜 가죽이거든요.
　　　(d) 아니요, 세일 품목 선반에 있어요.

해설 벨트의 가격이 비싸 보인다는 남자의 말에 대해 가능한 응답은 비싼 이유를 설명하는 (c)이다.

overpriced 비싼 값을 매긴　**buck** 달러　**loop** 고리　**real leather** 진짜 가죽　**rack** 선반

10

M I apologize for all the noise in here.

W _____

(a) That's a very kind offer, thanks.
(b) I'll try to keep it down in the future.
(c) Well, you've got kids so I understand.
(d) Most modern music is just noise to me.

번역 M 여기서 너무 시끄럽게 해서 죄송합니다.
　　　W _____
　　　(a) 정말 친절한 제의군요, 감사합니다.
　　　(b) 앞으로 자제하도록 하겠습니다.
　　　✔(c) 아이들이 있어 그러니 이해합니다.
　　　(d) 대부분 현대 음악은 시끄러워요.

해설 시끄럽게 굴어 사과하는 남자의 말에 적당한 응답은 (c)이다. 남자의 말이 제안이 아니므로 (a)는 오답이고, (b)는 남자가 할 수 있는 말이다.

apologize 사과하다　**keep down** 억제하다, 소리 등을 낮추다

11

W This is customer service. How may I help you today?

M _____

(a) Yes, please pass along the message.
(b) No, we're in human resources.
(c) I need to register a complaint.
(d) Thank you, I appreciate that.

번역 W 고객 관리부입니다. 무엇을 도와드릴까요?
  M _____
  (a) 이 메시지를 전해주세요.
  (b) 아니요, 저희는 인사부입니다.
  ✔(c) 불만 사항을 접수하려고 합니다.
  (d) 정말 감사하게 생각합니다.

해설 회사의 고객 관리부로 전화를 걸었으므로 (c)와 같은 응답이 자연스럽다.
  customer service 고객 관리부 **pass along** ~을 전달하다
  human resources 인사부 **register** 등록하다 **complaint** 불평, 불만

12

M They're going to start repaving the street tomorrow.

W _____

(a) At the end of the street, on the corner.
(b) Good, it really needs to be improved.
(c) I love how smooth it feels.
(d) I prefer running on grass.

번역 M 내일 도로를 재포장할 거예요.
  W _____
  (a) 이 도로 끝의 모퉁이에요.
  ✔(b) 잘됐군요, 정말 개선해야 돼요.
  (c) 너무 평탄해서 좋아요.
  (d) 잔디 위에서 달리는 게 좋아요.

해설 도로를 재포장한다는 남자의 말에 (b)가 적절한 응답이다. (a)는 구체적인 장소를 물었을 때 가능하고, (c)는 이미 재포장이 끝난 뒤에 할 수 있는 응답이다.
  repave 재포장하다 **improve** 개선하다

13

W Oh, hello, Mitch, come right in. I apologize for the mess.

M _____

(a) Thanks, I'll be right over.
(b) My place is ten times worse.
(c) Yeah, I was cleaning all day.
(d) Mitch is never very tidy.

번역 W 안녕 미치, 어서 들어 와. 엉망이라서 미안해.
  M _____
  (a) 고마워, 금방 갈게.
  ✔(b) 우리 집은 열 배나 더 더러워.
  (c) 응, 하루 종일 청소했어.
  (d) 미치는 절대 정리 안 해.

해설 자기 집을 방문한 남자에게 집 상태에 대한 의례적인 말을 하고 있다. 겸손하게 표현한 말인 (b)가 가장 적절하다.
  mess 불결, 뒤죽박죽 **I'll be right over.** 그리로 갈게요.
  tidy 잘 정돈된

14

W That house on the hill is going to be torn down.

M _____

(a) Humboldt Hill, out by the airport.
(b) What a great view it's going to have.
(c) I'd rather buy a house closer to downtown.
(d) I hope they can salvage some of the materials.

번역 W 언덕 위의 저 집이 헐릴 거래.
  M _____
  (a) 홈볼트 힐이야, 공항 옆쪽에 있는.
  (b) 그곳은 정말 멋진 경관이 보일 거야.
  (c) 시내에 가까운 집을 사는 게 낫겠어.
  ✔(d) 일부 자재를 폐품으로 이용하면 좋겠다.

해설 torn down이 대화의 핵심이다. (a), (b)는 hill을 이용한 대화와 관련 없는 응답이고, 집을 허물고 거기서 폐자재를 활용하기를 바란다는 (d)가 적절한 응답이다.
  tear down 헐다, 무너뜨리다 **salvage** 폐품으로 이용하다
  material 재료

15

M Isn't it dangerous to walk around the park at night?

W _____

(a) No, the whole thing's pretty well-lit.
(b) There's more parking in the next lot.
(c) You should make sure to stretch first.
(d) Sure, I don't mind accompanying you.

번역 M 밤에 공원을 걸어다니면 위험하지 않나요?
　　　 W _____
　　✔(a) 아니요, 모든 곳에 불이 환하게 켜져 있어요.
　　　(b) 옆 주차장에 주차 공간이 더 있어요.
　　　(c) 꼭 스트레칭부터 하세요.
　　　(d) 물론이요, 같이 가는 거 괜찮아요.

해설 여자가 밤에 공원을 걸어다니는 것을 염려한 남자의 질문이다.
　　　공원(park)과 주차장(parking) 혼동을 유도한 (b)는 오답이고,
　　　(a)가 적절한 응답이다.
　　　well-lit 불을 잘 밝힌 stretch (신체를) 펴다 accompany
　　　동반하다

16

W There's something wrong with the TV picture.
M The visual settings must be off.
W Yeah, I'll try brightening it.
M _____

(a) They had a sale on electronics.
(b) I've been waiting for a show.
(c) Yes, it's so light and cheery.
(d) No, adjust the contrast first.

번역 W TV 화면에 이상이 있어요.
　　　 M 화상 조절이 꺼져 있을 거예요.
　　　 W 네, 그걸 밝게 해볼게요.
　　　 M _____
　　　(a) 전자 제품 세일을 했어요.
　　　(b) 공연을 보려고 기다렸어요.
　　　(c) 네, 아주 밝고 명랑해요.
　　✔(d) 아니요, 명암 대비를 먼저 조절해 봐요.

해설 텔레비전 화면 이상으로 화면을 밝게 하겠다는 여자에게 조언을
　　　하는 상황이다. 구체적인 조작 방법을 알려 주는 (d)가 적절하다.
　　　picture 화면; 화질 visual setting 화상 조절 adjust 맞추다
　　　contrast 명암 대비

17

M What's that smell?
W I just cut into a durian fruit.
M Is it supposed to have that awful odor?
W _____

(a) Show me what you're talking about.
(b) Yes, but the taste is extraordinary.
(c) No, it's not a common fruit.
(d) I'll help you pick one out.

번역 M 이게 무슨 냄새지?
　　　 W 두리언 열매를 잘랐을 뿐이야.
　　　 M 본래 그렇게 고약한 냄새가 나?
　　　 W _____
　　　(a) 네가 말하고 있는 것을 보여 줘.
　　✔(b) 응, 하지만 맛은 끝내줘.
　　　(c) 아니, 흔한 과일이 아니야.
　　　(d) 고르는 걸 도와줄게.

해설 고약한 냄새가 나는 열매를 두고 나누는 대화이다. 이상한 냄새는
　　　나지만 맛은 아주 좋다고 언급한 (b)가 적절하다.
　　　be supposed to ~하기로 되어 있다 awful 끔찍한
　　　odor 악취 extraordinary 놀라운

18

W Hello, deposit or withdrawal?
M I'd like to make a deposit, please.
W And is it a check you'll be depositing?
M _____

(a) No, a withdrawal.
(b) With First Street Bank.
(c) Let me double-check it.
(d) Actually, I brought cash.

번역 W 안녕하세요, 입금인가요, 아니면 출금하실 건가요?
　　　 M 입금하려고 합니다.
　　　 W 수표로 하실 건가요?
　　　 M _____
　　　(a) 아니요, 출금입니다.
　　　(b) 퍼스트 스트리트 은행에서요.
　　　(c) 다시 확인해 볼게요.
　　✔(d) 실은 현금인데요.

해설 은행 창구 직원과 고객의 대화이다. 남자가 입금한다고 했으므로
　　　(a)는 어긋나며, 자신의 돈을 재확인하는 (c)는 어색하다. 다른 지
　　　불 수단인 cash를 언급한 (d)가 적절한 응답이다.
　　　deposit 입금 withdrawal 출금 double-check 재확인하
　　　다

19

M I just heard back from Dr. An.

W Well, what's the verdict?

M The tumor's not malignant.

W _____

(a) I'll keep my fingers crossed.

(b) I'll ask the doctor tomorrow.

(c) What a thing to say!

(d) That's a huge relief.

번역 M 안 박사님으로부터 답신을 막 받았어요.

W 그래, 결과가 어떻게 나왔어요?

M 종양이 악성은 아니래요.

W _____

(a) 행운을 빌게.

(b) 내일 의사에게 물어볼 거야.

(c) 별말을 다 하는구나!

✔(d) 정말 다행이구나.

해설 악성 종양은 아니라는 의사의 답신을 들었다는 남자의 말에 '정말 다행이다'라고 위로하는 (d)가 자연스러운 응답이다. What a thing to say!는 '별말을 다하는구나'라는 뜻이다.

verdict 판결 **tumor** 종양 **malignant** 악성의

20

W I just got ketchup on my jacket.

M Quick, soak it in cold water.

W And then what do I do?

M _____

(a) I'll get you a plate to put it on.

(b) You should definitely try it on first.

(c) Just take it easy and drink some water.

(d) I recommend taking it to the dry cleaners.

번역 W 내 상의에 케첩이 묻었어요.

M 빨리 찬물에 담가두어요.

W 그런 다음 어떻게 하나요?

M _____

(a) 올려 놓을 접시를 가져다 줄게요.

(b) 꼭 먼저 입어 봐야 해요.

(c) 진정하고 물 좀 마셔요.

✔(d) 세탁소에 갖다 주길 권합니다.

해설 케첩이 묻은 옷 때문에 당황한 여자에게 남자의 후속 조치는 (d)가 적절하다.

soak 담그다 **plate** 접시 **definitely** 분명히 **try on** 입어 보다 **recommend** 추천하다

21

M There's a clearance sale at the mall tomorrow.

W Really? I'd love to go.

M Me, too. I suggest we get there early.

W _____

(a) That's what I was thinking.

(b) The mall is off Highway 6.

(c) I'm not sure what day it starts.

(d) Whatever you think looks good.

번역 M 내일 쇼핑몰에서 재고 정리 세일을 한대요.

W 정말이요? 꼭 가고 싶어요.

M 저도요. 일찍 가 보는 게 어떨까요.

W _____

✔(a) 저도 그렇게 생각하고 있었는데.

(b) 쇼핑몰은 6번 도로 옆에 있어요.

(c) 그게 며칠에 시작하는지 잘 모르겠어요.

(d) 뭘 생각하든 괜찮을 것 같은데요.

해설 쇼핑몰에서 세일을 하니 함께 가자는 남자의 말에, 여자는 이미 I'd love to go라고 했으므로 동의를 표하는 (a)가 적절한 응답이다. (b)는 위치에 관한 응답이다.

clearance sale 재고 정리 세일 **off** ~에서 들어가서

22

M I can't believe how things turned out.

W You mean getting rejected from Hereford College?

M Right. I'm so happy here at Patterson U.

W _____

(a) Don't worry, you'll get in.

(b) You applied to a lot of schools.

(c) Then, it was a blessing in disguise.

(d) They play each other in the finals.

번역 M 일이 결국 이렇게 되다니.

W 히어퍼드 대학으로부터 거절당했던 거?

M 맞아. 여기 패터슨 대학에서 아주 만족해.

W _____

(a) 걱정하지 마. 너는 들어갈 수 있을 거야.

(b) 너 많은 학교에 지원했구나.

✔(c) 그럼, 전화위복의 계기였겠네.

(d) 그들은 결승에서 만나게 됐어.

해설 어떤 대학으로부터 입학 거절을 당한 남자가 현재의 대학에 있게 된 것이 다행이라는 내용이므로 (c)가 적절한 응답이다.

turn out 결국 ~임이 드러나다 **reject** 거절하다 **a blessing in disguise** 괴롭지만 이익이 되는 경험

23

W Can I check out this book, please?

M OK, may I see your library card?

W I don't have one of those.

M _____

(a) There's a fine for late returns.
(b) Sure, I wouldn't mind reading it.
(c) A strict policy of three books per visit.
(d) But you can't borrow books without a card.

번역 W 이 책을 빌릴 수 있나요?
　　　M 네, 도서관 카드를 보여 주실래요?
　　　W 그런 거 없는데요.
　　　M _____
　　　(a) 연체하시면 벌금이 있어요.
　　　(b) 그럼요, 그 책을 읽는 건 상관없어요.
　　　(c) 한 번에 3권 대출이라는 엄격한 방침이에요.
　　✔(d) 하지만 카드 없이는 책을 빌리실 수 없습니다.

해설 check out은 '도서관에서 책을 빌리다'란 뜻인데 카드를 보여 달라는 것은 책 대출과 관련 있으므로 (d)가 적절한 응답이다.
　　　fine 벌금 policy 방침

24

W Susan and Roger are fighting again.

M I'm not surprised.

W I just hate to see a couple not getting along.

M _____

(a) Yes, I think we should cheer them up.
(b) I'm not in the mood to argue right now.
(c) I wasn't aware that they knew each other.
(d) They're quite incompatible, if you ask me.

번역 W 수잔과 로저가 다시 싸우고 있어요.
　　　M 놀랄 일도 아니에요.
　　　W 둘이 잘 지내지 못하는 걸 보는 건 너무 싫네요.
　　　M _____
　　　(a) 네, 우리가 그들을 기운나게 해야 해요.
　　　(b) 지금 논쟁할 기분이 아니에요.
　　　(c) 그들이 서로 알고 있다는 것을 눈치채지 못했어요.
　　✔(d) 둘이 맞질 않아요, 제 생각에는요.

해설 싸우는 다른 두 사람에 관해 남녀가 나누는 대화이다. 두 사람의 관계를 언급한 (d)가 적절하다. if you ask me는 in my personal opinion의 뜻이다.
　　　cheer up 힘이 나게 하다 not in the mood to+동사원형 ～할 기분이 아닌 incompatible 양립할 수 없는

25

W I'm sorry, what were we talking about?

M You were telling me what happened at work today.

W Oh, right. I completely lost my train of thought.

M _____

(a) Tell me on the way there.
(b) You're so absent-minded.
(c) I think I know where it is.
(d) Oh, I hope you're all right.

번역 W 미안하지만 우리가 무슨 이야기를 하고 있었지?
　　　M 네가 오늘 직장에서 일어났던 일을 말하고 있었잖아.
　　　W 맞아. 무슨 이야기를 하고 있었는지 완전히 잊어버렸어.
　　　M _____
　　　(a) 거기 가는 길에 얘기해 줘.
　　✔(b) 넌 딴 데 정신이 팔려 있어.
　　　(c) 그게 어디 있는지 알 거 같아.
　　　(d) 네가 괜찮았으면 좋겠다.

해설 어떤 말을 하다가 잊어버린 상황이므로 (b)가 가장 자연스럽다.
　　　lose one's train of thought 하던 말을 잊어버리다
　　　absent-minded 넋 놓고 있는

26

M These mosquitoes are killing me.

W I know. Aren't they a pain?

M I don't want to move inside, though.

W _____

(a) Let me grab some repellent.
(b) I'm not really the outdoors type.
(c) No, they shouldn't be a problem inside.
(d) You should take something for the pain.

번역 M 이 모기들 때문에 죽겠어.
　　　W 그러게. 골칫거리이지 않니?
　　　M 그래도 안으로 들어가고 싶지 않아.
　　　W _____
　　✔(a) 모기약 좀 가지고 올게.
　　　(b) 나는 사실 옥외 활동을 즐기는 사람은 아니야.
　　　(c) 아니, 그것들은 실내에서는 문제가 안 될 거야.
　　　(d) 너는 통증에 듣는 뭔가를 복용해야 해.

해설 모기가 있지만 그래도 안으로 들어가지 않겠다는 남자에게 해결책으로 모기약을 언급한 (a)가 적절한 응답이다.
　　　pain 골칫거리 repellent 방충제 outdoors type 야외 활동을 즐기는 사람

27

M Who's that wearing the cowboy hat?

W Steve. He's acting the fool again.

M I just don't get that guy.

W _____

(a) I can get him for you.

(b) Tell him I like his hat.

(c) You're not the only one.

(d) In the sales department.

번역 M 카우보이 모자를 쓰고 있는 저 사람은 누구입니까?

　　 W 스티브인데 또 바보짓을 하고 있네요.

　　 M 스티브를 이해할 수가 없군요.

　　 W _____

　　 (a) 그를 바꿔 드릴게요.

　　 (b) 내가 그의 모자를 좋아한다고 전해줘.

　✔(c) 너만 그렇게 생각하는 거 아니야.

　　 (d) 판매부에서요.

해설 카우보이 모자를 쓴 우스운 행태의 남자를 이해하지 못한다는 말에 동의하는 (c)가 가장 자연스러운 응답이다.

act the fool 바보 노릇을 하다　**get** 이해하다

28

W It says here you have a sore throat.

M Yes, and I've been running a temperature.

W Are you taking any over-the-counter flu medication?

M _____

(a) My doctor tells me it's a flu virus.

(b) No, I'm not sure where I put them.

(c) I feel very warm no matter where I am.

(d) No, I was hoping for a prescription from you.

번역 W 기록을 보니 목이 아프시군요.

　　 M 네, 열도 있어요.

　　 W 약국에서 파는 일반 독감 약을 먹고 있나요?

　　 M _____

　　 (a) 의사가 독감 바이러스라고 해요.

　　 (b) 아니요, 그것들을 어디에 둔지 확실치 않아요.

　　 (c) 어디에 있든 매우 덥게 느껴집니다.

　✔(d) 아니요, 선생님에게 처방전을 받고 싶었어요.

해설 처방전 없이 살 수 있는 약을 먹느냐는 질문에 이미 먹었다고 하거나 (d)와 같이 처방전을 받으러 왔다고 해야 자연스럽다.

sore throat 목이 아픈　**run a temperature** 열이 나다

over-the-counter 처방전 없이 살 수 있는　**prescription** 처방(전)

29

M It's been hard to fill this tech position.

W You'd think we would have found a tech guy easily.

M We have to get someone within a week.

W _____

(a) Give it to me. I can fill it up.

(b) Perhaps today will be the day.

(c) I could use a little tech help from you.

(d) Just as the guy in charge of tech stuff.

번역 M 이 기술직 자리를 채우는 게 어렵군요.

　　 W 우리가 쉽게 기술자를 찾으리라고 생각하시네요.

　　 M 일주일 내에 누군가 찾아야 해요.

　　 W _____

　　 (a) 그거 주세요. 제가 채울게요.

　✔(b) 혹시 알아요 오늘 찾을지.

　　 (c) 기술적인 도움을 약간 받고 싶어요.

　　 (d) 기술 분야를 담당하는 사람처럼요.

해설 공석인 tech position에 사람을 아직 구하지 못한 상황으로 일주일 내에 사람이 필요하다는 남자의 말에 긍정적인 기대를 언급한 (b)가 적절한 응답이다.

tech 기술자(technician)　**fill it up** (차에 기름을) 가득 채우다

in charge of ~을 맡고 있는

30

W My laptop came in the mail today.

M Already? Didn't you just order it?

W Well, it's been about five days.

M _____

(a) That should be covered under the warranty.

(b) Still, that's an incredibly fast turnaround.

(c) Oh no, that's not what you ordered.

(d) I'm shopping for a used desktop, too.

번역 W 제 노트북이 오늘 우편으로 왔어요.

　　 M 벌써요? 그거 얼마 전에 주문하지 않았나요?

　　 W 음, 5일쯤 됐죠.

　　 M _____

　　 (a) 그건 보증 기간 중에는 보상되어야 합니다.

　✔(b) 그래도 엄청나게 빨리 왔네요.

　　 (c) 맙소사, 그건 당신이 주문한 게 아니에요.

　　 (d) 저도 중고 데스크탑 컴퓨터를 사려고요.

해설 주문한 노트북이 우편으로 도착한 상황에서 남자가 Already?라고 놀라움을 나타낸 것을 파악하면 쉽게 (b)를 고를 수 있다.

under the warranty 보증 기간 중에　**incredibly** 믿기지 않게

turnaround (처리 등의) 소요 시간

31

M   Interested in signing up for a charity run?

W   Oh, I don't know. I'm not a great runner.

M   It's not competitive. You could even walk.

W   Maybe. What's the cause?

M   We're supporting breast cancer research and awareness.

W   Let me check my calendar and get back to you.

Q   What is the man mainly doing?

(a) Interviewing the woman about exercise.

(b) Inviting the woman to join him for a jog.

(c) Conducting research about breast cancer.

(d) Recruiting participants for a charity event.

번역   M   자선 달리기에 신청할 마음이 있습니까?

     W   모르겠어요. 잘 못 뛰어요.

     M   경쟁이 아니에요. 걸어도 됩니다.

     W   글쎄. 명분이 뭐지요?

     M   유방암 연구와 계몽을 후원하는 겁니다.

     W   스케줄 보고 알려 드릴게요.

     Q   남자가 주로 하고 있는 것은?

     (a) 여자에게 운동에 관한 인터뷰하기.

     (b) 여자에게 자신과 함께 조깅하자고 하기.

     (c) 유방암 연구 시행하기.

     ✔(d) 자선 달리기 참가자 모집하기.

해설   자선 달리기 참여를 권유하는 남자와 이에 주저하는 여자의 대화이다. 대화의 첫 부분 Interested in signing up…?으로 볼 때 (d)가 정답이며, 유방암 연구를 후원하는 행사라고 했으므로 (c)는 어긋난다.

     charity run 자선 달리기   **competitive** 경쟁의   **cause** 명분   **conduct** 시행하다

32

W   I'm never going back to Watson's Deli.

M   I'm surprised to hear that. I love that place.

W   I picked up a sandwich from them today, and it was almost inedible.

M   That's really hard to believe. What was wrong with it?

W   The bread was stale and the vegetables were wilted.

Q   What is the woman mainly doing in the conversation?

(a) Complaining about a sandwich she bought.

(b) Describing a problem with her groceries.

(c) Criticizing the man's taste in food.

(d) Asking for a refund for her meal.

번역   W   다시는 왓슨 델리에 가지 않을 거예요.

     M   그런 말을 들으니 놀랍군요. 전 아주 좋던데요.

     W   오늘 거기에서 샌드위치를 샀거든요. 그런데 거의 먹을 수가 없었어요.

     M   진짜 믿기 힘드네요. 무엇이 잘못되었나요?

     W   빵은 퀴퀴하고 야채는 시들었더군요.

     Q   여자가 주로 하고 있는 것은?

     ✔(a) 여자가 산 샌드위치에 관해 불평하기.

     (b) 장본 것에 대한 문제 설명하기.

     (c) 남자의 음식 취향 비판하기.

     (d) 식사비 환불 요구하기.

해설   여자가 어떤 식당에 다시 가지 않겠다고 하며, it was almost inedible이라고 한 말에서 (a)가 정답임을 알 수 있다. groceries를 놓치면 (b)를 답으로 착각할 수 있다.

     inedible 먹을 수 없는   **stale** 신선하지 않은   **wilt** 시들다   **criticize** 비판하다   **taste** 취향, 선호도   **refund** 환불

33

M Have you seen the latest poster ads for Western Apparel?

W Yes, they're in such poor taste. Don't you think?

M That's exactly what I was going to say.

W Their models are almost completely nude.

M Uh-huh. I think the campaign's going to backfire on them.

W I'd be surprised if it didn't.

Q What is the conversation mainly about?

(a) Opinions on a new fashion.

(b) A company's advertising tactics.

(c) Income companies earn from ads.

(d) A new apparel manufacturer.

번역 M 웨스턴 어패럴의 최근 포스터 광고를 본 적 있나요?

W 네, 아주 형편없는 취향이더군요, 그렇지 않나요?

M 저도 그렇게 생각했죠.

W 그 모델들은 거의 완전 나체나 다름없어요.

M 그래요. 그런 판촉 활동이 역효과를 낼 거라 생각해요.

W 그렇게 되지 않는다면 놀랄 일이죠.

Q 대화의 주된 내용은?

(a) 새로운 패션에 관한 의견.

✔(b) 한 회사의 광고 전략.

(c) 회사들이 광고에서 버는 수입.

(d) 새로운 의류 제조업체.

해설 광고 포스터의 부적절성을 비판하며 광고 회사의 전략이 역효과를 낼 거라는 남자의 말과 강한 동의를 나타내는 여자의 말로 볼 때 (b)가 정답이다.

apparel 의복 **campaign** 판촉 활동 **backfire** 역효과를 내다 **tactics** 전술 **income** 수입 **ads** 광고(advertisements) **manufacturer** 제조업체

34

W Biofuels seem like the wave of the future.

M You mean the fuel they make from corn and other crops?

W Yes, that's right.

M But we shouldn't be using food to produce fuel.

W Why do you say that?

M It's not ethical when people are starving.

Q What are the man and woman mainly discussing?

(a) A change in energy consumption.

(b) Inventing different kinds of fuels.

(c) The moral implications of biofuels.

(d) Producing more food for the hungry.

번역 W 바이오 연료는 미래의 흐름처럼 여겨집니다.

M 옥수수나 다른 곡물에서 만드는 연료를 말씀하시는 거죠?

W 네, 맞아요.

M 하지만 연료를 생산하려고 식량을 이용해서는 안 됩니다.

W 왜 그렇게 생각하세요?

M 사람들이 굶주리고 있는데 비윤리적이죠.

Q 두 사람이 주로 말하고 있는 것은?

(a) 에너지 소비의 변화.

(b) 여러 종류의 연료 만들어 내기.

✔(c) 바이오 연료의 도덕적 함축성.

(d) 굶주린 사람들을 위한 더 많은 식량의 산출.

해설 화제로 삼은 biofuel이 미래 연료라는 긍정적인 면과 식량을 원료로 한다는 부정적인 측면을 제시하고 있다. 굶주리는 사람들 입장에서 볼 때 ethical하지 못하다는 의견이 제시되었으므로 (c)가 정답이다. (a)는 대화 중 일부 내용이고, (d)는 남자의 대화 내용을 확대 해석한 예이다.

biofuel 생물 연료 **wave** 널리 퍼진 공통된 경향 **ethical** 윤리적인 **consumption** 소비 **invent** 발명하다 **moral** 도덕적인 **implication** 함축

35

W Hi, Professor Green. My name is Misty Park.

M Hi Misty, what can I do for you?

W I need to make a change to my schedule for next semester.

M OK, I can help you with that. What are you trying to do?

W My schedule's too full as is. I'd like to cut Art 101.

M That shouldn't be a problem.

Q What is mainly taking place?

(a) The man is informing the woman of her schedule.

(b) The woman is registering for an art class.

(c) The man is tutoring the woman.

(d) The woman is dropping a class.

번역 W 안녕하세요, 그린 교수님. 저는 미스티 박입니다.
M 안녕, 미스티. 뭘 도와줄까?
W 다음 학기 스케줄을 변경해야 해서요.
M 그래, 도와줄 수 있어. 뭘 하려고 하니?
W 제 스케줄이 너무 빡빡해서요. 미술 기초 과목을 빼고 싶어요.
M 문제 안 될 거야.

Q 무슨 일에 관한 것인가?
(a) 남자는 여자에게 그녀의 스케줄을 알려주고 있다.
(b) 여자는 미술 수업을 신청하고 있다.
(c) 남자는 여자에게 과외 수업을 해주고 있다.
✔(d) 여자는 한 과목을 취소하려고 한다.

해설 교수와 스케줄 변경을 요청하는 학생의 대화이다. 구체적으로 I'd like to cut Art 101이라며 수강 과목을 하나 빼고 싶다고 말하고 있으므로 정답은 (d)이다.
semester 학기 register 수강 신청하다 tutor 개인 교사로 가르치다 drop (수강 신청을) 취소하다

36

M Most people vacation in Peru in the summer, correct?

W Yes, but you don't have to go then.

M Well, I want to avoid the rainy season in January and February.

W In that case, April and September are good months.

M Are things less crowded at those times?

W Yeah, which means cheaper hotel rates, too.

Q What is the main topic of the conversation?

(a) Where to sightsee in Peru.

(b) The best time to visit Peru.

(c) How much hotels cost in Peru.

(d) The weather during summer in Peru.

번역 M 대부분 사람들은 여름에 페루에서 휴가를 보내죠, 맞지요?
W 네, 그러나 그때 가지 않아도 됩니다.
M 저는 1, 2월의 우기를 피하고 싶어요.
W 그런 경우라면, 4월과 9월이 좋은 달이죠.
M 그 시기에는 좀 덜 복잡합니까?
W 호텔 요금도 더 저렴하지요.

Q 대화의 주제는?
(a) 페루에서 관광할 장소.
✔(b) 페루를 방문할 적기.
(c) 페루 호텔 비용.
(d) 페루의 여름 날씨.

해설 남자가 페루에 우기(rainy season)에는 가고 싶지 않다고 하는 것으로 보아 쉽게 (b)가 정답임을 알 수 있다. (d)에서 페루의 기후에 관한 내용은 대화의 일부일 뿐이다.
vacation 휴가를 보내다 avoid 피하다 rate 요금 sightsee 관광하다

37

M I can't believe the job Betsy did on my garden.

W It looks absolutely stunning.

M What should I do to say thanks?

W How about a gift? You could buy her some new gardening tools.

M Or I could give her the first berries from the vines she planted.

W Oh, I like that idea.

Q What are the man and woman mainly discussing?

(a) Which gardening tools are essential to own.

(b) How the man should express his gratitude.

(c) How to plant a garden from scratch.

(d) Why Betsy is such a good gardener.

번역 M 벳시가 내 정원에 해 놓은 일을 믿을 수가 없네!

W 정말 근사해 보여.

M 어떻게 고마움을 표시할까?

W 선물은 어때? 그녀에게 새 정원 연장을 사줘도 되지.

M 아니면 그녀가 심어 놓은 포도나무에서 난 첫 열매를 주어도 괜찮고.

W 오, 그거 좋은 생각이야.

Q 두 사람의 대화 내용은?

(a) 어떤 정원 연장을 필수적으로 가져야 할지.

✔(b) 남자가 어떻게 감사를 해야할지.

(c) 처음부터 정원에 식물을 심는 방법.

(d) 벳시가 아주 유능한 정원사인 이유.

해설 남자가 정원 일을 해준 벳시에게 감사의 뜻을 전할 방법을 여자와 의논하는 대화이다. 남자의 두 번째 말인 What should I do to say thanks?가 핵심이므로 (b)가 정답이다.

stunning 아주 멋진 **tool** 연장 **berry** 과립, 장과 **vine** 포도 나무 **gratitude** 감사 **from scratch** 처음부터

38

W Jim, what did you make of the movie called *The Quiet Time*?

M I thought the acting was great.

W Yes, all of the characters were very believable.

M Uh-huh. But the story left a lot to be desired.

W Exactly. It's like they only planned the first half, then quit.

M I bet it'll do well at the Oscars, though.

Q Which is correct according to the conversation?

(a) The movie suffered from poor performances.

(b) The woman felt the characters were realistic.

(c) The man found the story well formulated.

(d) The movie won the Oscar for Best Picture.

번역 W 짐, 영화 〈The Quiet Time〉 어떻게 생각하니?

M 연기는 멋졌어.

W 그래, 배역 모두가 정말 실제 같더라.

M 응. 그런데 스토리는 상당히 아쉬웠어.

W 맞아. 초반부만 구성을 하고 그 다음은 그만둬 버린 것 같아.

M 그래도 오스카 시상식에서 잘될 게 틀림없어.

Q 대화와 일치하는 것은?

(a) 영화는 흥행에서 참패했다.

✔(b) 여자는 배역들이 사실감이 난다고 느꼈다.

(c) 남자는 이야기가 잘 짜여졌다고 여겼다.

(d) 영화는 오스카에서 최우수 영화상을 받았다.

해설 첫 문장 what did you make of this?는 '이것을 어떻게 생각하나?'는 뜻이다. 남자가 the story left a lot to be desired라 했고 여자도 동의하였으므로 (c)는 제외되며, 모든 배역들이 very believable이라고 했으므로 (b)가 정답이다.

character 배역 **performance** 성과 **realistic** 사실적인 **formulate** 조직적으로 세우다

39

W Good afternoon, Flat Earth Travel. This is Pam.

M Hi, I'm interested in booking a flight to Istanbul.

W All right, that destination is handled by our Mideast Department. I'll transfer you.

M First, do you happen to know the price offhand?

W It's dependent on when you fly and the length of your trip.

M OK, thanks, you can transfer me now.

Q Which is correct according to the conversation?

(a) The man is eager to work for the Mideast department.

(b) Flat Earth Travel does not provide Istanbul flights.

(c) The woman does not handle flights to Istanbul.

(d) Flights to Istanbul are charged at a fixed rate.

40

W Have you found any renters yet?

M No. The real estate boom is making it difficult.

W I guess no one wants to rent when they can buy so cheaply.

M That's right.

W Why not put the property on the market?

M I thought about that, but I really want to keep it as a rental.

W Well, it's not earning you any money if it's empty.

Q Which is correct about the man according to the conversation?

(a) He is benefiting from the real estate boom.

(b) He is having trouble finding a place to rent.

(c) He is advised to sell his property by the woman.

(d) He is contemplating putting his house up for sale.

41

M Hi, I have some canned goods I'd like to donate.

W OK, great. Where do you live?

M I'm on the north side, just west of Pleasant Valley.

W Excellent. You can drop off the food at our North Town Center.

M Will they provide me with a tax deduction form?

W Of course. All your donations are tax deductible.

Q Which is correct according to the conversation?

(a) The woman wants to make a donation.

(b) The man lives south of Pleasant Valley.

(c) The woman will take donations personally.

(d) The man is hoping to get hold of a tax form.

번역 M 안녕하세요, 기부할 통조림 제품이 좀 있는데요.
W 좋아요. 어디에 사십니까?
M 플레즌트 밸리 서쪽편 북부에 살아요.
W 잘됐네요. 노스 타운 센터에 식품을 갖다 놓으시면 됩니다.
M 거기서 세금 공제 신청 용지를 주나요?
W 물론이죠. 모든 기부는 세금 공제가 됩니다.

Q 대화에 따르면 옳은 것은?
(a) 여자는 기부하길 원한다.
(b) 남자는 플레즌트 밸리 남쪽에 산다.
(c) 여자는 개인적으로 기부를 받을 것이다.
✔(d) 남자는 세금 신청서를 받기 바라고 있다.

해설 남자가 기부를 희망하며 세금 공제 용지 받기를 원한다는 내용이므로, (a)는 제외되며 (d)가 정답이다. 여자가 North Town Center에 갖다 놓으라고 했으므로 자신이 기부 받은 것은 아니다.
donate 기부하다 **tax deduction** 세금 공제 **deductible** 공제할 수 있는 **personally** 개인적으로 **get hold of** ~을 찾다, 구하다 **form** 신청서

42

M I still don't understand why people voted for Governor Miller.

W Well, he was going to control the deficit by cutting spending.

M But all he did was cut taxes for the rich.

W I know, and now the deficit's bigger than ever.

M We've got to vote him out of office.

W I'll be voting against him tomorrow.

Q Which is correct about Governor Miller according to the conversation?

(a) He managed to control the deficit.

(b) He delivered on campaign promises.

(c) He increased taxation of the wealthy.

(d) He faces a reelection vote tomorrow.

번역 M 왜 사람들이 밀러 주지사에게 투표했는지 아직도 이해가 안 되네요.
W 지출을 삭감하여 적자를 억제하려고 했잖아요.
M 그러나 결국 한 일은 부자에게 세금 깎아준 건데요.
W 그러게요, 그래서 지금은 적자가 더 커졌지요.
M 우리가 그를 현직에서 물러나도록 투표해야 해요.
W 내일 그에게 반대하는 표를 찍을 거예요.

Q 밀러 주지사에 관해 옳은 것은?
(a) 적자 억제를 해냈다.
(b) 선거 공약에 관한 연설을 했다.
(c) 부유한 사람들의 과세를 늘렸다.
✔(d) 내일 재선거 투표를 앞두고 있다.

해설 두 사람 모두 현 주지사의 업무에 대해 비판을 하고 있다. 여자의 말인 I'll be voting against him tomorrow에서 내일 선거가 있는 날임을 알 수 있으므로 (d)가 정답이다.
vote 투표하다 **deficit** 적자 **spending** 지출 **deliver** 연설하다 **campaign** 선거 운동 **taxation** 과세 **wealthy** 부유한 **reelection** 재선거

43

M Kaitlin, you're limping!

W Yeah, I think I rolled my ankle during the basketball game last night.

M What happened?

W I went up for a rebound and landed on it wrongly.

M That sounds serious. You need to have it looked at.

W But my coach seems to think it's a minor sprain.

Q What can be inferred from the conversation?

(a) The woman's coach is a trained physician.

(b) The woman will not seek medical attention.

(c) The man is interested in playing with the woman.

(d) The man is not concerned about the woman's injury.

44

W Mitch, you're set to graduate this spring, right?

M Well, I was. But my research is taking longer than expected.

W What does that mean for you?

M At my university, grad students can tack on an extra semester at no cost.

W That's very handy.

M Yes, because I don't want to rush my research.

Q What can be inferred from the conversation?

(a) The man plans to graduate a semester late.

(b) The woman is enrolled at the same university.

(c) The man will abandon his current research project.

(d) The woman is pursuing her own graduate research.

번역 M 케이틀린, 너 절뚝거리네!

W 응, 지난밤 농구 경기 중에 발목을 삔 것 같아.

M 무슨 일이 있었는데?

W 리바운드를 잡으려 했다가 발을 잘못 디뎠어.

M 심상치 않은데. 발목을 보여줘야 할 필요가 있어.

W 그런데 감독님은 살짝 삐었다고 생각하는 것 같아.

Q 대화에서 유추할 수 있는 것은?

(a) 여자의 감독은 전문 훈련을 받은 의사이다.

✔(b) 여자는 의료 처치를 하려고 하지 않을 것이다.

(c) 남자는 여자와 경기를 하려는 마음이 있다.

(d) 남자는 여자의 부상을 걱정하지 않는다.

해설 발목을 삔 것 같다는 여자에게 남자가 의사의 진찰을 받으라고 하지만 여자가 a minor sprain이라는 코치의 의견을 전하는 것으로 보아 (b)를 유추할 수 있다.

limp 절뚝거리다 rebound 리바운드 sprain 삠 physician 의사 attention 처치

번역 W 미치, 너 올 봄에 졸업하기로 했지, 맞지?

M 그랬지. 한데 내 연구가 예상한 것보다 더 오래 걸리네.

W 무슨 소리야?

M 우리 학교에서 대학원생은 수업료 안 내고 추가로 한 학기를 더 다닐 수 있어.

W 유용하겠네.

M 응, 연구를 서두르고 싶지 않거든.

Q 대화에서 추론할 수 있는 것은?

✔(a) 남자는 한 학기 늦게 졸업할 계획이다.

(b) 여자는 같은 대학에 등록했다.

(c) 남자는 현재 연구 과제를 포기할 것이다.

(d) 여자는 자신의 졸업 연구를 수행하고 있다.

해설 남자의 대학원 졸업 시기에 관한 질문에 남자는 연구가 더 길어지고 있고 추가로 한 학기 더 다닐 수 있다는 사실을 말한 것으로 보아 (a)가 정답임을 알 수 있다. (d)는 남녀가 뒤바뀐 선택지의 예이다.

research 연구 grad 대학원의 tack on 부가하다 handy 편리한 enroll 등록하다 abandon 단념하다 current 현재의 pursue 추구하다

45

M Rebecca Kim is coming to town.

W On her lecture circuit?

M Yeah, she'll be speaking at Laurie Auditorium on November 9.

W Oh my gosh, that's so wonderful. I'd give anything to see her.

M You might want to hurry. Tickets went on sale a week ago.

W Surely they wouldn't have sold out already.

M Well, I wouldn't take that for granted. Kim's quite popular.

Q What can be inferred about the man from the conversation?

(a) He paid extra for his Rebecca Kim tickets.

(b) He is afraid the lecture might already be sold out.

(c) He is skeptical of Rebecca Kim's popularity.

(d) He feels the woman will be disappointed by Kim.

번역 M 레베카 김이 이 도시에 올 거야.
　　 W 순회 강연으로?
　　 M 응, 11월 9일 로리 강당에서 연설할 거야.
　　 W 와, 엄청난데. 무조건 꼭 보러 갈 거야.
　　 M 서둘러야 할걸. 일주일 전에 티켓 판매가 시작되었어.
　　 W 설마 이미 표가 매진되지 않았겠지.
　　 M 글쎄, 장담 못 하겠는데. 김은 아주 인기가 많잖아.

　　 Q 남자에 관해 유추할 수 있는 것은?
　　 (a) 레베카 김의 티켓을 웃돈 주고 샀다.
　　 ✔(b) 표가 이미 매진되었을지도 모른다고 본다.
　　 (c) 레베카 김의 인기에 회의적이다.
　　 (d) 여자가 레베카 김에 대해 실망을 할 거라고 생각한다.

해설 남자의 마지막 말인 I wouldn't take that for granted는 여자가 표를 확실히 사는 걸 장담하지 못할 거라는 말이므로 (b)가 적절하다. (c)는 반대되는 진술이다.
　　 lecture circuit 순회 강연 **auditorium** 강당 **take ... for granted** ~을 당연하게 생각하다 **be sold out** 매진되다 **skeptical** 회의적인

46

Historically, state and federal laws have lagged behind the precedents set by local and municipal ordinances. With this in mind, it's time the municipality of Stewartsville took the problem of texting while driving into its own hands. This behavior is proven to be highly dangerous, both for the offender and everyone else on the road. I urge the town council to immediately implement a regulation banning texting while driving. The ordinance should be backed up with stiff fines for violators.

Q What is the main topic of the talk?

(a) Studies that show the danger of texting while driving.

(b) The authority of the Stewartsville town council.

(c) An increase in local automobile accidents.

(d) The need for a new traffic safety law.

번역 역사적으로 보면 주법과 연방법은 지방과 지방 자치의 조례가 규정한 전례에 뒤처져왔다. 이것을 염두에 두고 스튜어츠빌 시 당국은 운전 중 문자 메시지를 보내는 문제를 직접 다루어야 할 때이다. 이런 행위는 위반자와 도로 위의 다른 사람 모두가 아주 위험하다고 입증되었다. 나는 시의회가 운전 중 문자 메시지를 보내는 것을 금지하는 법규를 즉각적으로 시행할 것을 촉구한다. 이 조례는 위반자에게 엄한 벌금을 부과하여 뒷받침되어야 한다.

　　 Q 담화의 주요 화제는?
　　 (a) 운전 중 문자 메시지를 보내는 것의 위험성을 보여주는 연구.
　　 (b) 스튜어츠빌 시의회의 권한.
　　 (c) 지역 자동차 사고의 증가.
　　 ✔(d) 새로운 교통 안전법의 필요성.

해설 운전 중 문자 메시지를 보내는 것을 금하는 법규 제정을 시 당국에 촉구하는 내용이므로 (d)가 정답이다.
　　 lag behind 뒤처지다 **precedent** 전례 **municipal** 지방 자치의 **ordinance** 조례 **municipality** 시 당국 **text** 문자 메시지를 보내다 **offender** 범법자 **implement** 시행하다 **regulation** 법규 **ban** 금하다 **back up with** ~로 지원하다 **stiff** 엄한 **fine** 벌금 **violator** 위반자 **authority** 권한

47

Hi, this is Stan Stevens calling from Grand Rapids, Michigan. I came across your discount apparel website and saw that you're offering a Mountain Climber fleece jacket at 50% off the retail price. My question is whether there is anything wrong with this product to have caused the price to drop so substantially. The item in question is size medium and gray and black in color. I'd appreciate it if you could get back to me as soon as possible at 555-4922. Thanks.

Q   What is the man's purpose for calling?
(a) To ascertain the severity of a product defect.
(b) To question the motive for the website's sale.
(c) To inquire whether a jacket in his size is in stock.
(d) To gather information on upcoming sales offers.

번역 안녕하세요, 저는 미시간 주 그랜드 래피즈에 사는 스탠 스티븐스입니다. 저는 귀사의 할인 의류 웹사이트에 우연히 들어가서 산악용 플리스 재킷을 소매가의 50퍼센트 할인하고 있는 것을 보았습니다. 이 제품의 가격을 그렇게 상당히 떨어뜨릴 만한 하자가 있는지 궁금합니다. 문제의 제품은 중간 사이즈이고 색깔은 회색과 검은색이 섞인 것입니다. 가능한 한 빨리 555-4922로 회신을 주시면 감사하겠습니다.

Q   남자가 전화한 목적은?
(a) 제품 결함의 중대성을 확인하려고.
✔(b) 웹사이트에서 할인 판매를 하는 이유를 묻기 위해.
(c) 자기 사이즈로 재킷의 재고가 있는지 문의하려고.
(d) 곧 있을 할인 판매에 대한 정보를 모으려고.

해설 고객이 제품 문의 사항을 자동 응답기에 남겨 놓은 내용이다. My question is whether there is anything wrong with this product라는 말에 이 전화의 목적이 드러나 있으므로 (b)가 정답이다.
fleece 양털; 보풀이 있는 직물 **retail price** 소매 가격
substantially 상당히 **ascertain** 확인하다 **severity** 중대성
motive 동기 **upcoming** 다가오는

48

If you know anything about modern dance, you've certainly heard the name Martha Graham. As a choreographer, Graham created what we call a language of movement, crafting new ways of expressing emotion on the stage. But in her mind, she was first and foremost a dancer. This is why she remained on the stage well into her 70s despite critics who said she was too old. The loss of mobility in old age was difficult for her to accept, and she developed a dependence on alcohol to cope.

Q   What is the main idea about Martha Graham in the lecture?
(a) She died as a result of alcohol addiction.
(b) Her entire life was defined by dance.
(c) She led dance classes for the elderly.
(d) Her choreography outlived her.

번역 당신이 현대 무용에 대해 조금 안다면, 틀림없이 마서 그레이엄이란 이름을 들어보았을 것이다. 안무가로서 그레이엄은 우리가 움직임의 언어라고 부르는 것을 창조하였는데, 무대에서 감정을 표현하는 새로운 방식을 정교하게 만들었다. 그러나 마음으로는 그녀는 다른 무엇보다도 무용수였다. 이것이 그녀가 너무 나이 들었다는 비평가들의 말에도 불구하고 70대에 들어서도 무대에 남아 있던 이유였다. 나이 듦으로 인한 기동력의 상실은 그녀에게 받아들이기 힘든 것이었고, 그래서 그녀는 대처하는 방법으로 알코올에 의존하게 되었다.

Q   마서 그레이엄에 관한 요지는?
(a) 알코올 중독으로 죽었다.
✔(b) 전 생애는 무용으로 규정되었다.
(c) 노인들을 위한 무용 강좌를 이끌었다.
(d) 안무는 죽고 나서도 이어졌다.

해설 현대 무용의 선구자 마서 그레이엄의 업적과 삶을 간략하게 제시한 내용으로, she was first and foremost a dancer가 핵심적인 말이다. 말년에 알코올 중독자가 되었지만 그 결과로 죽은 것은 언급되지 않았고, (c), (d) 역시 관련 없는 내용이다.
choreographer 안무가 **craft** 정교하게 만들다 **first and foremost** 무엇보다도 먼저 **mobility** 기동성 **cope** 대처하다 **addiction** 중독 **define** 규정짓다 **outlive** ~후에까지 살아남다

49

The National Renewable Energy Commission is introducing an exciting competition today. Its aim is to bring the private industry into the hunt for a source of clean, low-cost renewable energy. To do so, the commission is announcing the B-X Prize Race. A cash award of 10 million dollars will go to the first company that can develop a workable fuel made from bamboo. Numerous benchmarks will have to be met in areas like carbon emissions, cost per pound, and sustainability, but the government is sure someone could claim the prize within the next five years.

Q What is the main topic of the announcement?
(a) The winner of the B-X Prize Race.
(b) Emission targets for biofuel development firms.
(c) The creation of a renewable bamboo-based fuel.
(d) A federally funded renewable energy competition.

번역 국립 재생 에너지 위원회는 오늘 흥미진진한 대회를 소개하고 있다. 그 목적은 민간 업계로 하여금 깨끗하고 저비용 재생 에너지의 공급원을 탐색하도록 하는 것이다. 그렇게 하기 위해, 위원회는 B-X 현상금 대회를 선언하려 한다. 대나무에서 만든 이용할 수 있는 연료를 개발하는 첫 번째 회사에게 현금 1,000만 달러의 상금을 준다는 것이다. 탄소 배출, 파운드당 비용, 지속 가능성과 같은 부분에 있어서 여러 기준들이 충족되어야만 할 것이다. 그러나 정부는 다음 5년 이내 누군가가 이 상금을 타게 될 것이라고 확신한다.

Q 발표문의 주제는?
(a) B-X 현상금 대회의 우승자.
(b) 바이오 연료 개발 회사들의 배기 가스 방출량 목표.
(c) 대나무를 이용한 재생 에너지 창출.
✔(d) 정부 자금 지원을 받는 재생 에너지 대회.

해설 담화의 도입부 introducing an exciting competition가 핵심어로, 정부 기관이 민간 업계가 참여하는 재생 에너지 창출 대회를 알리는 글이다. A cash award of 10 million dollars will go to the first company에서 상금이 주어진다는 것을 알 수 있으므로 정답은 (d)이다.
renewable energy 재생 에너지 commission 위원회 benchmark 기준 carbon 탄소 emission 배출 sustainability 지속 가능성 claim 청구하다 biofuel 생물 연료 federally funded 연방 자금 지원을 받는

50

Some of the world's deadliest diseases—such as malaria and yellow fever, to name just two—share a common transmission agent: the mosquito. Therefore, it follows that to curb the spread of these diseases, people in at-risk regions should do whatever possible to lessen the numbers of mosquitoes. Mosquitoes reproduce by laying eggs in standing water, so one simple remedy is to ensure that there are no still-water pools around the home. Plant irrigation overflow, rainwater in old tires, and even rain puddles should be drained to cut down on mosquito larvae.

Q What is the talk mainly about?
(a) The treatment of contaminated water to improve health.
(b) Introducing better hygiene practices in rural homes.
(c) The variety of diseases transmitted by mosquitoes.
(d) Controlling disease by eradicating mosquitoes.

번역 세계적으로 치명적인 몇몇 질병, 즉 두 개만 예를 들면 말라리아와 황열 같은 질병들은 모기라는 공통의 매개체를 갖고 있다. 그러므로, 이러한 질병의 확산을 억제하기 위해 위험 지역에 있는 사람들은 모기의 숫자를 줄이기 위해 할 수 있는 모든 것을 해야 한다. 모기는 고인 물에 알을 낳아 번식하므로 하나의 간단한 구제책은 집 근처에 고인 물이 있는 웅덩이가 없도록 하는 것이다. 흘러 넘친 식물 관수나 폐타이어의 빗물, 심지어 빗물이 만든 웅덩이도 모기 유충을 없애려면 물을 빼 버려야 한다.

Q 담화의 주된 내용은?
(a) 건강을 증진하기 위한 오염된 물의 처리.
(b) 시골 가정에서의 보다 나은 위생 습관을 소개하기.
(c) 모기에 의해 전염되는 다양한 종류의 질병.
✔(d) 모기를 근절하여 질병을 통제하기.

해설 치명적인 질병을 매개하는 모기에 초점을 둔 내용임을 파악해야 한다. (c)는 본문에서 malaria와 yellow fever를 언급했지만, 주제는 아니다. 후반부의 내용으로 볼 때 정답은 (d)이다.
yellow fever 황열 transmission 매개 agent 대행자 curb 억제하다 at-risk 위험에 처한 reproduce 번식하다 remedy 구제책 irrigation 관개 puddle 웅덩이 larva 유충 contaminate 오염시키다 hygiene 위생 eradicate 근절하다

51

While astronomers are searching for signs of extraterrestrial life far beyond our Solar System, some hold out hope that it will be found closer to home. Europa is one of the large moons of Jupiter and is covered by a smooth coating of ice. Scientists hypothesize that below this ice exists an ocean of liquid water, heated by geological movement that takes place as Europa's gravity interacts with that of Jupiter. If this hypothesis proves correct, there's a good chance that some form of life could exist within Europa's iced-over sea.

Q   What is the main topic of the talk?
(a) The gravitational interaction between Jupiter and Europa.
(b) Studies conducted on liquid water from Europa.
(c) A mission to search for life on Europa.
(d) The potential for life on Europa.

번역 천문학자들이 태양계 저 너머의 외계 생명체의 징후를 찾고 있는 동안에 어떤 사람들은 그것이 태양계에 좀 더 가까운 곳에서 발견 되리라는 기대를 하고 있다. 유러파는 목성의 큰 위성 중의 하나인 데 매끄러운 얼음으로 덮여 있다. 유러파의 중력과 목성의 중력과의 상호 작용으로 발생하는 지질학적인 움직임에 의한 열로 데워져서, 과학자들은 이 얼음 밑에는 액체로 된 바다가 존재하리라는 가설을 세우고 있다. 이 가설이 옳다는 것이 증명되면 어떤 생명체 가 유러파의 얼음으로 덮인 바닷속에 존재하리라는 충분한 가능성 이 있다는 것이다.

Q   담화의 주제는?
(a) 목성과 유러파의 중력간 상호 작용.
(b) 유러파의 액체에 관해 시행된 연구.
(c) 유러파의 생명체 탐색이라는 임무.
✔(d) 유러파에 생명체가 존재할 가능성.

해설 목성의 위성인 유러파에서 생명체가 발견될 가능성에 관한 가설을 전개하고 있다. (a)는 (d)를 이끌어 내기 위한 과정에서 언급된 내 용이다. (b), (c)는 (d)를 증명하기 위해 뒷받침되어야 할 앞으로 의 과제이므로 정답은 (d)이다.
extraterrestrial 지구 이외의   **moon** 위성   **coat** ～의 표면 을 덮다   **hypothesize** 가설을 세우다   **geological** 지질학상 의   **gravity** 중력   **interact** 상호 작용하다   **hypothesis** 가설 **potential** 가능성

52

You choose to commute by bicycle to help the environment, right? So why would you choose bike accessories that were any less environmentally friendly? At Bike Planet, every product we stock is certified by the Board of Green Retailers to be Earth-healthy in addition to high-quality. From tires made of 100% recycled rubber to pedal-powered head and taillights, we've got it all. Stop by and see us today, or call for a catalogue at 555-9430.

Q   What is the main idea about Bike Planet in the advertisement?
(a) They only sell eco-friendly merchandise.
(b) They buy used bicycles and recycle them.
(c) They promote bike use among commuters.
(d) They belong to the Board of Green Retailers.

번역 환경을 보호하고자 자전거로 출퇴근하기로 하셨죠? 그런데 왜 자 전거 부속물은 친환경적이지 못한 것을 선택하려고 합니까? 바이 크 플래닛에서 저희의 모든 제품은 최고의 품질에다 친환경적이고 자 녹색 소매업 위원회의 인증을 받았습니다. 100퍼센트 재활용 고무로 만든 타이어에서 페달로 동력을 공급하는 헤드라이트와 테 일라이트까지 모든 것을 갖추고 있습니다. 오늘 오셔서 살펴보시 거나, 혹은 555-9430으로 카탈로그를 요청하세요.

Q   바이크 플래닛에 관한 요지는?
✔(a) 오직 친환경 상품만 판매한다.
(b) 중고 자전거를 매입하고 그것을 재활용한다.
(c) 통근자들에게 자전거 이용을 장려한다.
(d) 그들은 녹색 소매업 위원회에 속해 있다.

해설 친환경적인 자전거 부품을 판매하는 광고문이다. recycled rubber로 만든 타이어 판매이므로 정답은 (a)이다. 중고 자전 거 매입에 대한 말이 없었기에 (b)는 어긋나고, certified by the Board of Green Retailers이지 (d)와 같이 이곳의 회원이라고 하지 않았다.
commute 통근하다   **environmentally friendly** 환경 친화적 인(eco-friendly)   **stock** 비축하다   **in addition to** ～뿐 아니 라   **merchandise** 상품   **promote** 장려하다

53

Most of what we know about Tyrannosaurus Rex, king of the meat-eating dinosaurs, is thanks to a man named Barnum Brown. Brown was a fossil hunter working around the turn of the twentieth century, and in 1902 he dug up the first documented remains of this dinosaur species. He went on to find five partial T-Rex skeletons, the largest of which is on display in New York's American Museum of Natural History.

Q Which is correct about Barnum Brown according to the lecture?
(a) His work proved the existence of dinosaurs.
(b) He named the dinosaur species Tyrannosaurus Rex.
(c) His 1902 discovery of a T-Rex fossil was the first of many.
(d) He gave six T-Rex's to the American Museum of Natural History.

번역 육식 공룡의 제왕인 티라노사우루스 렉스에 관해 우리가 알고 있는 대부분은 바넘 브라운이라는 사람 덕분이다. 브라운은 20세기로 접어들 무렵 활동한 화석 탐구자인데, 1902년에 그는 이 공룡 종류에 대해 최초로 기록된 유물을 발굴했다. 그는 계속해서 다섯 개의 부분적인 티렉스 뼈를 발견했는데, 그들 중 가장 큰 것은 뉴욕의 미국 자연사 박물관에 전시되고 있다.

Q 바넘 브라운에 관해 옳은 것은?
(a) 그의 연구는 공룡의 존재를 입증했다.
(b) 티라노사우루스 렉스라는 이름을 붙였다.
✔(c) 1902년도의 티렉스 화석의 발견은 여러 발견 중 최초였다.
(d) 미국 자연사 박물관에 6개의 티렉스의 뼈를 기증했다.

해설 공룡의 한 종류인 티렉스를 발굴한 브라운에 관한 내용이다. (a)에서 existence of dinosaurs는 오답을 유도하는 말로, dinosaurs대신 Tyrannosaurus Rex가 들어가면 답이 될 수 있다. 최초의 발굴 뒤에 5개의 발굴이 더 있었으므로 (c)가 정답이다.
fossil 화석 **dig up** 발굴하다 **remains** 유적, 잔해 **species** (생물의) 종 **display** 전시 **existence** 존재

54

Tyson Motors is happy to report that the steering-wheel defect in our late-2010-model SUVs has been found not to pose a significant risk to drivers. That said, we are committed to customer satisfaction, and we will honor any and all returns of affected vehicles. This offer applies to all SX-100 SUVs purchased new between June 30 and December 2, 2010. See your local Tyson dealer for more details.

Q Which is correct according to the announcement?
(a) The steering-wheel defect affected all Tyson vehicles.
(b) Tyson Motors is launching an annual sale on SUVs.
(c) Customers can take part in an optional SUV recall.
(d) No new SUVs were made beyond June 30, 2010.

번역 타이슨 모터스는 최근 2010년 모델 SUV의 핸들 결함이 운전자들에게 심각한 위험을 제기하지 않는 것이 확인되었음을 알려드려서 다행입니다. 그렇게 말했지만 저희는 고객의 만족에 전념하기에 문제가 있으면 기꺼이 어떤 차량이든 회수를 할 것입니다. 이 제의는 6월 30일부터 2010년 12월 2일 사이에 구입한 모든 SX-100 SUV 차량에 적용됩니다. 상세한 내용은 각 지역의 타이슨 대리점을 찾아주십시오.

Q 공지사항 중 옳은 내용은?
(a) 핸들의 결함은 모든 타이슨 차량에 걸쳐 있었다.
(b) 타이슨 모터스는 SUV 차량에 대해 연간 할인 판매를 시작하려고 한다.
✔(c) 고객들은 선택적으로 SUV 차량의 리콜에 참여할 수 있다.
(d) 2010년 6월 30일 이후로는 어떤 새 SUV 차량도 생산되지 않았다.

해설 차량의 결함 여부를 조사한 후 특정 기간에 출시된 차의 리콜을 알리는 공고문인데 문제가 있는 차를 회수할 것이므로 (c)가 옳은 내용이다. 핸들의 결함은 our late-2010-model SUV에 관한 것이므로 (a)는 어긋난다.
steering-wheel (자동차의) 핸들 **defect** 결함 **pose** 문제를 제기하다 **affected** 영향을 받은 **optional** 선택적인 **launch** 시작하다

55

A new study shows it's not the sedentary aspect of television viewing that contributes to childhood obesity. Rather, unhealthy weight gain is tied to the number of commercials (specifically those for junk foods) that children are exposed to. In the study, educational television programming, which does not typically feature commercials, had no measurable effect on the weight of young viewers. The scientists behind the research are encouraging parents to replace their children's commercial television viewing with watching educational DVD programs.

Q Which is correct according to the report?
(a) Children who eat junk food are more likely to watch TV.
(b) Commercial television is a culprit in childhood obesity.
(c) A child's health is related to how much TV watched.
(d) DVDs will significantly aid childhood weight loss.

번역 새로운 연구는 텔레비전 시청의 양상 중 앉아서 시청하는 부분이 아이들 비만에 기여하지 않는다는 걸 보여준다. 오히려 건강에 해로운 체중 증가는 아이들이 노출되는 많은 광고(특히 정크 푸드 광고들)와 관련이 있다는 것이다. 이 연구에서는 대체적으로 특정 광고를 하지 않는 교육적 텔레비전 프로그램은 청소년 시청자의 체중에 중요한 영향을 미치지 않는다는 것이다. 이 연구를 한 과학자들은 부모들이 아이들에게 민간 텔레비전 시청 대신 교육용 DVD 프로그램으로 대체하길 촉구하고 있다.

　Q 보도 내용 중 옳은 것은?
　(a) 정크 푸드를 먹는 아이들이 TV 시청을 더 많이 한다.
✔(b) 상업적 텔레비전은 아이들 비만의 주범이다.
　(c) 아이의 건강은 TV를 얼마나 많이 시청하느냐와 관련이 있다.
　(d) DVD는 아이들 체중 감소에 상당히 도움을 준다.

해설 텔레비전 광고에 나오는 정크 푸드가 아이들 비만에 관련이 있다는 보고이다. 광고가 없는 교육용 프로그램 시청을 권장하므로 (b)가 정답이며, 시청 시간을 언급하지 않았으므로 (c)는 어긋난다.
sedentary 앉은 채 있는　contribute 기여하다　obesity 비만　commercial 광고 방송　junk food 정크 푸드, 인스턴트 식품　expose 노출시키다　feature 특집으로 하다　culprit 범인　significantly 상당히

56

On one level, the fictional novel *The Grapes of Wrath* is about a bitterly difficult period in American history: the Great Depression. But its full scope is more universal. Author John Steinbeck addresses the issue of poverty, and this theme transcends the book's 1930s Western agricultural setting. The plight of the central family, the Joads, who are forced to migrate from their farm in Oklahoma to look for work in California, illustrates the difficulties faced by people all over this world who must struggle against poverty.

Q Which is correct about *The Grapes of Wrath* according to the lecture?
(a) It is a historical account of the Great Depression.
(b) It tells a story unique only to American culture.
(c) It details problems with farm life in California.
(d) It deals with universal themes of hardship.

번역 어느 면에서는, 꾸며낸 소설인 〈분노의 포도〉는 미국 역사에서 몹시 어려운 시절인 대공황에 관한 이야기이다. 그러나 소설의 주제는 더 보편적이다. 작가인 존 스타인벡은 가난에 관한 문제를 다루고 있고, 주제는 이 소설의 1930년대 서부의 농촌 배경을 초월하고 있다. 오클라호마의 농장을 어쩔 수 없이 떠나 캘리포니아에 일자리를 찾아 이주한 핵심 인물인 조우드 일가의 비참한 처지는 가난과 싸워야만 하는 이 세상의 모든 사람들이 직면하는 어려움을 묘사하고 있다.

　Q 〈분노의 포도〉에 관해 옳은 것은?
　(a) 대공황에 관한 역사적 이야기이다.
　(b) 미국 문화에만 독특한 이야기이다.
　(c) 캘리포니아 농장 생활의 문제를 상술하고 있다.
✔(d) 고난에 대한 보편적인 주제를 다루고 있다.

해설 소설 속의 주제는 소설의 배경이 된 대공황 시대에 국한된 것이 아니라 its full scope is more universal이라고 지적하고 있으므로 (b)는 제외되며 (d)가 정답이다. 또한, 이 소설은 fictional novel이므로 (a)도 오답이다.
fictional 허구의　wrath 격노　bitterly 몹시　period 시기　Great Depression 대공황　scope 범위　transcend 초월하다　plight 역경, 곤경　migrate 이주하다

57

We honor our men and women in uniform; our soldiers are the objects of our constant admiration and respect. Unfortunately, this adoration does not follow them into civilian life once their military service terminates. A quick look at homelessness statistics shows over half of all people living on the streets in this country are retired members of the military. This is unacceptable. Our politicians must act now to protect veterans and provide them with low-cost housing and other resources so they can once again live with dignity.

Q Which is correct according to the talk?
(a) Military personnel are respected enough.
(b) Homeless people are less likely to be ex-military.
(c) Politicians have done more than enough for veterans.
(d) Social programs for veterans need government support.

번역 우리는 제복을 입은 사람들을 존중합니다. 군인들은 우리의 끊임 없는 찬사와 존경의 대상입니다. 불행하게도 그들이 군 복무가 끝나고 민간인의 삶에 들어서면 이런 숭배는 뒤따르지 않습니다. 노숙자에 대한 통계를 잠시 보면 이 나라 거리 곳곳에 사는 모든 사람들의 반 이상이 군대에서 전역한 사람들입니다. 이것은 용납할 수 없는 것입니다. 우리 정치가들은 퇴역 군인을 보호하고 그들에게 저렴한 주거지와 다른 재원을 제공하여 그들이 다시 품위 있게 살 수 있도록 지금 당장 조치를 취해야 할 것 입니다.

Q 담화 내용 중 옳은 것은?
(a) 군인들은 충분히 존경받는다.
(b) 노숙자들이 퇴역 군인일 가능성은 적다.
(c) 정치가들은 퇴역 군인들에게 충분히 할 만큼 했다.
✔(d) 퇴역 군인들을 위한 사회 프로그램은 정부의 지원이 필요하다.

해설 마지막 말인 Our politicians must act now로 볼 때 (d)가 정답이다. 본문 중간에 통계상으로 노숙자의 반 이상이 veterans라는 내용만으로도 (a), (b), (c)는 제외된다.
adoration 숭배 civilian 일반인의 terminate 끝나다
statistics 통계 unacceptable 받아들이기 어려운 veteran 퇴역 군인 dignity 품위 personnel 인원 , 직원

58

Many pundits are claiming that the recession has reached a turning point. In their defense, figures do show that manufacturing productivity, trade, and GDP are all on the rise. However, what no one seems to be talking about is that national unemployment is still hovering around 15 percent—twice as high as anything that would be considered healthy. The government has implemented a number of programs aimed at creating jobs, but so far they have all failed. This leads me to believe we haven't seen the last of the recession.

Q What can be inferred from the talk?
(a) A healthy economy requires job creation.
(b) Unemployment is best at around 10 percent.
(c) The current recession is the longest in history.
(d) GDP is not as significant a figure as productivity.

번역 많은 전문가들은 불경기가 전환점에 도달했다고 주장하고 있다. 그들의 답변에 따르면 제조업 생산성과 무역, GDP 모두가 상승세에 있다는 것을 수치가 보여주고 있다. 그러나 아무도 얘기하려 하지 않을 것 같은 점은 전국 실업률이 여전히 15퍼센트 가량 웃돌고 있다는 것이다. 이는 건전하다고 여겨지는 것보다 두 배 높은 것이다. 정부는 일자리 창출을 목적으로 여러 프로그램을 수행해 왔지만 지금까지 모두 실패를 했다. 나는 이 때문에 아직도 불경기의 끝자락이 보이지 않는다고 믿는 것이다.

Q 담화에서 유추할 수 있는 것은?
✔(a) 건전한 경제는 일자리 창출을 필요로 한다.
(b) 실업률은 약 10퍼센트가 가장 적당하다.
(c) 현재의 불경기는 역사상 가장 긴 것이다.
(d) GDP는 생산성만큼 중요한 지표이다.

해설 경기가 건전하다고 여기는 전문가들의 의견과 달리 두 배 높은 15퍼센트에 이르는 실업률을 들고 있으므로 (a)를 유추할 수 있다.
(c), (d)는 언급되지 않은 내용이고, (b)도 오답이다.
pundit 권위자 recession 불경기 defense 변호, 답변
turning point 전환기; 고비 GDP 국내총생산(gross domestic product) hover 맴돌다 implement 이행하다 significant 중요한

59

The drug prolaxeticeline, a prescription treatment for heartburn, was approved by the Drug Administration last year after just three months of testing. Now, numerous complaints are being received from patients who say the drug has triggered dangerously high blood pressure levels. Thankfully, no deaths have yet occurred. In the face of mounting criticism, the DA is putting a hold on all sales of prolaxeticeline pending a thorough review of the situation.

Q What can be inferred from the news report?
(a) The DA will conclude that prolaxeticeline is quite safe.
(b) A viable treatment for heartburn will come out soon.
(c) High blood pressure is one cause of heartburn.
(d) The medication was approved prematurely.

번역 속 쓰림에 대한 처방 치료제인 프로락세티세린이라는 약은 3개월 만의 시험을 거친 후 작년에 의약국에 의해 승인되었다. 지금은 이 약이 위험하게도 고혈압을 유발한다고 말하는 환자들로부터 많은 불만을 받고 있다. 다행스럽게도 사망 사례는 발생하지 않았다. 늘어나고 있는 비판에 직면하여 의약국은 이런 상황에 대한 철저한 조사를 할 때까지 프로락세티세린의 모든 판매를 보류하고 있다.

Q 기사에서 유추할 수 있는 것은?
(a) 의약국은 프로락세티세린이 아주 안전하다고 결론지을 것이다.
(b) 곧 속 쓰림에 확실한 치료제가 나올 것이다.
(c) 고혈압은 속 쓰림의 원인 중 하나이다.
✔(d) 이 약은 너무 빨리 승인되었다.

해설 약의 부작용이 보고되자 승인 기관이 조사를 한다는 기사이다. 마지막 문장의 put a hold on은 '~을 보류하다'의 뜻이고, after just three months of testing이라는 문장에서 just가 핵심으로 (d)가 정답이다. (a), (b)는 근거가 없는 내용이다.
prescription 처방(전) **heartburn** 속 쓰림 **trigger** 유발하다
mount 높아지다, 늘다 **pending** ~까지, 동안 **viable** 확실한
prematurely 너무 이르게

60

Russian literature underwent a remarkable transformation in the nineteenth century, and the instigator of this was Alexander Pushkin. Pushkin was a Moscow-born poet whose writings influenced everything else that was to come. His work is marked by a highly nuanced level of vocabulary. In fact, he identified and filled numerous gaps in the Russian language, borrowing terminology from other languages or creating it himself. Not only that, the plot structures Pushkin originated are seen again and again in literature later or in the century.

Q What can be inferred from the lecture?
(a) Most Russian literature takes the form of poetry.
(b) Pushkin borrowed story conventions from other cultures.
(c) Later Russian literature displays a richness of vocabulary.
(d) Pushkin's fame declined in the latter half of the 19th century.

번역 러시아 문학은 19세기에 놀랄 만한 변혁을 겪는데, 이를 유발한 사람은 알렉산더 푸쉬킨이었다. 푸쉬킨은 모스크바 태생의 시인으로 그의 저작은 그 뒤에 등장하는 다른 모든 것에 영향을 미쳤다. 그의 작품은 고도의 함축성 있는 표현 형식을 특징으로 하고 있다. 사실, 그는 다른 언어에서 용어를 차용하거나 그 자신이 그것을 창조함으로써 러시아어의 여러 빈틈을 찾아내서 채웠다. 그뿐만 아니라 푸쉬킨이 만든 줄거리 구조는 이후의 또는 당대의 문학에서 반복하여 등장하고 있다.

Q 강의에서 유추할 수 있는 것은?
(a) 대부분의 러시아 문학은 시의 형태를 띤다.
(b) 푸쉬킨은 다른 문화에서 이야기 방식을 차용했다.
✔(c) 후기 러시아 문학은 풍부한 표현 형식을 보여주고 있다.
(d) 푸쉬킨의 명성은 19세기 후반에 쇠퇴하였다.

해설 러시아 시인인 푸쉬킨의 작품 특징과 그의 영향력을 제시한 담화이다. 첫 문장에서 담화 전체의 흐름을 요약하는 내용이 제시되고 있으며, 마지막 문장 내의 Not only that...으로 보아 (c)가 정답임을 알 수 있다.
transformation 변화, 변형 **instigator** 선동자 **nuanced** 뉘앙스를 가진 **vocabulary** 표현 형식 **identify** 확인하다
terminology 용어 **plot** 줄거리 **convention** 관행 **fame** 명성 **latter** 후반의

☐	dread	두려워하다
☐	tear down	헐다, 무너뜨리다
☐	well-lit	불을 잘 밝힌
☐	withdrawal	출금
☐	verdict	판결
☐	incompatible	양립할 수 없는
☐	repellent	방충제
☐	over-the-counter	처방전 없이 살 수 있는
☐	turnaround	소요 시간
☐	inedible	먹을 수 없는
☐	wilt	시들다
☐	stale	신선하지 않은
☐	apparel	의복
☐	implication	함축
☐	stunning	아주 근사한
☐	offhand	즉석에서
☐	contemplate	심사 숙고하다
☐	tax deduction	세금 공제
☐	deficit	적자
☐	tack on	부가하다
☐	skeptical	회의적인
☐	lag behind	뒤처지다
☐	municipal	지방 자치의
☐	retail price	소매 가격
☐	first and foremost	무엇보다도 먼저
☐	addiction	중독
☐	ascertain	확인하다
☐	benchmark	기준, 표준
☐	hygiene	위생
☐	hypothesis	가설

PART I	1 (c)	2 (d)	3 (a)	4 (b)	5 (c)	6 (a)	7 (b)	8 (b)	9 (a)	10 (d)
	11 (c)	12 (a)	13 (b)	14 (b)	15 (c)					
PART II	16 (a)	17 (c)	18 (a)	19 (c)	20 (d)	21 (a)	22 (c)	23 (a)	24 (b)	25 (d)
	26 (d)	27 (b)	28 (b)	29 (c)	30 (d)					
PART III	31 (a)	32 (a)	33 (b)	34 (a)	35 (c)	36 (b)	37 (b)	38 (b)	39 (b)	40 (a)
	41 (c)	42 (c)	43 (d)	44 (c)	45 (b)					
PART IV	46 (c)	47 (d)	48 (a)	49 (c)	50 (c)	51 (b)	52 (c)	53 (c)	54 (b)	55 (b)
	56 (a)	57 (a)	58 (c)	59 (b)	60 (a)					

ACTUAL TEST 3　　Part I

1

M　Hi, I'm calling about the car for sale.

W　_____

(a) I'd prefer it if you drove.
(b) Sure, I can pick you up around 8.
(c) Sorry, someone just beat you to it.
(d) All models have been marked down.

번역　M　여보세요, 차를 파신다고 해서 전화했어요.
　　　W　_____
　　　(a) 당신이 운전하면 더 좋겠어요.
　　　(b) 그러죠. 8시경에 태우러 갈 수 있어요.
　　✔(c) 죄송합니다만 다른 사람이 먼저 사갔습니다.
　　　(d) 전체 모델 가격을 인하했습니다.

해설　자동차 구입을 문의하는 전화인데 구매 가능 여부에 대해 말해주
　　　는 (c)가 적절한 응답이다.
　　　for sale 팔려고 내놓은　**beat a person to it** 선수치다
　　　mark down 가격을 인하하다

2

W　Do you bowl often?

M　_____

(a) It's a great job.
(b) Just put it over there.
(c) I'll make a reservation.
(d) I play in the local league.

번역　W　종종 볼링을 하세요?
　　　M　_____
　　　(a) 그건 굉장한 일이죠.
　　　(b) 그걸 그냥 저쪽에 두세요.
　　　(c) 예약하려고 해요.
　　✔(d) 지역 리그에서 뛰어요.

해설　볼링을 하는지 묻고 있으므로 긍정의 응답인 (d)가 자연스럽고
　　　(b)는 '그릇'의 뜻으로 오해하면 고를 수 있는 함정이다.
　　　bowl 볼링을 하다　**make a reservation** 예약하다　**local
　　　league** 지역 리그

3

W Are you leaving already, Stan?

M _____

(a) Yeah, I have an appointment to get to.
(b) That's OK. I'll see you again soon.
(c) He's supposed to be here by now.
(d) What a stroke of luck that was.

번역 W 스탠, 벌써 가려고?

M _____

✔(a) 응, 약속이 있어.
(b) 괜찮아. 곧 다시 만날 거야.
(c) 그는 지금쯤 여기에 왔어야 하는데.
(d) 정말 뜻밖의 행운이네!

해설 떠나는 사람을 보고 벌써 가냐고 묻고 있으므로 이유를 설명한 (a)가 적절한 응답이다. (c)는 누군가의 참석 지연을 언급할 때 가능한 대답이다.
get to ~에 이르다   **be supposed to** ~하기로 되어있다
a stroke of luck 뜻밖의 행운

4

W I'd like to go see the Eiffel Tower this morning.

M _____

(a) He works on the top floor, I believe.
(b) OK, and then we'll visit the Louvre.
(c) Really? I was there this morning too!
(d) I'm not a big fan of the painting myself.

번역 W 오늘 아침에는 에펠탑을 보러 가고 싶어요.

M _____

(a) 그는 꼭대기 층에서 일할걸요.
✔(b) 알았어요, 그런 다음 루브르 박물관을 가죠.
(c) 정말이에요? 나도 오늘 아침 그곳에 갔었는데!
(d) 전 그림을 그다지 좋아하지 않아요.

해설 여자가 에펠탑을 보러 가고 싶다고 하므로 동의한 후 다음 일정까지 언급한 (b)가 가장 자연스럽다. (c)는 this morning을 이용한 함정이므로 유의한다.
Eiffel Tower 에펠탑   **Louvre** (파리의) 루브르 박물관
be a big fan of ~을 매우 좋아하다

5

W Larry Baker, is that really you?

M _____

(a) I'll send him right in.
(b) I didn't recognize him either!
(c) Karen, how lovely to see you.
(d) Oh, they've worked together for ages.

번역 W 래리 베이커, 정말 너 맞니?

M _____

(a) 그를 바로 들여보낼게요.
(b) 나도 그를 알아보지 못했어.
✔(c) 캐런, 정말 반갑구나.
(d) 그들은 오랫동안 함께 일했어요.

해설 아주 오랜만에 만난 상황이므로 반가움을 표현한 (c)가 적절하며, (b)는 him을 you라 바꾸면 답이 될 수 있다.
send in 들여보내다   **recognize** 알아보다   **for ages** 오랫동안

6

W The divorce must be taking a lot out of you.

M _____

(a) Let's change the subject, please.
(b) I can recommend a good lawyer.
(c) Your family's always there for you.
(d) It's true I was thinking about a divorce.

번역 W 이혼으로 정말 힘드시겠어요.

M _____

✔(a) 우리 다른 얘기해요, 제발.
(b) 좋은 변호사를 추천해 줄 수 있어요.
(c) 가족은 항상 당신과 함께 해요.
(d) 제가 이혼을 숙고했다는 것은 사실입니다.

해설 남자의 상황을 알고 위로하려는 여자의 말에 대해 남자의 응답은 (a)가 적절하다. (b), (c)는 여자가 할 수 있는 응답이다.
take a lot out of a person ~를 힘들게 하다   **change the subject** 화제를 바꾸다   **divorce** 이혼

7

M What seems to be the matter, Debra?

W _____

(a) No, that's OK, thanks.
(b) My back is acting up again.
(c) I know exactly what you mean.
(d) She's in a lot of financial trouble.

번역 M 데브라, 어디가 안 좋은가요?
W _____
(a) 아니, 괜찮아요, 고마워요.
✔(b) 허리가 또 아프네요.
(c) 당신이 무슨 말하는지 잘 알아요.
(d) 그녀는 재정적으로 아주 힘듭니다.

해설 What seems to be the matter?은 주로 의사가 환자에게 하는 말로 act up(증세가 재발하다)을 사용한 (b)가 자연스러운 응답이다.
back 허리 **act up** (병이) 재발하다 **financial trouble** 재정적 어려움

8

M Any idea how far the acupuncture place is?

W _____

(a) They stick needles in your skin.
(b) It's a 20-minute drive from here.
(c) I just went for my first treatment.
(d) We can go as far away as you'd like.

번역 M 침술원까지 거리가 어떻게 되는지 아세요?
W _____
(a) 피부를 바늘로 찔러요.
✔(b) 여기서 차로 20분 거리예요.
(c) 처음으로 치료받으러 갔어요.
(d) 원하는 만큼 멀리 갈 수 있어요.

해설 how far를 사용하여 침술원까지 거리를 묻고 있으므로 시간을 언급한 (b)가 적절한 응답이다.
acupuncture 침술 **stick** 찌르다 **needle** 바늘
treatment 치료

9

W I've been hired by a green architectural firm.

M _____

(a) That sounds like an interesting field.
(b) I have a gut feeling you'll get the job.
(c) I'll have the designs ready by tomorrow.
(d) Give their human resources office a call.

번역 W 친환경 건축설계 회사에 채용되었어요.
M _____
✔(a) 흥미있는 분야인 것 같네요.
(b) 당신이 취직할 거라는 예감이 드네요.
(c) 내일까지 디자인이 준비되도록 하겠습니다.
(d) 그쪽 인사부로 전화하세요.

해설 이미 채용되어서 (b)는 시제가 어색하며 green architectural firm이라는 말을 듣고 흥미로운 분야라고 하는 (a)가 적절하다.
green 생태계를 중시하는 **architectural firm** 건축설계 회사
have a gut feeling 예감이 들다 **human resources** 인사부

10

M How are you going to juggle six different classes this semester?

W _____

(a) This semester has been really interesting.
(b) Sorry, I have a big essay due tomorrow.
(c) It's great that we're in the same classes.
(d) I have no choice if I want to graduate.

번역 M 이번 학기에 여섯 과목을 어떻게 잘 꾸리고 있니?
W _____
(a) 이번 학기는 정말 재미있어.
(b) 미안해, 내일 제출해야 할 중요한 에세이가 있어.
(c) 같은 수업을 듣다니 좋구나.
✔(d) 졸업을 하려면 선택의 여지가 없어.

해설 juggle의 뜻을 모르더라도 여섯 개의 다른 과목을 언급한 것을 보아 졸업에 대해 언급한 (d)가 적절한 응답임을 알 수 있다. (a)는 수업이 어떤지 물을 때 가능한 응답이다.
juggle 일을 조절하다 **have no choice** 선택의 여지가 없다

11

M Did you complete the inventory audit?

W _____

(a) Yes, an open position in sales.
(b) Let me check out back for that.
(c) I'm afraid I need one more day.
(d) I know. I hate working weekends.

번역 M 재고 자산 감사를 다 끝냈나요?
      W _____
      (a) 네, 판매부의 채용 중인 자리예요.
      (b) 그것을 다시 확인할게요.
    ✔(c) 하루 더 시간이 필요할 것 같아요.
      (d) 그러게요. 주말에 일하기 싫어요.

해설 여자가 해야 할 일을 마쳤는지 확인하는 질문이므로 시간이 더 필요할 것 같다는 (c)가 적절하다. (b)는 자신이 하고 있는 일을 끝냈는지 확인한다는 것이므로 어색하다.
      inventory 재고 목록 **audit** 회계 감사 **open position** 공석

12

M You look like you've dropped about 20 pounds.

W _____

(a) It's all thanks to this new diet!
(b) I don't think it's that heavy.
(c) I know. I feel a bit sluggish.
(d) I'll start exercising soon.

번역 M 20파운드 정도 뺀 것 같은데요.
      W _____
    ✔(a) 모두 새 다이어트 덕분이죠!
      (b) 그렇게 무거진 않은 것 같아요.
      (c) 그러게요. 몸이 좀 늘어지네요.
      (d) 곧 운동을 시작할 거예요.

해설 20파운드 정도 살을 뺀 것처럼 보인다고 했으므로 이를 듣고 좋아하는 (a)가 적절한 응답이다. (b)는 어떤 물건의 무게에 관해 말하고 있다.
      drop 떨어지다 **diet** 식이요법 **sluggish** 동작이 느린

13

W What do you think of Professor Ling's film class?

M _____

(a) Let's propose an extra-credit project.
(b) The subject's engaging, but he's not.
(c) I'll try, but I think it's already full.
(d) That's right, I'm a film major.

번역 W 링 교수의 영화 수업은 어때?
      M _____
      (a) 가산점을 주는 과제를 신청하자.
    ✔(b) 과목은 매력적인데 사람은 안 그래.
      (c) 해보려고 하는데 이미 인원이 찬 것 같아.
      (d) 맞아, 나는 영화 전공이야.

해설 What do you think of...?는 상대방의 의견을 물을 때 쓰는 표현이므로 영화 수업에 관한 의견을 말하는 (b)가 적절하다. (c)는 영화 수업을 아직 신청하지 못한 상황이므로 어색하다.
      extra-credit 가산점 **engaging** 매력적인 **major** 전공

14

M Wow, your new haircut looks phenomenal, Lucille.

W _____

(a) What a compliment. I'll tell her.
(b) Oh, you're just being polite.
(c) Try this new conditioner.
(d) No, I cut my own hair.

번역 M 와, 네 새 헤어스타일 굉장하구나, 루실.
      W _____
      (a) 대단한 칭찬이네. 그녀에게 전할게.
    ✔(b) 오, 그냥 예의상 하는 말이지.
      (c) 이 새 컨디셔너를 써봐.
      (d) 아니, 내가 머리를 잘랐어.

해설 남자가 여자의 새 헤어스타일을 보고 칭찬한 말에 겸손하게 응대하는 (b)가 가장 자연스러운 응답이다. (c)는 haircut, conditioner를 이용한 상황 오답 함정이다.
      phenomenal 경이적인 **compliment** 칭찬

15

W Are you going to be reachable at your office this afternoon?

M _____

(a) It's not far. I think it'll be fine.
(b) Go down the hall and then turn left.
(c) I'll be at an all-day meeting, unfortunately.
(d) The office renovation is scheduled for Monday.

번역 W 오늘 오후에 당신 사무실로 연락 가능할까요?
　　 M _____
　　 (a) 멀지 않아요. 괜찮을 것 같습니다.
　　 (b) 복도를 따라 가서 왼쪽으로 가세요.
　　 ✔(c) 유감스럽게도 전 하루 종일 회의에 참석할 겁니다.
　　 (d) 사무실 수리는 월요일로 예정되어 있어요.

해설 reachable은 '연락을 할 수 있는'이란 뜻으로, 여자가 남자에게 연락 가능 여부를 물었으므로 남자가 불가능한 사정을 설명하는 (c)가 적절한 응답이다.
　　 unfortunately 유감스럽게도　**renovation** 수리

ACTUAL TEST 3　　Part II

16

W I haven't heard anything from Josh.

M He must really be enjoying his new job.

W Still, I wish he'd keep in touch.

M _____

(a) Maybe we should call him.
(b) Just contact the hiring manager.
(c) Don't worry. I'll make sure to write.
(d) Yes, that certainly was sweet of him.

번역 W 조쉬한테 아무런 소식을 듣지 못했어.
　　 M 확실히 새 직장에 잘 다니고 있는 것 같은데.
　　 W 그래도 그와 연락됐으면 좋겠다.
　　 M _____
　　 ✔(a) 우리가 그에게 전화해보지 뭐.
　　 (b) 고용 담당자에게 연락하면 돼.
　　 (c) 걱정 마. 내가 꼭 편지 쓸게.
　　 (d) 응, 그는 정말 친절해.

해설 여자가 조쉬와 연락되길 바란다고 하니 남자도 같이 전화를 해보자고 하는 (a)가 가장 자연스러운 응답이다.
　　 keep in touch 연락하다　**hiring manager** 고용 담당자

17

W Can I borrow your fountain pen?

M I kind of need it right now.

W Please? I just need it for a minute.

M _____

(a) Consider it a gift.
(b) Yes, it's an excellent pen.
(c) Fine, but give it right back.
(d) There's one on sale at the mall.

번역 W 만년필 좀 빌려줄래요?
　　 M 지금 좀 필요한데요.
　　 W 잠깐만 쓰면 되는데요. 좀 빌려주세요.
　　 M _____
　　 (a) 선물이라고 생각하세요.
　　 (b) 네, 아주 좋은 펜이네요.
　　 ✔(c) 좋아요, 하지만 금방 돌려주세요.
　　 (d) 쇼핑몰에서 세일하는 것이 있어요.

해설 만년필을 빌려달라고 여자가 간청하는데 남자도 당장 펜이 필요한 상황이므로 이에 적절한 응답은 (c)가 된다. (a)는 선물을 준 후 가능한 표현이다.
　　 fountain pen 만년필　**on sale** 세일 중인

18

M Stan's Pizza, this is Robert.

W I'd like to place an order, please.

M For pickup or delivery?

W _____

(a) I can come and get it.
(b) Two large pepperonis.
(c) You can keep the change.
(d) Delivered in under thirty minutes.

번역 M 스탠 피자의 로버트입니다.
　　 W 주문하려고 하는데요.
　　 M 가지러 오시겠어요, 아니면 배달해 드릴까요?
　　 W _____
　　 ✔(a) 가지러 갈게요.
　　 (b) 페페로니 피자 큰 사이즈로 두 개요.
　　 (c) 거스름돈은 가지세요.
　　 (d) 30분 이내로 배달됩니다.

해설 For pickup or delivery?는 피자 등의 주문시 종업원이 손님에게 물어보는 말이다. For pickup을 상대방의 입장에서 come이라고 표현한 (a)가 적절하다.
　　 place an order 주문하다　**keep the change** 거스름돈을 가지다

19

W What do you think of this dress I made?

M It's not for you, is it?

W What? No, I made it for my daughter.

M _____

(a) She's getting all dressed up.

(b) No, I don't believe I've met her.

(c) Oh, good, because it's pretty small.

(d) I'm no good with the sewing machine.

번역 W 내가 만든 이 옷 어때요?
　　　M 당신이 입을 거 아니죠, 그죠?
　　　W 네? 아니, 제 딸이 입을 거예요.
　　　M _____
　　　(a) 그녀는 쫙 빼입었네요.
　　　(b) 아니요, 그녀를 만난 게 믿기지가 않아요.
　　✔(c) 오, 그렇군요, 너무 작아서요.
　　　(d) 전 재봉틀에 아주 서툴러요.

해설 자신이 만든 옷에 대해 의견을 묻는 여자에게 남자가 엉뚱한 대답을 하는 근거를 골라야 하므로 (c)가 가장 자연스럽다.
　　　be all dressed up 옷을 잘 차려 입다 **sewing machine** 재봉틀

20

M It's coming down pretty hard out there.

W Oh, no. And I just raked the yard yesterday.

M The rain's bringing down lots of new leaves.

W _____

(a) Let's get the yard work done right now.

(b) The forecast calls for heavy rain tonight.

(c) Yeah, the yard would look better with trees in it.

(d) I guess I'll have to do it all over again tomorrow.

번역 M 바깥에 비가 아주 세차게 내리고 있네.
　　　W 맙소사. 어제 마당 쓸어 놨는데.
　　　M 비 때문에 잎이 새로 많이 떨어졌어.
　　　W _____
　　　(a) 마당 일을 지금 끝내도록 하자.
　　　(b) 일기 예보로는 오늘 밤 비가 많이 온다고 해.
　　　(c) 그래, 마당에는 나무가 있어야 더 멋질 텐데.
　　✔(d) 내일 전부 다시 해야 할 것 같아.

해설 마당을 이미 다 쓸었는데 비가 와서 나뭇잎이 다시 쌓였으니 (d)가 가장 적절한 응답이다.
　　　come down 떨어지다 **rake** 긁어모으다 **yard work** 정원 일

21

M What can I get for you today?

W I'll have the turkey and cheese sandwich.

M Would you like to make that a combo meal?

W _____

(a) No thanks, just what I ordered.

(b) Actually, the turkey, please.

(c) Sorry, I've already eaten.

(d) You're right. No cheese.

번역 M 무엇을 드시겠어요?
　　　W 칠면조와 치즈 샌드위치를 주세요.
　　　M 세트 메뉴로 해드릴까요?
　　　W _____
　　✔(a) 아니요, 주문한 것만 해주세요.
　　　(b) 칠면조로 주세요.
　　　(c) 죄송합니다. 전 벌써 먹었어요.
　　　(d) 맞아요. 치즈는 넣지 마세요.

해설 주문을 한 여자에게 종업원이 세트 메뉴를 원하는지 묻고 있으므로 손님의 응답으로 가타 여부를 표현한 (a)가 가장 적절하다.
　　　(b), (d)는 대화 속 단어들을 반복한 오답 함정이다.
　　　turkey 칠면조 **combo meal** 세트 메뉴

22

W The sun is blazing outside.

M Yep, it's going to be a hot one.

W Let's go. Don't you want to bring a hat?

M _____

(a) Turn down the thermostat.

(b) That's what he was wondering.

(c) I'll just put on some sunscreen.

(d) Thanks, I think it's quite stylish.

번역 W 밖에 태양이 타는 듯하네.
　　　M 응, 더운 하루가 되겠어.
　　　W 나가자. 모자 안 가져갈래?
　　　M _____
　　　(a) 온도 조절기를 낮춰.
　　　(b) 그는 고민 중이야.
　　✔(c) 그냥 선크림만 발라야겠어.
　　　(d) 고마워, 그거 아주 멋진 것 같아.

해설 햇볕이 따가워 모자를 챙기라는 여자의 말에 선크림만 바르겠다고 응답하는 (c)가 가장 적절하다.
　　　blazing 불타는 **thermostat** 온도 조절 장치 **put on** (크림 등을) 바르다 **sunscreen** 선크림 **stylish** 맵시 있는

23

M How about vacationing in Italy this year?

W Oh, I love the Mediterranean.

M Shall I book tickets, then?

W _____

(a) I'm all for it.

(b) Yes, I loved it.

(c) No, they're refundable.

(d) He's down at the beach.

번역 M 올해에는 이태리로 휴가 가는 게 어때?

　　　W 오, 지중해가 좋아.

　　　M 그럼 내가 표를 예매할까?

　　　W _____

　　　✔(a) 대찬성이야.

　　　(b) 응, 좋았어.

　　　(c) 아니, 그건 환불 가능해.

　　　(d) 그는 해변에 갔어.

해설 남자가 표를 사겠다는 말을 듣고 전적으로 상대방의 의견에 동의
할 때 쓰는 표현인 I'm all for it이라고 한 (a)가 적절한 응답이다.
Mediterranean 지중해 **book** 예약하다 **refundable** 환불
가능한

24

W What's that in your bag, sir?

M It's an aluminum water bottle.

W Can you take it out for me, please?

M _____

(a) I'm afraid I drank it all.

(b) Sure thing, here you are.

(c) That's right, a water bottle.

(d) I just have one bag to check.

번역 W 가방 안에 든 게 무엇입니까?

　　　M 알루미늄 물병입니다.

　　　W 꺼내 봐 주시겠어요?

　　　M _____

　　　(a) 그걸 전부 마셔버렸네요.

　　　✔(b) 물론이죠, 여기 있어요.

　　　(c) 맞아요, 물병이네요.

　　　(d) 부칠 가방이 하나 있습니다.

해설 짐을 검사하는 상황으로 물병을 꺼내라는 여자의 요구에 응하는
(b)가 응답으로 적절하다.

　　　sure thing 물론 **check** 공항에서 물표를 받고 물건을 부치다

25

M This band is just wretched.

W But the guitarist is quite talented, don't you think?

M Maybe. But the drummer couldn't keep a beat
to save his life.

W _____

(a) I see what you mean by talented.

(b) I think so, too. The drummer's great.

(c) I bet the tickets have already sold out.

(d) I don't understand why you're so critical.

번역 M 이 밴드 형편없네.

　　　W 그렇지만 기타리스트는 꽤 재능이 있어, 안 그래?

　　　M 글쎄. 하지만 드러머는 박자조차 전혀 못 맞추잖아.

　　　W _____

　　　(a) 재능 있다는 말을 네가 무슨 의미로 쓰는지 알겠다.

　　　(b) 나도 그렇게 생각해. 드러머는 굉장해.

　　　(c) 표가 틀림없이 이미 매진되었을 거야.

　　　✔(d) 네가 왜 그렇게 비판적인지 모르겠구나.

해설 밴드가 형편없다고 비판하는 남자와 이에 동조하지 않는 여자의
상황을 볼 때 (d)와 같이 반박하는 말이 적절하다.

　　　wretched 불쾌한 **talented** 재능이 있는 **critical** 비판적인

26

W Please keep your children quiet.

M I'm sorry. I don't know what's gotten into them.

W Well, I'm trying to watch the movie.

M _____

(a) Yes, three for the children's movie.

(b) I appreciate your caring for them.

(c) They're always misbehaving.

(d) OK, I'll take them out.

번역 W 아이들 좀 조용하게 해줘.

　　　M 미안해. 쟤들이 왜 그러는지 모르겠네.

　　　W 나 영화 좀 보려고 해.

　　　M _____

　　　(a) 네, 어린이 영화 표 3장이요.

　　　(b) 걔들 돌봐줘서 고마워.

　　　(c) 걔들은 항상 버릇없잖아.

　　　✔(d) 알았어. 내가 데리고 나갈게.

해설 여자가 조용히 영화를 보고 싶어 하는 상황이므로 (d)가 가장 자연
스러운 응답이다.

　　　get into (나쁜 습관 따위가) ~을 지배하다 **appreciate** 고맙게
여기다 **misbehave** 무례하게 행동하다

27

W How can you listen to music while you work?

M I don't know. I feel it helps me think.

W For me, absolute silence is essential.

M _____

(a) Turn down the volume, please.
(b) To each their own, I guess.
(c) I'm sorry, I can't hear you.
(d) Jazz and classical, mostly.

번역 W 일하면서 어떻게 음악을 들을 수 있나요?
　　 M 글쎄요. 음악을 들으면 생각하는 데 도움이 돼요.
　　 W 저는 완전하게 조용해야 해요.
　　 M _____
　　 (a) 소리 좀 줄여주세요.
　✔(b) 사람마다 각자 취향이 있나 봐요.
　　 (c) 미안한데요, 무슨 소리인지 안 들려요.
　　 (d) 주로 재즈와 클래식이요.

해설 일하면서 음악 듣는 것에 대해 서로 상반된 의견을 갖고 있으므로 '각자 취향이 다르다'는 의미로 To each their own이라고 말한 (b)가 적절하다.
　　 absolute 완전한　**essential** 필수적인　**turn down** 소리를 줄이다　**mostly** 주로

28

W Have you settled on a watch?

M Yes, I'll take this gold-plated model.

W Excellent choice. And how will you be paying for it?

M _____

(a) It wasn't all my choice.
(b) Let's put it on my card.
(c) No, I don't have the time.
(d) A little too opulent for me.

번역 W 시계 결정했나요?
　　 M 네, 이 금도금한 걸로 할게요.
　　 W 잘 고르셨어요. 계산은 어떻게 하실까요?
　　 M _____
　　 (a) 제 선택이 전혀 아니었어요.
　✔(b) 카드로 계산해 주세요.
　　 (c) 아니요, 시간이 없어요.
　　 (d) 저한테는 너무 화려하군요.

해설 구매자의 지불 방식을 묻고 있으므로 카드 결제를 언급한 (b)가 가장 자연스러운 응답이다. 참고로, '현금으로 할게요'는 I'll pay in cash라고 한다.
　　 settle on ~을 결정하다　**gold-plated** 금도금한　**opulent** 화려한

29

M Did you see today's front-page story in the paper?

W Oh, I canceled my subscription months ago.

M Really? How do you get your news?

W _____

(a) Pass me that magazine.
(b) I'm thinking of subscribing.
(c) I can find everything I need online.
(d) What a shocking story to read about.

번역 M 오늘 신문 1면 기사 내용 보셨어요?
　　 W 수개월 전에 신문 구독을 취소했어요.
　　 M 정말이요? 뉴스는 어떻게 보나요?
　　 W _____
　　 (a) 잡지 좀 건네주세요.
　　 (b) 신문을 구독할까 해요.
　✔(c) 인터넷으로 필요한 모든 걸 알 수 있어요.
　　 (d) 읽기에 정말 충격적이네요.

해설 신문 구독을 안 하는 여자에게 뉴스를 얻는 방법을 묻고 있으므로 인터넷을 언급한 (c)가 적절하다. 신문 구독을 취소했으므로 (b), (d) 모두 어색하다.
　　 front-page story 신문의 1면 기사　**subscription** 구독

30

M Do you know much about Spain, Linda?

W Yes. In fact, I've traveled there over ten times.

M Wow. You must've seen the entire country.

W _____

(a) You're welcome to tag along.
(b) I much prefer life in the city.
(c) Actually I've never been there.
(d) All the major historical sites, anyway.

번역 M 린다, 너 스페인에 대해서 많이 아니?
　　 W 응. 실은 열 번 넘게 여행했어.
　　 M 와, 그 나라 전체를 봤겠구나.
　　 W _____
　　 (a) 따라와도 좋아.
　　 (b) 나는 도시 생활이 훨씬 좋아.
　　 (c) 사실 난 거기 가본 적이 없어.
　✔(d) 여하튼 주요 유적지는 전부 다.

해설 여자가 스페인 여행을 여러 번 다녀왔으므로 전체를 다 봤겠다며 놀라워하는 남자에게 구체적으로 본 것을 언급한 (d)가 적절한 응답이다.
　　 tag along 따라가다　**major** 주요한　**historical site** 유적지

31

M   Oh dear, I forgot my Subway Pass card.

W   That's OK, you can always buy a single ticket.

M   Yeah, but I don't have any cash on me.

W   Well here, I can cover it. It's only a dollar twenty.

M   Thanks so much. I'll pay you back tomorrow.

Q   What is the woman mainly doing in the conversation?

(a) Lending the man subway fare.
(b) Helping the man find his wallet.
(c) Asking the man to repay his debt.
(d) Advising the man on transportation.

번역   M   맙소사, 지하철 교통카드를 안 가져왔네요.
        W   괜찮아요. 1회용 표는 언제든 살 수 있어요.
        M   하지만 수중에 현금이 전혀 없는걸요.
        W   여기요, 제가 낼게요. 겨우 1달러 20센트인데요.
        M   너무 고마워요. 내일 돌려 드릴게요.
        Q   여자가 주로 하고 있는 것은?
      ✔(a) 남자에게 지하철 요금 빌려주기.
        (b) 남자의 지갑 찾는 걸 도와주기.
        (c) 남자에게 빚을 갚도록 요청하기.
        (d) 남자에게 교통편 조언하기.

해설   남자가 교통카드를 잊고 안 가져와서 1회용 표를 사야 하는데 현금을 전혀 가지고 있지 않아서 여자가 대신 내주고 있는 상황이므로 (a)가 정답이다.
        single ticket 1회용 표   **lend** 빌려주다   **fare** (교통) 요금
        wallet 지갑   **debt** 빚

32

W   My friend Carina moved to Bangkok last month.

M   What on earth for?

W   The low cost of living, for one thing.

M   But it's so different from home.

W   She's had a lot of exposure to Southeast Asian culture.

M   Well, I'm happy for her, but it's not for me.

Q   What is the conversation mainly discussing?

(a) Carina's recent move abroad.
(b) The man's plans to transfer overseas.
(c) The woman's desire to visit her friend.
(d) Various differences among world cultures.

번역   W   내 친구 커리너가 지난달 방콕으로 이사를 갔어.
        M   왜?
        W   우선은 낮은 생활비 때문이겠지.
        M   하지만 고향과 너무 다른 곳인데.
        W   동남아시아 문화를 많이 접해왔어.
        M   커리너에게는 잘된 일이지만 난 아니네.
        Q   대화 내용은?
      ✔(a) 커리너의 최근 해외 이주.
        (b) 남자의 해외 전근 계획.
        (c) 여자의 친구를 방문하고 싶은 마음.
        (d) 세계 문화 간의 다양한 차이점.

해설   여자의 친구인 커리너가 방콕으로 이사를 갔다는 얘기로 대화가 시작되면서 그녀가 이사를 간 이유에 대한 내용이 이어지므로 정답은 (a)가 된다.
        on earth 도대체   **exposure** 노출   **transfer** 전근가다
        overseas 해외로

33

M So, was today's lecture about the world food shortage?

W No. We discussed the problem of refugees.

M What? That's not what the class syllabus says.

W I know. Professor Burke changed things.

M I hope I can look at your notes.

W Of course, I'll photocopy them for you.

Q What is the man mainly doing in the conversation?

(a) Discussing the issue of refugees.

(b) Inquiring about the lecture.

(c) Thanking the woman for helping him.

(d) Making photocopies of the class syllabus.

번역 M 그래, 오늘 강의는 세계 식량 부족에 관한 거였니?
W 아니. 난민 문제를 토론했어.
M 그래? 그건 강의 계획서에 나온 게 아니잖아.
W 그러게. 버크 교수님이 바꾸셨어.
M 네 노트 좀 볼 수 있으면 좋겠다.
W 물론이지, 복사해 줄게.

Q 남자가 주로 하고 있는 것은?
(a) 난민 문제에 관해 토론하기.
✔(b) 수업에 대해 묻기.
(c) 여자에게 도와줘서 고맙다고 말하기.
(d) 강의 계획서 복사하기.

해설 수업에 결석한 남자가 수업을 들은 여자에게 내용을 묻는 대화로 (a)는 여자가 들은 강의 내용이고, 여자의 노트를 복사할 것이므로 (d)도 오답이며, 정답은 (b)가 된다.
shortage 부족 **refugee** 난민 **syllabus** 강의 계획서
photocopy 복사하다

34

W Who's providing your mortgage loan?

M I've been talking with Sally Jefferson at Star Bank.

W Oh, she's great. She got me a fantastic interest rate.

M Well, I haven't been approved yet.

W With your credit history, it'll be a snap.

Q What is the conversation mainly about?

(a) The man's loan application process.

(b) The best mortgage lender for the man.

(c) The strategy for improving the man's credit.

(d) The woman's financial assistance to the man.

번역 W 주택 담보 대출을 어디서 받을 건가요?
M 스타 뱅크의 샐리 제퍼슨하고 얘기가 진행 중이에요.
W 그녀는 대단해요. 낮은 금리로 해 주던걸요.
M 전 아직 승인을 받지 못했어요.
W 당신의 신용도라면 문제없을 거예요.

Q 대화의 주된 내용은?
✔(a) 남자의 대출 신청 과정.
(b) 남자에게 가장 적당한 대출 제공업체.
(c) 남자의 신용 개선을 위한 전략.
(d) 여자의 남자에 대한 재정 지원.

해설 남자가 신청한 주택 담보 대출이 아직 진행 중에 있다는 내용이므로 (a)가 정답이다. 첫 번째 남자의 대화에서 대출 업체에 대해 얘기하긴 했지만 (b)를 대의로 보기는 어렵다.
mortgage loan 주택 담보 대출 **interest rate** 이자율
approve 승인하다 **credit history** 신용도 **a snap** 쉬운 일
financial 재정상의 **assistance** 조력

35

M How do you make your kimchi stew so tangy?

W The key is to allow the kimchi to ferment.

M And how is that done?

W Open the container and let it sit out for a couple days.

M That's all?

W Except place the container in a larger bowl to catch the overflowing juices.

Q What is mainly taking place?

(a) The man is discussing his taste in stews.

(b) The woman is making kimchi for the man.

(c) The woman is providing recipe instructions.

(d) The man is sharing a family recipe with the woman.

번역 M 어떻게 김치찌개를 그렇게 시큼하게 만들어요?

W 비결은 김치를 발효시키는 거예요.

M 어떻게 하는 거죠?

W 용기를 열고 2~3일 정도 놔두는 거죠.

M 그게 다예요?

W 용기를 커다란 사발에 넣어 넘쳐흐르는 김치 국물을 받을 수 있도록 하는 것도 있어요.

Q 주로 일어나고 있는 것은?

(a) 남자는 찌개 맛에 대해 이야기하고 있다.

(b) 여자는 남자에게 김치를 만들어 주고 있다.

✔(c) 여자는 요리법을 설명하고 있다.

(d) 남자는 여자에게 집안의 요리법을 나누고 있다.

해설 여자가 김치 발효시키는 과정을 설명하고 있으므로 정답은 (c)이다. 남자의 관심은 찌개의 맛이 아니라 시큼한 맛을 내는 방법에 있으므로 (a)는 오답이다.

stew 스튜 (요리) tangy 시큼한 ferment 발효시키다
container 용기 overflow 넘쳐 흐르다 recipe 요리법

36

M Let's look at your old high school yearbook.

W OK, I guess. Here it is.

M Is this your portrait here? How hilarious!

W Well, that hairstyle was popular at the time.

M And who's this? Is that Michelle Rodriguez?

W Oh my, I think you're right!

Q What is the main topic of the conversation?

(a) How funny the woman looks in her portrait.

(b) Looking at photos in the woman's yearbook.

(c) How popular hairstyles have changed over time.

(d) Finding friends the woman has lost contact with.

번역 M 고등학교 졸업 앨범 좀 보자.

W 그러지 뭐. 자 여기 있어.

M 이게 네 사진이야? 진짜 웃긴다!

W 당시에는 그 머리가 유행이었다고.

M 이게 누구야? 얘는 미셸 로드리게스잖아?

W 어머나, 그러네!

Q 대화의 주요 내용은?

(a) 사진 속에 여자가 얼마나 우습게 보이는지.

✔(b) 여자의 졸업 앨범 사진 보기.

(c) 유행하는 머리가 시간이 지남에 따라 어떻게 변하는지.

(d) 여자와 연락이 끊긴 친구들 찾기.

해설 여자의 졸업 앨범을 보면서 나누는 대화로 졸업 사진 속 여자의 헤어 스타일과 다른 친구의 사진은 언급했지만 (c), (d)는 언급하지 않았으며 (b)가 정답이다.

yearbook 졸업 앨범 portrait 인물 사진 hilarious 재미있는
contact 연락

37

W Sir, I need to ask you a few questions.

M Certainly. What seems to be the problem?

W Your vehicle was spotted at the scene of a robbery last night.

M Actually, the car was stolen yesterday afternoon. I reported it.

W I see. Can you identify it from this photograph?

M Yes, that's my car.

Q What is the conversation mainly about?
(a) The theft of the man's vehicle.
(b) A crime involving the man's car.
(c) The identity of the man's acquaintance.
(d) A traffic violation the man committed.

번역 W 선생님, 몇 가지 질문을 해야겠는데요.
M 물론이죠. 무슨 문제인지요?
W 당신의 차가 지난밤 강도사건 현장에서 발견되었습니다.
M 사실, 어제 오후에 도난당했어요. 제가 신고를 했는데요.
W 알겠습니다. 이 사진을 보시고 확인할 수 있나요?
M 네, 이 차입니다.

Q 대화의 주 내용은?
(a) 남자의 자동차 도난.
✔(b) 남자의 자동차와 연루된 범죄.
(c) 남자가 아는 사람의 신원.
(d) 남자가 저지른 교통 위반.

해설 경찰인 여자가 강도사건 현장에서 발견된 남자의 차량에 대해 묻고 있는 상황이므로 정답은 (b)가 된다. (a)는 남자의 진술의 일부분이고 (c), (d)는 대화에서 언급되지 않았다.
spot 발견하다 **scene** 현장 **report** 신고하다 **identify** 확인하다 **theft** 절도 **involve** 연루시키다 **identity** 신원 **acquaintance** 아는 사람 **violation** 위반

38

W Wallace, I looked over your notes from the meeting.

M What did you think?

W They were very informative, thank you.

M Great. I was concerned I didn't go into enough detail.

W No, for these types of tasks, it's good to keep it brief.

M OK, I'll keep that in mind for next time.

Q Which is correct according to the conversation?
(a) The man failed to attend a meeting.
(b) The woman approves of how the man took notes.
(c) The woman thinks the man was not brief enough.
(d) The man will try not to take notes briefly next time.

번역 W 월리스, 회의에서 적은 당신의 메모를 훑어보았는데요.
M 어떻게 생각하십니까?
W 도움이 많이 됐어요. 고마워요.
M 잘됐네요. 상세히 적지 않아서 염려했거든요.
W 아니요. 그런 종류는 간결한 게 좋아요.
M 알겠어요. 다음 번을 대비해 명심할게요.

Q 대화에 따르면 옳은 내용은?
(a) 남자는 회의에 참석하지 못했다.
✔(b) 여자는 남자의 메모 작성하는 방식이 마음에 든다.
(c) 여자는 남자가 간결하지 않았다고 생각한다.
(d) 남자는 다음 번에는 메모를 간결하게 작성하지 않을 것이다.

해설 여자는 남자의 메모가 아주 유익했고 간결해서 좋다고 했으므로 (b)가 정답이다.
look over 대충 훑어보다 **informative** 유익한 **go into** 언급하다 **brief** 간결한 **keep ... in mind** ~을 마음에 간직하다

39

M Good evening, ma'am. Welcome back to the hotel.

W Thank you very much.

M May I just say your little daughter is very lovely.

W Oh, did you see us this morning?

M Yes, when you were checking in.

W Well, thank you. I appreciate the compliment.

Q Which is correct according to the conversation?

(a) The man complimented the woman on her looks.

(b) The man noticed the woman and daughter arriving.

(c) The woman did not see her daughter in the morning.

(d) The man saw the woman when she was checking out.

번역 M 안녕하세요, 부인. 호텔로 돌아오신 것을 환영합니다.

W 고마워요.

M 부인의 따님이 너무 사랑스러운 것 같습니다.

W 아, 오늘 아침 저희를 보았나요?

M 네, 체크인하실 때요.

W 칭찬 감사해요.

Q 대화에 따르면 옳은 것은?

(a) 남자는 여자의 외모에 칭찬했다.

✔(b) 남자는 여자와 딸이 도착하는 것을 보았다.

(c) 여자는 아침에 딸을 보지 못했다.

(d) 남자는 여자가 체크아웃할 때 보았다.

해설 남자가 Welcome back to the hotel라고 하는 것으로 보아 호텔 종업원이며 체크인할 때 여자와 딸을 보았다고 했으므로 (b)가 답이다. 여자의 딸에 대해 칭찬하므로 (a)는 오답 진술이다.

check in (호텔 등에) 체크인하다   **compliment** 칭찬(하다)

check out (호텔 등에) 체크아웃하다

40

W I paid close to five bucks for this pound of oranges.

M Prices are high because of the winter freeze affecting supply.

W I wonder when prices will start to drop.

M Well, they won't harvest a new crop until next year.

W I guess I'll be eating fewer oranges for a while, in that case.

M Me, too. I don't like paying a premium.

Q Which is correct according to the conversation?

(a) Oranges are presently rather expensive.

(b) The woman is sure prices will drop soon.

(c) Oranges will be harvested later in the year.

(d) The man has decided to buy more oranges.

번역 W 오렌지 이만큼 사는 데 5달러 가까이 썼어요.

M 공급에 영향을 주는 겨울 한파 때문에 가격이 비싸요.

W 언제 가격이 떨어지기 시작할까요?

M 글쎄, 내년까지는 새 작물을 수확하지 않을 거예요.

W 그렇다면 당분간 오렌지를 덜 먹어야겠어요.

M 저도요. 돈을 더 쓰고 싶진 않네요.

Q 대화에 따르면 옳은 것은?

✔(a) 현재 오렌지는 꽤 비싸다.

(b) 여자는 분명히 오렌지 가격이 곧 떨어질 거라고 본다.

(c) 오렌지는 연말 경에 수확될 것이다.

(d) 남자는 오렌지를 더 많이 사기로 했다.

해설 대화 첫 부분에 겨울 한파로 오렌지 가격이 올랐다는 내용이 나오므로 정답은 (a)가 된다. 내년까지는 새 작물이 나오지 않아 가격이 당분간 떨어지지 않을 거라서 앞으로 오렌지를 덜 먹어야겠다고 했으므로 나머지는 모두 오답이다.

freeze 한파   **supply** 공급   **harvest** 수확하다   **crop** 농작물

in that case 그렇다면   **premium** 초과액   **presently** 현재

41

W Mr. Takama, this is Judy Smith.

M Hello, Ms. Smith. Did you receive the blueprints I sent?

W I did. We've reviewed them, and we couldn't be happier.

M Does that mean the board will approve my proposal?

W I'm almost positive they will.

M That's wonderful news.

Q Which is correct about Mr. Takama according to the conversation?

(a) He forgot to send in his blueprints.

(b) He was told the woman was unhappy.

(c) He submitted a design proposal to a board.

(d) He is sorry that his design was not accepted.

번역 W 타카마 씨, 주디 스미스입니다.
     M 여보세요, 스미스 씨. 제가 보낸 계획안 받으셨나요?
     W 네, 검토했는데 너무 좋은데요.
     M 그 말씀은 이사회가 저의 제안을 승인할 거라는 건가요?
     W 거의 그럴 것 같네요.
     M 정말 기쁜 소식이군요.

     Q 타카마 씨에 관해 옳은 것은?
     (a) 그의 계획안을 보내는 걸 잊었다.
     (b) 여자가 불만스러워한다고 들었다.
     ✔(c) 이사회에 계획안을 제출했다.
     (d) 그의 디자인이 수용되지 않아서 유감스러워한다.

해설 이사회가 남자의 계획안을 승인할 것 같다는 여자의 말을 통해 (c)가 정답임을 알 수 있다. 남자의 마지막 말을 보아 (b), (d)는 오답이다.
     blueprint 청사진, 계획 **approve** 승인하다 **proposal** 제안 **submit** 제출하다

42

M There's an important town council vote tonight.

W I know, on whether to put in a traffic circle.

M Right. And it sounds like it'll be a tight one.

W I really hope they vote it through.

M So do I. A traffic circle would make rush hour more manageable.

W Yeah. I've been waiting on this for a long time.

Q Which is correct according to the conversation?

(a) The town council has voted on a traffic circle.

(b) The man thinks the vote is a foregone conclusion.

(c) The town experiences traffic problems at rush hour.

(d) The woman was unaware of a need for a traffic circle.

번역 M 오늘 밤 중요한 시의회 투표가 있어요.
     W 알아요. 원형 교차로를 만드느냐에 관한 거죠.
     M 맞아요. 투표는 팽팽할 것 같아요.
     W 그 안이 정말 통과되었으면 좋겠어요.
     M 저도요. 원형 교차로가 있으면 혼잡 시간대에 덜 힘들 텐데요.
     W 네. 저도 오랫동안 이것을 기다렸어요.

     Q 대화에 따르면 옳은 것은?
     (a) 시의회는 원형 교차로에 관한 투표를 했다.
     (b) 남자는 투표가 뻔한 결론이라고 생각한다.
     ✔(c) 이 도시는 출퇴근 시간 때 교통 문제를 겪고 있다.
     (d) 여자는 원형 교차로의 필요성을 알지 못했다.

해설 두 사람 모두 원형 교차로 건설안이 통과되길 바라는 것으로 보아 (c)가 정답임을 알 수 있다. 처음에 남자가 오늘 밤 시의회 투표가 있을 거라고 했으므로 (a)는 오답이다.
     traffic circle 원형 교차로 **vote through** 가결하다 **manageable** 처리할 수 있는 **foregone conclusion** 기정 사실화된 결론

43

M Your chimney looks pretty sad.

W I know.

M Have you had someone over to look at it?

W We couldn't afford it two years ago, and we can't now.

M Oh, I guess there are more important things.

W Yeah, home renovations are on the back burner.

Q What can be inferred from the conversation?

(a) The man knows someone who could fix the chimney.

(b) The woman is embarrassed by the state of her home.

(c) The woman is currently earning a high income.

(d) The chimney has needed repairs for a while.

번역 M 너네 굴뚝이 상태가 안 좋아 보여.

W 그러게.

M 누가 가서 좀 봤니?

W 2년 전에는 그럴 여유가 없었고, 지금도 마찬가지야.

M 아, 뭔가 더 중요한 일이 있나 보구나.

W 응, 집 수리는 보류된 상태야.

Q 대화에서 유추할 수 있는 것은?

(a) 남자는 굴뚝을 수리할 수 있는 사람을 알고 있다.

(b) 여자는 자기 집 상태로 인해 당혹스러워한다.

(c) 여자는 현재 소득이 높다.

✔(d) 굴뚝은 한동안 수리가 필요한 채 방치되었다.

해설 굴뚝 상태가 좋지 않았지만 아직까지 수리를 못하고 있다는 것으로 보아 (d)가 정답이다. (a), (b)는 대화로는 알 수 없는 내용이다.

chimney 굴뚝 sad 상태가 안 좋은 renovation 수리
on the back burner 뒤로 미루어져 embarrass 난처하게
하다 state 상태 earn 벌다 income 소득

44

W Did you hear about the cyclone in the Philippines?

M No, what happened?

W It made landfall yesterday and caused massive destruction.

M But I watched the news last night. They didn't say anything.

W They often ignore Asian news.

M Yeah, I'll have to go online for international affairs.

Q What can be inferred about the man and woman from the conversation?

(a) Their local news reports focus on international issues.

(b) They both follow online news throughout the day.

(c) Their TV news fails to provide adequate coverage.

(d) They have been living together in the Philippines.

번역 W 필리핀의 사이클론에 대해 들었니?

M 아니, 무슨 일 났어?

W 그게 어제 상륙해서 엄청난 피해가 생겼대.

M 어젯밤 뉴스를 보았는데 방송에서는 아무 말도 없던데.

W 아시아 뉴스를 종종 무시하거든.

M 응, 국제 정세를 인터넷으로 봐야겠어.

Q 두 사람에 대해 유추할 수 있는 것은?

(a) 그들 지역의 뉴스 보도는 국제 문제에 집중하고 있다.

(b) 둘 다 하루종일 인터넷 뉴스를 본다.

✔(c) 그들의 TV 뉴스는 적절한 취재 범위를 다루고 있지 않다.

(d) 그들은 필리핀에서 함께 살고 있다.

해설 필리핀에서의 재난 발생 소식을 지역 방송에서 보지 못한 상황으로 이들의 지역 뉴스에서는 아시아 뉴스를 종종 무시한다는 여자의 말을 통해 (c)를 유추할 수 있다.

cyclone 열대성 저기압 landfall 육지 상륙 affair 사건
adequate 적절한 coverage 방송 취재 범위

45

M Excuse me, is there a bus to the train station?

W Not from here. They run from the main bus terminal.

M So I guess I'll have to take a taxi.

W It's possible to walk if you have the time.

M How long would it take? I'd rather not pay for cab fare.

W About 40 minutes.

Q What can be inferred about the man from the conversation?

(a) He has purchased bus tickets out of town.

(b) He will proceed to the train station on foot.

(c) He cannot afford to take a cab to the bus terminal.

(d) He is somewhat familiar with the city's bus routes.

46

When Spanish conquistador Francisco de Orellana set out to explore the river systems of the South American interior, he had no idea what was in store. With 48 men and a single vessel, he left Ecuador and followed various tributaries until he reached the Amazon River. The men continued along this massive waterway, under near-constant attack from the native peoples who inhabited the regions through which they passed. Miraculously, nine months later, Orellana's band reached the mouth of the Amazon, completing the first navigation of the world's mightiest river.

Q What is the main idea about Francisco de Orellana in the lecture?

(a) He claimed vast tracts of land for Spain.

(b) He is credited with naming the Amazon River.

(c) His voyage succeeded despite numerous obstacles.

(d) His men did not survive the exploration of the river.

번역 M 실례합니다만 기차역까지 가는 버스가 있나요?

W 여기서는 없어요. 주요 버스 터미널에서 운행됩니다.

M 그럼 택시를 타야겠네요.

W 시간이 있으시면 걸어갈 수 있어요.

M 얼마나 걸릴까요? 택시 요금을 쓰고 싶진 않아요.

W 40분 정도요.

Q 남자에 대해 유추할 수 있는 것은?

(a) 시외로 가는 버스표를 구입했다.

✔(b) 걸어서 기차역까지 갈 것이다.

(c) 버스 터미널까지 택시를 타고 갈 형편이 안 된다.

(d) 어느 정도 이 도시의 버스 노선을 알고 있다.

해설 버스 노선을 묻는 남자와 터미널 위치를 알려주는 여자의 대화에서 남자가 택시 요금을 내고 싶지 않다고 했으므로 (b)가 정답임을 알 수 있다. 요금을 내고 싶지 않은 것과 낼 형편이 안 되는 것은 다르므로 (c)는 오답이다.

fare 운임　purchase 구매하다　proceed 나아가다　cab 택시　be familiar with ~에 익숙하다

번역 스페인 정복자 프란치스코 데 오레야나는 남아메리카 내륙의 하계(강의 계통)를 탐험하기 위해 출발했을 때 앞으로 무슨 일이 닥칠지 전혀 몰랐다. 48명의 일행과 배 한 척으로 그는 에콰도르를 떠나 아마존 강에 도착할 때까지 여러 지류를 따라갔다. 일행은 이 거대한 수로를 따라 계속 갔으며 지나가면서 여러 지역에 거주하는 원주민들로부터 거의 계속 공격을 받았다. 기적적으로 9개월 후에 오레야나 일행은 아마존 강 입구에 도달했고 최초로 세계 최대의 강에서 항해를 마쳤다.

Q 프란치스코 데 오레야나에 대한 요지는?

(a) 스페인을 위한 광대한 지대를 요구했다.

(b) 그에 의해 아마존 강 이름이 붙여졌다.

✔(c) 그의 항해는 많은 장애물에도 불구하고 성공하였다.

(d) 그의 일행들은 강 탐험에서 살아남지 못했다.

해설 he had no idea what was in store와 attack from the native peoples라는 표현에서 볼 때 항해하는 동안 여러 지역에 거주하는 원주민들로부터 끊임없이 공격을 받아 많은 어려움을 겪었지만 결국 성공하였으므로 (c)가 정답이다.

conquistador 정복자　set out 착수하다　interior 내부

in store (운명 등이) 닥치려 하고　tributary 지류

miraculously 기적적으로　band 일행　mouth 입구　tract 지대, 구역　navigation 운항　voyage 여행

47

The City of Springfield has accepted a bid for the construction of our first mass transit system. The bid comes from CamTech Dynamics, which has developed similar systems in Morseville and Canton. We've decided to go with a combined bus and light rail network that will connect outlying suburbs with downtown Springfield. Work will begin in early April and is scheduled to be completed by the beginning of 2013.

Q   What is mainly being introduced?
(a) The reason for a delay in bus and rail service.
(b) A regional train network running to nearby cities.
(c) The company behind the city's new transit system.
(d) A planned public transportation construction project.

번역 스프링필드 시는 최초의 대중 교통 시스템 건설의 입찰을 승인했다. 캠텍 다이나믹스가 입찰을 했는데, 이 회사는 모르스빌 시와 캔톤 시에서 유사한 시스템을 개발했다. 우리는 스프링필드 도심과 외곽 교외를 연결시키는 연계 버스와 경전철망을 병행하기로 결정했다. 공사는 4월 초에 시작되고 2013년 초까지 완공할 예정이다.

Q   소개하고 있는 내용은?
(a) 버스와 철도 서비스의 지연에 대한 이유.
(b) 인근 도시로 운행하는 지역 철도망.
(c) 시의 새로운 교통 시스템을 지원하는 회사.
✔(d) 계획된 대중 교통 건설 프로젝트.

해설 시의 대중 교통 건설의 입찰 승인을 알리고 관련 내용을 공지하고 있으므로 (d)가 정답이다. suburbs와 downtown을 연계한다고 했으므로 (b)는 맞지 않다.
bid 입찰   **transit** 수송, 교통 체계   **light rail** 경전철
outlying 외진   **suburb** 교외   **delay** 지연   **regional** 지역의
nearby 근처의   **construction** 건설

48

There's good news today for sufferers of bipolar disorder. After nearly 30 years, a generic version of the drug topiramate has finally been approved for use in the US, at a cost far below name-brand offerings. Previously, the generic medication was only available in Canada. Topiramate has been prescribed by psychiatrists in combination with other drugs to stabilize the mood swings characteristic of bipolar disorder. Reports on its efficacy vary, but the introduction of a new low-cost treatment option is undoubtedly a positive development for patients.

Q   What is mainly being discussed?
(a) The release of a generic version of a drug.
(b) Doubts about the effectiveness of topiramate.
(c) Efforts to bring generic topiramate to the US.
(d) The groundbreaking cure for bipolar disorder.

번역 조울증으로 고통받는 사람들에게 오늘 좋은 소식이 있다. 거의 30년이 지난 후 토피라메이트 약이 미국에서 마침내 상표 없는 약으로 사용 허가를 받았는데 유명 상표가 제공하는 약에 비해 훨씬 저렴하다. 이전에 이 약은 캐나다에서만 살 수 있었다. 토피라메이트는 조울증의 특징인 기분의 두드러진 변화를 안정시키기 위해 다른 약과 혼합하여 정신과 의사가 처방하였다. 이 상표 없는 약의 효력에 대한 보고는 다양하지만 새로운 저비용 치료제의 도입은 환자들에게는 확실히 긍정적인 진전이다.

Q   논의하고 있는 내용은?
✔(a) 일반 약품으로 출시되는 어떤 약.
(b) 토피라메이트의 효력에 대한 의구심.
(c) 상표 없는 토피라메이트를 미국에 들여오려는 노력.
(d) 조울증의 획기적인 치료제.

해설 기존의 조울증 약의 generic version 출시를 알리는 기사문이다. 이 약의 구체적인 효능은 언급하지 않았고 저비용의 장점만 말하고 있으므로 (b), (d)는 어긋난다.
bipolar disorder 조울증   **generic** 상표가 부착되지 않은
name-brand 유명 상표   **prescribe** 처방하다   **psychiatrist** 정신과 의사   **efficacy** 효력   **vary** 다양하다   **release** 출시
groundbreaking 신기원의

49

According to modern genetic analysis of old case evidence, a shockingly high percentage of prisoners executed over the last 50 years may in fact have been innocent. For me, this provides an inviolable argument against capital punishment. Most countries in the developed world have already outlawed the practice, and we are looked down on for continuing it. It is high time we joined the international consensus and put a stop to this barbaric and fundamentally unjust element of our justice system.

Q   What is the main topic of the talk?
(a) A questionable retraction of capital punishment laws.
(b) International cooperation on criminal apprehension.
(c) Arguments for abolishing the death penalty.
(d) The need to reexamine old capital cases.

번역 옛날 사건의 증거물에 대한 현대적 유전자 분석에 따르면, 지난 50년간 처형당한 꽤 많은 죄수들이 사실은 무죄일 수도 있었다는 것이다. 나로서는 이것이 사형 제도에 반대하는 확실한 논거이다. 대부분 선진국에서는 이미 이 관행을 금하고 있으며, 우리는 사형을 지속함으로써 경멸을 당하고 있다. 우리는 국제적인 합의에 참여하여 우리 사법 제도의 야만적이며 근본적으로 부당한 요소를 종식시켜야 할 때이다.

Q   담화의 화젯거리는?
(a) 사형법의 의심스러운 철회.
(b) 범죄자 체포에 관한 국제 협력.
✔(c) 사형 제도 폐지를 위한 논거.
(d) 옛날 사형 사건 재조사의 필요성.

해설 옛 사형 사건들의 부당성이 현대 유전자 조사에 의해 드러나는 만큼 사형 제도에 반하는 논거가 확실하며 국제적으로도 협력하여 사형 제도를 폐지해야 한다고 보고 있으므로 정답은 (c)가 된다. 첫 번째 문장만 듣고 (d)를 선택하지 않도록 주의한다.
inviolable 불가침의   **capital punishment** 사형   **outlaw** 금하다   **look down on** 경멸하다, 얕보다   **consensus** 합의   **put a stop** 중지하다   **barbaric** 야만적인   **retraction** 취소   **criminal** 범죄자   **apprehension** 체포   **reexamine** 재조사하다

50

Want to help yourself and the environment at the same time? A membership at One World Gym could be the answer. Each of our treadmills, stationary bikes, and other resistance training machines are hooked up to an electrical generator that powers our facility. That's right—by using our machines, you're helping to keep the lights on at the gym. And because of members' assistance with our energy needs, One World is able to offer year-long memberships at substantially lower prices than our competitors. Stop by one of our convenient locations today for more information.

Q   What is the main idea about One World Gym in the advertisement?
(a) It is having a promotion on year-long memberships.
(b) It is powered completely by renewable energy.
(c) It is affordable and environmentally minded.
(d) It offers a range of exercise equipment.

번역 자신뿐 아니라 환경에도 도움을 주길 원합니까? 원 월드 헬스클럽의 회원권이 그 답이 될 수 있습니다. 각각의 러닝머신, 실내 자전거, 다른 저항성 (근력) 운동 기구들이 우리 설비에 동력을 공급하는 발전기에 연결되어 있습니다. 맞습니다. 이 기구를 사용하시면 헬스클럽에 계속 불을 켜 놓는 데 도움을 주는 것입니다. 회원들의 이런 도움 때문에 원 월드는 다른 경쟁사들보다도 상당히 저렴한 가격으로 연간 회원권을 제공할 수 있습니다. 좀 더 많은 정보를 위해 편리한 위치에 있는 매장으로 오늘 들러주십시오.

Q   원 월드 헬스클럽에 관한 요지는?
(a) 연간 회원권에 대한 판촉 행사를 하고 있다.
(b) 재생 에너지로 동력을 완전히 공급받는다.
✔(c) 저렴하고 환경 지향적이다.
(d) 한 기종의 운동 기구를 제공한다.

해설 헬스클럽에 관한 광고문이다. 여러 종류의 운동 기구를 사용하면 그 동력을 실내를 밝히는 전원으로 사용한다고 했으므로 친환경적인 곳임을 알 수 있다. 따라서 정답은 (c)가 된다.
treadmill 러닝머신   **stationary** 정지한   **hook up** 연결하다   **generator** 발전기   **facility** 시설   **renewable** 재사용 가능한

51

We start to see the development of a Regionalism movement in American literature in the late 19th century. Works in this genre focus on specific places and themes particular to those places, instead of taking on "universal" issues as previous literature does. And, given the fact that Regionalist authors were usually writing about the places where they lived, their writing possesses a nostalgic quality. So it can be argued that Regionalists were writing as much for themselves as for the reading public.

Q   What is the lecture mainly about?
(a) Merits of writing that focuses on specific themes.
(b) Characteristics of American literary Regionalism.
(c) Regionalism and its influences on American authors.
(d) Nostalgia in American literature from the late 1800s.

번역 우리는 미국 문학에서 지방주의 운동의 발전을 19세기 후반으로 보기 시작한다. 이 장르의 작품들은 이전 문학작품이 그러하듯 '보편적인' 문제를 다루는 대신에 특정한 장소와 그 장소의 특별한 주제에 초점을 두고 있다. 그래서 지방주의 작가들은 보통 그들이 살았던 장소에 대한 글을 썼다는 사실을 보면 그들의 저작은 향수적 특성을 갖고 있다. 따라서 지방주의 작가들은 독자를 위한 만큼이나 그들 자신들을 위해 글을 썼다고 할 수 있다.

Q 강의의 주된 내용은?
(a) 특정한 주제에 초점을 두는 글의 장점.
✔(b) 미국 문학의 지방주의의 특성.
(c) 지방주의와 미국 작가들에게 끼친 영향.
(d) 1800년대 후반부터 미국 문학에 있어서의 향수.

해설 미국 문학의 Regionalism의 특징에 관한 글로, 중간 부분에 writing possesses a nostalgic quality라는 말이 핵심이므로 (b)가 정답이다. (a)는 전혀 언급되지 않은 내용이고, (d)는 강의에서 언급되기는 했지만 대의로 보기는 힘들다.
regionalism 지방주의 literature 문학 genre 장르
universal 보편적인 specific 특정한 theme 주제
previous 이전의 characteristic 특징 nostalgia 향수

52

At the beginning of the last decade, consumers were skeptical about shopping for clothes online. Among the sticking points were the inability to try on garments before purchasing them and the hassle of returns. But since that time, improvements to the industry have resulted in a 600% increase in online clothing sales. Now, with competitive prices and hassle-free, no-cost return and exchange options, shoppers have little reason to ignore the savings benefits of online clothing stores.

Q   What is the main idea of the talk?
(a) Garments are offered online at significant savings.
(b) A majority of people distrust online clothing sellers.
(c) Consumer sentiment about online shopping has improved.
(d) Different exchange options are available to online shoppers.

번역 지난 10년간 초반에 소비자들은 온라인 의류 쇼핑에 대해 의구심을 가졌다. 구입 전에 옷을 입어 볼 수 없다는 것과 반환 시 번거로움이 걸림돌이었다. 하지만 그 이후로 이 분야의 개선은 온라인 의류 판매에서 600퍼센트의 증가를 가져왔다. 이제 경쟁적인 가격과, 번거롭지 않고 무료 반품 및 교환 선택권이 있어 쇼핑객은 온라인 의류매장 이용 시 절약되는 이익을 무시할 이유가 거의 없다.

Q 담화의 주제는?
(a) 온라인에서 의류는 아주 저렴한 가격으로 제공된다.
(b) 대다수는 온라인 의류 판매상을 불신한다.
✔(c) 온라인 의류 쇼핑에 대한 소비자의 반응이 개선되었다.
(d) 온라인 쇼핑 이용자들은 다양한 교환 선택이 가능하다.

해설 온라인 의류 쇼핑의 문제점이 많이 개선되어 온라인 상의 구입이 증가했다는 내용이나 단순히 가격이 저렴하다는 것은 아니므로 (c)가 정답이다. (d)는 마지막 문장에서 언급되기는 했지만 주제로 보기는 힘들다.
sticking point 걸림돌 inability 할 수 없음 garment 의류
hassle 성가신 일 competitive 경쟁적인 benefit 이득
sentiment 취향, 정서

53

Sudden and unexplained deaths are all too common among very young infants aged 1 to 6 months. In an attempt to understand this phenomenon better, researchers have analyzed 534 incidents. It was ascertained that 3.3% of the 534 deaths occurred while the child was seated upright in a car seat. While this is a relatively low percentage, it is high enough to demand further study. Experts are not questioning the safety of car seats, but rather are advising parents to exercise extra caution when placing newborns in an upright seated position.

Q Which is correct about infants according to the talk?
(a) Car seat designs are blamed for their deaths.
(b) Most sudden deaths happen over the age of one.
(c) A small proportion of their deaths occur while seated.
(d) Researchers are urging parents not to seat them upright.

번역 돌연사는 6개월부터 한 살까지 아주 어린 유아들에게 흔한 일이다. 이런 현상을 좀 더 이해하려는 시도로 연구자들이 534건의 사례를 분석하였다. 534건 사망 사례의 3.3퍼센트가 아이가 카시트에 똑바로 앉아 있을 때 발생했다고 확인되었다. 이는 비교적 낮은 비율이지만 향후 연구를 필요로 할 만큼 높은 수치이다. 전문가들은 카시트의 안전성을 의심하는 게 아니라 그보다는 부모들에게 신생아를 똑바로 세워 앉는 자세로 둘 때는 특별한 주의를 둘 것을 권하고 있다.

Q 유아에 관해 옳은 것은?
(a) 유아 사망은 카시트 디자인 때문이다.
(b) 대부분의 돌연사는 한 살 이상에서 발생한다.
✔(c) 일부 유아 사망은 앉아 있는 동안에 발생한다.
(d) 연구자들은 부모들에게 유아들을 똑바로 세워 앉히지 말라고 촉구했다.

해설 유아 돌연사와 관련된 연구 보고이다. (a)는 Experts are not questioning the safety of car seats라는 내용과 어긋나며, (d)는 똑바로 앉힐 때 특별한 주의를 하라고 했지 금지한 것이 아니므로 정답은 (c)가 된다.
incident 사건 **ascertain** 확인하다 **upright** 똑바른 **relatively** 비교적 **caution** 주의 **proportion** 비율 **urge** 촉구하다

54

Mr. Williams, this is Rebecca Day from S&T Roofing. I'm calling in regards to order number 65-FF-27, and the invoice for that order which we received yesterday. The invoice shows that S&T placed an order with you for 7 crates of aluminum roofing panels, but this is not correct. Our order was for only 5 crates. All of the other information on the form is correct. I would appreciate it if you could amend your records and send over a revised invoice. Thank you.

Q Which is correct according to the message?
(a) Ms. Day made an error in her accounting records.
(b) A bill received by S&T Roofing contains a mistake.
(c) Mr. Williams has ordered 7 instead of 5 roofing panels.
(d) S&T Roofing is requesting a full refund from Mr. Williams.

번역 윌리엄스 씨, 저는 S&T 지붕 공사의 레베카 데이입니다. 주문 번호 65-FF-27, 어제 받은 주문 청구서에 관련하여 전화 드립니다. 송장에 따르면 저희 회사가 귀하에게 7상자의 알루미늄 지붕 판넬을 주문했다고 되어 있는데, 이것은 오류입니다. 우리가 한 주문은 5상자입니다. 서식에 있는 다른 정보는 모두 틀림 없습니다. 기록을 바로 잡아 수정된 청구서를 보내주시면 고맙겠습니다. 감사합니다.

Q 메시지에 따르면 옳은 것은?
(a) 데이 씨는 회계 기록에 있어서 실수를 했다.
✔(b) S&T 지붕 공사가 받은 청구서에 오류가 있다.
(c) 윌리엄스 씨는 5상자가 아니라 지붕 판넬 7상자를 주문했다.
(d) 이 회사는 윌리엄스 씨에게 전액 환불을 요청하고 있다.

해설 상품 주문 청구서의 오류 수정을 요청하는 전화 메시지이다. 주문을 받은 사람인 윌리엄스 씨가 실수했지만 전액 환불을 요청한 것은 아니므로 (a), (c), (d)는 틀리며 옳은 것은 (b)뿐이다.
roofing 지붕 공사 **in regards to** ~에 관련하여 **invoice** 송장 **crate** 포장용 상자 **amend** 수정하다 **revise** 수정하다 **accounting** 회계

55

The Antarctic Ice Shelf might be at risk from more than warming temperatures. We've recently learned that storm-driven waves originating off the Pacific coasts of North and South America have the capability to travel south as enormous swells and impact Antarctica. There, they can jostle the already-fragile shelf, aggravating damage being caused by climate change. Given this new data, it's possible that a catastrophic collapse of the ice shelf, resulting in significant sea level rise, could occur sooner than was originally forecast.

Q   Which is correct according to the lecture?
(a) Waves will grow larger as they travel south.
(b) Multiple factors contribute to ice shelf damage.
(c) The Antarctic Ice Shelf suffered a recent collapse.
(d) Wave action can counteract damage by climate change.

번역   남극 빙붕은 온난화 외에 다른 원인으로 위험에 처해 있는지도 모른다. 최근에 알려진 것은 남북 아메리카의 태평양 연안에서 시작되는 폭풍에 의한 파도가 거대한 놀이 되어 남하하여 남극에 충격을 가할 가능성이 있다는 것이다. 그때 그 거대한 파도가 이미 무른 빙붕에 부딪쳐서 기후 변화로 말미암은 손상을 악화시킬 수 있다. 이러한 새 자료에 따르면, 원래 예측한 것보다 더 빨리 빙붕의 대재앙적인 붕괴가 발생하여 심각한 바다 수위의 상승을 초래하는 일이 발생할 가능성이 있다.

Q   강의에 따르면 옳은 것은?
(a) 파도는 남하할수록 더욱 커진다.
✔(b) 여러 요소들이 빙붕 손상의 원인이 된다.
(c) 남극 대륙빙은 최근 붕괴를 겪었다.
(d) 파도 작용은 기후 변화로 인한 피해를 약화시킬 수 있다.

해설   빙붕의 붕괴는 예측 사항이므로 (c)는 오답이고, (d) 역시 파도가 빙붕에 충격을 준다는 본문과 어긋나므로 (b)만 옳은 내용이다.
Antarctic 남극   **ice shelf** 빙붕   **at risk** 위험한 상태에
swell 큰 파도   **impact** 세게 부딪치다   **jostle** 부딪치다
fragile 부서지기 쉬운   **aggravate** 악화시키다   **catastrophic**
큰 재앙의   **collapse** 붕괴   **counteract** 반작용하다

56

Police have officially called off the search for Mr. Shawn DeMoody, who was reported missing over five days ago after attending a New Year's Eve party. An acquaintance who was the last to see DeMoody filed the report when he failed to show up for a New Year's Day soccer game and could not be reached by phone. With an utter lack of clues regarding the man's location, police say they will now concentrate on witness interviews and other tactics in their investigation. Anyone with any knowledge of DeMoody's whereabouts is urged to call the authorities at 555-0290.

Q   Which is correct according to the news report?
(a) DeMoody's acquaintance was with him at the party.
(b) New Year's Day was when DeMoody was last seen.
(c) Witness interviews have failed to yield any clues.
(d) Police are investigating a number of leads.

번역   경찰은 숀 드무디의 수색을 공식적으로 철수했는데 그는 12월 31일 파티에 참석한 후 5일 넘도록 실종 상태라고 신고되었습니다. 드무디를 마지막으로 본 한 지인이 그가 새해 첫날 미식축구 경기에 나타나지 않았고 전화로도 연락이 안 된다고 신고를 했습니다. 그의 위치에 관해 어떤 실마리도 전혀 없는 상황에서 경찰은 증인의 인터뷰와 다른 방법에 집중할 것이라고 합니다. 드무디의 행방에 대해 아는 사람은 555-0290 관계당국 번호로 꼭 연락 주시기 바랍니다.

Q   뉴스 기사에 따르면 옳은 것은?
✔(a) 드무디의 지인은 파티에서 그와 함께 있었다.
(b) 새해 첫날이 드무디가 마지막으로 목격된 날이다.
(c) 증인 인터뷰는 어떤 실마리도 밝혀주지 못했다.
(d) 경찰은 현재 많은 실마리를 조사하고 있다.

해설   New Year's Eve 파티 후에 남자가 실종되었고 utter lack of clues라며 앞으로 witness interview도 할 것으로 보아 (b), (c), (d) 모두 오답이다. 연말 파티에 마지막으로 드무디와 함께 있었던 목격자의 진술에 대해 두 번째 문장에서 이어지므로 (a)만 옳은 진술이다.
call off ~을 취소하다   **file the report** 신고하다   **utter** 전적인   **tactic** 방책   **whereabouts** 소재, 행방   **urge** 촉구하다
yield 결과를 내다   **lead** 실마리

57

Preliminary studies suggest that people who consume moderate amounts of chocolate on a regular basis are less likely to suffer a stroke. Scientists point to chocolate's high antioxidant content as a possible explanation for the correlation. However, they admit that further investigation is required before the link can be confirmed. It is also possible that healthier people are simply more likely to eat chocolate regularly.

Q Which is correct about chocolate according to the report?
(a) It contains a substance that may help in preventing stroke.
(b) It is not thought to contain high levels of antioxidants.
(c) It has been confirmed as a way of preventing stroke.
(d) It is consumed infrequently by healthy people.

번역 사전 연구에 따르면 적당한 양의 초콜릿을 정기적으로 섭취하는 사람들은 뇌졸중에 걸릴 가능성이 덜하다고 한다. 과학자들은 그 상관 관계의 가능성 있는 설명으로 초콜릿의 높은 항산화 성분을 지적하고 있다. 그러나 그 관련성이 확증되기 전에 향후 조사가 필요하다는 것을 인정한다. 또한 건강한 사람들이 단지 초콜릿을 정기적으로 더 먹는 경향이 있다는 가능성도 있다.

Q 초콜릿에 관해 옳은 것은?
✔(a) 뇌졸중 예방을 도울 수도 있는 물질을 함유하고 있다.
(b) 높은 수준의 항산화제를 함유한다고 보지 않는다.
(c) 뇌졸중 예방의 방법으로 확인되었다.
(d) 건강한 사람들이 가끔씩 먹고 있다.

해설 적당한 양의 초콜릿을 정기적으로 먹는 사람이 뇌졸중에 걸릴 가능성이 적다는 사전 연구 결과가 언급되어 있으므로 (a)가 정답이다. preliminary studies라는 말을 보아 (c)는 논리의 비약임을 알 수 있고, chocolate's high antioxidant content라는 본문 내용과 (b)도 어긋난다.

preliminary 사전의, 예비의 **consume** 소비하다 **on a regular basis** 정기적으로 **stroke** 뇌졸중 **antioxidant** 산화방지제 **correlation** 상호 관계 **confirm** 확인하다 **substance** 물질 **infrequently** 때때로

58

Nearly 600 miles of barrier fence have been thrown up along various segments of the border between the US and Mexico. Though purportedly helping to stop the flow of illegal immigrants and materials into America, the barriers have been shown in third-party studies to be completely ineffectual. More than 1,300 miles of border remain unfenced, so traffickers can simply go around the walls. Additionally, the barriers are adversely affecting the migration and survival activities of native wildlife. Tell Congress to put a stop to the expansion of this fiasco.

Q What can be inferred about the barrier?
(a) It is not well constructed.
(b) It has exceeded expectations.
(c) It was not intended to hinder wildlife movement.
(d) It will be extended by 1,300 miles in the near future.

번역 거의 600마일의 차단용 장벽이 미국과 멕시코 국경의 여러 곳을 따라 여러 곳에서 무너졌습니다. 알려진 대로 장벽은 불법 이민자들과 물건들을 미국으로 유입되지 못하도록 차단하지만 제 3자의 조사에 따르면 장벽은 완전히 효과가 없다는 것을 보여주고 있습니다. 국경의 1,300마일 이상이 장벽이 없는 상태여서 밀수꾼들은 간단히 그 벽을 돌아서 갈 수 있습니다. 게다가 이 장벽은 이곳의 토종 야생 생물의 이동이나 생존 활동에 불리하게 작용하고 있습니다. 의회에 이런 대실패가 확대되는 것을 막도록 요청합시다.

Q 장벽에 대해 추론할 수 있는 것은?
(a) 잘 지어진 것이 아니다.
(b) 예상을 뛰어넘었다.
✔(c) 야생 동물의 이동을 방해할 의도는 아니었다.
(d) 가까운 장래에 1,300마일까지 확장될 것이다.

해설 원래 불법 이민자들과 물건들을 미국으로 유입하지 못하게 하기 위한 것이었으나 야생 동물들의 이동이나 생존 활동에 안 좋은 영향을 미치게 되었다고 했으므로 (c)가 정답이다. (b)의 exceed expectations는 너무 애매한 설명이고 구체적으로 1,300마일의 장벽 확장은 언급되지 않았기 때문에 (d)도 맞지 않다.

barrier 장벽 **segment** 부분 **purportedly** 소문에 의하면 **ineffectual** 효력 없는 **trafficker** 밀수꾼 **adversely** 불리하게 **migration** 이동 **fiasco** 대실패 **hinder** 방해하다

59

If you'll look at your workstations, you'll notice that we've installed new computer monitors throughout the department. It was a difficult decision to replace monitors that were only three years old, but their rapidly deteriorating condition left us no choice. These new models should last significantly longer, and you can help us make sure that happens. Please refrain from touching the monitors with your bare fingers, and never eat or drink beverages other than water at your workstation. If you encounter any problems with the equipment, just let me know.

Q What can be inferred from the talk?
(a) The new monitors have much larger screens.
(b) The old monitors did not last as long as anticipated.
(c) The company regularly replaces its computer monitors.
(d) The employees usually have lunch at their workstations.

번역 워크스테이션을 보면 우리가 새 컴퓨터 모니터를 전 부서에 설치한 것이 눈에 띌 것입니다. 3년밖에 안 된 모니터를 교체하는 것은 어려운 결정이었습니다만 급격히 저하되어 가는 상태로 인해 선택의 여지가 없었습니다. 이 새 모델은 아주 오래 가야 하므로 확실히 도와주셔야 할 것입니다. 맨손으로 모니터를 만지는 것을 삼가해 주시고 워크스테이션에서 물 이외는 다른 음료나 음식을 절대 먹지 마십시오. 이 장비에 문제가 있다면 저에게 알려 주십시오.

Q 담화에서 유추할 수 있는 것은?
(a) 새 모니터는 더 큰 스크린이 있다.
✔(b) 옛 모니터는 예상만큼 오래 가지 않았다.
(c) 회사는 정기적으로 컴퓨터 모니터를 교체하고 있다.
(d) 직원들은 보통 워크스테이션에서 점심을 먹는다.

해설 모니터 교체 이유와 사용 주의점에 관한 내용이다. a larger screen이란 언급은 없었고 음료나 음식을 먹지 말라고 한 내용으로 보아 (a), (d)는 어긋난다. 교체한 지 3년밖에 되지 않았는데 상태가 나빠졌다고 했으므로 (b)가 정답임을 알 수 있다.
workstation (사무실 등의) 고성능 컴퓨터 **deteriorate** 저하되다 **last** 지속하다 **significantly** 상당히 **bare** 벌거벗은 **encounter** 마주치다 **equipment** 장비 **anticipate** 예상하다

60

Ferdinand Marcos ended his first term as President of the Philippines in 1969 with immense popularity. He had accomplished more in regards to infrastructure development and government reform than any other Philippine national figure. Perhaps it was this phenomenal success that led to his transformation into a ruthless dictator. At the end of his second term in 1972, Marcos declared martial law in order to remain in power, and his next 14 years of rule were marked by corruption and outright crime.

Q What can be inferred from the lecture?
(a) Marcos' legacy is primarily a negative one.
(b) Marcos retains many supporters to this day.
(c) The Philippines suffered economically under Marcos.
(d) The Philippines was not a democratic nation in the 1960s.

번역 페르난도 마르코스는 1969년에 필리핀 대통령으로서 엄청난 인기를 끌며 첫 임기를 마쳤다. 그는 사회 기반 시설 개발과 정부 개혁 면에 있어서 어떤 다른 필리핀 국가적 인물보다 더욱 많은 성취를 이루었다. 아마도 이런 경이적인 성공이 그를 무자비한 독재자로 변하게 만들었는지도 모른다. 1972년 그의 두 번째 임기 말에 마르코스는 권력을 유지하기 위해 계엄령을 선포하였고, 그 다음 14년간의 통치는 부패와 노골적인 범죄로 얼룩졌다.

Q 강의에서 유추할 수 있는 것은?
✔(a) 마르코스가 후세에 남긴 것은 주로 부정적인 것이다.
(b) 마르코스는 오늘날까지 많은 지지자들이 있다.
(c) 필리핀 사람들은 마르코스 지배 하에 경제적인 고통을 겪었다.
(d) 필리핀은 1960년대에는 민주 국가가 아니었다.

해설 초반부에 마르코스 대통령의 괄목할 만한 업적을 제시했지만 결국 독재자로서의 나쁜 점을 부각한 내용으로 정답은 (a)이다. 나머지는 지문을 통해 유추 가능한 진술들이 아니다.
term 임기 **immense** 엄청난, 거대한 **infrastructure** 기반 시설 **phenomenal** 경이적 **transformation** 변형 **ruthless** 무자비한 **dictator** 독재자 **martial law** 계엄령 **mark** 특징짓다 **corruption** 부패 **outright** 노골적인 **legacy** 유산 **retain** 유지하다

☐	mark down	가격을 인하하다
☐	a stroke of luck	뜻밖의 행운
☐	acupuncture	침술
☐	juggle	일을 잘 조절하다
☐	compliment	칭찬
☐	Mediterranean	지중해
☐	wretched	불쾌한
☐	opulent	호사스러운, 화려한
☐	subscription	구독
☐	tag along	따라가다
☐	a snap	쉬운 일
☐	ferment	발효시키다
☐	portrait	인물 사진
☐	acquaintance	아는 사람
☐	premium	초과액
☐	blueprint	계획, 설계도
☐	sad	상태가 안 좋은
☐	on the back burner	뒤로 미루어져
☐	coverage	방송 취재 범위
☐	conquistador	정복자
☐	voyage	여행
☐	outlying	외진
☐	bipolar disorder	조울증
☐	psychiatrist	정신과 의사
☐	capital punishment	사형
☐	consensus	합의
☐	apprehension	체포
☐	stationary	정지한
☐	sticking point	걸림돌
☐	aggravate	악화시키다

PART I	1 (b)	2 (d)	3 (a)	4 (a)	5 (a)	6 (c)	7 (c)	8 (a)	9 (c)	10 (b)
	11 (d)	12 (d)	13 (d)	14 (d)	15 (a)					
PART II	16 (a)	17 (a)	18 (b)	19 (a)	20 (b)	21 (c)	22 (a)	23 (b)	24 (d)	25 (b)
	26 (d)	27 (d)	28 (b)	29 (c)	30 (a)					
PART III	31 (b)	32 (c)	33 (d)	34 (c)	35 (b)	36 (d)	37 (a)	38 (b)	39 (c)	40 (c)
	41 (d)	42 (a)	43 (d)	44 (b)	45 (a)					
PART IV	46 (b)	47 (b)	48 (a)	49 (b)	50 (a)	51 (c)	52 (a)	53 (c)	54 (b)	55 (d)
	56 (c)	57 (d)	58 (d)	59 (b)	60 (b)					

ACTUAL TEST 4   **Part I**

1

W Could you deliver this to the mailroom for me?

M _____

(a) Sorry, I forgot all about your package.
(b) I'll drop by there on my way to lunch.
(c) I already dropped it off for you.
(d) The parcel arrived today.

번역 W 이걸 우편물실에 가져다 주실래요?
    M _____
    (a) 죄송합니다. 당신의 소포를 까맣게 잊었네요.
    ✔(b) 점심 먹으러 가는 길에 갖다 놓을게요.
    (c) 벌써 갖다 놓았습니다.
    (d) 소포가 오늘 도착했어요.

해설 여자가 남자에게 우편물 심부름을 부탁하고 있으므로 처리해 줄
수 있는 시간을 언급한 (b)가 적절하다. (a)는 남자가 부탁한 우편
물을 가져오지 않았을 때 가능한 답이다.
    mailroom (회사 등의) 우편물실   **drop by** 잠깐 들르다
    drop off (짐을) 도중에 차에서 내려놓다   **parcel** 소포

2

M I have to work late again tonight, unfortunately.

W _____

(a) I'm leaving early for an appointment.
(b) I'll find out if you have to stay late.
(c) I'll be staying until at least 8 o'clock.
(d) I hope you don't have to do that all week.

번역 M 유감스럽게도 오늘 밤 또 야근해야 해요.
    W _____
    (a) 난 약속 때문에 일찍 가봐야겠어요.
    (b) 당신이 늦도록 남아야 하는지 알아볼게요.
    (c) 적어도 8시까지 머무를 거예요.
    ✔(d) 일주일 내내 그러진 않았으면 좋겠네요.

해설 밤 늦게 일해야 한다는 남자의 말에 대한 여자의 응답으로
일주일 내내 야근하지 않길 바라는 (d)가 적절하고, (c)는 남자가
할 수 있는 말이다.
    unfortunately 유감스럽게도   **appointment** 약속

3

M Hello, St. Paul Fitness and Aquatic Center.

W _____

(a) I'm curious about your swim classes.
(b) Please leave a message at the tone.
(c) OK, let me get back to you later.
(d) Nope, I know how to get there.

번역 M 여보세요, 세인트폴 아쿠아 피트니스 센터입니다.
　　　W _____
　　✔(a) 수영 수업이 궁금해서 전화했어요.
　　　(b) 신호음이 들리면 메시지를 남겨 주세요.
　　　(c) 좋아요, 나중에 연락할게요.
　　　(d) 아니요, 거기 가는 길을 알아요.

해설 헬스클럽 관련자가 전화를 받는 상황이므로 전화 건 용건을 밝힌 (a)가 적절한 응답이다. (c)는 전화가 왔는데 바쁘거나 당장 답할 수 없는 경우에 쓰는 표현이다.
　　　aquatic 수중에서 하는　**curious** 호기심을 끄는　**tone** (전화의) 신호음

4

W Can you direct me toward the courthouse?

M _____

(a) You just take a left on Hammond Street.
(b) I think that's the best way to get there.
(c) Sure, let me check my briefcase.
(d) Yeah, a couple of times at least.

번역 W 법원 쪽으로 가는 길을 가르쳐 주시겠어요?
　　　M _____
　　✔(a) 해먼드 가에서 좌회전하면 됩니다.
　　　(b) 그게 거기 가는 가장 좋은 길인 것 같네요.
　　　(c) 물론이죠, 서류 가방을 확인해 볼게요.
　　　(d) 네, 적어도 두세 번이면 돼요.

해설 법원으로 가는 길을 묻고 있는 여자에게 방향이나 도로명을 제시하는 것이 자연스러우므로 (a)가 적절한 응답이다.
　　　direct 길 안내를 하다　**courthouse** 법원　**briefcase** 서류 가방

5

M How long have you worked for Grey Technology?

W _____

(a) It'll be five years at the end of October.
(b) You'll see my service record is exemplary.
(c) Because of the company's great reputation.
(d) I plan to stay here for at least three more years.

번역 M 그레이 테크놀로지에서 얼마나 근무하셨나요?
　　　W _____
　　✔(a) 10월말이면 5년이 됩니다.
　　　(b) 제 근무 기록이 모범적이라는 것을 아실 겁니다.
　　　(c) 회사의 대단한 평판 때문입니다.
　　　(d) 적어도 3년 더 이곳에서 머물 계획입니다.

해설 여자의 근무 기간을 묻고 있으므로 구체적인 연수를 언급한 (a)가 가장 적절하다. (d)는 앞으로의 계획이므로 어색한 응답이다.
　　　exemplary 모범적인　**reputation** 평판

6

W Do you feel like going out for Italian tonight?

M _____

(a) It's even better than the restaurant on Broadway.
(b) Fantastic. There are leftovers in the refrigerator.
(c) Actually, I think I'd prefer something lighter.
(d) I thought you wanted to eat out for dinner.

번역 W 오늘 밤 이탈리아 식당에 가실래요?
　　　M _____
　　　(a) 그곳은 브로드웨이 식당보다 더 좋아요.
　　　(b) 아주 좋네요. 냉장고에 먹다 남은 음식이 있어요.
　　✔(c) 실은 뭔가 좀 가벼운 게 먹고 싶은데요.
　　　(d) 저녁에 외식하길 원하는 줄 알았어요.

해설 식당에 같이 가자는 여자의 말에 대해 수락이나 거절의 응답이 이어져야 자연스럽다. 거절의 의미로 자신의 다른 선호도를 언급한 (c)가 적절한 응답이다. (b)는 집에서 식사하자고 제안할 때 가능한 대답이다.
　　　fantastic 환상적인　**leftover** 먹다 남은 음식

7

M Give my regards to Hector when you see him.

W _____

(a) Sure, call me when he's met you.
(b) Yes, he came to the party last night.
(c) OK, I know he wishes you could come.
(d) He hasn't changed a bit since I saw him last.

번역 M 헥터를 만나면 안부 전해 주세요.
　　　W _____
　　　(a) 물론이죠. 그분 만나면 제게 전화주세요.
　　　(b) 네, 그는 지난밤 파티에 왔어요.
　✔(c) 그럴게요. 당신이 왔으면 하고 바랄 거예요.
　　　(d) 그를 마지막으로 본 이후 전혀 변하지 않았어요.

해설 안부 인사를 전해 달라고 부탁하는 상황이므로 남자와 함께 하지
　　　못하는 아쉬움을 담은 (c)가 적절하다. (a)는 남자가 할 수 있는
　　　말이다.
　　　regards 안부 인사 **a bit** 조금

8

W Does it rain like this all the time?

M _____

(a) Oh no, only during this time of year.
(b) You don't need to bring an umbrella.
(c) I prefer to check the forecast online.
(d) I wish I had known it was in season.

번역 W 이처럼 내내 비가 오나요?
　　　M _____
　✔(a) 아니에요. 이맘때만 그래요.
　　　(b) 우산 가져갈 필요 없어요.
　　　(c) 인터넷으로 일기 예보를 확인하는 것이 더 좋아요.
　　　(d) 제철이란 걸 알았더라면 좋았을 텐데요.

해설 현재 비가 내리고 있는 상황에서 비가 늘 이렇게 자주 오는지 묻는
　　　질문에 자주 오는 시기나 양을 알려주는 (a)가 적절하다.
　　　this time of year 이맘때 **in season** 제철인

9

M Did you see that Professor Gates posted our grades?

W _____

(a) You'll do great on the exam, I'm sure.
(b) I'm not sure when I'll see the professor.
(c) Not yet, but I don't know if I want to look.
(d) OK, I'll ask when I see him this afternoon.

번역 M 게이츠 교수님이 올린 성적 봤니?
　　　W _____
　　　(a) 넌 시험을 아주 잘 칠 거라고 확신해.
　　　(b) 교수님을 언제 만날지 잘 모르겠어.
　✔(c) 아직. 보고 싶은지도 모르겠어.
　　　(d) 알겠어. 오늘 오후에 그를 언제 만날지 물어볼게.

해설 교수가 인터넷에 올린 성적을 보았느냐는 남자의 질문에 아직 확인
　　　을 못했다는 (c)가 적절하다. (a)는 미래의 일이므로 어색하다.
　　　post (사이트 등에) 올리다 **grade** 성적

10

W Remember, it could be slippery on the highway.

M _____

(a) Oh right, I forgot to take care of that yesterday.
(b) I'll drive cautiously on my way home tonight.
(c) It looks like we'll have to call a tow truck.
(d) That's terrible. I hope they're all right.

번역 W 고속도로가 미끄러울 수 있으니 조심해요.
　　　M _____
　　　(a) 맞아요. 어제 그거 조심하는 것을 잊었어요.
　✔(b) 오늘 밤 귀가할 때 조심해서 운전할게요.
　　　(c) 견인차를 불러야만 할 것 같군요.
　　　(d) 참 안됐군요. 그들이 괜찮기를 바랍니다.

해설 고속도로가 미끄럽다며 주의를 주고 있으므로 조심해서 운전하겠
　　　다는 (b)가 자연스러운 응답이다. (c)는 차가 움직이지 않는 경우
　　　에 적절하다.
　　　slippery 미끄러운 **cautiously** 조심스럽게 **tow truck**
　　　견인차

11

M Jenny, what did the CEO think of your report?

W _____

(a) I know, it's so nerve-wracking.
(b) That is what the CEO told me.
(c) She asked me to report on a client.
(d) He said he was quite impressed by it.

번역 M 제니, 사장님이 당신의 보고서를 어떻게 보시던가요?
  W _____
  (a) 알아요, 그건 무척 긴장되게 만들어요.
  (b) 그건 사장님이 말씀하신 것입니다.
  (c) 그녀는 한 고객에 대한 보고서를 제출하라고 했어요.
  ✔(d) 아주 깊은 인상을 받으셨다네요.
해설 여자의 보고서에 대한 사장님의 견해를 묻고 있으므로 여자가 사
  장님의 말을 전한 (d)가 자연스럽다. (b), (c)는 의견이 아니라 사
  실을 진술하는 것이므로 적절하지 않다.
  CEO 최고경영자(chief executive officer) **nerve-wracking**
  조마조마하게 하는 **client** 고객 **be impressed by** ~에 감동
  받다

12

W Raul, want to go out for a coffee with us?

M _____

(a) Oops, I didn't realize you wanted anything!
(b) I didn't expect the coffee shop to be so busy.
(c) Yes, I brought you your favorite—a cafe mocha.
(d) Sorry, I've got to finish this proposal before noon.

번역 W 라울, 우리랑 커피 마시러 갈래?
  M _____
  (a) 저런, 네가 뭔가를 원했다는 걸 알아차리지 못했어.
  (b) 커피숍이 그렇게 붐빌 줄 예상 못했어.
  (c) 응, 네가 가장 좋아하는 카페 모카를 가져왔어.
  ✔(d) 미안해, 정오 전에 이 제안서를 끝내야 해.
해설 커피 마시러 가자는 제안에 대해 찬성/ 반대 등의 답변을 예상할
  수 있으므로 바쁜 이유를 설명한 (d)가 적절하다. (c)는 여자가 커
  피를 대신 사다 주며 할 수 있는 말이다.
  favorite 특히 좋아하는 것 **proposal** 제안

13

M Why not take a short break if you're feeling overworked?

W _____

(a) OK. I'll postpone the project till next year.
(b) By the end of the workday on Thursday.
(c) Thanks, I'll do it once I've had a rest.
(d) Good idea. I think I'll do just that.

번역 M 과로한 것 같으면 조금 쉬는 게 어때요?
  W _____
  (a) 좋아요, 내년까지 이 과제를 연기할게요.
  (b) 목요일 근무가 끝나는 시간까지입니다.
  (c) 고마워요. 일단 휴식을 취하면 그걸 할 겁니다.
  ✔(d) 좋은 생각이네요. 그렇게 하려고요.
해설 〈Why not+동사원형〉이나 〈Why don't you+동사원형〉은
  '~하는 게 어때?'라는 제의를 나타내므로 제안을 받아들인 (d)가
  정답이다. (c)는 일을 부탁하는 상황에서 가능한 응답이다.
  take a break 휴식을 취하다 **overwork** 과로하다
  postpone 연기하다 **once** 일단 ~하면

14

W I hear you've decided to look for a roommate.

M _____

(a) The rent is $650, due on the first of the month.
(b) Your previous roommate wasn't very tidy.
(c) That's where I was living last semester.
(d) It's because I can't afford all the rent.

번역 W 룸메이트를 구하기로 했다면서요.
  M _____
  (a) 방세는 650달러이고 매달 1일에 내야 합니다.
  (b) 당신의 이전 룸메이트는 그다지 깔끔하지 않았어요.
  (c) 거기가 제가 지난 학기에 살던 곳입니다.
  ✔(d) 방세를 다 낼 여유가 없어서요.
해설 남자가 룸메이트 구하기로 한 것을 듣고 확인하는 여자에게 이유
  를 말하는 (d)가 적절하다. (a)는 룸메이트를 구한 후 할 수 있는
  말이다.
  rent 임대료 **previous** 이전의 **tidy** 깔끔한

15

W Where were you during the staff meeting, Edmond?

M _____

(a) Oh, I completely forgot it was today!
(b) I could after my dentist appointment.
(c) Well, I can fill you in on what happened.
(d) We covered last month's financial records.

번역 W 에드먼드, 직원 회의 때 어디 있었나요?
    M _____
    ✔(a) 이런, 그게 오늘이라는 것을 까먹었어요!
    (b) 치과 진료 후에 가능해요.
    (c) 음, 무슨 일이 있었는지 자세히 설명할게요.
    (d) 우리는 지난달 회계 보고를 처리했어요.
해설 회의에 참석하지 않은 남자에게 어디에 있었는지 묻고 있으므로 (a)가 적절한 응답이다.
    fill someone in on ~에게 자세히 알려주다 **financial record** 회계 보고

ACTUAL TEST 4   Part II

16

W My wrists are so sore.

M Is that because you've started learning to play piano?

W Yes, I began lessons this summer.

M _____

(a) Don't worry. The pain doesn't last long.
(b) I would, but I don't know how to play.
(c) I agree that you ought to take a class.
(d) Well, I can't play the way I used to.

번역 W 손목이 너무 쑤셔요.
    M 피아노를 배우기 시작했기 때문인가요?
    W 네, 올 여름에 레슨을 시작했어요.
    M _____
    ✔(a) 걱정 말아요. 통증은 오래 가지 않아요.
    (b) 그러고 싶은데 연주할 줄 몰라요.
    (c) 저도 당신이 수업을 들어야 한다고 봐요.
    (d) 음, 예전에 제가 했던 식으로 연주할 수는 없어요.
해설 피아노 레슨 보다는 손목 통증이 주된 화제이므로 (a)가 자연스러운 응답이 된다.
    wrist 손목 **sore** 아픈, 쑤시는

17

W What do you say we go to the park?

M I heard that it's supposed to rain this afternoon.

W But look out the window. It's completely clear!

M _____

(a) Then perhaps we head over there after all.
(b) Too bad. Maybe tomorrow will be nicer.
(c) Sure, we'll have to do this again soon.
(d) Don't forget to check the weather.

번역 W 공원에 가는 게 어때?
    M 오늘 오후에 비가 올 예정이라고 들었는데.
    W 하지만 창 밖을 봐. 아주 맑잖아!
    M _____
    ✔(a) 그렇다면 어쨌든 그리로 가보지 뭐.
    (b) 안됐구나. 아마 내일은 더 좋아질 거야.
    (c) 물론이지. 우리는 곧 다시 이것을 해야 해.
    (d) 날씨 확인하는 것 잊지 마.
해설 여자의 외출 제의에 남자가 비가 온다는 기상 예보를 언급하지만 여자가 날씨가 좋다며 조르는 상황이므로 (a)가 적절하다.
    be supposed to ~하기로 되어 있다 **clear** 맑은

18

W Do you know what time we'll get home on Saturday?

M Well, the wedding is at 6 o'clock.

W And how late will the reception go?

M _____

(a) Around 100 people will be there.
(b) I bet it'll end around midnight.
(c) That's what I plan to wear.
(d) I think it'll be a fun time.

번역 W 우리가 토요일 몇 시에 집에 도착할지 알아요?
    M 음, 결혼식이 6시잖아요.
    W 피로연을 언제까지 할까요?
    M _____
    (a) 약 100명이 참석할 거예요.
    ✔(b) 분명 자정경에 끝날 거예요.
    (c) 그게 바로 제가 입으려고 하는 것이에요.
    (d) 아주 즐거운 시간이 될 거예요.
해설 선택지 모두 결혼 피로연과 직접적인 연관이 있는 응답들이지만 피로연이 지속되는 시간을 묻고 있으므로 시간을 언급한 (b)가 적절하다.
    reception 피로연, 향연 **I bet** 장담하다

19

W Congratulations, you're the fifth caller!

M Alright! So that means I won the concert tickets?

W Yes. Two free tickets to the show tonight.

M _____

(a) Wow, I almost never win anything!

(b) Probably not until later this evening.

(c) I'll buy them as soon as they go on sale!

(d) Drop by the studio to pick up your tickets.

번역 W 축하합니다, 다섯 번째 전화를 건 분이십니다!
　　 M 신난다! 그럼 제가 콘서트 표에 당첨됐다는 건가요?
　　 W 네, 오늘 밤 공연 초대권 두 장 드립니다.
　　 M _____
　　✔(a) 와, 전 뭐든 당첨된 적이 거의 없는데요!
　　 (b) 오늘 밤 늦게까지는 아닐걸요.
　　 (c) 할인하자 마자 그걸 살 거예요!
　　 (d) 표를 가지러 스튜디오에 들러주세요.

해설 공짜 표에 당첨되었다고 알려주는 여자의 말에 의아해하며 개인
　　 적인 얘기를 하는 (a)가 적절하다. (d)는 여자가 할 말이고, free
　　 tickets이므로 (c)는 어색하다.
　　 drop by ~에 들르다 **pick up** 가지러 가다

20

W I won't be here Friday. I got the day off.

M Why is that? Have any plans?

W I'm planning to go camping.

M _____

(a) OK, I'll see you then.

(b) Boy, that sounds like fun.

(c) I'd like to, but I'll be working.

(d) No, I don't have any plans yet.

번역 W 금요일에 안 나올 거예요. 하루 쉬거든요.
　　 M 왜요? 무슨 계획있어요?
　　 W 캠핑을 가려고요.
　　 M _____
　　 (a) 알겠어요. 그때 보죠.
　　✔(b) 야, 그거 재미있겠군요.
　　 (c) 나도 그러고 싶은데 근무를 할 겁니다.
　　 (d) 아니요, 아직 계획이 없어요.

해설 캠핑을 갈 계획이라는 여자의 말에 부러움을 보이는 (b)가 가장
　　 적절하다. (c)는 남자가 할 수 있는 대답이고, (d)는 계획이 있느
　　 냐는 남자의 첫 번째 질문에 대해 가능한 응답이다.
　　 day off 쉬는 날 **boy** 맙소사, 이런

21

W So how is the house hunt going?

M I'm unhappy to report it's not going well.

W Certain you still want to move?

M _____

(a) You're right. I need more time.

(b) I'll start looking for a house soon.

(c) Yes. I need to move closer to work.

(d) Well, I'm sure you'll find something.

번역 W 그래. 집 구하는 거는 어떻게 되어 가나요?
　　 M 잘 안 돼서 기분이 별로네요.
　　 W 이사를 가고 싶은 건 확실해요?
　　 M _____
　　 (a) 당신이 맞아요. 나는 시간이 더 필요해요.
　　 (b) 곧 집을 구해 봐야죠.
　　✔(c) 네. 직장에 좀 더 가까이 옮겨야 해요.
　　 (d) 음, 꼭 원하는 집을 찾을 거예요.

해설 살 집을 아직 구하지 못하고 있는 남자에게 여자가 재차 확인하고
　　 있으므로 이사해야 하는 이유를 언급한 (c)가 자연스럽다.
　　 house hunt 집 구하기 **report** 알리다, 전하다

22

M Sonya, there's a call for you.

W What is it in regard to?

M It's Pierce Davis from Washington Bank.

W _____

(a) I'll have to return his call later.

(b) Calling about your investment inquiry.

(c) Because I have some questions for him.

(d) I've got the number for Washington Bank.

번역 M 소냐, 전화 왔어요.
　　 W 무슨 전화인가요?
　　 M 워싱턴 은행의 피어스 데이비스예요.
　　 W _____
　　✔(a) 나중에 그에게 전화할게요.
　　 (b) 당신의 투자 문의에 관한 전화예요.
　　 (c) 그에게 물어볼 게 있거든요.
　　 (d) 워싱턴 은행의 전화번호를 알고 있어요.

해설 여자에게 전화가 와 있는 상황으로 전화를 받겠다, 돌려 달라 등
　　 의 응답을 예상할 수 있는데 못 받는 상황을 돌려서 말한 (a)가
　　 적절하다. What is it in regard to?는 '무슨 일 때문인가요?'라
　　 는 뜻으로 What is it concerning?/ What is it regarding?
　　 과 같다.
　　 in regard to ~에 관하여 **investment** 투자 **inquiry** 문의

23

M How was your study session at the library?

W OK, aside from a bothersome mosquito.

M I wish they'd keep the windows closed.

W _____

(a) I think you left too early.

(b) Especially in the evening.

(c) Yeah, it's a great place to study.

(d) Unless they will look at the view.

번역 M 도서관에서 스터디 모임은 어땠어?
　　　W 좋았어, 성가신 모기만 빼고.
　　　M 창문을 좀 닫아두면 좋을 텐데.
　　　W _____
　　　(a) 너는 너무 일찍 가버렸어.
　✔　(b) 특히 밤에는 말이야.
　　　(c) 그래, 공부하기에 아주 좋은 곳이야.
　　　(d) 그들이 경치를 보지 않는다면.

해설 대화의 핵심은 study session이 아니라 mosquito임에 주의한
　　　다. 창문을 닫아두면 모기가 못 들어 오리라는 남자의 말에 동의하
　　　는 (b)가 가장 자연스러운 응답이다.
　　　study session 스터디 모임　**aside from** ~은 제쳐놓고
　　　bothersome 귀찮은

24

M Feel like going to the Taylor Auditorium tonight?

W What's tonight's performance?

M A new play, written by a friend of mine.

W _____

(a) No, I've never seen it before.

(b) I was a drama major but switched.

(c) Well, I doubt that I'd be good at it.

(d) Sure, let me know before you leave.

번역 M 오늘 밤 테일러 홀에 갈까 하는데요.
　　　W 무슨 공연이죠?
　　　M 제 친구가 쓴 새로운 연극이에요.
　　　W _____
　　　(a) 아니요, 그것을 전에 본 적이 없어요.
　　　(b) 드라마 전공이었는데 바꿨지요.
　　　(c) 글쎄, 제가 그걸 잘할지 모르겠네요.
　✔　(d) 그래요, 가기 전에 내게 알려줘요.

해설 공연 보기를 원하는 여자가 남자에게 간접적인 제안을 하는 상황
　　　이므로 (d)가 적절하고, new play라고 했으므로 (a)는 어색하다.
　　　auditorium 강당　**performance** 공연　**switch** 전환하다

25

M I'd like to make a room reservation for Saturday.

W OK. A double or a single?

M A single please. Is breakfast included?

W _____

(a) Well, I'd prefer a double.

(b) It starts at 6:30 in the morning.

(c) I'll be checking out before 7 o'clock.

(d) You can check in anytime after 2:30.

번역 M 토요일에 방 하나 예약하려고 합니다.
　　　W 네, 더블룸입니까, 아니면 싱글룸입니까?
　　　M 싱글룸이요. 아침 식사가 포함되나요?
　　　W _____
　　　(a) 음, 저는 더블룸이 좋아요.
　✔　(b) 아침 6시 30분에 시작합니다.
　　　(c) 7시 전에 체크아웃할 겁니다.
　　　(d) 2시 30분 이후로 아무 때나 체크인 할 수 있습니다.

해설 호텔을 예약하는 과정에서 방의 선택은 언급했고 체크 인/아웃 시
　　　간은 언급이 되지 않았다. 아침 식사에 관한 질문이므로 식사 시간
　　　에 대한 정보를 주는 (b)가 알맞은 응답이다.
　　　double 2인용 침대가 있는 방　**single** 1인용 침대가 있는 방

26

M Julie, want to get a burger?

W No thanks, I brought my own lunch.

M I've got to start doing that.

W _____

(a) I think I brought ham and cheese.

(b) No, I only have enough for one.

(c) A couple of weeks ago, I guess.

(d) It's a great way to save money.

번역 M 줄리, 햄버거 먹을래?
　　　W 괜찮아. 점심을 싸왔어.
　　　M 나도 그래야겠어.
　　　W _____
　　　(a) 난 햄과 치즈를 가져온 것 같은데.
　　　(b) 아니. 한 사람분만 가져왔어.
　　　(c) 아마 2주 전일 거야.
　✔　(d) 돈을 절약하는 아주 좋은 방법이지.

해설 여자가 점심을 싸왔다는 말에 남자가 자기도 싸와야겠다고 하므로
　　　이에 대한 여자의 응답으로 (d)가 가장 적절하다.
　　　way 방법　**save** 절약하다

27

M Those dogs still haven't stopped.

W They've been barking for a solid hour!

M I'm going to call the building manager.

W _____

(a) Probably around noon or 1.

(b) Maybe we should get a dog, too.

(c) I'm not sure I agree with his opinion.

(d) You should, because it's excessive noise.

번역 M 저 개들은 여전히 그치질 않네.

W 한 시간 내내 짖고 있어!

M 건물 관리인에게 전화해야겠어.

W _____

(a) 아마 정오나 1시경일걸.

(b) 우리도 개 한 마리 사야 할까 봐.

(c) 그의 의견에 동의하지 못할 것 같은데.

✔(d) 꼭 그렇게 해, 너무 시끄러워.

해설 시끄러운 개 짖는 소리에 둘 다 짜증이 나 있는 상황이므로 남자의 말에 동의하는 (d)가 적절하다. (c)는 his 대신 your라고 하면 가능한 응답이다.

solid hour 연속된 시간 **excessive** 과도한

28

M How are things going with your new business?

W Well, it's an awful lot of work.

M How much time do you spend at the restaurant?

W _____

(a) About three months ago.

(b) Not as well as I would like.

(c) Well, there's nothing I can do.

(d) Sometimes seventeen hours a day.

번역 M 새로 시작한 사업은 어떠세요?

W 글쎄요, 정말 끔찍하게 일이 많아요.

M 레스토랑에서 몇 시간 일을 하나요?

W _____

(a) 약 3개월 전이요.

(b) 내가 하고 싶은 만큼 잘하지는 못해요.

(c) 음, 내가 할 수 있는 것은 아무것도 없어요.

✔(d) 가끔 하루 17시간이요.

해설 사업을 시작한 사람에게 얼마 만큼 일을 하는지 물었으므로 시간을 나타내는 말인 (d)가 적절하다. (a)는 사업을 시작한 시기를 물을 때 가능한 응답이다.

awful 끔찍한, 지독한 **as well as** ~와 마찬가지로 잘

29

M Welcome to Newburgh Country Café.

W Thanks. Table for one, please.

M Sure. So, what brings you to our town?

W _____

(a) It's the best café in town.

(b) By the window, if possible.

(c) Oh, I'm just passing through.

(d) You can order breakfast or lunch.

번역 M 어서오세요. 뉴버그 컨트리 카페입니다.

W 고마워요. 한 사람 자리 부탁합니다.

M 네. 근데 이 도시에 무슨 일로 오셨어요?

W _____

(a) 이 도시에서 가장 좋은 카페입니다.

(b) 가능하다면 창문 옆쪽으로요.

✔(c) 아, 저는 그냥 지나가는 길이에요.

(d) 아침이나 점심 식사를 주문하실 수 있습니다.

해설 카페의 종업원과 손님의 대화이다. 도시에 온 목적을 묻고 있으므로 (c)가 적절한 응답이다. (b)는 카페 자리를 요청할 때, (d)는 종업원이 주문을 받는 상황에서 가능한 대답이다.

pass through 지나가다, 횡단하다

30

W Hello, Fulton County Police Department.

M I'm calling to report a break-in at my home.

W OK. Was anything stolen?

M _____

(a) My laptop, but nothing else.

(b) Probably through the back door.

(c) No, my insurance doesn't cover theft.

(d) Yes, it must have been yesterday afternoon.

번역 W 여보세요, 펄턴 카운티 경찰서입니다.

M 저희 집에 도둑이 들어서 신고하는데요.

W 알겠습니다. 도둑맞은 게 있나요?

M _____

✔(a) 제 노트북 말고는 없어요.

(b) 아마 뒷문을 통해서인 것 같네요.

(c) 아니요, 제 보험은 도난에 대해선 보상해주지 않아요.

(d) 네, 어제 오후가 틀림없는 것 같아요.

해설 남자의 집에 도둑이 침입한 것을 신고하는 전화이다. 경찰이 잃어버린 물건이 있느냐는 질문을 했으므로 구체적인 물품을 언급한 (a)가 적절하다. (b)는 경찰이 할 수 있는 말이다.

break-in 불법 침입 **insurance** 보험 **cover** 포함하다
theft 절도

31

M   Excuse me, where can I find the ketchup bottles?

W   They're over in aisle 3, near the potato chips.

M   Oh, I was looking in the aisle with the pasta sauce.

W   Ah, you'll find canned tomatoes there, but no ketchup.

M   Got it. Thanks for your help.

Q   What is the man mainly doing in the conversation?

(a) Preparing food for a barbecue.

(b) Inquiring after a store product.

(c) Chatting in a checkout line.

(d) Asking for directions.

번역   M   죄송하지만 케첩 병은 어디에 있나요?

W   저쪽 3번 통로요, 감자 칩 근처에 있습니다.

M   이런, 파스타 소스가 있는 통로에서 찾고 있었어요.

W   아, 거기에는 통조림 토마토는 있지만 케첩은 없어요.

M   알겠어요. 도와줘서 고마워요.

Q   남자가 주로 하고 있는 것은?

(a) 바비큐용 음식 준비하기.

✔(b) 가게 상품에 관해 문의하기.

(c) 계산대 줄에서 잡담하기.

(d) 길 묻기.

해설   where can I find...?는 길을 물을 때 사용하는 표현으로 상점 안 물건의 위치를 묻는데 쓰였다. 남자가 여자 점원에게 케첩 병의 위치를 묻고 있으므로 (b)가 적절한 응답이다.

aisle 통로   **canned** 통조림된   **barbecue** 바비큐 (파티)

chat 잡담하다   **checkout** 계산

32

W   I'll get the bill for lunch, Mr. Ronco.

M   That's very generous, but I'd like to pay for my half.

W   I insist, since I invited you to this lunch meeting.

M   Well, OK. Thank you for lunch, Mrs. Davis.

W   Certainly. I look forward to doing business together.

M   As do I.

Q   What are the man and woman mainly discussing?

(a) How much money they owe.

(b) Going into business together.

(c) Who will pay their lunch bill.

(d) Where they should have a meeting.

번역   W   론코 씨, 점심은 제가 낼게요.

M   너무 친절하시지만 반은 내고 싶습니다.

W   그냥 제가 낼게요, 오늘 점심 제가 초대했으니까요.

M   그렇다면 좋습니다. 점심 감사합니다, 데이비스 씨.

W   물론이죠, 함께 사업을 하기를 고대하고 있습니다.

M   저도 마찬가지예요.

Q   두 사람의 대화 내용은?

(a) 그들이 얼마의 돈을 빚고 있는지.

(b) 함께 사업 시작하기.

✔(c) 누가 점심 식사비를 지불할 건지.

(d) 회의를 어디에서 해야 하는지.

해설   점심을 마치고 여자가 식사비를 내겠다는 말에 남자는 자신이 반을 내겠다고 하는 상황이므로 (c)가 정답이다. I insist (I really mean it)는 '사양하지 말라'는 뜻이다.

generous 관대한   **insist** 주장하다   **owe** 빚지고 있다

go into ~을 시작하다

33

M The jacket feels a little too big.

W Well, let me look for a smaller size.

M I already checked on this rack. There aren't any.

W Oh, dear. I'm afraid everything we have is right here.

M I was hoping you might have some other sizes in the back.

W Nope. Sorry about that.

Q What is the conversation mainly about?
(a) How much to spend on a jacket.
(b) Which style of jacket is most suitable.
(c) The different types of jackets in stock.
(d) Whether a smaller size jacket is available.

번역 M 재킷이 약간 큰 느낌인데요.
W 작은 사이즈를 찾아볼게요.
M 벌써 선반에서 확인했는데 없었어요.
W 어머, 저희 가게에 있는 게 이게 전부인 것 같네요.
M 뒤쪽에 다른 사이즈가 있을 수도 있겠죠.
W 아니요, 죄송합니다.

Q 대화의 주된 내용은?
(a) 재킷을 사는 데 드는 돈.
(b) 어떤 스타일의 재킷이 가장 어울리는지.
(c) 재고로 있는 다양한 종류의 재킷들.
✔(d) 작은 사이즈 재킷이 있는지.

해설 의류 상점에서 손님인 남자가 자신이 입어본 사이즈보다 더 작은 사이즈의 재고가 없다는 말을 듣고 있으므로 정답은 (c)가 된다. 가격이나 종류는 언급되지 않았다.

rack 선반 suitable 어울리는 in stock 재고의 available 이용 가능한

34

W Your business card is written in French?

M Well, one side is in French and the other is in English.

W Why's that? Because you do business in Quebec?

M Right. It's customary to have a business card in both languages.

W Makes sense, since the official language there is French.

Q What is the conversation mainly about?
(a) Quebec's official language.
(b) Reasons to do business in Quebec.
(c) Double sided business cards in Quebec.
(d) Information to include on a business card.

번역 W 당신의 명함은 프랑스어로 써져 있네요.
M 한 면은 프랑스어이고 다른 면은 영어로 되어 있어요.
W 왜 그렇죠? 퀘벡에서 사업을 하기 때문인가요?
M 맞아요. 두 언어로 된 명함을 갖는 것은 통례예요.
W 일리가 있군요. 그곳의 공식 언어가 프랑스어죠.

Q 대화의 주된 내용은?
(a) 퀘벡의 공식어.
(b) 퀘벡에서 사업을 하는 이유.
✔(c) 퀘벡에서의 양면으로 된 명함.
(d) 명함에 포함되는 정보.

해설 퀘벡에서 사업을 하는 남자의 두 개의 언어로 된 명함이 주된 화제이므로 (c)가 정답이다. (a)는 대화 중 언급된 내용이기는 하지만 전체 대의는 아니다. Makes sense는 That makes sense로 '이해가 된다'라는 뜻이다.

business card 명함 customary 관습상의 official 공식의

35

M So, you're looking for an inexpensive ring?

W Yeah. Any ideas about where we should go?

M Hmm… we could try Sharons in the mall.

W I thought of that, but their jewelry is pricey.

M Then, maybe Barkers on Howard Street?

W Oh, that's a good idea.

Q What is the main topic of the conversation?

(a) Stores to go to on Howard Street.

(b) Where to purchase a cheap ring.

(c) Jewelry stores in the mall.

(d) How to choose a ring.

번역 M 그래서, 저렴한 반지를 찾고 있다고?

W 응. 어디로 가야 할지 생각나는 데 있어?

M 음, 쇼핑몰에 있는 샤론즈에 가보자.

W 거길 생각했는데 거기 보석은 비싸잖아.

M 그러면 하워드 가에 있는 바커즈는 어때?

W 오, 그거 좋은 생각이네.

Q 화젯거리는?

(a) 하워드 가에 있는 갈 만한 가게들.

✔(b) 값싼 반지를 어디에서 사야 할지.

(c) 쇼핑몰에 있는 보석 가게들.

(d) 반지를 선택하는 방법.

해설 남녀가 값싼 반지를 어디에서 사야 할지에 관해 의논을 하고 있으므로 보석 상점이 두 군데 언급되었지만 가격이 핵심이므로 정답은 (b)이다.

inexpensive 값싼   **pricey** 값비싼

36

W Dan, I got a call from our teacher yesterday.

M About the change in our class schedule?

W Yeah. I'm pretty upset about it.

M Me, too. I can't change my part-time schedule.

W It's a major change, and on such short notice.

M She really put us in an awkward position.

Q What is the main topic of the conversation?

(a) What caused an unpredictable work schedule.

(b) Students' attitudes toward their instructor.

(c) How to get in touch with a professor.

(d) A disruptive scheduling change.

번역 W 댄, 어제 우리 선생님한테 전화가 왔어.

M 수업 시간표 변경에 관한 거지?

W 응, 그 때문에 좀 당황스러웠어.

M 나도 그래. 아르바이트 시간을 변경할 수가 없거든.

W 중요한 변경인데 그렇게 갑자기 통고하다니.

M 선생님은 우리를 정말 곤란하게 만드셔.

Q 화젯거리는?

(a) 예상치 못한 수업 변경 발생 이유.

(b) 교사에 대한 학생들의 태도.

(c) 교수와 연락하는 방법.

✔(d) 차질을 일으키는 시간표 변경.

해설 선생님의 갑작스런 수업 시간 변경에 관한 두 학생의 대화이다. 변경 이유는 언급되지 않았으므로 (a)는 제외하고, 남자의 아르바이트 시간에 차질을 주므로 정답은 (d)이다.

on short notice 갑작스런 통고에 의한   **awkward** 곤란한   **unpredictable** 예측할 수 없는   **get in touch with** ~와 연락하다   **disruptive** 분열시키는

37

M Harriet, what's this?

W Oh, it's just a little thank-you gift.

M You didn't need to do that.

W It was nice of you to take care of Alphie while I was gone.

M Well, it was my pleasure. He's such a friendly dog.

W It put my mind at ease knowing he was in good hands.

Q What is the woman mainly doing in the conversation?

(a) Showing her appreciation.

(b) Asking the man for a favor.

(c) Telling the man about her dog.

(d) Introducing the man to an acquaintance.

번역 M 해리엇, 이게 뭐예요?

W 아, 그냥 자그마한 감사의 선물입니다.

M 그럴 필요는 없는데요.

W 제가 없는 동안 앨피를 돌봐주셔서 고마웠습니다.

M 저도 즐거웠는데요. 아주 사랑스런 개였어요.

W 앨피를 잘 돌봐주시는 걸 아니까 안심이 되었어요.

Q 여자가 하고 있는 것은?

✔(a) 감사를 표하기.

(b) 남자에게 부탁하기.

(c) 남자에게 그녀의 개에 관해 말하기.

(d) 남자에게 아는 사람 소개하기.

해설 출타 시 개를 맡겼던 남자에게 감사의 선물을 주는 상황이다. 대화의 소재는 개이지만, 여자가 남자에게 한 감사의 표현이 핵심이므로 (a)가 정답이다.

put one's mind at ease 안심시키다 in good hands 잘 관리되는 appreciation 감사 ask for a favor 부탁하다 acquaintance 아는 사람

38

M That was the worst movie I've seen in a long time.

W Wow, that's rough criticism!

M Yeah, well, I'm disappointed I wasted ten dollars on it.

W I thought it was silly but entertaining.

M I didn't like anything about it.

W Oh well. Better luck next time.

Q Which is correct according to the conversation?

(a) The woman criticized a movie.

(b) The man despised the film he saw.

(c) The woman thought the movie was too serious.

(d) The man only liked specific parts of the movie.

번역 M 저건 오랫동안 본 영화 중 최악이었어.

W 와, 그거 심한 말인데!

M 게다가 10달러를 허비해서 실망이야.

W 시시하기는 했지만 재미는 있었던 것 같아.

M 너무 별로더라.

W 그렇구나. 다음 번에는 괜찮겠지.

Q 대화에 따르면 옳은 것은?

(a) 여자는 영화를 비난하고 있다.

✔(b) 남자는 자기가 본 영화를 너무 싫어했다.

(c) 여자는 영화가 너무 심각한 것 같았다.

(d) 남자는 영화의 특정 부분만 좋아했다.

해설 영화를 본 후 감상을 나누는 대화이다. 남자의 말인 I didn't like anything about it에서 (d)는 제외되며, 대화의 첫 부분에서 최악이었다고 말하는 것으로 보아 (b)가 정답임을 알 수 있다.

(a) 또한 남자의 경우에 해당하는 진술이다.

rough 험악한 criticism 비평 entertaining 유쾌한 despise 경멸하다 specific 특정한

39

M Hello, you've reached the housekeeping department.

W Hi. I was wondering if you offer laundry services.

M You mean for guests' personal laundry?

W Yes, for washing the clothes we have with us.

M I'm afraid we don't, ma'am.

W Oh, that's too bad. Well, thanks.

Q Which is correct according to the conversation?

(a) The housekeeping department was not available.

(b) The hotel offers laundry services for guests.

(c) The woman hoped to get her laundry done.

(d) The man recommended a laundry service.

번역 M 여보세요, 객실 관리부입니다.
W 안녕하세요. 세탁 서비스도 제공하시는지요.
M 고객 개인 세탁물을 말씀하시는 건가요?
W 네, 저희 옷이요.
M 그 일은 해드리지 않습니다, 부인.
W 아, 아쉽군요. 어쨌든 고마워요.
Q 대화에 따르면 옳은 것은?
(a) 객실 관리부는 이용할 수 없었다.
(b) 호텔은 손님들에게 세탁 서비스를 제공한다.
✔(c) 여자는 자신의 옷을 세탁해 줬으면 했다.
(d) 남자는 세탁 서비스를 권했다.

해설 호텔의 객실 관리부 직원과 투숙객의 대화이다. 남자의 말 I'm afraid we don't로 보아 여자의 세탁물 서비스를 해줄 수 없는 상황이므로 (c)가 정답이다.

housekeeping department 객실 관리부 **laundry** 세탁
recommend 추천하다

40

M Here you are, ma'am, Terminal E.

W Right. How much do I owe you?

M It's 35 dollars.

W What? The last time I took a taxi to the airport it was only 25.

M Yes, well, fares went up last month.

W I didn't realize there had been a change.

Q Which is correct about the woman according to the conversation?

(a) She got a taxi to the train station.

(b) She caught the subway to the airport.

(c) She had not known of any fare increase.

(d) She was aware the fare would be 35 dollars.

번역 M 다 왔습니다. 부인. 터미널 E입니다.
W 네, 얼마 드리면 되죠?
M 35달러입니다.
W 네? 지난번 공항 가는 택시를 탔을 때는 25달러였는데요.
M 네, 요금이 지난달에 올랐거든요.
W 바뀐 걸 몰랐네요.
Q 여자에 관해 옳은 것은?
(a) 기차역 가는 데 택시를 탔다.
(b) 공항 가는 데 지하철을 탔다.
✔(c) 요금 인상에 대해 알지 못했다.
(d) 요금이 35달러 나올 걸 알고 있었다.

해설 공항 가는 택시를 탄 여자가 예상치 못하게 인상된 요금에 놀라자 택시 기사가 지난달에 요금이 올랐다는 말에 몰랐다고 했으므로 여자에 관한 올바른 진술은 (c)가 된다.

fare 요금 **be aware of** ~을 알다

41

W Jason, I made a reservation at Thistles for 7:30.

M Um, do you think there's any way we could put off our date?

W Why, has something come up?

M No, it's just that I'm really not feeling very well today.

W Maybe you've caught that cold that's been going around.

M I think so. Let's go out on Thursday instead.

Q Which is correct about Jason according to the conversation?

(a) He thinks they should make a dinner reservation.

(b) He would prefer not to meet the woman at all.

(c) He is sure his flu is almost over.

(d) He wants to postpone a date.

번역 W 제이슨, 내가 7시 반에 티슬즈에 예약해 놓았어.
M 음, 데이트를 연기할 수 있는 방법이 있을까?
W 왜, 무슨 일이 생겼어?
M 아니, 그냥 오늘 몸이 좀 안 좋아서.
W 아마 요새 유행하는 감기에 걸렸나 보네.
M 그런 것 같아. 대신 목요일에 나가자.
Q 제이슨에 관해 옳은 것은?
(a) 두 사람이 저녁 예약을 해야 한다고 생각한다.
(b) 여자를 아예 만나지 않기를 원한다.
(c) 감기가 거의 나았다고 확신한다.
✔(d) 데이트를 연기하길 원한다.

해설 남자가 몸이 안 좋아 데이트를 미루고 싶어 하는 상황이므로 (d)가 정답이다. 데이트를 목요일에 하자고 하므로 (b)는 오답이다. Has something come up?은 '무슨 일이 생겼냐'라는 뜻이다.
put off ～을 미루다　**flu** 독감　**postpone** 연기하다

42

W Office of the Secretary of State. How may I direct your call?

M I'm not sure where my polling place is.

W Do you have your voter registration certificate handy?

M Yeah, I've got it right here.

W What's the precinct number listed on it?

M It's precinct 0-1-4.

W OK. You'll vote at Westbrook Community Center.

Q Which is correct about the man according to the conversation?

(a) He did not know the location of his polling place.

(b) He forgot to bring his registration certificate.

(c) He needs to be given a precinct number.

(d) He neglected to vote on election day.

번역 W 주 국무장관실입니다. 전화를 어디로 돌려드릴까요?
M 투표소가 어딘지 몰라서요.
W 유권자 등록증을 지금 가지고 계십니까?
M 네, 여기 있습니다.
W 거기에 적혀 있는 선거구 번호가 몇 번이죠?
M 선거구 014입니다.
W 네. 웨스트브룩 커뮤니티 센터에서 투표하시면 됩니다.
Q 남자에 관해 옳은 것은?
✔(a) 투표소의 위치를 알지 못했다.
(b) 등록증을 가져오는 것을 잊었다.
(c) 선거구 번호를 받아야 한다.
(d) 선거일에 투표하는 것을 잊었다.

해설 남자의 첫 번째 말에서 투표소가 어딘지 몰라서 전화했다는 것으로 보아 정답은 (a)가 된다. 등록증에 적힌 선거구 번호를 대고 있으므로 (b), (c)는 어긋난다. How may I direct your call?은 '누구를 바꿔줄까'라는 전화 표현이다.
Secretary of State 주 국무장관(선거관리가 주 업무. 미국 대다수 지역이 주 국무장관 중심으로 주 단위 선거관리기관을 구성)
polling place 투표소　**registration** 등록　**certificate** 증명서　**handy** 가까이에 있는　**precinct** 선거구　**neglect** 태만하여 ～하지 않다

43

M Hello, Miriam. What can I help you with?

W Is it possible to get into a class that's already full?

M Well, there's the wait list.

W But I heard the wait list for the class is full, too.

M I see. And can you defer until next semester?

W No, this is my last semester.

M I'd talk to the professor. See if she'd make an exception.

Q What will the woman likely do next?

(a) Postpone her graduation.

(b) Put her name on the wait list.

(c) Enroll in a comparable course.

(d) Ask her professor to bend the rules.

번역 M 안녕하세요, 미리엄. 무엇을 도와드릴까요?

W 이미 정원이 찬 수업에 들어갈 수 있습니까?

M 글쎄요, 대기자 명단이 있는데요.

W 하지만 그 수업의 대기자 명단도 다 찼다고 들었어요.

M 그렇군요. 그럼 다음 학기로 미루겠습니까?

W 아니요, 이번이 마지막 학기예요.

M 교수님과 얘기해 볼게요. 예외로 해주실지 알아보세요.

Q 여자가 다음에 무엇을 할 것 같은가?

(a) 졸업을 연기하는 것.

(b) 대기자 명단에 자신의 이름 올리기.

(c) 비슷한 강좌에 등록하기.

✔(d) 교수님에게 예외 요청하기.

해설 여자는 정원이 찬 강좌 수강을 원하는데 대기자 명단도 다 차 있어서 교직원인 남자가 다음 학기로 미룰지 물었으나 이번이 마지막 학기라는 말을 듣고 교수님에게 예외로 해줄 수 있는지 알아보라고 조언해 주었으므로 정답은 (d)가 된다.

wait list 대기자 명부 **defer** 미루다 **make an exception** 예외로 취급하다 **comparable** 비슷한, 비교할 만한 **bend the rules** 규칙을 변칙 적용하다

44

W Tim mentioned that he's interested in going to summer camp.

M But don't you think he's a little young for that?

W Well, summer camp is meant for youngsters.

M I know. It's just—Tim's never been away from home that long.

W I think you're more concerned about that than Tim is.

M You're probably right.

Q What can be inferred about the man from the conversation?

(a) He wants Tim to be active during the summer.

(b) He is reluctant to send Tim to summer camp.

(c) He never went to summer camp as a child.

(d) He regrets that his son lacks confidence.

번역 W 팀이 여름 캠프에 가고 싶다고 말했어요.

M 하지만 그렇게 하기에 너무 어리다고 생각 안 해요?

W 글쎄, 여름 캠프는 청소년을 위한 거잖아요.

M 알아요. 단지 팀이 그렇게 오래 집에서 떠난 적이 없어서요.

W 팀보다 당신이 더 염려하는 것 같아요.

M 그럴지도 모르겠어요.

Q 남자에 관해 유추할 수 있는 것은?

(a) 팀이 여름 동안 활발히 지내길 원한다.

✔(b) 팀을 여름 캠프에 보내는 것을 주저한다.

(c) 어릴 때 결코 여름 캠프에 가지 않았다.

(d) 자신의 아들이 자신감이 부족한 것을 아쉬워한다.

해설 캠프에 가고자 하는 아들에 관해 대화를 나누고 있는데 남자는 아들이 너무 어리다거나, 집에서 떠난 적이 없다는 말로 간접적으로 반대의 뜻을 표현하고 있으므로 (b)가 정답이다.

youngster 청소년 **reluctant** 꺼리는 **lack** 모자라다 **confidence** 자신감

45

M What is your final destination?

W I'm going to Calgary.

M Are you checking any bags over 25 kilograms?

W I'm not sure. Let me set my suitcase on the scale.

M It's 28 kilograms. So that'll be $15.

W OK. Can I pay the fee with my card?

Q What can be inferred from the conversation?

(a) There is a fee for bags over 25 kilograms.

(b) The woman does not have cash to pay the fee.

(c) There was a recent policy change about baggage.

(d) The woman will trash some items from her suitcase.

46

Canyon Valley Resort and Spa is a tranquil oasis surrounded by the stunning Chihuahua Desert. Our sumptuously appointed villas, designed by Mexico City architect Fernanda Reyes, feature sundeck Jacuzzis and private tropical gardens, all imbued with the charm of Canyon Valley's signature Latin American style. The captivating elegance of the resort's setting, in combination with our superlative style and service, will make your stay with us an unforgettable one.

Q What is mainly being advertised?

(a) A travel package to Mexico.

(b) Luxury accommodation at a resort.

(c) A recently opened five-star restaurant.

(d) The services of a well-known architect.

번역 M 종착지가 어디입니까?
W 캘거리에 갑니다.
M 부치려는 가방이 25킬로가 넘는 게 있습니까?
W 확실치가 않아요. 여행 가방을 저울에 달아봐야겠어요.
M 28킬로네요. 그러면 15달러입니다.
W 네. 수수료를 카드로 내도 되나요?

Q 대화에서 유추할 수 있는 것은?
✔(a) 25킬로가 넘는 가방에 대해 수수료가 있다.
(b) 여자는 수수료를 낼 현금이 없다.
(c) 최근 수하물에 대한 방침 변경이 있었다.
(d) 여자는 자신의 여행 가방에서 몇 개의 물건을 버릴 것이다.

해설 공항에서 짐을 체크인하는 상황이다. 무게가 25킬로를 초과한 가방에 대해 15달러의 수수료가 있으므로 (a)가 정답이다. 카드로 지불한다고 해서 (b)라고 보기는 힘들다.
destination 목적지 **suitcase** 여행 가방 **scale** 저울 **fee** 수수료 **policy** 정책 **trash** 폐기하다

번역 캐니언 밸리 스파 리조트는 아주 멋진 치와와 사막으로 둘러싸인 평화로운 휴식처입니다. 멕시코시티의 건축가인 페르난다 레이즈가 디자인한 화려한 시설의 빌라는 베란다에 자쿠지와 각각의 열대 정원을 갖추고 있으며 캐니언 밸리 특유의 라틴 아메리카 스타일의 매력이 듬뿍 스며들어 있습니다. 최상의 스타일과 서비스가 혼합된 이 리조트의 매혹적인 기품은 숙박하시면서 잊지 못할 여행이 될 것입니다.

Q 주된 광고 내용은?
(a) 멕시코 여행 패키지.
✔(b) 리조트의 호화 숙소.
(c) 최근 개업한 초특급 레스토랑.
(d) 유명한 건축가의 서비스 업무.

해설 리조트의 화려한 숙소에 대한 광고 내용이므로 (b)가 정답이며, Mexico City architect라는 말에서 추측하여 (a), (d)를 혼동하지 않도록 하고, (c)는 언급되지 않았다.
tranquil 조용한 **stunning** 아주 멋진 **sumptuously** 화려하게 **feature** 특징짓다 **sundeck** 일광욕용 베란다 **Jacuzzi** 기포 목욕탕 **tropical** 열대의 **imbue** 듬뿍 스며들게 하다 **captivating** 매혹적인 **elegance** 우아함 **setting** 장소, 환경 **superlative** 최상의 **accommodation** 숙소

47

The French historian Pierre de Coubertin is credited with the revival of the modern Olympic Games, based on the quadrennial event held in ancient Greece's Olympia. Envisioning the Olympic Games as the embodiment of several important ideals, de Coubertin hoped that the games would encourage healthy international competition, promote peace, and foster cross-cultural understanding. After the idea of reviving the international competition occurred to him in 1889, de Coubertin spent the next several years working out the logistical details. In 1896, Athens hosted the first modern Olympics.

Q   What is the main idea about Pierre de Coubertin in the lecture?
(a) He discovered evidence of the ancient Olympics.
(b) He organized the first modern Olympics.
(c) He was an advocate for physical fitness.
(d) He was an important Greek Olympian.

번역   프랑스 역사가인 피에르 쿠베르탱은 고대 그리스의 올림피아 평원에서 행해진 4년마다 열리는 근대 올림픽 경기의 부활을 이룬 공적을 인정받고 있다. 여러 주요한 목표의 구현으로서 올림픽 경기를 구상하면서, 쿠베르탱은 이 경기가 건전한 국제 경기를 촉진하고 평화를 증진하며 그리고 상호 문화적 이해를 육성하기를 바랐다. 1889년에 국제적인 경기를 부활시키자는 아이디어가 떠오른 후로 쿠베르탱은 세부적인 사항들을 연구하면서 여러 해 보냈다. 1896년에 아테네에서 최초의 근대 올림픽이 열렸다.

Q   쿠베르탱에 관한 요지는?
(a) 고대 올림픽의 증거를 발견했다.
✔(b) 최초의 근대 올림픽을 창립하였다.
(c) 운동의 주창자였다.
(d) 중요한 그리스 올림픽 경기 선수였다.

해설   근대 올림픽 경기를 설립한 쿠베르탱에 관한 글이다. 글 첫머리의 is credited with the revival of the modern Olympic Games를 통해 (b)가 정답임을 알 수 있다.
be credited with ~의 공로를 인정받다   quadrennial 4년마다의   envision 구상하다   embodiment 구체화   promote 촉진하다   foster 조성하다   revive 부활시키다   logistical 세부 계획의   advocate 옹호자   physical fitness 운동

48

Scientists believe that people who are bilingual have an advantage over monolinguals when it comes to learning a new language. Evidently, the very process of becoming bilingual makes language learning easier, regardless of whether or not the learner has an innate aptitude for languages. When researchers tasked bilinguals and monolinguals with learning vocabulary from an invented language, they discovered that the bilingual participants acquired twice as many vocabulary words as monolinguals.

Q   What is the main idea of the talk?
(a) It is easier for bilingual people to learn languages.
(b) Foreign language classes should be required in schools.
(c) Monolingual people may not have an aptitude for languages.
(d) Invented languages are easier to learn than normal languages.

번역   과학자들은 2개 국어를 병용하는 사람들은 새로운 언어를 배울 경우 1개 국어를 사용하는 사람들보다 유리하다고 생각한다. 분명한 것은, 2개 국어 사용자가 되어가는 과정은 학습자가 언어에 대한 타고난 적성이 있든 없든 간에 언어 학습을 용이하게 한다. 연구자들이 2개 국어를 병용하는 사람들과 1개 국어를 사용하는 사람들에게 고안된 언어의 어휘를 학습하도록 했을 때 2개 국어를 병용하는 참여자들이 1개 국어를 사용하는 사람들의 어휘 수의 2배를 더 습득한다는 것을 발견했다.

Q   담화의 요지는?
✔(a) 2개 국어를 병용하는 사람들이 언어를 배우는 게 더 쉽다.
(b) 외국어 수업은 학교에서 할 필요가 있다.
(c) 1개 국어를 사용하는 사람들은 언어에 대한 적성이 없을지도 모른다.
(d) 고안된 언어는 보통 언어보다 배우기가 더 쉽다.

해설   글의 도입부에 1개 국어 사용자와 2개 국어 병용자가 새로운 언어를 학습하는 과정에서의 차이를 설명하면서 언어 학습에 후자가 유리함을 말하고 있으며 innate aptitude는 관련이 없다고 했으므로 정답은 (a)임을 알 수 있다.
bilingual 2개 국어를 병용하는   monolingual 1개 국어를 사용하는   when it comes to ~에 관해서라면   evidently 명백히   regardless of ~에 개의치 않고   innate 타고난   aptitude 적성   participant 참여자

49

Every autumn, monarch butterflies embark on a 2,000-mile southward journey across North America, from the northern US and Canada to the southern states and Mexico. Then in spring, monarchs leave the south and head up north again. Yet, with a lifespan of about two months, no individual monarch survives the round-trip journey. In the spring, the butterflies returning to their northern habitat are two, three, or even four generations removed from the individuals that departed the previous autumn.

Q   What is the lecture mainly about?
(a) Monarch populations of North America.
(b) Monarch butterfly migration.
(c) US butterflies that migrate.
(d) The lifespan of butterflies.

번역 매년 가을에 제왕나비는 북미를 가로질러 남쪽으로 2,000마일의 여행을 시작하는데, 미국과 캐나다 북부에서 출발하여 남부 여러 주와 멕시코로 향한다. 그런 다음 봄철에 제왕나비는 남쪽을 떠나 다시 북쪽으로 향한다. 그러나 그들의 수명이 약 2개월이기 때문에 어떤 제왕나비도 이 왕복 여행에서 살아남지 못한다. 봄철에 북쪽에 있는 그들의 서식지로 돌아오는 나비들은 이전 가을에 떠났던 나비들에게서 나온 2, 3세대, 심지어는 4세대들이다.

Q   강의의 주된 내용은?
(a) 북아메리카 제왕나비의 개체 수.
✔(b) 제왕나비의 이동.
(c) 이동하는 미국의 나비들.
(d) 나비의 수명.

해설 북미에서 제왕나비의 계절성 이동에 관해 다루고 있으므로 정답은 (b)이다. (d)는 마지막 문장에서 나비의 짧은 수명으로 인한 흥미 있는 사실을 설명하였지만 세부 내용에 해당한다.
monarch butterfly 제왕나비   **embark** 착수하다   **journey** 여행   **lifespan** 수명   **round-trip** 왕복 여행   **habitat** 서식지   **generation** 세대   **depart** 출발하다   **migrate** 이주하다

50

The vast majority of the million dollars allocated to New South Wales for biomedical research will benefit the Coleman Laboratory in Stanmore, according to a statement released by Senator Alyssa Cloud. Slated to receive $744,000 in federal grants, the Coleman Lab will funnel the money into several projects. These will include its cutting-edge cancer research program and its new cardiovascular research facility. With the economy in its current state, this injection of funds is hoped to supply a much-needed boost to Stanmore's largest employer.

Q   What is the main topic of the announcement?
(a) The awarding of funds to the Coleman Lab.
(b) Senator Cloud's vote to approve federal grants.
(c) Troubles in the economy of New South Wales.
(d) The biomedical research industry in Stanmore.

번역 상원의원 알리사 클라우드가 발표한 성명에 따르면, 생물 의학 연구를 위한 뉴사우스 웨일즈에 배정된 수백만 달러 중의 상당 부분이 스탠모어의 콜만 연구소로 혜택이 주어질 거라고 했다. 연방 정부 보조금에서 744,000달러를 받도록 예정된 콜만 연구소는 다양한 연구 계획에 그 돈을 쏟아부을 것이다. 여기에는 최첨단 암 연구 프로그램과 새로운 심장 혈관 연구 시설이 포함되어 있다. 현 경제 상태로 볼 때 이런 자금의 투입은 스탠모어의 가장 큰 고용주에게 절실한 경기 활성화를 제공해주기를 희망하고 있다.

Q   발표문의 화제는?
✔(a) 콜만 연구소로 기금 수여.
(b) 상원의원 클라우드의 연방 정부 보조금 승인에 대한 투표.
(c) 뉴사우스 웨일즈의 경제적 어려움.
(d) 스탠모어의 생물 의학 연구 산업.

해설 연방 정부 보조금을 받게 된 콜만 연구소로 인해 시 전체의 경제적 효과를 기대한다는 내용이므로 (a)가 정답이다. (b)의 승인 투표는 언급되지 않았고, (c), (d)의 내용은 어긋나지는 않지만 전체 글의 세부 사항으로 이해해야 한다.
allocate 할당하다   **biomedical** 생물 의학의   **slated to** ~할 예정인   **grant** 보조금   **funnel** 집중시키다   **cutting-edge** 최첨단의   **cardiovascular** 심장 혈관의   **injection** 경기 활성화를 위한 자금 투입

51

Pausing to ask ourselves the right kinds of questions is essential to critical thinking. They help us assess the accuracy and relevance of what we read and hear. Queries such as, "Can that be verified?" help us gauge accuracy and lead us to conclusions about whether or not what has been said is actually true. To investigate the relevance of a statement, it is worth asking yourself how it relates to the larger issue with a question like, "How does that idea pertain to the issue at hand?"

Q What is the main idea of the talk?
(a) Most of what we read and hear is inaccurate.
(b) Good proposals are based on high-quality research.
(c) Critical thought involves asking the right questions.
(d) It is necessary to stop and think before speaking aloud.

번역 잠시 멈추어 우리 자신에게 올바른 질문을 해보는 것은 비판적 사고에 중요하다. 그것들은 우리가 읽고 들은 것의 정확성이나 관련성을 평가하는 데 도움을 준다. '그것은 입증 가능한가?'와 같은 질문들은 우리로 하여금 정확성에 접근하도록 하고 언급한 것이 실제 사실인지 아닌지에 대한 결론을 이끌어준다. 진술의 관련성을 조사하기 위해 '그 아이디어가 당면한 문제와 어떤 관련이 있나?'와 같은 질문을 하여 그것이 보다 광범위한 문제와 어떻게 관련되었는지 스스로에게 물어볼 만하다.

Q 담화의 요지는?
(a) 우리가 읽고 듣는 것 대부분은 부정확하다.
(b) 좋은 제안서는 질 높은 연구에 기반을 둔다.
✔(c) 비판적 사고는 올바른 질문을 필요로 한다.
(d) 소리 내어 말하기 전에 잠시 멈추고 생각해야 한다.

해설 비판적 사고를 위해 말하기 전에 먼저 스스로에게 질문하는 것이 필요하다는 주제가 첫 문장에 담겨 있으므로 (c)가 정답이다. (d)는 하나의 준비 과정이지 이 글의 요지는 아니다.
assess 평가하다, 가늠하다 **gauge** 측정하다 **accuracy** 정확성 **relevance** 관련 **query** 질문 **verify** 입증하다 **pertain** 속하다 **at hand** 가까이에 **inaccurate** 부정확한 **proposal** 제안

52

In the wake of World War II, there was a tendency among writers to rely on parody and narrative experimentation in the telling of their stories. Regarded as one of the progenitors of postmodernism, the Irish author Samuel Beckett exemplified such practices in his work, eschewing traditional formats in his novels and plays and producing a genre-defying form of theater with his play *Waiting for Godot*. He, like so many other postmodern authors, abandoned convention in favor of innovative literary forms.

Q What is the main idea about Samuel Beckett in the lecture?
(a) His work epitomized the values of postmodernism.
(b) He focused on themes that were specific to Irish writers.
(c) His style was inspired by postmodern literary movements.
(d) He criticized writers that stuck to conventional techniques.

번역 제2차 세계대전이 끝나면서 작가들 사이에 작품의 이야기 속 패러디와 서술적 실험에 의지하려는 경향이 있었다. 포스트모더니즘의 창시자의 하나로 여겨지는 아일랜드 작가 사무엘 베케트는 작품 속에서 그러한 실험을 한 대표적인 사람이며 소설과 희곡에서 전통적 양식을 회피했고, 〈고도를 기다리며〉라는 희곡에서 장르를 거부하는 연극 형식을 창조했다. 다른 많은 포스트모던 작가처럼 관습을 버리고 혁신적인 문학 형식을 추구했다.

Q 사무엘 베케트에 관한 요지는?
✔(a) 그의 작품은 포스트모더니즘의 가치를 전형화했다.
(b) 아일랜드 작가의 특징이었던 주제에 관심을 두었다.
(c) 그의 스타일은 포스트모던 문학 운동에 영감을 받았다.
(d) 전통적인 기법을 고수하는 작가들을 비판했다.

해설 사무엘 베케트가 포스트모더니즘의 창시자 중 하나라는 말과 장르를 거부하는 연극 형식을 창조했다는 설명을 통해 (a)가 정답임을 알 수 있다.
in the wake of ~의 결과로 **parody** 모방 **narrative** 이야기체의 **progenitor** 창시자 **postmodernism** 포스트모더니즘 **exemplify** 예시하다 **eschew** 피하다 **genre-defying** 장르를 거부하는 **innovative** 혁신적인 **epitomize** 전형적으로 보여주다

53

Since 1952 the monarch of Canada has been Queen Elizabeth II, a figurehead whose reign encompasses fifteen other nations, including the United Kingdom. The Queen of Canada resides in Britain, so most of her royal duties are seen to by a representative, with the title of Governor General, who serves in her name. As a cultural figure, the queen represents Canada in ceremonies both at home and abroad, such as in centennial celebrations and at the openings of Olympic Games.

Q Which is correct according to the lecture?
(a) The Governor General is Canada's head of state.
(b) Queen Elizabeth II ruled Canada prior to 1952.
(c) The Queen of Canada does not live in Canada.
(d) Canada has not had a monarch since 1952.

번역 1952년 이후로 캐나다의 군주는 엘리자베스 2세 여왕인데 영국을 포함한 다른 15개국을 망라하여 통치하는 명목상의 지도자이다. 캐나다의 여왕은 영국에 거주하므로, 그녀의 왕으로서 의무의 대부분은 총독이라는 명칭을 가진 대리인에 의해 처리되는데, 그는 여왕의 명의로 집행한다. 문화적 인물로서 여왕은 100주년 기념 행사와 올림픽 경기의 개회식 같은 본국과 해외 의식에 캐나다를 대표한다.
   Q 강의에 따르면 옳은 것은?
   (a) 총독은 캐나다의 국가 수장이다.
   (b) 엘리자베스 2세 여왕은 1952년 이전에 캐나다를 통치했다.
   ✔(c) 캐나다의 여왕은 캐나다에 살지 않는다.
   (d) 캐나다는 1952년 이후로 군주가 없다.

해설 두 번째 문장에 캐나다의 여왕이 영국에 거주한다는 내용이 나오므로 정답은 (c)가 되며, 첫 문장인 Since 1952 the monarch of Canada has been Queen Elizabeth II로 보아 (b), (d)는 어긋난다. 총독은 여왕의 대리인이지 국가 수장은 아니다.
   monarch 군주 **figurehead** 명목상의 우두머리 **reign** 통치 **encompass** 에워싸다, 망라하다 **reside** 살다 **representative** 대표자 **centennial celebration** 100주년 기념 행사 **prior to** ~에 앞서

54

Expect clouds to persist overnight and throughout the day tomorrow, with temperatures hovering just below 0 degrees Celsius until about 2:00 pm and then dropping to -10 degrees Celsius by sunset. So be sure to dress warmly if you're headed out to the Jets game tonight. There's a 70 percent chance of snow flurries, with snow accumulation of approximately one inch—nothing too serious, considering what we've seen in terms of snowfall over the past two weeks. Winds from the west will be light, picking up slightly around midnight.

Q Which is correct according to tomorrow's weather report?
(a) Clouds are due to dissipate in the morning.
(b) Temperatures will drop after 2:00 pm.
(c) Evening snow flurries are a certainty.
(d) Serious snowfall is expected.

번역 구름이 밤새도록 끼어 내일 낮 동안 계속될 것이며, 기온은 오후 2시까지 섭씨 0도를 밑돌다가 해질녘에 영하 10도로 떨어질 것으로 예상됩니다. 오늘 밤 제트 경기를 보러 외출하시는 분은 꼭 따뜻하게 옷을 입으세요. 눈발이 흩날릴 가능성은 70퍼센트이며 약 1인치의 눈이 쌓일 텐데 지난 두 주일 동안의 강설량을 고려할 때 그다지 심각하지는 않습니다. 서쪽에서 부는 바람은 약하다가 자정경에 약간 세지겠습니다.
   Q 내일 기상 예보에 따르면 옳은 것은?
   (a) 구름은 아침에 흩어질 예정이다.
   ✔(b) 기온은 오후 2시 이후로 떨어질 것이다.
   (c) 밤에 눈발이 날리는 것은 확실하다.
   (d) 눈이 아주 많이 올 것으로 보인다.

해설 구름은 내일 낮 동안 계속될 것이며 밤에 눈발이 흩날릴 가능성은 70퍼센트이고 1인치의 눈이 쌓일 거라고 했으므로 (b)만 옳은 내용임을 알 수 있다.
   persist 지속하다 **chance** 확률, 가능성 **snow flurry** 눈보라 **accumulation** 누적 **in terms of** ~면에서 **pick up** 강해지다 **slightly** 약간 **due to** 예정인 **dissipate** 흩뜨리다 **certainty** 확실한 것

55

When it first opened in Hampton three years ago, Summer Street Baking Co. was an immediate success. Owner Nell Birch's delectable treats, including mini cupcakes, savory empanadas, and signature caramel cheesecakes, won her a loyal and supportive clientele. Soon, customers were asking her if she would consider opening up another shop in downtown Danbury. "I couldn't be more thrilled," Birch recently said of the opening of Summer Street Baking Co.'s second location, on High Street in Danbury. "This is going to give us the opportunity to really grow."

Q Which is correct about Summer Street Baking Co. according to the news article?
(a) It is closing its Hampton store.
(b) It is no longer selling empanadas.
(c) It creates a signature mini cupcake.
(d) It had plans of opening a second shop.

번역 3년 전 햄턴에서 처음 개업했을 때 서머 스트리트 베이킹 사는 즉각적인 성공을 거두었다. 주인인 넬 버치의 미니 컵케이크와 맛좋은 엠파나다(중남미의 파이 요리)와 매장 고유의 캐러멜 치즈케이크와 같은 맛있는 것들로 열성적인 단골 고객층을 얻었다. 얼마 되지 않아 고객들은 그녀에게 시내 댄버리에 다른 점포를 내도록 요청하였다. 댄버리의 하이 스트리트에서 서머 스트리트 베이킹 사의 두 번째 매장을 여는 것에 대해 버치는 최근에 "정말 신이 나요. 이것은 우리에게 정말 성장할 기회를 줄 겁니다"라고 했다.

Q 서머 스트리트 베이킹 사에 관해 옳은 것은?
(a) 햄턴 매장을 폐쇄하려고 한다.
(b) 더 이상 엠파나다를 팔지 않는다.
(c) 매장 고유의 미니 컵케이크를 만든다.
✔(d) 두 번째 가게를 열 계획이 있었다.
해설 서머 스트리트 베이킹 사의 성장에 관한 기사로 두 번째 매장을 여는 계획에 대한 경위를 설명하고 있으므로 (d)가 정답이 된다. (c)는 mini cupcake이 아니라 caramel cheesecake이어야 옳다.
delectable 맛있는 savory 맛좋은 signature 직접 만들어 그 가게만의 독특한 포장지로 싼 것 loyal 충성스러운 supportive 힘을 주는 clientele 고객들 thrill 신나게 만들다 location 장소 opportunity 기회

56

We want to alert the community to the presence of a potentially harmful species of snail seen recently. It has recently begun to appear in this region, though it has never previously been observed this far north. As an invasive pest the snail can be environmentally destructive, but of more concern is its potential to harm humans, since it's a carrier of the meningitis-causing parasite. We would like to encourage all members of the community to report any sightings of the snails to the Pest Control Department and advise people to refrain from handling them.

Q Which is correct according to the talk?
(a) The snail species has not been spotted in the community.
(b) The snail does not pose any risk to the environment.
(c) The snail carries a parasite that causes meningitis.
(d) The snail was eradicated through pest control.

번역 우리는 최근에 발견된 잠재적으로 해로운 달팽이 종의 출현을 지역 사회에 경고하는 바입니다. 그것은 이전에는 멀리 이곳 북쪽에는 관찰되지 않았었는데 최근에 이 지역에 나타나기 시작했습니다. 침입 해충으로 이 달팽이는 환경을 파괴할 수 있으나 더욱 우려되는 것은 뇌막염을 일으키는 기생충의 매개체이기 때문에 인간에게 해를 끼칠 잠재력이 있다는 것입니다. 우리는 지역 주민들이 이 달팽이를 보면 해충 방제부에 신고해 주실 것을 당부하는 바이고 달팽이에 손을 대지 않도록 권하는 바입니다.

Q 담화에 따르면 옳은 것은?
(a) 이 달팽이 종은 이 지역에서 발견되지 않았다.
(b) 이 달팽이는 환경에 어떤 위험도 제기하지 않는다.
✔(c) 이 달팽이는 뇌막염을 일으키는 기생충을 매개한다.
(d) 이 달팽이는 해충 구제로 박멸되었다.
해설 한 지역에 해로운 달팽이의 출현을 경고하는 담화문으로 정답은 (c)가 되며 이들이 환경을 파괴할 수 있다고 했고, 눈에 띄면 신고하라고 했으므로 (b), (d)는 오답이다.
alert 경계시키다 invasive 침입하는 pest 해충 meningitis 뇌막염 parasite 기생물 refrain 자제하다 spot 발견하다 eradicate 근절하다

57

To some, nanobacteria are extremely tiny life forms, far smaller than the generally accepted minimum size for living beings. Others believe that nanobacteria are nonliving crystalline objects. The origin of the debate goes back to 1998, when a Finnish research team claimed to have observed nanobacteria self-replicating—a sure sign of life. Later research, however, suggested that what seemed like self-replication was actually just a strange form of crystal growth. Subsequent studies have failed to locate nanobacteria DNA and seem to support the position that nanobacteria are most likely not living organisms.

Q Which is correct about nanobacteria according to the lecture?
(a) They were first discovered after 1998.
(b) They are a living crystalline organism.
(c) They are capable of self-replication.
(d) They probably are not living things.

번역 어떤 이들은 나노박테리아는 극히 작은 생명의 형태로, 일반적으로 용인되는 생명체의 최소한의 크기보다도 훨씬 작은 것으로 여긴다. 다른 사람들은 나노박테리아는 무생물의 결정체로 된 물체로 생각한다. 이 논쟁의 시작은 1998년으로 거슬러 올라가며 한 핀란드 연구팀이 나노박테리아의 자기 증식, 즉 생명의 확실한 표시를 관찰했다고 주장하였다. 그러나 나중 연구는 자기 증식처럼 보였던 것이 실제로는 결정질의 증대라는 특이한 형태였다는 것을 암시했다. 후속 연구는 나노박테리아의 DNA를 밝혀내지 못하였고 나노박테리아는 살아 있는 유기체가 아닐 가능성이 높다는 견해를 뒷받침하는 것처럼 보인다.

Q 나노박테리아에 대해 옳은 것은?
(a) 1998년 후에 처음 발견되었다.
(b) 살아 있는 결정질의 유기체이다.
(c) 자기 증식을 할 수 있다.
✔(d) 아마도 생명체가 아닐 것이다.

해설 나노박테리아가 생명체인가라는 논쟁에서 찬성 견해에 의문을 제시하는 내용으로 강의 마지막 부분을 통해 (d)가 정답임을 알 수 있다.

nanobacteria 나노박테리아 **crystalline** 결정으로 된 **Finnish** 핀란드의 **self-replicating** 자기 증식 **subsequent** 이후의 **organism** 유기체

58

HostNow offers you fast, reliable web hosting with service that the larger hosting companies just can't beat. We know that the relationship between customers and their hosting service is mutually beneficial, so we're committed to helping you build a successful business. Our powerful and intuitive control panel makes it easy for you to manage your site and take advantage of our arsenal of developer tools. Create an account with HostNow today and enjoy a free weeklong trial.

Q What can be inferred about HostNow from the advertisement?
(a) It has been around longer than other hosting companies.
(b) It offers a much faster service than its competitors.
(c) It costs more than hosting companies abroad.
(d) It is not the largest of hosting companies.

번역 호스트나우는 더 큰 규모의 웹호스팅 회사가 따라올 수 없는 서비스로 빠르고 신뢰할 수 있는 웹호스팅을 여러분께 제공합니다. 저희 회사는 고객과 고객의 웹호스팅 서비스 사이의 관계가 상호간 이익을 가져온다는 것을 알고 있기에, 저희는 여러분이 성공적인 사업을 구축하도록 돕는 데 전념하고 있습니다. 저희의 강력하고 직관적인 제어판은 여러분의 사이트 관리와 저희의 축적된 개발 툴을 이용하는 것을 용이하게 합니다. 오늘 호스트나우에 계좌를 만드셔서 일주일 동안 무료로 시험해 보세요.

Q 호스트나우에 관해 유추할 수 있는 것은?
(a) 다른 호스팅 회사보다 더 오래되었다.
(b) 경쟁사들보다 훨씬 더 빠른 서비스를 제공한다.
(c) 해외의 호스팅 회사 이상으로 비용이 든다.
✔(d) 호스팅 회사들 중 가장 큰 곳은 아니다.

해설 광고의 첫 부분에서 더 큰 회사가 따라올 수 없을 정도의 서비스를 제공한다고 언급한 것으로 보아 (d)가 정답이다. (a), (c)는 언급되지 않았다.

reliable 믿을 직한 **mutually** 상호의 **beneficial** 유익한 **intuitive** 직관적인 **control panel** 제어판 **arsenal** 축적 **weeklong** 1주일에 걸친 **trial** 시험, 실험 **competitor** 경쟁자

59

It is said that the Greek thinker Archimedes stepped into a bath one day, observed a rise in the water level, and realized that the volume of the displaced water was equivalent to the volume of his submerged body. However basic this realization may sound to modern ears, in Archimedes' time it was nothing short of a pivotal breakthrough in science. He realized that by measuring the displaced water, he could finally determine the volume of an irregularly shaped object.

Q   What can be inferred from the lecture?
(a) Archimedes' water displacement discovery had no practical application.
(b) Prior to Archimedes no one could measure volumes of irregular objects.
(c) Other Greeks did not have an understanding of the concept of volume.
(d) Archimedes was the first Greek to wonder how to calculate volume.

번역 그리스 사상가인 아르키메데스가 어느 날 목욕통에 들어갔는데, 수위가 올라가는 것을 보고 넘친 물의 부피와 물에 잠긴 자신의 몸의 부피가 같다는 것을 깨달았다고 전해진다. 그러나 이 깨달음이 현대인에게 아무리 기초적인 것으로 들릴지라도 아르키메데스 시대에는 과학의 중요한 대발견이나 다름없었다. 이 넘친 물을 측정함으로써 마침내 불규칙한 모양을 가진 물체의 부피를 측정할 수 있다는 것을 깨달았다.

Q   강의에서 유추할 수 있는 것은?
(a) 아르키메데스의 넘친 물에 대한 발견은 전혀 응용되지 못했다.
✔(b) 아르키메데스 이전에는 아무도 불규칙한 모양을 가진 물체의 부피를 재지 못했다.
(c) 다른 그리스인들은 부피의 개념을 이해하지 못하였다.
(d) 아르키메데스는 부피를 어떻게 계산하는지 궁금해한 최초의 그리스인이었다.

해설 불규칙한 모양의 물체의 부피를 잴 수 있는 방법을 최초로 발견한 아르키메데스에 관한 내용으로 (b)가 정답임을 알 수 있다.
volume 부피 **displace** ~에 대신 들어서다 **equivalent** 동등한 **submerge** 물속에 잠그다 **nothing short of** 다름없는 **pivotal** 중추의 **breakthrough** 획기적 발견 **irregularly** 불규칙하게

60

Starting this week, we will be delivering a customer service survey to clients' tables when they request the bill. Operationally, this really only affects the wait staff, since they're the ones who will be handling the forms, but I still thought it prudent to brief all of you about the purpose of the survey. The goal is to collect data from our clientele in order to discover if they have any unmet needs, pinpoint our strengths and weaknesses, and let them know that we're dedicated to their satisfaction.

Q   What can be inferred from the manager's talk?
(a) Clients have raised concerns about the business's management.
(b) Clients could potentially return surveys with bad remarks.
(c) The business had a relatively unsuccessful quarter.
(d) The wait staff will receive a small wage increase.

번역 이번 주부터 손님들이 계산서를 요청할 때 손님 테이블에 고객 서비스 설문을 교부할 것입니다. 기능상으로는 이것은 오직 서빙 직원에게만 영향을 미치는데, 왜냐하면 그들이 용지를 다루게 되는 사람들이기 때문이긴 하지만 저는 이 조사의 목적에 관해 여러분 모두에게 설명하는 것이 사려 깊은 것이라고 생각했습니다. 그 목적은 고객들로부터 자료를 수집하는 것인데, 고객들이 채워지지 않는 요구가 있는지 알아내고, 우리의 장점과 약점을 정확히 찾아내고, 우리가 그들의 만족에 헌신한다는 것을 고객들이 알도록 하려는 것입니다.

Q   매니저의 담화에서 유추할 수 있는 것은?
(a) 고객들은 이 사업장의 경영에 대해 우려를 제기했다.
✔(b) 고객들은 잠재적으로 나쁜 평을 쓴 설문지 답을 제출할 가능성이 있다.
(c) 이 사업장은 비교적 성공적이지 못한 분기 실적을 보였다.
(d) 서빙 직원은 소액의 임금 인상을 받을 것이다.

해설 wait staff를 통하여 고객 서비스 설문 조사를 실시한다는 통지문이다. 설문 조사의 목적을 상세히 설명하면서, 사업장의 장단점이나 고객의 불만족 등을 알기 위해서라고 했으므로 (b)를 유추해볼 수 있다.
survey 조사 **client** 손님 **operationally** 기능적으로 **prudent** 신중한 **brief** 알려주다 **clientele** 고객 **unmet** 채워지지 않은 **pinpoint** 정확히 지적하다 **dedicate** 헌신하다 **quarter** 분기

☐	exemplary	모범적인
☐	leftover	먹다 남은 음식
☐	nerve-wracking	조마조마하게 하는
☐	solid hour	연속된 시간
☐	disruptive	분열시키는
☐	certificate	증명서
☐	precinct	선거구
☐	defer	미루다
☐	bend the rules	규칙을 변칙 적용하다
☐	tranquil	조용한
☐	sumptuously	화려한
☐	setting	장소, 환경
☐	accommodation	숙소
☐	envision	구상하다
☐	quadrennial	4년마다의
☐	foster	조성하다
☐	advocate	옹호자
☐	bilingual	2개 국어를 병용하는
☐	innate aptitude	타고난 적성
☐	embark	착수하다
☐	allocate	할당하다
☐	slated to	~할 예정인
☐	grant	보조금
☐	cutting-edge	최첨단의
☐	injection	자금 등의 투입
☐	progenitor	창시자
☐	epitomize	~의 전형이다
☐	reign	통치
☐	snow flurry	눈보라
☐	eradicate	근절하다

PART I	1 (d)	2 (b)	3 (a)	4 (c)	5 (a)	6 (d)	7 (b)	8 (c)	9 (b)	10 (b)
	11 (d)	12 (c)	13 (d)	14 (c)	15 (c)					
PART II	16 (b)	17 (c)	18 (c)	19 (c)	20 (c)	21 (a)	22 (d)	23 (d)	24 (b)	25 (c)
	26 (a)	27 (d)	28 (a)	29 (b)	30 (d)					
PART III	31 (a)	32 (d)	33 (a)	34 (c)	35 (d)	36 (b)	37 (a)	38 (d)	39 (a)	40 (a)
	41 (c)	42 (a)	43 (a)	44 (a)	45 (b)					
PART IV	46 (a)	47 (b)	48 (c)	49 (a)	50 (d)	51 (d)	52 (d)	53 (a)	54 (a)	55 (a)
	56 (a)	57 (c)	58 (b)	59 (d)	60 (c)					

ACTUAL TEST 5   Part I

1

W Did you see the file I left on your desk?

M _____

(a) I haven't finished it yet.
(b) OK, I'll put it on your desk.
(c) Probably by the end of the day.
(d) Yes, thanks for delivering it to me.

번역 W 책상 위에 놓아 둔 파일 보셨어요?
　　　M _____
　　　(a) 아직 끝내지 못했어요.
　　　(b) 알았어요, 책상 위에 놓아 둘게요.
　　　(c) 오늘 밤까지일걸.
　　　✔(d) 네, 갖다줘서 고마워요.

해설 파일을 가져다 놓은 것을 알고 있는지 묻는 질문에 가져다줘서 고맙다는 (d)가 가장 적절한 응답이다. (a)는 '아직 일을 끝내지 못했다'는 뜻이므로 어울리지 않는다.
　　　leave ~을 두고 오다   deliver 배달하다

2

M I don't want to start this report.

W _____

(a) But I've been granted an extension.
(b) Nonetheless, you'd better do it.
(c) Today, around three o'clock.
(d) No, you can't turn it in late.

번역 M 이 보고서를 시작하고 싶지 않아요.
　　　W _____
　　　(a) 하지만 연장해도 된다는 허락을 받았어요.
　　　✔(b) 그렇더라도 그걸 하는 게 좋을 거예요.
　　　(c) 오늘 3시쯤에요.
　　　(d) 아니, 늦게 제출하면 안 돼요.

해설 보고서 작성을 하기 싫다는 말에 대해 그래도 하는 것이 더 나을 거라고 충고하는 (b)가 가장 적절하다. had better는 조언의 말에 많이 쓰이며 '~하는 것이 낫다'라는 뜻이다.
　　　grant 허락하다   extension 연장   nonetheless 그렇더라도
　　　turn in ~을 제출하다

3

M Hello. Department of English. Can I help you?

W _____

(a) Yes, Professor Doe's extension, please.
(b) I think I'll give them a call right now.
(c) You'll have to call back later.
(d) It's no problem. Hold on.

번역 M 여보세요. 영문학과입니다. 무엇을 도와드릴까요?

W _____

✔(a) 네, 도 교수님 내선번호 부탁합니다.
(b) 그들에게 당장 전화를 할 생각이에요.
(c) 나중에 다시 전화하셔야겠어요.
(d) 문제없습니다. 기다리세요.

해설 한 대학의 과 사무실로 전화를 건 상황이다. 용건을 묻는 말에 대해 교수의 내선번호로 연결해 달라고 요청하는 (a)가 적절한 응답이다.

department 학과 **extension** 내선번호 **call back** 다시 전화 걸다 **hold on** 기다리다

4

W This street doesn't look familiar. I'm lost.

M _____

(a) Right, I don't want to get lost.
(b) No, I don't have any idea either.
(c) Let's ask someone for directions.
(d) Well, I'm pretty sure it isn't this.

번역 W 이 거리는 낯선 곳 같아. 길을 잃었어.

M _____

(a) 맞아, 길을 잃고 싶지가 않아.
(b) 아니, 나도 전혀 모르겠어.
✔(c) 누군가에게 길을 물어보자.
(d) 글쎄, 이게 아닌 건 정말 확실해.

해설 낯선 곳에서 길을 잃은 상황에 할 수 있는 제안은 (c)가 가장 적절하다. 이미 길을 잃었고, 길을 아느냐고 물어본 것이 아니므로 (a), (b)는 맞지 않다.

familiar 낯익은 **get lost** 길을 잃다 **direction** 길 안내

5

M Do you have at least five years of relevant experience?

W _____

(a) I've worked in this industry for six years.
(b) We're looking for specific qualifications.
(c) I worked here between 2006 and 2007.
(d) We have a number of open positions.

번역 M 관련 분야 경력이 최소 5년은 되시나요?

W _____

✔(a) 이 업계에서 6년 동안 일했습니다.
(b) 특별한 자격을 가진 사람을 찾고 있어요.
(c) 2006년과 2007년 사이에 여기서 일했어요.
(d) 공석이 많아요.

해설 면접에서 관련 경력을 물을 때 relevant experience/ relevant to/ relevant suggestion/ relevant information 등의 표현을 쓴다. 따라서 업계에서 6년 일했다는 (a)가 적절한 응답이다.

at least 최소한 **relevant** 관련이 있는 **qualification** 자격 (요건) **a number of** 다수의

6

W Would you rather meet for brunch on Sunday?

M _____

(a) That is, if you're free that day.
(b) I would have come if I'd known.
(c) She told me she wasn't able to make it.
(d) Sunday would work much better for me.

번역 W 브런치 먹으러 일요일에 만나는 게 어떠세요?

M _____

(a) 그게, 그날 시간이 된다면요.
(b) 알았더라면 왔을 텐데요.
(c) 그녀는 올 수 없을 거라고 말했어요.
✔(d) 일요일이 좋을 거 같아요.

해설 여자가 먼저 제안한 상황을 감안하면 (a)는 어색하고, 말이 조금 생략되어 있지만 여자의 말에 동의하며 다른 날보다는 일요일이 더 좋겠다는 (d)가 더 적절하다.

brunch 브런치(아침 겸 점심) **that is (to say)** 다시 말해 **make it** 제시간에 나타나다

7

M What time does Marion's flight get into Vancouver?

W _____

(a) That'll be more convenient anyway.
(b) Ten o'clock, but expect delays.
(c) Oh no, I can't pick her up.
(d) I checked before we left.

번역 M 매리언의 항공편이 밴쿠버에 몇 시에 도착하지?
W _____
(a) 그게 아무래도 더 편리할 거야.
✔(b) 10시인데, 연착될 것 같아.
(c) 저런, 그녀를 데리러 갈 수 없어.
(d) 떠나기 전에 내가 확인했어.

해설 비행기 도착 시각을 묻는 질문이므로 구체적인 시간을 알려주는 (b)가 알맞은 응답이다. (c)는 도착 시간을 듣고 남자가 할 수 있는 말이다.
convenient 편리한 **delay** 지연 **pick up** (차로) 태우러 가다

9

M I almost can't believe what I got on the exam!

W _____

(a) I'm pretty nervous about it too.
(b) You earned it. Congratulations.
(c) I don't know. I haven't looked yet.
(d) I'm sure you'll do better than expected.

번역 M 시험 결과가 이렇게 나오다니 정말 놀라워!
W _____
(a) 나도 그것 때문에 아주 긴장이 돼.
✔(b) 넌 그럴 자격이 있어. 축하해.
(c) 모르겠어. 아직 못 봤어.
(d) 넌 분명히 예상보다 더 잘할 거야.

해설 I almost can't believe 다음에 이어지는 내용이 너무나 놀랍다는 뜻의 말이다. 시험에서 놀라운 성적을 받았다는 말에 대해 그런 성적을 받을 자격이 있다며 축하해 주는 (b)가 적절하다.
You earned it. 그럴 자격이 있다(You deserve it.).
Congratulations. 축하해.

8

W Is there an inexpensive sandwich shop nearby?

M _____

(a) I'd rather go to something around here.
(b) You would have loved that place.
(c) There's Newby's on Fifth Street.
(d) But I already ate lunch.

번역 W 가까운 곳에 저렴한 샌드위치 가게가 있나요?
M _____
(a) 여기 주변 어디로 가는 게 낫겠어요.
(b) 그곳을 아주 좋아했을 거예요.
✔(c) 5번가에 뉴비란 곳이 있어요.
(d) 그런데 전 벌써 점심을 먹었어요.

해설 저렴한 샌드위치 가게를 찾는 질문이므로 위치와 가게 이름을 말해주는 (c)가 가장 적절한 응답이다. (b)는 가게가 있는지 묻는 질문에는 어울리지 않는다.
inexpensive 저렴한 **nearby** 가까이에 **would rather** ~하는 게 낫다

10

W Jade, did you feed the cat this morning?

M _____

(a) Thanks for checking on her.
(b) Oh no, I completely forgot to!
(c) As soon as I get home from work.
(d) Her litter box is to the left of the door.

번역 W 제이드, 아침에 고양이 먹이 줬니?
M _____
(a) 그녀를 살펴봐 줘서 고마워.
✔(b) 저런, 완전히 잊어버렸어!
(c) 퇴근해서 집에 가자 마자.
(d) 고양이의 배설물 통은 문 왼쪽에 있어.

해설 먹이를 줬는지 확인하는 질문이므로 잊어버렸다는 (b)의 응답이 가장 적절하다. (c)는 과거시제로 바꾸면 맞는 답이 될 수 있다.
feed 먹이를 주다 **check on** (이상이 없는지) 살피다
completely 완전히 **litter box** 애완동물 배설물 통

11

M I think we met at Lisa's party last week.

W _____

(a) All right. I'll see you then.
(b) Maybe two or three weeks before.
(c) Sorry, but I've already got plans.
(d) I remember. You're Lisa's cousin.

번역 M 우리 지난주 리사의 파티에서 만난 것 같은데요.
　　　W _____
　　　(a) 좋아요. 그때 봐요.
　　　(b) 아마 이삼 주 전이에요.
　　　(c) 미안하지만, 선약이 있어요.
　　✔(d) 기억나요. 리사의 사촌이시죠.

해설 만난 것 같다고 아는 척을 하는 사람에게 기억이 난다고 응답하는
(d)가 적절하다. (a)는 약속을 정하고 끝맺는 상황이며, (c)는
약속 제안에 대한 응답이다.
　　　get plan 선약이 있다, 계획이 있다   **cousin** 사촌

12

W I'm going to Meadowbrook Mall on my lunch
　　break.

M _____

(a) Someone else could give you directions.
(b) No thanks. I'd rather avoid the crowds.
(c) I wouldn't. It's undergoing renovations.
(d) Between the brewery and Paine Street.

번역 W 점심 시간에 메도우브룩 몰에 갈 거야.
　　　M _____
　　　(a) 누군가 길을 가르쳐 줄 수 있을 거야.
　　　(b) 고맙지만 괜찮아. 사람이 많은 건 피하는 게 좋겠어.
　　✔(c) 나라면 안 갈 텐데. 거기 수리 공사 중이야.
　　　(d) 양조장과 페인 가 사이야.

해설 몰에 가겠다는 계획을 듣고 자신이라면 안 가는 이유를 알려주는
(c)가 자연스럽다. 같이 가자는 제안이 아니므로 사양하며 그 이유
를 밝히는 (b)는 어색하다.
　　　lunch break 점심 시간   **give directions** 길을 알려주다
　　　crowd 군중   **undergo** 겪다   **renovation** 수리   **brewery**
　　　(맥주) 양조장

13

M We could meet outside the entrance to
　　Rosemont Station.

W _____

(a) I'm glad I ran into you today.
(b) I'd caught the bus near there.
(c) We should do it again sometime.
(d) OK, I'll be wearing a green scarf.

번역 M 로즈몬트역 입구 밖에서 만나면 될 거 같아요.
　　　W _____
　　　(a) 오늘 우연히 만나서 기뻐요.
　　　(b) 거기와 가까운 곳에서 버스를 탔어요.
　　　(c) 언젠가 다시 한번 해봐요.
　　✔(d) 좋아요, 전 녹색 스카프를 하고 있을게요.

해설 만날 장소의 제안에 대해 동의하며 찾기 쉽도록 녹색 스카프를 매
고 나가겠다는 (d)가 가장 적절한 응답이다.
　　　entrance 입구   **run into** ~를 우연히 만나다

14

W Eric, have you seen my sunglasses?

M _____

(a) It's fine. I'll just go without them.
(b) Personally, I like the pair you have.
(c) Check on top of the television.
(d) I need to get some for summer.

번역 W 에릭, 내 선글라스 봤니?
　　　M _____
　　　(a) 좋아. 그들 없이 그냥 가겠어.
　　　(b) 개인적으로 네 선글라스가 좋아.
　　✔(c) 텔레비전 위를 확인해 봐.
　　　(d) 여름을 대비해서 사야겠어.

해설 Have you seen…?은 어떤 물건을 찾고 있는 상황에서 쓰는 말
이므로 텔레비전 위를 확인해 보라는 (c)의 조언이 가장 적절하다.
여자의 선글라스가 좋다는 (b)는 선글라스를 찾는 상황과 어울리
지 않는다.
　　　personally 개인적으로   **pair** 쌍, 짝

15

W   Mr. Lee is ready to see you now. Go on in.

M   _____

(a) Fine, I'll drop by later on.
(b) I'd like to make an appointment.
(c) I'm not sure which is his office.
(d) Preferably today or tomorrow.

번역   W   이 선생님이 이제 만날 준비가 되셨어요. 들어가세요.
M   _____
(a) 좋아요, 나중에 들를게요.
(b) 예약을 하고 싶어요.
✔(c) 어디가 그의 사무실인지 잘 모르겠는데요.
(d) 가급적 오늘이나 내일이면 좋겠어요.

해설   만나려고 기다리는 사람에게 들어가라고 하니 어딘지 잘 모르겠다고 하는 (c)가 응답으로 적절하다. (d)는 약속을 정하는 과정에서 할 수 있는 말이다.
be ready to ~할 준비가 되어 있다   drop by 들르다   make an appointment 만날 약속을 하다   preferably 가급적

ACTUAL TEST 5   **Part II**

16

W   I can't wait for *Desert of Demons* to be released.

M   Is that the game based on an Edgar Allan Poe novel?

W   Right. It looks like it'll be amazing.

M   _____

(a) I've never read those books.
(b) It sounds like it'll be scary.
(c) I will if you think it's OK.
(d) I'd rather not play it now.

번역   W   〈악마의 사막〉이 어서 출시되었으면 좋겠어.
M   에드거 알렌 포우의 소설에 바탕을 둔 게임이지?
W   맞아. 아주 멋질 것 같아.
M   _____
(a) 그 책들은 읽어보지 못했어.
✔(b) 무서울 것 같은데.
(c) 네가 괜찮다면 할게.
(d) 지금 게임을 하지 않는 게 낫겠어.

해설   공포 소설의 대가인 포우의 소설을 기반으로 한 게임에 대해 서로 의견을 나누고 있으므로 (b)가 가장 적절하다. 포우의 소설 얘기를 나누는 상황이 아니므로 (a)는 어색하다.
I can't wait 몹시 바라다   demon 악마   release 출시하다

17

W   We're getting an ultimate Frisbee team together.

M   It's about time we organized a team.

W   Definitely. So I can count you in?

M   _____

(a) We ought to check on the weather.
(b) I went but nobody else showed up.
(c) Absolutely, it'll be a lot of fun.
(d) I heard about it from a friend.

번역   W   우리 함께 최고의 프리스비 팀을 만들 거예요.
M   팀을 꾸릴 때가 됐군요.
W   물론이죠. 당신을 넣어도 되죠?
M   _____
(a) 날씨를 확인해야 해요.
(b) 갔는데 아무도 나타나지 않았어요.
✔(c) 그럼요, 아주 재미있을 거예요.
(d) 친구한테서 들었어요.

해설   팀을 만들자는 제안에 찬성하는 대화이다. 팀의 일원으로 포함시켜도 되겠느냐는 질문에 동조하는 (c)가 적절한 응답이다.
ultimate 최고의   Frisbee 플라스틱 원반 던지기 게임
count in (어떤 활동에) ~를 포함시키다

18

W   When is the film screening tonight?

M   There's a discussion first, which begins at seven.

W   So the film will start around eight?

M   _____

(a) But I don't really feel up for it tonight.
(b) Well, you've got to buy tickets for it.
(c) Yeah, and probably last until nine.
(d) I think the director will be there.

번역   W   오늘 밤 영화 상영이 언제지?
M   우선 7시에 시작하는 토론이 있어.
W   그럼 영화는 8시쯤 시작하니?
M   _____
(a) 그런데 오늘 밤 그걸 정말 할 수 없을 거 같아.
(b) 글쎄, 표를 사야만 해.
✔(c) 그래, 아마 9시까지 할 거야.
(d) 감독이 저기 있을 거야.

해설   영화 상영 시간에 대한 질문이므로 시간을 확인해주며 9시까지 이어질 것이라는 (c)가 가장 적절하다.
screen 상영하다   feel up for ~을 해내다   last 지속되다

19

W Can you tell me more about these paintings?

M They're from a series of impressionist paintings.

W I love the rich golden hues in them.

M _____

(a) In all, probably about twenty-five.

(b) Really? I haven't seen those ones.

(c) Indeed, the colors are stunning.

(d) Starting in the year 1890.

번역 W 이 그림들에 대해 더 얘기해 줄래요?

M 인상주의 그림에 속해요.

W 거기에 쓰인 풍부한 금빛 색조가 맘에 들어요.

M _____

(a) 모두 합쳐, 아마 25개 정도예요.

(b) 그래요? 그것들을 못 봤어요.

✔(c) 정말로요, 색채가 멋져요.

(d) 1890년에 시작됐어요.

해설 그림의 색조가 좋다는 말에 동조하는 (c)가 적절하다. 그림을 직접 보고 있으므로 못 봤다는 (b)는 어울리지 않는다.

a series of 일련의   **impressionist** 인상주의   **hue** 색조   **stunning** 매우 아름다운

20

W What's that you're drinking?

M This? Oh, it's an iced chai tea.

W It smells delicious. How does it taste?

M _____

(a) I don't want much.

(b) I've never had one before.

(c) It's great. You should try it.

(d) More expensive than a coffee.

번역 W 뭘 마시고 있니?

M 이거? 아이스 차이 티야.

W 맛있는 냄새가 나는데. 맛은 어때?

M _____

(a) 많이는 원하지 않아.

(b) 전에 마셔본 적이 없어.

✔(c) 훌륭해. 한번 마셔 봐.

(d) 커피보다 더 비싸.

해설 차의 맛을 궁금해하는 상대방에게 마셔 보라고 권하는 (c)가 적절한 응답이다. 이미 마시고 있으므로 (b)는 어색하다.

chai 인도차   **taste** 맛이 ～하다   **try** 한번 해보다

21

W Jeff, how is your sister doing these days?

M Pretty good. She finally settled in at school.

W That's good. I was worried about her.

M _____

(a) She just needed time to adjust.

(b) I think school started a week ago.

(c) Oh, she wasn't really that worried.

(d) That's OK. She doesn't need anything.

번역 W 제프, 네 여동생은 요즘 어떻게 지내니?

M 잘 지내. 학교에 이제 적응했어.

W 잘됐구나. 그녀가 걱정되었어.

M _____

✔(a) 그녀는 적응할 시간이 필요했던 거야.

(b) 학교는 일주일 전에 시작했을 거야.

(c) 아, 그녀는 그렇게까지 걱정하지는 않았어.

(d) 괜찮아. 그녀는 아무것도 필요하지 않아.

해설 동생의 학교 생활을 묻는 질문에 적응할 시간이 필요했다고 설명하는 (a)가 가장 적절한 응답이다. (c)는 걱정을 하는 주체가 동생이므로 맞지 않다.

settle in ～에 정착하다, 적응하다   **worried** 걱정하는

22

M Hello, you've reached Richard's Hair Salon.

W Hi. How much does a haircut cost?

M Eighteen dollars. Want to make an appointment?

W _____

(a) Yes, I think my hair looks great.

(b) I have a picture of the style I want.

(c) Remember, I have an appointment, too.

(d) For Thursday, in the morning if possible.

번역 M 여보세요, 리처드 미용실입니다.

W 안녕하세요. 커트가 얼마죠?

M 18달러예요. 예약을 하시겠어요?

W _____

(a) 네, 제 머리가 멋진 것 같아요.

(b) 제가 원하는 스타일 사진이 있어요.

(c) 기억해요, 저도 시간 약속을 했어요.

✔(d) 목요일이요, 가능하면 아침에요.

해설 You've reached는 '～에 전화를 하셨습니다'라는 뜻이고 make an appointment는 '만날 약속을 하다'로 예약을 하겠냐고 묻고 있으므로 원하는 날과 때를 언급한 (d)가 알맞은 응답이다. (b)는 미용실에서 원하는 머리 스타일을 언급할 때 가능한 표현이다.

hair salon 미용실   **if possible** 가능하다면

23

M It's Zoe's birthday today.

W Oh, right! Thanks for reminding me.

M We should give her a call, don't you think?

W _____

(a) It was such a fun party.
(b) At least not like last year.
(c) She's turning thirteen already.
(d) I doubt she's home from school.

번역 M 오늘 조의 생일이에요.
W 아, 맞다! 알려줘서 고마워요.
M 그녀에게 전화해야겠죠, 그렇지 않을까요?
W _____
(a) 아주 재미있는 파티였어요.
(b) 최소한 작년 같지는 않았어요.
(c) 그녀가 벌써 열세 살이 되었어요.
✔(d) 그녀가 하교해서 집에 있을지 모르겠어요.

해설 전화를 걸자는 제안에 대해 하교해서 집에 있나 모르겠다는 (d)가
적절한 응답이다. (c)의 turn thirteen은 열세 살이 되었다는 표현
이나 전화와는 무관하다.
remind 알려주다, 일깨워주다　**I doubt** ~을 확신할 수 없다

24

M I hear you worked in Bolivia.

W Yes, in the rainforest near the Peruvian border.

M Doing work as a field botanist, I assume?

W _____

(a) From what I hear, I doubt that.
(b) That's right, collecting species.
(c) You remember more than I do.
(d) Never for so long a period, though.

번역 M 볼리비아에서 일했다고 들었어요.
W 네, 페루 국경 근처의 열대 우림에서요.
M 현장 식물학자로 일한 거 맞죠?
W _____
(a) 제가 들은 바로는 그게 의심스럽네요.
✔(b) 맞아요, 식물종을 수집했지요.
(c) 저보다 더 많이 기억하시는군요.
(d) 절대 아주 오랜 기간은 아니었지만요.

해설 볼리비아에서 현장 식물학자로 일한 것을 확인하는 질문에 긍정적
인 응답을 하는 (b)가 가장 적절하다.
rainforest 열대 우림　**border** 국경　**field botanist** 현장
식물학자　**I assume** ~라고 추정하다　**collect** 수집하다

25

W Trevor, watch out!

M Gosh, that car came out of nowhere.

W I know. This intersection is awful.

M _____

(a) I'd rather not worry about it.
(b) We'll drive there later today.
(c) That tree obstructs everyone's view.
(d) Take care when driving around here.

번역 W 트레버, 조심해!
M 이런, 차가 갑작스레 튀어나왔어.
W 그러게. 이 교차로는 끔찍하네.
M _____
(a) 그거 걱정하지 않는 게 낫겠어.
(b) 이따가 늦게 운전해서 거기 갈 거야.
✔(c) 저 나무가 모두의 시야를 가려.
(d) 이 주변에서 운전할 때 조심해.

해설 남자가 운전하며 교차로를 지나던 중 사고가 날 뻔한 상황이므로
(c)가 가장 적절한 응답이다. (d)는 여자가 할 수 있는 대화 중
한 가지이다.
watch out 조심해　**out of nowhere** 갑자기　**intersection**
교차로　**awful** 끔찍한　**obstruct** 가로막다　**view** 시야

26

M What's in that smoothie you just made?

W Bananas, avocados, and strawberries.

M Hmm, that's an unusual combination.

W _____

(a) Maybe, but it tastes delicious.
(b) I don't really have a preference.
(c) If you promise not to complain.
(d) I agree, but I'm out of ingredients.

번역 M 네가 만든 스무디에 뭘 넣었니?
W 바나나, 아보카도, 딸기야.
M 음, 흔하지 않은 조합인걸.
W _____
✔(a) 그럴지도, 하지만 맛이 좋아.
(b) 특별히 좋아하는 건 없어.
(c) 불평하지 않겠다고 약속하면.
(d) 동의해, 하지만 재료가 떨어졌어.

해설 스무디 재료 조합이 특이하다는 말에 대해 그래도 맛은 좋다는
(a)가 가장 적절하다. (d)는 더 만들어 달라는 상황이 아니므로
어울리지 않는다.
smoothie 스무디 (음료)　**combination** 조합　**preference**
선호　**ingredient** 재료

27

M Welcome back to the country, Denise.

W Thanks, David. It's nice to be home.

M Tell me, how was your trip overall?

W _____

(a) I got back on Saturday evening.

(b) Sometime within the next month.

(c) It would be a good one to travel on.

(d) Great, but I wasn't wild about the food.

번역 M 귀국을 환영해요, 드니스.

W 고마워요, 데이비드. 돌아오니까 좋네요.

M 말해 봐요, 전반적으로 어땠어요?

W _____

(a) 토요일 저녁에 돌아왔어요.

(b) 다음 달 내 언젠가요.

(c) 여행하기 좋은 곳일 거예요.

✔(d) 훌륭했죠, 하지만 음식은 아주 좋지는 않았어요.

해설 여행 소감을 묻는 말에 여행은 훌륭했지만 음식은 별로였다는 (d)가 알맞은 대답이다.

overall 전체적으로   **within** 이내에   **be wild about** ~을 아주 좋아하다

28

M I'm so sick of this song.

W Tell me about it! I hear it everywhere.

M Yeah. And that chorus—it's so obnoxious!

W _____

(a) Uh-huh, that's the worst part.

(b) Like in cafés and on the radio.

(c) I know—since January at least.

(d) Probably in a couple of minutes.

번역 M 이 노래 너무 지겨워.

W 내 말이! 어디서나 들리더라.

M 그래. 게다가 코러스는 너무 역겨워!

W _____

✔(a) 응, 그 부분이 최악이지.

(b) 카페 안과 라디오에서처럼 말야.

(c) 그러게. 최소한 1월 이후부터야.

(d) 아마도 몇 분 후에.

해설 너무 자주 나오는 노래가 지겹다면서 특히 코러스 부분이 아주 싫다는 말에 동조하는 (a)가 가장 자연스러운 응답이다.

be sick of ~에 질리다   **chorus** 코러스   **obnoxious** 역겨운

29

M Have you been to Sarducci's before?

W No, this is our first time. What do you recommend?

M Aubergine Parmigiana—it's our signature dish.

W _____

(a) I can recommend something else.

(b) We'll try that and a Caesar salad.

(c) I think we're both very hungry.

(d) We're not strict vegetarians.

번역 M 전에 사두치에 와본 적 있으세요?

W 아니, 처음이에요. 뭐 추천해 주실래요?

M 가지 파머전 치즈입니다. 저희 특선 요리죠.

W _____

(a) 다른 걸 추천해 드릴 수 있어요.

✔(b) 그것과 시저 샐러드를 먹어 볼게요.

(c) 우리 둘 다 아주 배가 고픈 것 같네요.

(d) 우린 엄격한 채식주의자는 아니에요.

해설 음식점에서 손님이 종업원에게 음식 추천을 부탁하고 있으므로 (b)의 응답이 가장 자연스럽다.

aubergine 가지   **signature** 특별, 특선

30

W Will you be watching the basketball game tonight?

M You bet. On my big-screen television.

W What time does it start, do you know?

M _____

(a) For two and a half hours.

(b) They'll be playing the Raptors.

(c) I probably won't have time for it.

(d) Of course, the game begins at eight.

번역 W 오늘 밤 농구 경기를 볼 거니?

M 물론이지. 대형 화면 텔레비전으로.

W 몇 시에 시작하는지 알아?

M _____

(a) 두 시간 반 동안.

(b) 그들은 랩터스와 시합할 거야.

(c) 난 아마 시간이 안 날 거야.

✔(d) 물론이지, 경기는 8시에 시작해.

해설 경기 중계가 언제 시작하는지 묻고 있으므로 8시라고 알려주는 (d)가 적절하며, 남자도 본다고 했기 때문에 (c)는 어색하다.

big-screen television 대형 화면 텔레비전

31

M Can you help me choose the right hiking boots?

W Of course. What kind of hiking will you be doing?

M Well, I'm not sure. What do you mean, exactly?

W Light hiking, backpacking, long-term backpacking…

M Oh, I see. Probably just light hiking.

W Then I'd recommend these lightweight, breathable shoes.

Q What is the man mainly doing in the conversation?

(a) Inquiring about what hiking boots to get.

(b) Purchasing the right backpack for a trip.

(c) Describing a product to a customer.

(d) Planning an extended hiking trip.

번역 M 알맞은 등산화 고르는 걸 도와주실래요?

　　 W 물론이죠. 어떤 하이킹을 하실 건가요?

　　 M 글쎄, 잘 모르겠어요. 정확히 무슨 말이죠?

　　 W 가벼운 하이킹, 배낭여행, 장기 배낭여행…

　　 M 아, 알겠어요. 그냥 가벼운 하이킹일걸요.

　　 W 그렇다면 가볍고 통기성이 있는 이 신발을 추천해드려요.

　　 Q 남자가 주로 하고 있는 것은?

　✔(a) 어떤 등산화를 고를지 문의하기.

　　 (b) 여행에 알맞은 배낭 구매하기.

　　 (c) 고객에게 상품 설명하기.

　　 (d) 장기 하이킹 여행 계획하기.

해설 남자가 대화의 첫 부분에서 등산화 고르는 일을 도와달라고 부탁하고 있는데 하이킹의 종류를 듣고 적당한 등산화를 추천 받고 있으므로 (a)가 정답이다. (c)는 여자에 해당하는 내용이다.

hiking boots 등산화　backpacking 배낭여행　long-term 장기간의　lightweight 가벼운　breathable 통기성이 있는　purchase 구매하다　customer 고객　extended 장기간의

32

W What should we do with our dog while we're in Mexico?

M There's the kennel over on Dorchester Ave.

W I'd feel sad about leaving her in a kennel.

M Yeah, me too. Is there another option?

W Hey, I wonder if Jessica could take her.

M Good idea. She loves dogs.

Q What are the man and woman mainly discussing?

(a) How to get to the kennel.

(b) How to pay for their dog's kennel stay.

(c) What to do when vacationing in Mexico.

(d) Where to leave their dog while holidaying.

번역 W 우리가 멕시코에 가 있는 동안 개를 어떻게 하지?

　　 M 도체스터 가에 애완용 개 보관소가 있어.

　　 W 개 보관소에 두면 속상할 거야.

　　 M 그래, 나도. 다른 방법이 있을까?

　　 W 저기, 제시카가 맡아 줄 수 있으려나?

　　 M 좋은 생각이야. 그녀는 개를 좋아해.

　　 Q 두 사람이 주로 의논하고 있는 것은?

　　 (a) 애완용 개 보관소 가는 방법.

　　 (b) 애완용 개 보관소에 비용을 지불하는 방법.

　　 (c) 멕시코에서 휴가를 보낼 때 할 일.

　✔(d) 휴가 중에 개를 맡길 곳.

해설 멕시코로 휴가를 가는 동안 개를 맡길 곳에 관해 의견을 나누고 있는데 결국 제시카에게 맡기기로 결정했으므로 정답은 (d)가 된다.

kennel 애완용 개를 맡기는 곳　Ave. 도시의 거리(Avenue)　leave 두고 가다　option 선택(권)　vacation 휴가를 보내다　holiday 휴가를 보내다

33

M Trinity College is a great place for international students.

W What's the campus like?

M Beautiful and historic—with modern facilities, of course.

W And it's right in Dublin?

M That's right. In the heart of the city.

W Great—the theaters and museums will be nearby.

Q What is the man mainly doing in the conversation?
(a) Promoting Trinity College.
(b) Asking questions about Dublin.
(c) Comparing two universities in Ireland.
(d) Inquiring where the woman wants to study.

번역 M 트리니티 칼리지는 외국 학생에게 좋은 곳이에요.
W 캠퍼스가 어떤데요?
M 아름답고 역사적이고 현대적인 시설도 갖췄어요.
W 그럼 바로 더블린 안에 있나요?
M 맞아요. 도시 중심부에 있어요.
W 멋지네요. 극장과 박물관이 가깝겠군요.

Q 남자가 주로 하고 있는 것은?
✔(a) 트리니티 칼리지 홍보하기.
(b) 더블린에 관해 문의하기.
(c) 아일랜드의 두 대학을 비교하기.
(d) 여자가 공부하고 싶은 곳 묻기.

해설 트리니티 칼리지가 외국 학생에게 좋으며, 캠퍼스가 아름답고 현대적인 시설을 갖추고 있고, 더블린 중심부에 있다는 장점을 설명하고 있으므로 이 대학을 홍보한다는 (a)가 정답이다.
international 국제의   historic 역사적인   facilities 시설
heart 중심부   promote 홍보하다   compare 비교하다

34

W Hello, Lena's Cakes. Can I help you?

M Um, yes. You make custom-designed cakes, right?

W That's right, sir. What's the occasion?

M An anniversary.

W OK, then, do you have a design in mind?

M Yes, a purple finch. It's my wife's favorite bird.

Q What is the conversation mainly about?
(a) The location of Lena's Cakes.
(b) The cake recipe a bakery uses.
(c) A special cake for an anniversary.
(d) A number of anniversary gift ideas.

번역 W 여보세요, 레나 케이크점입니다. 무엇을 도와드릴까요?
M 음, 네. 주문 디자인 케이크를 만드시는 거 맞죠?
W 맞습니다, 손님. 무슨 행사시죠?
M 결혼 기념일이에요.
W 알겠습니다, 그럼 생각해두신 디자인 있으세요?
M 네, 보라색 핀치새요. 아내가 제일 좋아하는 새거든요.

Q 주된 내용은?
(a) 레나 케이크점의 위치.
(b) 제과점이 사용하는 케이크 레시피.
✔(c) 결혼 기념일을 위한 특별 케이크.
(d) 결혼 기념일 선물에 대한 여러 아이디어.

해설 주문 디자인 케이크를 만들어 주는 케이크점에 전화하면서 결혼 기념일을 위한 것이고 생각해둔 디자인을 언급하는 것으로 보아 (c)의 결혼 기념일을 위한 특별 케이크가 주된 내용임을 알 수 있다.
custom-designed 주문 디자인된   occasion 특별한 일, 경우
anniversary (결혼) 기념일   have ... in mind ~을 생각하고 있다   finch 핀치새, 되새류   location 위치, 장소   recipe 요리법   bakery 제과점

35

M Clarisse, have you seen my running shorts?

W Not since yesterday.

M I thought I left them on the bathroom doorknob.

W That's where I saw them last.

M They aren't there anymore. Where could they be?

W Maybe they slipped off the doorknob and into the basket.

Q What is the main topic of the conversation?

(a) Where the man put the basket.

(b) The clothing that the man wears.

(c) When the man should do laundry.

(d) The man's missing running shorts.

번역 M 클라리스, 내 러닝 팬츠 봤니?
W 어제 이후론 못 봤어.
M 욕실 문 손잡이에 두고 온 줄 알았어.
W 내가 마지막으로 본 곳이 거기야.
M 이제 거기 없더라. 어디 있을까?
W 문 손잡이에서 미끄러져서 바구니에 들어갔을지도 몰라.

Q 대화의 주요 화제는?
(a) 남자가 바구니를 둔 곳.
(b) 남자가 입은 옷.
(c) 남자가 세탁을 해야 할 시기.
✔(d) 남자의 잃어버린 러닝 팬츠.

해설 대화의 첫 부분에서 남자가 러닝 팬츠를 찾고 있는데 여자 역시 어제 마지막으로 목욕탕 문 손잡이에 걸려 있는 걸 보았고 밑에 있던 바구니에 들어갔을지도 모른다는 내용으로 보아 주요 화제는 (d)가 된다.
running shorts 육상복, 러닝 반바지   **doorknob** 문 손잡이
slip off 미끄러져 떨어지다   **do laundry** 빨래하다

36

W Professor, what did you mean by a Dyson sphere?

M It's really a hypothetical group of satellites that orbit a star.

W What purpose do they have?

M They would capture all of a star's energy output.

W Sounds like a whole lot of energy.

M Yes, though future generations could need it.

Q What is the main topic of the conversation?

(a) The energy needs of our planet.

(b) The purpose of a Dyson sphere.

(c) Problems future generations will face.

(d) How much energy a star can generate.

번역 W 교수님, 다이슨 스피어가 무슨 뜻이에요?
M 행성의 궤도를 도는 가상적인 위성 집단을 말해요.
W 목적이 뭐죠?
M 행성의 에너지 방출을 전부 포착하려는 것이죠.
W 많은 에너지일 것 같은데요.
M 네, 미래 세대에 필요할 수 있지만요.

Q 대화의 주요 화제는?
(a) 행성의 에너지 수요.
✔(b) 다이슨 스피어의 목적.
(c) 미래 세대가 직면할 문제.
(d) 행성이 얼마나 많은 에너지를 생성하는지.

해설 대화의 첫 부분에서 다이슨 스피어의 의미에 대해 묻고 있으며 그것의 목적이 행성 에너지의 방출을 포착하는 것이고 미래 세대에게 필요한 에너지라고 설명하고 있으므로 정답은 (b)이다.
hypothetical 가상적인   **satellite** 위성   **orbit** 궤도를 돌다
capture 포착하다   **output** 방출   **a whole lot of** 많은
future generation 미래 세대   **generate** 생성하다

37

M   Did you know that Petra Saroyan is coming?

W   To Stanford? When?

M   Friday evening. She'll speak at Norwich Auditorium.

W   I've always admired her. She's my favorite director.

M   Yeah, she's amazing. We should go on Friday.

W   I wouldn't miss it for anything.

Q   What is the man mainly doing in the conversation?

(a) Informing the woman about a visiting director.

(b) Asking about events in Norwich Auditorium.

(c) Promising to go to an upcoming event.

(d) Chatting about directors he likes.

번역   M   페트라 사로얀이 온다는 거 알고 있어?

W   스탠퍼드에? 언제?

M   금요일 저녁에. 노리치 강당에서 연설할 거야.

W   항상 그녀를 존경했어. 가장 좋아하는 감독이거든.

M   그래, 멋지지. 금요일에 가자.

W   꼭 갈 거야.

Q   남자가 주로 하고 있는 것은?

✔(a) 여자에게 방문하는 감독에 대해 알려주기.

(b) 노리치 강당에서의 행사에 관해 물어보기.

(c) 곧 있을 행사에 갈 약속하기.

(d) 자신이 좋아하는 감독들에 대해 얘기하기.

해설   남자는 여자가 좋아하는 감독이 방문해서 연설을 하게 된다는 걸 알려주고 있는데 시간과 장소 등 자세한 정보를 주고 있으므로 (a)가 정답이다.

auditorium 강당   **admire** 존경하다   **director** 감독   **miss** 놓치다   **upcoming** 다가오는   **chat about** ~에 대해 수다를 떨다

38

W   I don't see any yogurt in the fridge.

M   I saw some there yesterday—a full container.

W   Is there? I don't see it.

M   Check the lower left drawer.

W   There's only this tub of sour cream.

M   Oh, that's sour cream? I thought it was yogurt.

Q   Which is correct according to the conversation?

(a) The woman believes there is yogurt in the fridge.

(b) The woman threw out a container of yogurt.

(c) The man is searching around in the fridge.

(d) The man mistook sour cream for yogurt.

번역   W   냉장고에 요구르트가 안 보이네.

M   어제 거기 용기에 가득 차 있는 걸 봤는데.

W   있다고? 안 보이는데.

M   아래 왼쪽 서랍을 확인해 봐.

W   이 사워 크림 통밖에 없어.

M   아, 그게 사워 크림이야? 요구르트인 줄 알았네.

Q   대화에 따르면 옳은 것은?

(a) 여자는 냉장고에 요구르트가 있다고 믿는다.

(b) 여자는 요구르트 통을 버렸다.

(c) 남자는 냉장고 안을 뒤지고 있다.

✔(d) 남자는 사워 크림을 요구르트로 잘못 알았다.

해설   여자가 냉장고에 요구르트가 보이지 않는다고 하자 남자는 위치를 알려주었지만 사실은 사워 크림 한 통이 있을 뿐이었고 남자는 그게 요구르트인 줄 알았다고 했으므로 (d)만 옳은 내용이다.

yogurt 요구르트   **fridge** 냉장고   **container** 용기, 그릇   **drawer** 서랍   **tub** 통   **sour cream** 사워 크림   **throw out** ~을 버리다   **mistake A for B** A를 B로 잘못 알다

39

M Here are my pictures and cards from the war.

W You look so handsome in your uniform, Granddad.

M Boy, it's hard to believe I was ever so young.

W Where's this postcard from?

M Let's see, I sent it to Grandma from Panama.

W Wow. I'm glad you kept all of these mementos.

Q Which is correct according to the conversation?

(a) The woman is examining her grandfather's keepsakes.

(b) The woman bought a postcard for her grandmother.

(c) The man is thinking about traveling to Panama.

(d) The man likes the woman's mementos.

번역 M 전쟁 때 찍은 내 사진과 카드가 여기 있구나.

W 제복을 입으니까 아주 미남 같으세요, 할아버지.

M 이거, 내가 그렇게 젊었다니 믿기 힘든걸.

W 이 엽서는 어디서 난 거예요?

M 어디 보자, 파나마에서 할머니에게 보냈던 거야.

W 와. 이 모든 기념품들을 간직하고 계셔서 다행이에요.

Q 대화에 따르면 옳은 것은?

✔(a) 여자는 할아버지의 기념품들을 살펴보고 있다.

(b) 여자는 할머니에게 보낼 엽서를 샀다.

(c) 남자는 파나마로 여행을 갈까 생각 중이다.

(d) 남자는 여자의 기념품을 좋아한다.

해설 손녀가 할아버지의 전쟁 때 사진과 엽서를 살펴보고 있는 상황이다. 할아버지의 설명을 들으면서 기념품들을 살펴보고 있다는 (a)가 옳은 정보이다. 손녀가 할아버지의 기념품을 좋아하므로 (d)는 틀린 내용이다.

uniform 제복 postcard 엽서 memento 기념품
keepsake 기념품

40

W Hi. I'm interested in renting a storage unit.

M Sure. What size do you think?

W Nothing too big. Something about the size of a closet.

M Probably a five by five feet then.

W Yeah, that sounds good. What's the cost?

M A five by five will be thirty dollars a month.

Q Which is correct according to the conversation?

(a) The woman wants to rent storage space.

(b) The woman is hoping to buy a closet.

(c) The man has no storage space left.

(d) The man insists on weekly fees.

번역 W 안녕하세요. 수납장을 대여할까 하는데요.

M 그러세요. 어떤 사이즈를 생각하고 있으세요?

W 너무 크지 않은 걸로요. 벽장 크기 정도요.

M 그렇다면 아마도 가로 세로 5피트겠네요.

W 네, 그게 좋을 것 같네요. 얼마죠?

M 가로 세로 5는 한 달에 30달러가 되겠습니다.

Q 대화에 따르면 옳은 것은?

✔(a) 여자는 수납장을 대여하고 싶어 한다.

(b) 여자는 벽장을 샀으면 한다.

(c) 남자는 남은 수납장이 없다.

(d) 남자는 주 단위 요금을 고집한다.

해설 여자가 대화의 첫 부분에서 수납장을 대여하고 싶다고 했으므로 (a)가 정답이다. 요금은 한 달에 30달러이므로 (c)는 틀린 내용이다.

rent 대여하다 storage unit 수납장 closet 벽장 storage space 수납 공간 insist on ~을 고집하다 weekly fee 주 단위 요금

41

W The rug in the office lobby looks rather dingy, don't you think?

M It does look shabby, now that you mention it.

W We ought to have it taken to the cleaners.

M You're right, but what about the expense?

W It'll be worth it, for the sake of our firm's professional image.

M Good point. I'll make the call.

Q Which is correct about the man according to the conversation?

(a) He wants to purchase a new carpet.

(b) He thinks the rug looks out of place.

(c) He agrees with the woman about the rug.

(d) He wants the woman to arrange rug cleaning.

42

W How long have you been outside the country, sir?

M For four months.

W And what was the nature of your travel?

M Business. I was on a photography assignment in the Amazon.

W OK. And are you traveling alone?

M No. I'm traveling with a colleague.

Q Which is correct about the man according to the conversation?

(a) He is returning home after a four-month trip.

(b) He works as a journalist in other countries.

(c) He was on vacation in Thailand.

(d) He has been traveling alone.

번역 W 사무실 로비에 있는 카펫이 좀 우중충해 보이지 않니?
M 네 얘기를 듣고 보니 낡아 보여.
W 세탁소에 보내야겠어.
M 맞아, 그런데 비용은 어쩌지?
W 우리 회사의 전문적인 이미지를 위해서는 그만한 가치가 있어.
M 좋은 생각이야. 내가 전화 걸게.

Q 남자에 관해 옳은 것은?
(a) 새 카펫을 사기 원한다.
(b) 카펫이 어울리지 않는다고 생각한다.
✔(c) 카펫에 관해 여자의 말에 동의한다.
(d) 여자가 카펫 세탁을 예약해 주길 바란다.

해설 남자는 회사 사무실 카펫의 상태에 대해 여자의 말에 동의하며 세탁 비용이 걱정되지만 회사 이미지를 위해 세탁이 필요하다는 여자의 말을 듣고 전화한다고 했으므로 (c)가 정답이다.
rug 카펫 dingy 우중충한 shabby 낡은 mention 언급하다 expense 비용 worth ~의 가치가 있다 for the sake of ~을 위해서 out of place 어울리지 않는 arrange 일정을 잡다

번역 W 얼마나 외국에 계셨나요?
M 넉 달 동안이요.
W 어떤 여행이었죠?
M 비즈니스였습니다. 아마존에서 사진 작업을 했어요.
W 알겠습니다. 혼자 여행하시나요?
M 아니요. 동료와 함께 여행합니다.

Q 남자에 관해 옳은 것은?
✔(a) 넉 달간 여행 후에 집으로 돌아오는 길이다.
(b) 다른 나라에서 기자로 일한다.
(c) 태국에 휴가를 갔다.
(d) 혼자 여행을 해왔다.

해설 남자는 넉 달 동안 아마존에서 사진 작업을 했고 동료 한 명과 함께 여행을 마치고 돌아오는 길이라는 걸 알 수 있으므로 정답은 (a)이다. 여자는 첫 번째, 두 번째 질문으로 보아 공항 직원임을 알 수 있다.
nature 본질, 본성 photography 사진 assignment 작업, 일 colleague 동료 journalist 기자

43

W   You should enter that apple pie contest, Stan.

M   I don't know. My baking skills aren't exactly professional.

W   You make amazing pies, though. It's worth a shot.

M   Well, maybe. It would be fun to make a special pie.

W   Good, because I already picked up an application for you.

M   Wow, thanks. I'll fill it out this afternoon.

Q   What can be inferred about the man?

(a) He will submit a contest application.
(b) He will encourage the woman to cook.
(c) He will withdraw from the pie contest.
(d) He will ask the woman for a pie recipe.

번역   W   너 그 애플파이 경연대회에 꼭 나가 봐, 스탠.
M   모르겠어. 빵 굽기 실력이 전문가까지는 아니지.
W   하지만 훌륭한 파이를 만들잖아. 도전해 볼만 해.
M   글쎄, 아마도. 특별한 파이를 만드는 건 재미있을 거야.
W   좋아, 지원서는 벌써 가져왔거든.
M   와, 고마워. 오늘 오후에 작성할게.

Q   남자에 관해 유추할 수 있는 것은?
✔(a) 경연대회 지원서를 제출할 것이다.
(b) 여자가 요리를 하도록 격려할 것이다.
(c) 파이 경연대회를 기권할 것이다.
(d) 여자에게 파이 만드는 법을 물어볼 것이다.

해설   남자는 파이 경연대회에 나갈 것을 주저하지만 여자의 격려로 지원을 결심하게 되는 내용의 대화이다. 여자는 이미 지원서를 가져왔고 남자가 오후에 작성하겠다고 했으므로 (a)를 유추할 수 있다.
though 그렇다 하더라도   **shot** 도전   **pick up** 가져오다   **application** 지원서   **fill out** ~을 작성하다   **encourage** 부추기다, 격려하다   **withdraw** 철수하다

44

W   Well, I've got some bad news, Sam.

M   Don't tell me it has to do with GenCom's stock performance.

W   I'm afraid so.

M   I knew it was a risky investment.

W   Do you want to pull out your money or ride it out?

M   I guess I'll hang on for a while.

Q   What can be inferred about the man?

(a) He lost money in the stock market.
(b) He is unable to make a decision now.
(c) He has never purchased stocks before.
(d) He regrets asking the woman for advice.

번역   W   글쎄, 나쁜 소식이 있어요, 샘.
M   젠컴의 주식 실적에 관련된 거면 말하지 마세요.
W   그런건데 어쩌죠.
M   위험부담이 있는 투자인 줄 알았어요.
W   돈을 회수하고 싶으세요, 아님 버티실 거예요?
M   조금만 버텨보려구요.

Q   남자에 관해 유추할 수 있는 것은?
✔(a) 주식 시장에서 돈을 잃었다.
(b) 지금 결정을 내릴 수 없다.
(c) 전에 주식을 산 적이 없다.
(d) 여자에게 조언을 구한 것을 후회한다.

해설   여자가 말하려는 나쁜 소식이 어떤 회사의 주식과 관련된 것이라고 했으므로 남자가 투자한 주식에서 돈을 잃게 된 것을 유추할 수 있다. 위험부담이 있는 투자라는 말과 돈을 회수할 것인지 묻는 말을 통해 주식에서 손해를 봤음을 알 수 있다. 따라서 (a)가 정답이다.
have to do with ~와 관련이 있다   **stock performance** 주식 실적   **risky** 위험한   **pull out** 빼내다   **ride out** 잘 넘기다   **hang on** 견디다   **regret** 후회하다

45

W Let's go to the grocery store later.

M Sounds good. We should probably make a list.

W I've already started one. What do you need?

M Can you add soymilk to the list?

W There's milk in the fridge. Got it yesterday.

M But that's regular milk.

Q What can be inferred from the conversation?

(a) The woman bought soymilk yesterday.

(b) The man drinks soymilk.

(c) The grocery store is near their home.

(d) The woman always buys soymilk.

번역 W 나중에 식료품 가게에 가자.

M 좋아. 리스트를 만드는 게 좋겠다.

W 벌써 시작했는걸. 넌 뭐가 필요해?

M 리스트에 두유도 넣어 줄래?

W 냉장고에 우유가 있어. 어제 샀어.

M 하지만 그건 보통 우유잖아.

Q 대화에서 유추할 수 있는 것은?

(a) 여자는 어제 두유를 샀다.

✔(b) 남자는 두유를 마신다.

(c) 식료품점은 집 가까이에 있다.

(d) 여자는 항상 두유를 산다.

해설 식료품 쇼핑을 하기 위해 리스트를 작성하던 중 남자가 두유를 넣어 달라고 했는데 여자가 어제 산 우유가 냉장고에 있다고 하자 남자는 그건 일반 우유라고 말하는 것으로 보아 (b)와 같은 유추가 가능하다.

grocery store 식료품점 make a list 목록을 만들다 add 추가하다 soymilk 두유 fridge 냉장고 regular milk 일반 우유

46

Exactly how droughts affect the Amazon rainforest is not clear to scientists. Some believe that droughts actually help rainforests thrive, since cloudless skies provide the vegetation with more sunlight. Recently, researchers used satellite data to compare the greenness of rainforests over the past decades and concluded that there was little difference between drought and non-drought years. What these findings suggest is that rainforests are remarkably resistant to droughts.

Q What is the main topic of the talk?

(a) The effect of droughts on the rainforest.

(b) Climate-related research conducted by NASA.

(c) Climate factors that contribute to forest growth.

(d) The way to make the rainforest drought resistant.

번역 과학자들은 어떻게 가뭄이 아마존 열대 우림에 영향을 주는지 정확히 알지 못합니다. 일부는 구름 없는 하늘이 더 많은 햇볕을 식물에게 제공하기 때문에 가뭄은 실제로 열대 우림이 번성하도록 돕는다고 믿습니다. 최근에 연구원들은 과거 수십 년간 열대 우림의 녹음을 비교해 보는 데 위성 데이터를 사용했고, 가뭄과 비가뭄 시기 간에 거의 차이가 없다는 결론을 내렸습니다. 이 연구 결과는 열대 우림이 가뭄을 놀라울 정도로 잘 견딘다는 것을 시사하고 있습니다.

Q 담화의 주요 화제는?

✔(a) 가뭄이 열대 우림에 끼치는 영향.

(b) NASA가 실시한 기후 관련 연구.

(c) 숲의 성장에 기여하는 기후 요인.

(d) 열대 우림이 가뭄에 견디도록 하는 방법.

해설 가뭄이 열대 우림에 어떤 영향을 미치는지 정확히 알지 못한다는 첫 번째 문장이 주요 화제에 해당하므로 (a)가 정답이다. 이후 내용들은 부연 설명으로, 최근 연구 결과를 언급하고 있다.

drought 가뭄 rainforest 열대 우림 thrive 무성하다 vegetation 식물 satellite 위성 greenness 초록색 finding 연구의 결과 conduct 행하다 contribute to ~에 기여하다 resistant ~에 잘 견디는

47

The surname Brahe is known to students mainly through the accomplishments of Tycho Brahe, a famous figure in the history of astronomy. However, Sophie Brahe, Tycho's sister, was also an astronomer. She first began assisting her older brother in his research when she was a teenager, helping him observe a lunar eclipse. Though her brother initially discouraged it, Sophie began educating herself by studying books, sometimes paying to have them translated from Latin. Eventually, recognizing her talent, Tycho supported her scholarly endeavors.

Q What is the main idea of the lecture?
(a) History has ignored Sophie Brahe's work.
(b) Tycho Brahe's sister also studied astronomy.
(c) Sophie Brahe was the sister of Tycho Brahe.
(d) Tycho Brahe followed his sister into astronomy.

번역 '브라헤'라는 성은 주로 천문학 역사의 유명한 인물인 티코 브라헤의 업적을 통해 학생들에게 알려져 있습니다. 그런데 티코 브라헤의 여동생인 소피 브라헤 역시 천문학자였습니다. 그녀는 십대 때 오빠가 월식을 관찰하는 것을 도와 그의 연구를 보조하기 시작했습니다. 비록 처음에는 오빠가 만류했지만 소피는 책을 읽고 때로는 라틴어로 된 것을 번역을 맡겨서 스스로 공부했습니다. 결국 그녀의 재능을 인식한 티코는 여동생의 학문적인 노력을 지지했습니다.

Q 강의의 주제는?
(a) 역사는 소피 브라헤의 연구를 무시했다.
✔(b) 티코 브라헤의 여동생도 천문학을 연구했다.
(c) 소피 브라헤는 티코 브라헤의 여동생이었다.
(d) 티코 브라헤는 여동생을 따라 천문학을 연구했다.

해설 유명한 천문학자인 티코 브라헤의 여동생 소피 브라헤 역시 천문학자였다는 내용이다. 티코의 연구 보조로 시작, 스스로 공부해서 오빠의 인정을 받게 되어 학문적인 지원을 얻게 되었다고 하므로 (b)가 주제로 옳다. (c)는 강의에서 언급된 세부 내용일 뿐이다.
surname 성 **be known to** ~에게 알려져 있다
accomplishment 업적 **figure** 인물 **astronomy** 천문학
astronomer 천문학자 **assist** 보조하다 **observe** 관측하다
lunar eclipse 월식 **initially** 처음에 **discourage** 막다
translate 번역하다 **eventually** 결국 **endeavor** 노력

48

Great Pine Estate was established by Marion George in 1859. It was originally a coffee plantation, tended by generations of the George family throughout the nineteenth century. After Marion George's death, the plantation was purchased by Michael Om, an entrepreneur from London, who converted the historic estate into luxury accommodations for tourists. Painstakingly restoring the faded grandeur of the original estate, Om has preserved a piece of the island's history for future generations. Come and experience for yourself the spectacular beauty of the island as it existed in a bygone era.

Q What is mainly being advertised?
(a) A museum featuring island history.
(b) Coffee from a prestigious plantation.
(c) Lodgings at a restored historic estate.
(d) A vacation tour for adventurous travelers.

번역 그레이트 파인 대농장은 1859년 매리언 조지에 의해 설립되었습니다. 본래는 19세기 동안 조지 가문의 여러 세대가 돌보는 커피 농장이었습니다. 매리언 조지의 죽음 이후에 마이클 옴이 구입했고, 그 런던 출신의 사업가는 이 역사적인 대농장을 호화스러운 숙박 시설로 변모시켰습니다. 원 대농장의 퇴색한 장대함을 공들여 재건하여 옴은 미래 세대를 위해 섬의 역사의 일부를 보존하였습니다. 지난 시대에 존재했던 것과 같은 섬의 눈부신 아름다움을 직접 와서 경험해 보세요.

Q 주로 광고되고 있는 것은?
(a) 섬의 역사를 보여주는 박물관.
(b) 고급 농장에서 나오는 커피.
✔(c) 역사적인 대농장의 숙박 시설.
(d) 모험을 좋아하는 여행자들을 위한 휴가 여행.

해설 매리언 조지가 설립한 대농장은 원래 커피 농장이었는데 이후 마이클 옴이 구입해서 호화스러운 숙박 시설로 전환, 과거의 영광을 보존하고 있다는 내용이므로 주로 광고하고 있는 것은 (c)이다.
estate 대농장 **establish** 설립하다 **plantation** 농장 **tend** 돌보다 **entrepreneur** 사업가 **convert** 전환하다 **luxury** 호화스러운 **accommodations** 숙박 시설 **painstakingly** 공들여 **restore** 복구하다 **faded** 쇠퇴한 **grandeur** 장대함 **preserve** 보존하다 **spectacular** 장관의 **exist** 존재하다 **bygone** 지난 **era** 시대

49

Researchers from Purdue University found that individuals' perceptions of their age actually affect how they age. In 1995 and then in 2005, the researchers surveyed the same group of adults ranging in age from 55 to 74. They asked them about their chronological age as well as how old they feel. Participants who reported they felt young for their age were more confident in their cognitive abilities 10 years later. This finding suggests that feeling young helps aging adults maintain some of the abilities that typically decline with age.

Q What is the lecture mainly about?
(a) How feelings about age affect aging.
(b) The effect of aging on cognition.
(c) How to reduce signs of aging.
(d) The way elderly people think.

번역 퍼듀 대학의 연구원들은 나이에 대한 개인적인 인식이 실제로 노화의 양상에 영향을 준다는 것을 밝혀냈습니다. 연구원들은 1995년에서 2005년까지 55세에서 74세까지 동일한 성인 집단을 조사했습니다. 그들에게 얼마나 나이가 들었다고 느끼는지 뿐만 아니라 실제 나이도 물었습니다. 나이에 비해 젊다고 느낀다는 참가자들은 인지적인 능력에 있어서 10년 이후에 더욱 자신감이 있었습니다. 이 연구 결과는 젊다고 느끼는 것이 노화하는 성인들이 일반적으로 나이에 따라 감퇴하는 능력의 일부를 유지하도록 돕는 것을 보여줍니다.

Q 강의의 주된 내용은?
✔(a) 나이에 대한 느낌이 노화에 미치는 영향.
(b) 인지에 미치는 노화의 영향.
(c) 노화의 징후를 줄이는 방법.
(d) 노년층이 생각하는 방식.

해설 첫 문장에 주제가 제시되어 있다. 개인적으로 느끼는 자신의 나이가 실제 노화에 영향을 주며, 이를 뒷받침하는 것으로 성인 집단의 조사를 통해 원래 나이에 비해 젊고 느끼는 것이 실제적인 노화에 영향을 준다는 것이 밝혀졌다는 내용이므로 정답은 (a)가 된다.
individual 개인의 **perception** 인식 **survey** 조사하다 **range** 범위가 ~에 이르다 **chronological age** 실제 나이 **as well as** ~뿐만 아니라 **participant** 참가자 **confident** 자신감 있는 **cognitive** 인지적인 **typically** 전형적으로 **decline** 쇠퇴하다

50

The director of the Monmouth Heritage Museum has a message for all members of the community. You are invited to join us in salvaging items of historical significance from the old Marden Mill warehouses on Front Street. Renovations of the dilapidated complex begin later this month. We hope to clear out both floors of each 50,000-square-foot warehouse by the end of the weekend, so we will need all the help we can get. To lend a hand, meet at the Marden Mill warehouses at 9 am this Saturday. Pliers, work gloves, and sledgehammers will be needed.

Q What is the main idea of the announcement?
(a) The Marden Mill will reopen later this month.
(b) A new warehouse is being built on Front Street.
(c) The Monmouth Heritage Museum is now hiring.
(d) Volunteers are needed to clear out old warehouses.

번역 몬머스 유물 박물관장이 지역 사회의 모든 분들에게 드릴 말씀이 있습니다. 프론트 가에 있는 오래된 마르덴 밀 창고에서 역사적으로 중요한 물품들을 인양하는 데 여러분을 초대합니다. 허물어져 가는 건물 단지의 보수는 이번 달 말에 시작합니다. 이번 주말에 각 50,000평방 피트 창고의 양쪽 층을 모두 정리하려고 해서 여러분의 많은 도움이 필요합니다. 도움을 주시려면 마르덴 밀 창고에서 이번 주 토요일 오전 9시에 모입시다. 펜치, 작업용 장갑, 대형 해머가 필요하겠습니다.

Q 공고의 요지는?
(a) 마르덴 밀은 이번 달 말에 재개장할 것이다.
(b) 새로운 창고가 프론트 가에 세워질 것이다.
(c) 몬머스 유물 박물관은 현재 구인 중이다.
✔(d) 오래된 창고를 정리하는 데 자원봉사자들이 필요하다.

해설 오래된 건물인 마르덴 밀 창고를 정리하고 중요한 물품들을 인양해내는 작업에 대한 안내이다. 거대 규모의 이 건물 정리에 지역민들의 참여를 독려하고 작업의 내용, 모이는 시기와 장소, 준비물 등에 관해 공고하고 있으므로 (d)가 정답이다.
heritage 유산 **salvage** 구조하다 **significance** 중요성 **warehouse** 창고 **renovation** 보수 **dilapidated** 허물어진 **complex** 복합 건물 **clear out** ~을 정리하다 **lend a hand** 돕다 **plier** 펜치 **sledgehammer** 대형 해머 **volunteer** 자원 봉사자

51

Before the arrival of the Portuguese around 1470, the two islands that comprise the African nation of São Tomé and Príncipe were uninhabited. Not long after the islands were settled, colonists brought in slaves from mainland Africa. Sugar, coffee, and cocoa industries were powered by slavery and, when that was officially abolished, forced labor. Much later, during the twentieth century, an independence movement known as the Movement for the Liberation of São Tomé and Príncipe emerged. It succeeded in wresting control of the country from Portugal and achieving sovereignty.

Q   What is the main idea about São Tomé and Príncipe in the talk?
(a) The slave trade that existed on the islands.
(b) The different industries that are run there.
(c) How the Portuguese first discovered the islands.
(d) How they were settled and gained independence.

번역   1470년 즈음 포르투갈인들의 상륙 이전에, 상투메 프린시페라는 아프리카 국가를 구성하는 두 개의 섬에는 사람이 살지 않았습니다. 섬에 정착하고 나서 곧 식민지 주민들은 아프리카 본토에서 노예를 데리고 왔습니다. 설탕, 커피, 코코아 산업은 노예 제도 덕분에 활발해졌고 공식적인 폐지 후 강제 노동을 시켰습니다. 훨씬 이후인 20세기에 상투메 프린시페 해방 운동으로 알려진 독립 운동이 등장했습니다. 포르투갈로부터 국가의 통치권을 얻어내고 주권을 찾는 데 성공했습니다.

Q   상투메 프린시페에 관한 요지는?
(a) 섬에 존재했던 노예 무역.
(b) 그곳에서 운영된 여러 가지 산업.
(c) 포르투갈인들이 초기에 섬을 어떻게 발견했는지.
✔(d) 포르투갈인들이 어떻게 정착했고 독립을 얻게 되었는지.

해설   포르투갈인들이 섬에 정착하고 노예 제도를 통해 산업을 일으킨 이후 노예 제도가 폐지되어 독립을 쟁취하게 되는 과정을 시간 순으로 나열하고 있으므로 (d)가 정답이다.
Portuguese 포르투갈인   **comprise** 구성하다   **uninhabited** 사람이 살지 않는   **slavery** 노예 제도   **officially** 공식적으로   **abolish** 폐지하다   **force labor** 강제 노동을 시키다   **independence movement** 독립 운동   **wrest** 노력하여 얻다   **sovereignty** 주권

52

Cancer warning labels for cell phones might become a reality if state legislators approve a bill currently under review. But considering that we do not have any statistical evidence to support the rumored link between cancer and cell phones, requiring such labeling makes no sense. Recent studies carried out in Scandinavia and the US did not detect a connection between cell-phone use and cancer. Legislators should consult the science, disregard the unsubstantiated rumors, and reject the proposed bill.

Q   What is the main idea of the talk?
(a) The use of cell phones does not cause any harm.
(b) Cell-phone use has been loosely linked with cancer.
(c) Legislators probably should mandate cancer warnings.
(d) The cell phone bill under consideration should be rejected.

번역   주 입법부가 현재 재고 중인 법안을 승인하면 휴대폰에 붙여진 암 경고가 현실이 될지도 모릅니다. 그러나 암과 휴대폰 사이의 소문난 관련성을 지지하는 통계적인 증거가 없다는 것을 고려하면 그러한 라벨을 요구하는 것은 말이 되지 않습니다. 스칸디나비아와 미국에서 시행된 최근의 연구는 휴대폰 사용과 암 사이의 관련성을 발견하지 못했습니다. 입법자들은 과학적 연구 결과를 참고하고 입증되지 않은 소문을 무시하여 제안된 법안을 기각해야 할 것입니다.

Q   담화의 주제는?
(a) 휴대폰 사용은 어떤 해도 일으키지 않는다.
(b) 휴대폰 사용은 암과 큰 관련이 없었다.
(c) 입법자들은 암 경고를 의무화시킬 가능성이 있다.
✔(d) 고려 중인 휴대폰 법안은 기각되어야 한다.

해설   휴대폰과 암 사이의 관련성에 기반을 둔 암 경고문 법안은 현재 검토 중인데 과학적인 증거가 불충분하기 때문에 의무화된다는 것이 부당하다는 주장이므로 (d)가 적절하다.
cancer 암   **warning** 경고   **label** 딱지를 붙이다   **legislator** 입법자   **approve** 승인하다   **bill** 법안   **statistical** 통계적인   **evidence** 증거   **rumored** 소문난   **make no sense** 말이 안 되다   **disregard** 무시하다   **unsubstantiated** 입증되지 않은   **reject** 기각하다   **proposed** 제안된   **mandate** 명령하다   **under consideration** 고려 중인

53

In the US during World War II, many men left their jobs to become soldiers. Consequently, armies of women entered the workforce to fill new openings in the war-oriented manufacturing industry. Between 1940 and 1944, the number of women in the workforce increased by 57%. During that period, a song called "Rosie the Riveter" praised the work of women on assembly lines. The idea of Rosie the Riveter became a cultural symbol for working women during World War II.

Q   Which is correct about World War II according to the talk?
(a) US women took on the jobs men left behind.
(b) Not enough workers could be found for vacancies.
(c) Over 90% of the workforce was made up of women.
(d) Americans praised a woman named Rosie for her work.

번역 2차 세계 대전 중 미국의 많은 남성들이 직장을 떠나 군인이 되었습니다. 결과적으로, 수많은 여성들이 전쟁과 관련된 제조업의 새로운 빈자리를 채우기 위해 노동 인력에 유입되었습니다. 1940년과 1944년 사이에 여성 노동 인구는 57퍼센트 증가했습니다. 그 기간에 〈리벳공 로지〉라는 노래는 생산 라인에서 일하는 여성의 노동을 칭송하는 것이었습니다. 리벳공 로지라는 개념은 2차 세계 대전 중 여성 노동자의 문화적 상징이 되었습니다.

Q   2차 세계 대전에 관해 옳은 것은?
✔(a) 미국 여성들은 남자들이 떠나고 남은 일자리를 맡았다.
(b) 빈자리를 대신할 충분한 수의 노동자들을 찾을 수가 없었다.
(c) 노동력의 90퍼센트 이상이 여성으로 구성되었다.
(d) 미국인들은 로지라는 여성의 노동에 대해 칭송했다.

해설 군인이 되기 위해 직장을 떠난 남자들을 대신해서 여성들이 노동 인력을 채우게 되어 여성 노동 인구가 57퍼센트 증가했으며 로지는 노동하는 여성을 칭송하는 내용의 노래 속 인물인 걸 보아 (a)가 정답임을 알 수 있다.

soldier 군인 consequently 결과적으로 army of 무리의 workforce 노동력 opening 공석 war-oriented 전쟁 관련의 manufacturing industry 제조업 riveter 리벳공(工) praise 칭송하다 assembly line 생산 라인 symbol 상징 vacancy 공석 be made up of ~로 구성되다

54

In July of 1911, during the Antarctic winter, Edward Wilson, Birdie Bowers, and Apsley Cherry-Garrard set off from their base camp. They were on a mission to visit an Emperor penguin rookery 140 miles away and obtain egg specimens that could be used for scientific study. In pursuit of their objective, the three men traveled in darkness under blizzard conditions and in temperatures as low as -57 Celsius, each carrying a load of 250 pounds. As Cherry-Garrard would later describe it in his memoir, it was perhaps "the worst journey in the world."

Q   Which is correct about the men according to the lecture?
(a) Collecting penguin eggs was their objective.
(b) They traveled across Antarctica for research.
(c) Bad weather made them abandon their trip.
(d) They used sleds to carry their heavy loads.

번역 1911년 7월, 남극의 겨울에 에드워드 윌슨, 버디 보워스, 앱슬리 체리가라드는 베이스 캠프를 출발했습니다. 그들은 140마일 떨어진 황제 펭귄 군집을 찾아가 과학적인 연구에 사용될 알 표본을 구하는 임무를 맡았습니다. 찾아가던 중에 세 남자는 눈보라를 뚫고 섭씨 영하 57도의 어둠 속을 여행했는데 각각 250파운드의 짐을 진 상태였습니다. 체리 가라드는 후에 회고록에서 어쩌면 '세계 최악의 여정'이었을 거라고 묘사했습니다.

Q   남자들에 관해 옳은 것은?
✔(a) 펭귄 알을 수집하는 것이 목적이었다.
(b) 연구를 위해 남극을 횡단했다.
(c) 나쁜 날씨 때문에 여행을 포기했다.
(d) 무거운 짐을 옮기기 위해 썰매를 사용했다.

해설 세 명의 연구원들은 남극의 베이스 캠프를 떠나 140마일 떨어진 곳에 위치한 황제 펭귄의 군집을 찾아가서 알 표본을 구하는 임무를 수행했고 최악의 날씨 상황에서 무거운 짐을 가지고 다녔으므로 선택지 중에서 올바른 진술은 (a)이다.

Antarctic 남극의 set off 출발하다 mission 임무 rookery 군집 obtain 얻다 specimen 표본 in pursuit of ~을 추구하는 objective 목표 blizzard 눈보라 temperature 기온 load 짐 memoir 회고록 journey 여정 abandon 포기하다 sled 썰매

55

The subject matter of Sandro Botticelli's Early Renaissance painting *The Birth of Venus* derives from a Greek myth. In the myth, the goddess of love rises from the sea as a fully grown adult. In Botticelli's painting, the pale figure of his Venus perches atop an enormous shell, her auburn hair waving in the breeze. The painting is not naturalistic. The proportions of his goddess are implausible, and her stance impossible. Nonetheless, Botticelli still manages to evoke the Renaissance ideal of female beauty.

Q Which is correct according to the lecture?
(a) *The Birth of Venus* was based on an ancient myth.
(b) *The Birth of Venus* shows Venus as a young girl.
(c) Botticelli was skilled at naturalistic painting.
(d) Botticelli avoided Renaissance cliché.

번역 산드로 보티첼리의 초기 르네상스 그림인 〈비너스의 탄생〉의 주제는 그리스 신화에서 비롯된 것입니다. 신화에서 사랑의 여신은 완전히 성장한 성인으로, 바다에서 솟아오르게 됩니다. 보티첼리의 그림에서 비너스의 창백한 모습은 거대한 조개 위에 위치하고 그녀의 적갈색 머리는 산들바람에 나부낍니다. 그림은 자연주의적이지 않습니다. 여신의 신체 비율은 타당성이 없고 자세는 불가능한 것입니다. 그럼에도 불구하고, 보티첼리는 여성의 미에 관한 르네상스의 이상을 떠올리게 해주고 있습니다.

Q 강의에 따르면 옳은 것은?
✔(a) 〈비너스의 탄생〉은 고대 신화에 바탕을 둔 것이었다.
(b) 〈비너스의 탄생〉은 비너스를 어린 여성으로 나타낸다.
(c) 보티첼리는 자연주의적인 회화에 노련했다.
(d) 보티첼리는 르네상스의 진부한 표현을 피했다.

해설 보티첼리의 초기 르네상스 작품인 〈비너스의 탄생〉은 그리스 신화에 기반을 둔 것으로, 비너스를 성숙한 여인으로 묘사하고 르네상스 여성의 미에 대한 이상을 떠올리게 해주며 자연주의적인 기법과는 달리 현실에서는 불가능한 모습을 묘사하고 있다고 했으므로 정답은 (a)가 된다.

subject matter 주제 **Renaissance** 르네상스 **derive from** ~에서 끌어오다, 비롯되다 **myth** 신화 **goddess** 여신 **pale** 창백한 **perch atop** ~위에 위치하다 **enormous** 거대한 **auburn** 적갈색의 **breeze** 산들바람 **naturalistic** 자연주의적인 **proportion** 비율 **implausible** 타당하지 않은 **stance** 자세 **nonetheless** 그럼에도 불구하고 **evoke** 환기시키다 **ideal** 이상 **cliché** 진부한 표현

56

Though it certainly seems like a form of modern technology, the origin of the vending machine goes back a long way—to the first century, in fact. The Greek mathematician Hero of Alexandria conceived of the vending machine as a means of regulating the distribution of holy water at temples. Temple-goers inserted a coin into a slot in the machine, which opened a valve, dispensing a portion of holy water. Much later, after the dawn of the Industrial Age, the popularity of vending machines finally took off.

Q Which is correct according to the lecture?
(a) The earliest vending machine appeared in the first century.
(b) The vending machine was a product of the Industrial Age.
(c) Hero of Alexandria invented the idea of using holy water.
(d) Holy water was not used in Greece until the third century.

번역 분명히 현대 기술의 한 형태인 것처럼 보이지만, 자동 판매기의 기원은 사실, 오래 전인 1세기로 거슬러 올라갑니다. 그리스 수학자인 헤론은 사원의 신성한 물의 분배를 조절하는 수단으로 자동 판매기를 고안했습니다. 사원에 오는 사람들은 기계의 구멍에 동전을 넣었는데 이것이 밸브를 열어 일정한 양의 신성한 물을 내주었습니다. 훨씬 나중에 산업 시대의 여명 이후 마침내 자동 판매기의 인기는 치솟게 되었습니다.

Q 강의에 따르면 옳은 것은?
✔(a) 최초의 자동 판매기는 1세기에 등장했다.
(b) 자동 판매기는 산업 시대의 생산품이었다.
(c) 헤론은 신성한 물을 사용할 생각을 해냈다.
(d) 신성한 물은 3세기까지 그리스에서 사용되지 않았다.

해설 최초의 자동 판매기는 1세기에 그리스 수학자인 헤론에 의해 고안되었는데, 사원에 오는 사람들에게 신성한 물을 나누어 주는 조절 수단으로 사용되었다고 했으므로 (a)가 옳다. 헤론은 신성한 물을 사용할 생각을 처음으로 한 것이 아니라 물의 분배를 조절하는 수단을 창안한 것이므로 (d)는 답이 될 수 없다.

vending machine 자동 판매기 **mathematician** 수학자 **conceive of** ~을 고안하다 **means** 수단 **regulate** 조절하다 **distribution** 분배 **holy water** 신성한 물 **temple** 사원 **insert** 넣다 **slot** 구멍 **valve** 밸브 **dispense** 내놓다, 나누어 주다 **portion** 일부 **dawn** 새벽, 여명 **popularity** 인기 **take off** 치솟다

57

A species of bear, the giant panda has the genes of a carnivore, though the staple of its idiosyncratic diet is a plant—bamboo. In sequencing the genome of this unusual bear, scientists have discovered that the giant panda actually lacks the ability to fully digest its primary food. This fact suggests that the animal must be dependent upon gut microbes, not its genetics, for the digestion of the bamboo it consumes.

Q Which is correct about giant pandas according to the lecture?
(a) They have a vegetarian genetic heritage.
(b) They eat a large range of vegetation.
(c) They do not fully digest bamboo.
(d) They get infected by microbes.

번역 곰의 한 종인 자이언트 팬더는 비록 독특한 주식이 식물인 대나무이긴 하지만, 육식동물의 유전자를 가지고 있습니다. 이 독특한 곰의 게놈 배열 순서를 밝히는 과정에서 과학자들은 자이언트 팬더가 사실은 그들의 주식을 완전히 소화시키는 능력이 부족하다는 것을 발견했습니다. 이 사실은 팬더가 먹은 대나무의 소화를 위해서는 유전학이 아니라 소화관 미생물에 의존해야 한다는 것을 보여줍니다.

　Q 자이언트 팬더에 관해 옳은 것은?
　(a) 채식주의 유전자 유산을 가지고 있다.
　(b) 다양한 범위의 식물을 먹는다.
✔(c) 대나무를 완전히 소화할 수 없다.
　(d) 미생물에 의해 감염된다.

해설 자이언트 팬더는 육식동물의 유전자를 가지고 있고, 독특한 주식이 대나무지만 완전히 소화시키는 능력이 부족하다는 것이 밝혀졌으며, 소화관 미생물에 의해 소화 능력이 결정된다고 봐야 한다고 했으므로 정답은 (c)이다.

species 종, 생물종　gene 유전자　carnivore 육식동물
staple 주식　idiosyncratic 독특한　bamboo 대나무
sequence (유전자나 분자의) 배열 순서를 밝히다　genome
게놈　lack 부족하다　digest 소화시키다　primary 주된
dependent upon ~에 의존한　gut 소화관　microbe 미생물
genetics 유전학　consume 먹다　heritage 유산　a large
range of 많은 범위의　vegetation 식물　get infected 감염
되다

58

Online courses permit students with time-constraining responsibilities to tailor an education schedule to their availability. In addition, they enable individuals to access world-class curricula, regardless of their geographical location. The University College of Winchester, offering 60 undergraduate and graduate degree programs online, can make your dream of higher education a reality. Let us unlock the door to careers in technology, science, and the humanities for you. Our word-winning e-learning program is flexible, affordable, and challenging.

Q What can be inferred about the University College of Winchester?
(a) Few of its classes are available for international students.
(b) It serves students who do not attend class on campus.
(c) It has campuses located around the world.
(d) Some of its faculty are famous scholars.

번역 온라인 과정은 학생들에게 가능한 시간에 맞게 자신의 교육 스케줄을 조정할 시간 제한적 책임을 허용합니다. 게다가 개인이 지리적인 위치에 상관없이 세계의 수업 교육 과정에 접근할 수 있도록 해줍니다. 윈체스터 대학은 60명에게 온라인 학부와 대학원 학위 과정을 제공함으로써 고등 교육의 꿈을 실현시켜 줄 수 있습니다. 여러분을 위해 기술, 과학, 인문학의 직업으로 문을 열어드리도록 하겠습니다. 수상 경력이 있는 저희 이러닝 프로그램은 탄력적 활용이 가능하고, 저렴하며, 도전할 만합니다.

　Q 윈체스터 대학에 관해 유추할 수 있는 것은?
　(a) 외국 학생들이 들을 수 있는 수업은 거의 없다.
✔(b) 캠퍼스 수업에 참석하지 않는 학생들에게 적합하다.
　(c) 세계 곳곳에 위치한 캠퍼스를 가지고 있다.
　(d) 교수진의 일부는 유명한 학자들이다.

해설 윈체스터 대학은 60명의 학부와 대학원 학위를 온라인 과정을 통해 취득할 수 있도록 하고 대학 수업에 직접 참석하지 않아도 되는 온라인 수업을 한다는 것이므로 (b)를 유추할 수 있다.

permit 허가하다　time-constraining 시간 제한적인
responsibility 책임　tailor 조정하다　availability 유용성
access 접근하다　curricula 교육 과정　regardless of ~에
상관없이　geographical location 지리적 위치
undergraduate 학부의　degree 학위　unlock 열다
humanities 인문학　award-winning 수상한　flexible 융통
성이 있는　faculty 교수진

59

In 1879 an amateur archaeologist named Marcelino Sanz de Sautuola discovered cave paintings apparently dating to the Paleolithic period. This cast into doubt contemporary beliefs about the skills and abilities of prehistoric humans. Consequently, accusations of fraud were leveled against Sautuola. Precisely dating the age of the paintings remained a stumbling block for many years. However, in 2008 scientists used uranium-thorium dating to estimate that some of the paintings were created between 25,000 and 35,000 years ago. The dating confirmed Sautuola's work.

Q What can be inferred about Sautuola from the lecture?
(a) He predicted that human ancestors painted art.
(b) Archaeology was not officially taught in his time.
(c) He died believing that the cave paintings were fraudulent.
(d) Scholars of his day had a low opinion of prehistoric humans.

번역 1879년 마르셀리노 상스 데 사우투올라라는 이름의 아마추어 고고학자는 구석기 시대에 해당하는 동굴 그림을 발견한 것으로 보였다. 이것은 선사 시대 인간의 기술과 능력에 관한 당대의 믿음에 의문을 던지게 되었습니다. 그 결과 사기 혐의가 사우투올라에게 쏟아지게 되었습니다. 그림의 연대를 정확히 측정하는 것은 수년 동안 장애로 남아 있었습니다. 그런데 2008년에 과학자들은 우라늄-토륨 연대 결정법을 사용하여 그림의 일부가 25,000년과 35,000년 전 사이에 제작되었다고 추정했습니다. 연대 결정법은 사우투올라의 업적을 확인시켜 주었습니다.

Q 사우투올라에 관해 유추할 수 있는 것은?
(a) 인간의 조상이 그림을 그렸다고 예언했다.
(b) 그의 시대에는 고고학을 공식적으로 가르치지 않았다.
(c) 동굴 그림이 사기라고 믿으면서 죽었다.
✔(d) 당시 학자들은 선사 시대 인간에 대해 낮게 평가했다.

해설 한 고고학자가 동굴 그림을 발견하고 구석기 시대에 그려진 것으로 추정했으나 당대의 평가와 달라 인정을 받지 못하다가 이후에 과학의 힘으로 업적을 인정받게 되었다고 했으므로 (d)를 유추할 수 있다.

archaeologist 고고학자 apparently 겉으로 보기에 date to ~에 연대가 이르다 Paleolithic period 구석기 시대 contemporary 동시대의 prehistoric 선사의 accusation 혐의, 고소 fraud 사기 level against 공개적으로 ~를 비난하다 precisely 정확히 stumbling block 방해물 estimate 추정하다 confirm 확증하다 predict 예언하다

60

Help us prevent the spread of seasonal influenza among students and staff this winter. Throughout the school year, administrators should encourage students and faculty to receive vaccinations, as this is the best way to prevent the spread of influenza. When there is a high incidence of flu in the community, school administrators should postpone or cancel events to reduce the risk of infection through close contact. Keep in mind that preemptive school dismissals may at times be advisable to reduce the spread of influenza.

Q What can be inferred from the talk?
(a) The speaker works for a drug company.
(b) Students will receive mandatory vaccinations.
(c) School administrators are the intended audience.
(d) Athletic events will be cancelled to prevent influenza.

번역 학생들과 직원들 사이에 이번 겨울 계절 독감의 확산을 예방할 수 있게 도와주십시오. 학기 내내 관리자들은 학생들과 교수진들이 백신을 맞도록 권장해야 하는데, 이는 독감의 확산을 막는 최선의 방법이기 때문입니다. 지역 사회에 독감의 발생률이 높을 때 학교 관리자들은 가까운 접촉을 통한 감염의 위험을 줄이기 위해 행사를 연기하거나 취소해야 합니다. 독감의 확산을 줄이기 위해 휴교 조치가 미리 적절한 시기에 권장될 만하다는 것도 명심하세요.

Q 담화에서 유추할 수 있는 것은?
(a) 화자는 제약 회사에서 일한다.
(b) 학생들은 의무적으로 백신을 맞게 될 것이다.
✔(c) 학교 관리자들을 겨냥한 말이다.
(d) 운동 경기는 독감을 예방하기 위해 취소될 것이다.

해설 교내 독감의 확산을 막는 조치로 백신 접종을 권장하고 행사를 연기나 취소하고, 휴교 조치가 적절한 때에 필요하다는 내용으로 볼 때 일반 학생이 아니라 담화에서 언급된 관리자들을 대상으로 한다는 것을 알 수 있으므로 (c)를 유추할 수 있다. 발생률이 높을 경우에는 학교의 행사가 연기, 또는 취소될 수 있다고 했으므로 (d)는 맞지 않다.

spread 확산 seasonal 계절의 influenza 독감 staff 직원 throughout ~내내 administrator 관리자, 행정관 faculty 교수진 vaccination 예방 접종 high incidence 높은 발생률 postpone 연기하다 cancel 취소하다 risk 위험 contact 접촉 keep in mind 명심하다 preemptive 선제의 school dismissal 휴교 mandatory 강제적인 intended 의도된

☐	grant	허락하다
☐	qualification	자격 요건
☐	ultimate	최고의
☐	be wild about	~을 아주 좋아하다
☐	obnoxious	역겨운
☐	lightweight	가벼운
☐	hypothetical	가상적인
☐	generate	생성하다
☐	memento	기념품
☐	dingy	우중충한
☐	shabby	낡은
☐	ride out	잘 넘기다
☐	hang on	견디다
☐	vegetation	식물
☐	resistant	잘 견디는
☐	lunar eclipse	일식
☐	initially	처음에
☐	endeavor	노력
☐	entrepreneur	사업가
☐	painstakingly	애써서
☐	bygone	지난
☐	chronological age	실제 나이
☐	heritage	유산
☐	dilapidated	허물어진
☐	force labor	강제 노동을 시키다
☐	wrest	노력하여 얻다
☐	sovereignty	주권
☐	derive from	~에서 끌어오다, 비롯되다
☐	implausible	타당하지 않은
☐	dispense	분배하다

PART I	1 (c)	2 (b)	3 (b)	4 (b)	5 (b)	6 (b)	7 (d)	8 (c)	9 (b)	10 (c)
	11 (c)	12 (c)	13 (d)	14 (b)	15 (d)					
PART II	16 (c)	17 (d)	18 (d)	19 (b)	20 (d)	21 (c)	22 (c)	23 (b)	24 (b)	25 (c)
	26 (c)	27 (b)	28 (a)	29 (b)	30 (d)					
PART III	31 (b)	32 (c)	33 (b)	34 (d)	35 (c)	36 (c)	37 (d)	38 (d)	39 (c)	40 (c)
	41 (b)	42 (d)	43 (b)	44 (b)	45 (c)					
PART IV	46 (c)	47 (a)	48 (c)	49 (d)	50 (a)	51 (b)	52 (b)	53 (d)	54 (d)	55 (c)
	56 (b)	57 (d)	58 (d)	59 (d)	60 (b)					

ACTUAL TEST 6 　　　 Part I

1

W Did you hear about Ralph's big promotion?

M _____

(a) I think I will recommend Sarah.
(b) Thanks. That's very nice of you.
(c) The secretary told me all about it.
(d) Yes, I did. You certainly deserve it.

번역 W 랄프의 파격적인 승진 소식을 들으셨어요?
　　　M _____
　　　(a) 저는 사라를 추천하려고 해요.
　　　(b) 고마워요. 당신은 아주 친절하군요.
　✔(c) 비서가 모두 말해줬어요.
　　　(d) 네, 들었어요. 당신은 당연히 그럴 만해요.

해설 아는 사람의 승진 소식을 들었느냐는 질문에 얘기해 준 사람을 언급한 (c)의 대답이 적절하다. (d)는 여자가 승진한 것으로 이해하므로 맞지 않다. (d)에서 You 대신에 He로 시작한다면 가능한 대답이다.

promotion 승진　recommend 추천하다　deserve ~할 만하다

2

M Tiffany, this is your cell phone, isn't it?

W _____

(a) That's her number.
(b) Mine's in my purse.
(c) I don't hear anything.
(d) Let me call you right back.

번역 M 티파니, 이거 당신 휴대폰 아닌가요?
　　　W _____
　　　(a) 그건 그녀의 번호예요.
　✔(b) 제 건 핸드백에 있어요.
　　　(c) 아무것도 들리지 않아요.
　　　(d) 바로 전화할게요.

해설 여자의 휴대폰임을 확인하는 질문으로 자기 휴대폰은 핸드백에 있다고 응답한 (b)가 적절하다.

cell phone 휴대폰　purse 핸드백, 지갑

3

W This course should be an easy A.

M _____

(a) I'll let the professor know.
(b) That's why I'm taking it.
(c) The morning class.
(d) Really? So did I!

번역 W 이 과목은 A 받기가 쉬울 거야.

　　　 M _____
　　　 (a) 내가 교수님께 알릴게.
　✔　 (b) 그래서 내가 그걸 듣는 거야.
　　　 (c) 오전 강의야.
　　　 (d) 정말? 나도!

해설 여자가 어떤 과목은 쉽게 A를 받을 거라고 했으므로 그래서 자신
도 수강했다는 (b)가 가장 적절하다. 앞 부분 Really?만 듣고 자
칫 (d)로 고르기 쉽지만, 뒤 문장이 전혀 관련 없는 말이다.

course 과목, 강좌 **professor** 교수

4

W I think I'll take the dog for a walk.

M _____

(a) Because I don't get enough exercise.
(b) OK. Just be back for dinner.
(c) In the park or around there.
(d) It sure was pleasant outside.

번역 W 개를 데리고 산책하러 나갈까 봐.

　　　 M _____
　　　 (a) 내가 충분히 운동을 하지 않기 때문이야.
　✔　 (b) 알았어. 저녁 식사에 맞춰 돌아와.
　　　 (c) 공원이나 그 근처에.
　　　 (d) 바깥은 정말 쾌적했어.

해설 여자가 개를 데리고 산책 나간다는 말을 듣고 저녁 식사에 맞춰 돌
아오라고 응답한 (b)가 가장 적절하다. (d)는 여자가 산책을 다녀
온 후에 할 수 있는 말이다.

take a walk 산책하다 **pleasant** 유쾌한; 날씨가 좋은

5

W Excuse me, where's the low-fat granola?

M _____

(a) I'll tip it up for you.
(b) At the end of aisle six.
(c) I've heard it's healthy.
(d) Sorry, we only have low-fat.

번역 W 죄송합니다만 저지방 그라놀라는 어디 있죠?

　　　 M _____
　　　 (a) 제가 그걸 뒤집어 드릴게요.
　✔　 (b) 6번 통로 끝에요.
　　　 (c) 그것은 건강에 좋다고 들었어요.
　　　 (d) 미안합니다, 저지방류만 있습니다.

해설 의문사 Where를 사용하여 물건의 위치를 묻고 있는데 구체적으
로 진열된 위치를 설명한 (b)가 적절하다. 여자가 찾는 게 low-fat
이므로 (d)는 어색하다.

granola 그라놀라(납작 귀리에 건포도나 황설탕을 섞은 아침 식사
용 식품) **tip up** 뒤집다, 넘어뜨리다 **aisle** 통로

6

M There's something wrong with my camera.

W _____

(a) Looks like it's on sale.
(b) Take it into the shop.
(c) Smile and say cheese.
(d) I love that picture.

번역 M 제 카메라가 고장 났어요.

　　　 W _____
　　　 (a) 세일하고 있는 듯하네요.
　✔　 (b) 가게에 가져가 보세요.
　　　 (c) 웃으면서 치즈라고 해보세요.
　　　 (d) 그 사진 맘에 드네요.

해설 카메라가 고장 났다고 하자 (물건을 샀던) 가게로 가보라고 방법을
제시하는 (b)가 적절하다. (c)는 사진을 찍을 때 상대방에게 할 수
있는 표현이다.

on sale 할인 중인 **say cheese** 치즈라고 말하다

7

W How long were you with Braymen and Associates, Mr. An?

M _____

(a) However long it takes.
(b) They take a while to return calls.
(c) I'm able to start work this Monday.
(d) Three years working as an executive.

번역 W 안 선생님, 브레이먼 사에서 얼마나 계셨죠?

M _____

(a) 그게 아무리 오래 걸리더라도.
(b) 그들이 응답 전화를 하려면 시간이 좀 걸려요.
(c) 이번 월요일부터 일을 시작할 수 있습니다.
✔(d) 임원으로 3년간 일했습니다.

해설 with 뒤에 직장명이 나오면 '~에 근무하다'라는 뜻이다. 근무 기간을 묻고 있으므로 구체적인 연수를 언급한 (d)가 적절하다.
associate 제휴자 **take a while** 시간이 좀 걸리다
executive 임원, 관리직

8

M Have you gotten a quote on construction costs?

W _____

(a) The entire industry is down.
(b) I can check the figures you got.
(c) It's about 80 dollars a square foot.
(d) Like plywood, which is also costly.

번역 M 건설 비용에 대한 견적을 받았나요?

W _____

(a) 모든 산업이 침체되어 있어요.
(b) 당신이 한 계산을 확인해 드릴 수 있어요.
✔(c) 1평방 피트당 약 80달러예요.
(d) 합판처럼 역시 비싸네요.

해설 남자가 공사비 견적을 받았는지 묻고 있으므로 Yes를 생략하고 구체적인 가격을 언급한 (c)가 적절하다.
quote 견적가 **construction** 공사 **entire** 전체의 **figure** 수치, 계산 **square foot** 평방 피트 **plywood** 합판 **costly** 비용이 많이 드는

9

M What happened? Did you burn yourself?

W _____

(a) Luckily I had sunscreen on.
(b) Yes, this pan was scalding.
(c) Maybe that will cool it.
(d) Just turn the stove off.

번역 M 무슨 일이 있었니? 데었니?

W _____

(a) 다행히도 선 크림을 발랐어.
✔(b) 응, 이 냄비가 아주 뜨거웠어.
(c) 그게 가라앉혀 줄지도 몰라.
(d) 스토브를 끄도록 해.

해설 데인 것을 보고 놀라서 묻는 질문에 원인을 설명한 (b)가 적절한 답이다. (a)는 데인 상황과는 맞지 않다.
scalding 뜨거운 **cool** 가라앉히다, 진정시키다

10

W These wood floors are in rough shape.

M _____

(a) No, I don't mind the design.
(b) Most homeowners prefer wood.
(c) We can replace them with tiles.
(d) Many trees have been cut down.

번역 W 이 목재 마룻바닥은 상태가 안 좋네요.

M _____

(a) 아니요, 디자인은 신경 안 써요.
(b) 대부분 집주인들은 목재를 좋아합니다.
✔(c) 타일로 교체해 드릴 수 있어요.
(d) 많은 나무들이 베어져 있네요.

해설 in shape는 본래 '좋은 상태인, 건강한'의 뜻인데, 여기서는 마룻 바닥의 상태를 설명하는 데 쓰였다. 바닥 상태가 안 좋다고 말했으 므로 다른 대안을 제시한 (c)가 적절한 응답이다.
rough 험악한, 거친 **shape** 외형, 상태 **replace** 교체하다

11

M I got a rejection letter from Lambert University.

W _____

(a) I'll check the mail.
(b) Just apply anyway.
(c) Well, it's their loss.
(d) You're wise to reject it.

번역 M 램버트 대학에서 불합격 통지를 받았어.

W _____

(a) 메일을 확인할게.
(b) 어쨌든 지원해 봐.
✔(c) 음, 손해를 보는 건 그들이야.
(d) 그것을 거절하다니 현명하구나.

해설 대학에 지원했다가 입학 거절 통지를 받은 상황이므로 위로의 응답인 (c)가 가장 자연스럽다.

rejection 거절, 기각 **apply** 지원하다, 신청하다

13

W I'm so sorry about running that stop sign.

M _____

(a) The driving test was difficult.
(b) I know. I felt awful about it.
(c) You came to a complete stop.
(d) OK, I'll let it slide this time.

번역 W 정지 표지판을 무시하고 달려서 정말 죄송합니다.

M _____

(a) 운전 시험은 어려웠어요.
(b) 알아요. 마음이 안 좋았어요.
(c) 완전히 멈추셨군요.
✔(d) 좋아요. 이번엔 봐 줄게요.

해설 여자는 남자에게 정지 신호 어긴 것을 사과하고 있는데 let it slide를 직역하면 '그것이 부드럽게 넘어가게 하다'란 뜻으로 한번 봐주겠다며 너그러이 응한 (d)가 적절하다.

awful 불유쾌한 **come to** 결국 ~이 되다

12

M My boss asked me to work overtime again.

W _____

(a) I will pay you extra, then.
(b) I'm thankful she's the boss.
(c) You have to say you can't.
(d) Thanks for offering to help.

번역 M 사장이 나더러 다시 시간 외 근무를 하라고 했어요.

W _____

(a) 그럼 당신에게 추가 비용을 드릴게요.
(b) 그녀가 사장인 게 다행이에요.
✔(c) 할 수 없다고 말해야 해요.
(d) 도와주신다고 하셔서 고마워요.

해설 남자가 초과 근무를 해야 하는 상황이므로 (c)가 적절한 응답이다. (a)는 남자의 사장이 할 수 있는 말이다.

overtime 시간 외로 **extra** 추가로, 여분으로 **offer** 제의하다

14

W Sam White, please. This is Mrs. White.

M _____

(a) Thanks for the invitation. I'll be there.
(b) Certainly. I'll put you right through.
(c) Right. They got married last year.
(d) Nice to meet you, Sam.

번역 W 샘 화이트 씨 바꿔 주세요. 화이트 씨 부인입니다.

M _____

(a) 초대해 주셔서 감사합니다. 참석하겠어요.
✔(b) 네, 바로 연결해 드릴게요.
(c) 맞아요. 그들은 지난해에 결혼했어요.
(d) 만나서 반가워요, 샘.

해설 This is는 전화를 건 사람이 자신을 지칭하는 표현이므로 전화 통화임을 알 수 있다. 자신의 남편을 바꿔 달라는 말이므로 전화를 돌려 주겠다는 (b)가 적절하다.

invitation 초대 **put ... through** 전화로 ~를 연결하다

15

M Do you have this double dorm room all to yourself?

W _____

(a) Well, I decorated it all myself.
(b) I'd prefer a double, but this will do.
(c) I moved stuff around to save space.
(d) My roommate went to see her parents.

번역 M 너 2인용 기숙사 방을 혼자 차지하고 있니?
　　W _____
　　(a) 내가 직접 모두 장식했어.
　　(b) 2인용 방이 더 좋지만 이것도 괜찮아.
　　(c) 공간을 절약하려고 물건을 옮겼어.
　✔(d) 룸메이트가 부모님을 만나러 갔거든.

해설 have … all to oneself는 '~을 독차지하다'라는 뜻으로, 기숙사 방을 혼자 사용하는지 묻고 있으므로 이유를 언급한 (d)가 적절한 응답이다.
　　dorm 기숙사(dormitory) stuff 물건, 소지품

ACTUAL TEST 6　　　　**Part II**

16

W Were you born in Canada?

M Yes, but my parents are from Taiwan.

W You must speak good Taiwanese, then.

M _____

(a) Canada is more fun, I think.
(b) I'm going there next week.
(c) Only a few words, actually.
(d) I'll make sure to tell them.

번역 W 캐나다에서 태어나셨어요?
　　M 네, 하지만 부모님은 대만 출신이세요.
　　W 그럼 대만어를 잘 하시겠네요.
　　M _____
　　(a) 캐나다가 더 재미있는 것 같아요.
　　(b) 다음 주에 거기 갈 거예요.
　✔(c) 실은, 몇 마디만 해요.
　　(d) 그들에게 꼭 말할게요.

해설 부모가 대만 출신이라는 남자의 말을 듣고 대만어를 당연히 잘 하겠다는 여자의 의견에 대해 (c)와 같이 긍정 또는 부정의 응답이 이어져야 자연스럽다.
　　actually 사실은 make sure 꼭 ~하다

17

M Hey, Janice. How's it going?

W Not too bad, yourself?

M Pretty good, though I'm quite busy these days.

W _____

(a) Sorry to hear you're not well.
(b) Business is good, thanks.
(c) I couldn't be better.
(d) Yeah, aren't we all.

번역 M 안녕, 재니스. 어떻게 지내니?
　　W 그런대로 괜찮아, 너는 어때?
　　M 요즘 좀 바쁘지만 아주 잘 지내.
　　W _____
　　(a) 건강이 안 좋다니 유감이구나.
　　(b) 사업은 괜찮아, 고마워.
　　(c) 정말 최고야.
　✔(d) 그래, 다들 그렇지.

해설 남자가 요즘 아주 바쁘다고 했으므로 이에 수긍하며 모두가 바쁘게 지낸다는 (d)가 가장 자연스럽다. (b), (c)는 모두 남자가 대답함 직한 응답의 예이다.
　　couldn't be better 아주 좋아 aren't we all 모두 그렇다

18

W How was your indoor soccer game?

M Really physical, but we ended up winning.

W Great! Did you score at all?

M _____

(a) Thanks for watching.
(b) Right, it was rough.
(c) I don't think I will.
(d) I got two goals.

번역 W 실내 축구 경기는 어땠어요?
　　M 매우 격렬했지만 결국 우리가 이겼어요.
　　W 굉장하군요! 득점을 하셨어요?
　　M _____
　　(a) 관전해 줘서 고마워요.
　　(b) 맞아요, 거칠었어요.
　　(c) 그럴 것 같지 않아요.
　✔(d) 전 두 골을 넣었어요.

해설 축구 경기를 한 남자에게 득점을 했는지 물었기 때문에 구체적인 득점 골을 얘기해 주는 (d)가 적절하다. 여자는 경기 결과를 몰랐으므로 (a)는 오답이다.
　　indoor 실내의 physical 격렬한 end up 마침내 ~되다

19

M When's the essay due, Professor?

W I need it by the end of the day Friday.

M Any chance I could get an extension?

W _____

(a) Please be in class on Friday.

(b) I'd need a very good reason.

(c) It was very well-written.

(d) Make it a longer lecture.

번역 M 에세이는 언제까지인가요, 교수님?

　　　W 금요일 끝나는 시간까지 제출하세요.

　　　M 혹시 시간 연장이 가능할까요?

　　　W _____

　　　(a) 금요일에 수업 들어와요.

　　✔(b) 그럴 만한 충분한 이유가 있어야 해요.

　　　(c) 아주 잘 썼네요.

　　　(d) 좀 더 오래 강의를 하세요.

해설 교수에게 에세이 제출 시간 연장이 가능한지를 묻고 있는데 긍정 또는 부정의 대답이 나올 수 있으므로 (b)가 적절하다.

　　　due 마감인　**extension** 연장　**lecture** 강의

20

W Are you interested in buying my lawnmower?

M You're asking a bit much for it.

W Well, I could lower the price.

M _____

(a) It comes with a warranty.

(b) Not yet. I'll mow the lawn.

(c) That's what I'd prefer to pay.

(d) No. I think I'll buy a new one.

번역 W 제 잔디 깎는 기계 사실래요?

　　　M 너무 비싸게 부르시는군요.

　　　W 음, 가격을 낮출 수 있어요.

　　　M _____

　　　(a) 보증서도 함께 제공됩니다.

　　　(b) 아직이요. 잔디를 깎을 거예요.

　　　(c) 바로 제가 사고 싶은 가격이네요.

　　✔(d) 아니요, 새 걸 사려고요.

해설 중고 잔디 깎는 기계를 팔고 싶은 여자의 제의를 받은 남자는 수락 또는 거절의 응답을 해야 하는데 새것을 언급한 (d)가 적절하다. (c)는 여자가 가격을 제시한 후에 가능한 응답이다.

　　　lawnmower 잔디 깎는 기계　**lower** 낮추다, 내리다

　　　warranty 보증(서)

21

M This position requires top-notch organizational skills.

W I believe I possess those.

M And what about the ability to multi-task?

W _____

(a) I think the manager is good at it.

(b) I'll do the organization myself.

(c) I'm no stranger to that either.

(d) I hope you're correct.

번역 M 이 자리는 최고의 업무 조직 능력이 필요합니다.

　　　W 제가 그걸 갖추고 있다고 생각합니다.

　　　M 한번에 여러 일을 처리하는 능력은 어떠하십니까?

　　　W _____

　　　(a) 그 매니저는 그 일을 잘하는 것 같아요.

　　　(b) 제가 직접 정리할 거예요.

　　✔(c) 저는 그런 일에도 익숙합니다.

　　　(d) 당신이 옳기를 바랍니다.

해설 취업 면접을 하고 있는 상황으로 남자가 요구하는 자격 요건 질문 에 대해 (c)가 적절하다.

　　　top-notch 최고의　**organizational** 조직(상)의

22

W These renovations look fabulous!

M Thanks. We've been happy with them.

W How were you able to afford them?

M _____

(a) It shouldn't be too much.

(b) Here, I'll show you around.

(c) We'd been saving for years.

(d) The design firm Rexman Limited.

번역 W 이렇게 수리하니 멋진데요!

　　　M 고마워요. 우리도 만족하고 있어요.

　　　W 어떻게 경제적으로 여유가 되셨어요?

　　　M _____

　　　(a) 그다지 비싸지는 않아요.

　　　(b) 이리로요, 제가 둘러보면서 안내할게요.

　　✔(c) 몇 년 동안 저축을 했어요.

　　　(d) 렉스맨 디자인 회사예요.

해설 집 수리할 돈을 어떻게 마련했는지 묻고 있으므로 마련한 방법을 언급한 (c)가 가장 적절하다. (d)는 집 수리한 업체를 물을 때 가 능한 응답이다.

　　　renovation 수리　**fabulous** 멋진　**afford** ~을 살 돈이 있다

　　　firm 회사

23

M Checking out already?

W Yes. I was very unhappy with my room.

M Oh, what seemed to be the problem?

W _____

(a) I'll tell you at the hotel.

(b) The bed linen was dirty.

(c) Four nights was plenty.

(d) I left my bag in the room.

번역 M 벌써 퇴실하시려고요?

W 네, 방이 너무 맘에 안 드네요.

M 아, 무슨 문제가 있으신지요?

W _____

(a) 호텔에서 말씀드릴게요.

✔(b) 침대 시트가 더러웠어요.

(c) 4박으로 충분했어요.

(d) 방에 가방을 두고 나왔어요.

해설 호텔에서 체크아웃하는 여자에게 불편 사항을 물어보고 있으므로 이에 대한 응답으로 침대 시트가 더럽다는 (b)가 가장 적절하다.
check out 방을 비우다 **linen** 린넨 제품(셔츠, 시트 등)
plenty 많은

24

W Why does Lisa looks so upset?

M She just saw Paul together with Karen.

W I don't understand.

M _____

(a) That should cheer her up.

(b) Lisa has the hots for Paul.

(c) They've been dating forever.

(d) Karen was talking with Lisa.

번역 W 리사가 왜 그렇게 속상해 보이니?

M 폴이 캐런과 함께 있는 것을 봤어.

W 이해가 안 되네.

M _____

(a) 그게 그녀를 기분 좋게 할 거야.

✔(b) 리사가 폴에게 홀딱 빠져 있잖아.

(c) 그들은 오래 사귀고 있어.

(d) 캐런이 리사와 이야기하고 있었어.

해설 리사가 화가 난 상황을 이해하지 못하는 여자에게 그 이유를 설명해야 자연스러우므로 정답은 (b)가 된다. have the hots for는 '~에게 홀딱 반하다'라는 표현이다.
upset 속상한 **cheer up** 격려하다

25

M Where are you going in this weather?

W I thought I'd go for a walk and enjoy the snow.

M But it's freezing out there.

W _____

(a) I don't mind shoveling it.

(b) I'll check the weather later.

(c) Don't worry. I'll bundle up.

(d) Let's go. I'm starting to get cold.

번역 M 이런 날씨에 어디 가려고 하니?

W 산책 나가서 눈을 즐기려고 했지.

M 하지만 밖이 몹시 춥잖아.

W _____

(a) 그걸 삽으로 퍼도 괜찮아.

(b) 나중에 날씨를 확인할게.

✔(c) 걱정 마. 두툼하게 입을게.

(d) 가자. 추워지기 시작하네.

해설 날씨가 추운데도 외출하려는 여자를 걱정하는 남자의 말에 대해 (c)가 적절한 응답이다.
freezing 어는, 몹시 추운 **shovel** 삽질하다 **bundle up** 옷을 껴입다

26

W Hello, Cliff Davis, please.

M You must have the wrong number.

W Isn't this 5-5-5, 5-2-2-4?

M _____

(a) That looks like a phone number.

(b) Sure, I'll let him know you called.

(c) It is, but there's no Cliff living here.

(d) This is Cliff Davis. Thanks for calling.

번역 W 여보세요, 클리프 데이비스 부탁합니다.

M 전화를 잘못 거셨네요.

W 555-5224번 아닌가요?

M _____

(a) 그건 전화번호인 거 같네요.

(b) 물론이죠, 전화 왔다고 그에게 전할게요.

✔(c) 맞아요, 하지만 여기엔 클리프란 사람이 없습니다.

(d) 저는 클리프 데이비스입니다. 전화해 주셔서 감사합니다.

해설 전화를 잘못 걸었다는 말을 듣고 번호를 확인하는 질문이므로 번호는 맞다고 한 (c)가 적절한 응답이다. (b)는 이미 남자가 You have the wrong number라 했으므로 상황에 맞지 않다.
wrong 틀린, 잘못된

27

M Want to go to the jazz concert tonight?

W I heard the tickets are sold out.

M Oh, didn't I tell you? I have some.

W _____

(a) Jazz isn't my favorite.

(b) In that case, count me in!

(c) I can definitely lend you one.

(d) Wow, yeah, that was amazing!

번역 M 오늘 밤 재즈 콘서트에 가실래요?
　　 W 표가 매진되었다고 들었는데요.
　　 M 아, 제가 말하지 않았나요? 표 좀 있어요.
　　 W _____
　　 (a) 재즈는 좋아하지 않아요.
　✔(b) 그럼, 저도 같이 가고 싶어요.
　　 (c) 물론 당신에게 빌려줄 수 있어요.
　　 (d) 와, 정말 대단했네요!

해설 남자가 표를 가지고 있다는 말에 (d)를 정답으로 고르기 쉬운데 is가 아닌 과거시제로 쓰여서 어색하다.
sold out 매진되다　**count ... in** ~를 포함시키다

28

W Do you have that fifty bucks you owe me?

M No, I'm sorry, not yet.

W Well, when can I expect it?

M _____

(a) I get paid this Friday.

(b) I just had it yesterday.

(c) Fifty sounds like a lot.

(d) As long as you don't mind.

번역 W 나한테 빌려간 50달러 줄 수 있니?
　　 M 아니, 미안하지만 아직 없어.
　　 W 음, 언제 받을 수 있지?
　　 M _____
　✔(a) 이번 금요일에 월급을 받아.
　　 (b) 나는 어제 그것을 받았어.
　　 (c) 50은 많은 것 같아.
　　 (d) 네가 상관하지 않는 한.

해설 여자가 남자에게 빌려간 돈을 언제 돌려 받을 수 있는지 묻고 있으므로 (a)가 적절한 응답이다. get paid는 '급여나 보수를 받다'라는 뜻이다.
buck 달러　**owe** 빚지고 있다

29

M I'm really struggling with this form.

W I can help you out. What's the problem?

M Where am I supposed to declare my income?

W _____

(a) Let's make a copy of the form.

(b) Here, at the bottom of the page.

(c) They're curious about your income.

(d) Well, I hope you don't mind the cost.

번역 M 이 서류 작성하느라 애먹고 있어요.
　　 W 도와 드릴게요. 뭐가 문제죠?
　　 M 어디에다 제 소득을 써야 하죠?
　　 W _____
　　 (a) 그 서류를 복사합시다.
　✔(b) 여기요, 이 페이지 아래에요.
　　 (c) 그들은 당신의 소득에 관해 알고 싶어 해요.
　　 (d) 글쎄요, 비용에 신경 쓰지 않으셨으면 해요.

해설 남자가 소득 신고 용지 작성에 애를 먹고 있어서 여자가 도와주는 상황이다. 소득을 기입하는 곳(Where)을 물었으므로 구체적인 위치를 말해 주는 (b)가 적절하다.
form 양식, 서식　**declare** (세금 등을) 신고하다　**income** 소득

30

W Is that a new stereo system?

M Yeah, and the room's been wired for surround sound.

W I guess you'll play more music at home now.

M _____

(a) I don't know much about stereos.

(b) According to the electrician.

(c) I can play that song.

(d) You can count on it.

번역 W 그게 새로 산 오디오예요?
　　 M 네, 서라운드 사운드가 나오도록 방에 설치했어요.
　　 W 이제 집에서 음악을 더 많이 듣겠네요.
　　 M _____
　　 (a) 저는 스테레오에 대해 잘 알지 못해요.
　　 (b) 전기 기사에 따르면요.
　　 (c) 그 노래를 연주할 수 있어요.
　✔(d) 꼭 그렇게 할 거에요.

해설 남자가 새 오디오를 샀으니 음악을 많이 듣겠다는 여자의 추측에 대해 (d) You can count on it 즉, '기대해도 좋아, 분명히 그럴 거야'라는 표현이 적절하다. (a)는 대화의 흐름과 일치하지 않는다.
wire 배선하다　**electrician** 전기 기사

31

W What's it like sharing your office space?

M It's not working out for me.

W What do you mean?

M I need my own office to concentrate.

W But all employees have to double up now.

M I know, but it's affecting my job performance.

Q What is the conversation mainly about?

(a) Improving the man's job performance.

(b) Sharing an office with a coworker.

(c) Finding a roommate for the man.

(d) Proposing a new work policy.

번역 W 당신의 사무실 공간을 같이 쓰는 게 어떠신지요?

M 그건 안 되겠는데요.

W 무슨 의미죠?

M 집중하려면 제 사무실이 필요합니다.

W 하지만 지금은 모든 직원들이 방을 같이 써야 해요.

M 네, 그러나 그건 제 업무 수행에 지장을 줄 거예요.

Q 대화의 주된 내용은?

(a) 남자의 직무 수행 개선하기.

✔(b) 동료와 사무실 공유하기.

(c) 남자의 룸메이트 구하기.

(d) 새로운 업무 정책 제안하기.

해설 여자의 사무실 공유 제안에 대해 남자가 거절하는 상황이므로 정답은 (b)이다. (a)는 남자가 거절한 이유이지 주제는 아니다. **share** 나누다, 공유하다 **concentrate** 집중하다 **double up** 한 방을 같이 쓰다 **affect** 영향을 주다 **performance** 수행, 작업 **improve** 향상시키다 **coworker** 동료 **propose** 제안하다

32

M Wendy, can you still babysit this weekend?

W Yes, of course. When should I stop by on Friday?

M We're leaving at 7. So how about 6:30?

W Sure. You'll get back Sunday evening, right?

M That's right. Thanks so much for watching the kids.

W It's my pleasure.

Q What is the main topic of the conversation?

(a) The man's itinerary on the weekend.

(b) The babysitting of the woman's kids.

(c) The weekend babysitting arrangement.

(d) The schedule for meeting the babysitter.

번역 M 웬디, 이번 주에도 아이를 봐 주실 수 있어요?

W 네, 물론이죠. 금요일에 언제쯤 갈까요?

M 저희는 7시에 나가려고 하니 6시 30분은 어떠세요?

W 좋아요. 일요일 저녁에는 돌아오시죠?

M 그래요. 아이들을 봐 주셔서 정말 감사합니다.

W 별말씀요.

Q 대화의 주제는?

(a) 남자의 주말 여행 계획.

(b) 여자의 아이들 돌보기.

✔(c) 주말에 아이 맡기는 일정 잡기.

(d) 베이비시터를 만나는 일정.

해설 주말에 외출하는 부부가 아이를 돌봐주는 babysitter와 일정을 정하는 대화로 (c)가 정답이다. (d)와 같이 babysitter와 볼일이 있어서 만나는 일정이 아니므로 혼동하지 말아야 한다. **babysit** 아이를 보다 **itinerary** 여행 일정 **arrangement** 조정, 준비

33

W　Are my test results in yet?

M　Yes, Ms. Walker. The doctor just delivered them to me.

W　What's the verdict?

M　He says you have a small fracture in your pinky finger.

W　Okay, that doesn't sound too bad.

M　No. He'll put a small cast on it tomorrow.

Q　What is the man mainly doing?

(a) Making an appointment for the woman.

(b) Informing the woman of test results.

(c) Conversing with a medical doctor.

(d) Delivering test results to a woman.

번역　W　제 검사 결과가 벌써 나왔나요?

M　네, 워커 씨. 의사 선생님께서 막 주셨네요.

W　결과는 어떤가요?

M　의사 선생님 말로는 새끼손가락에 약간의 골절이 있대요.

W　알겠어요, 아주 나쁜 상황은 아닌 것 같네요.

M　네. 의사 선생님이 내일 거기에 조그마한 깁스를 해줄 거예요.

Q　남자가 주로 하고 있는 것은?

(a) 여자에게 진료 약속하기.

✔(b) 여자에게 검사 결과 알려주기.

(c) 의사와 이야기 나누기.

(d) 여자에게 검사 결과 건네주기.

해설　남자가 의사한테 받은 검사 결과를 여자에게 알려주는 상황이므로, 정답은 (b)가 된다. (d)의 내용은 의사가 남자에게 행한 일이며, 남자의 마지막 말인 He'll put a small cast on it tomorrow로 (a)를 유추하기는 어렵다.

deliver 배달하다, 넘겨주다　**verdict** 의견; 평결　**fracture** 골절　**pinky** 새끼손가락　**cast** 깁스　**converse with** ～와 대화를 나누다

34

M　When do you go to fashion school, Leanne?

W　I leave for New York next month.

M　What made you want to study there?

W　It's the best place to learn about fashion.

M　The city's so expensive, though.

W　Yeah, but it's worth it for my studies.

Q　What are the speakers mainly discussing?

(a) Fashion trends in New York City.

(b) Costs of living while in New York.

(c) The man's doubt about a fashion school.

(d) The woman's future studies in New York.

번역　M　언제 패션 학교로 가니, 리앤?

W　다음 달에 뉴욕으로 떠날 거야.

M　왜 거기서 공부하려고 하니?

W　패션을 배울 제일 좋은 곳이잖아.

M　하지만 거긴 너무 비싸잖아.

W　응, 그러나 공부할 만한 곳이야.

Q　무엇에 관한 얘기인가?

(a) 뉴욕의 패션 경향.

(b) 뉴욕의 생활비.

(c) 패션 학교에 대한 남자의 의구심.

✔(d) 뉴욕에서 할 여자의 공부.

해설　여자가 뉴욕의 패션 학교로 떠난다는 말에 남자가 비싼 뉴욕에 가는 이유를 궁금해하므로 정답은 (d)가 된다. (c)는 틀린 내용은 아니지만 대화의 중심 내용이 아니다.

worth ～할 만한 가치가 있는　**trend** 경향, 추세　**doubt** 의혹

35

M I absolutely loved your poetry reading last night.

W Oh, thank you. I'm glad you were able to come.

M I wouldn't have missed it. I adore poetry readings.

W What did you like best about my piece?

M It contained some fine imagery.

W That's very nice of you to say.

Q What is the man mainly doing in the conversation?

(a) Giving the woman poetry advice.

(b) Asking the woman to write poetry.

(c) Complimenting the woman's poetry.

(d) Inquiring about poetry the woman did.

번역 M 지난밤 시 낭송 정말 좋았습니다.
　　 W 오, 고맙습니다. 와 주셔서 기뻤어요.
　　 M 절대로 놓치지 않았을 거예요. 시 낭송을 좋아해요.
　　 W 제 작품에서 무엇이 가장 좋았어요?
　　 M 섬세한 문학적 형상이 담겨 있었어요.
　　 W 그렇게 말씀하시니 좋네요.

　　 Q 남자가 주로 하고 있는 것은?
　　 (a) 여자에게 시에 대해 조언하기.
　　 (b) 여자에게 시를 쓰라고 요구하기.
✔　 (c) 여자의 시에 대해 칭찬하기.
　　 (d) 여자가 쓴 시에 관해 질문하기.

해설 여자의 시 낭송 모임에 참가했던 남자가 소감을 말하고 있다. 여자가 쓴 시에 관한 질문은 여자가 했으므로 (d)는 틀린 내용이며 (c)가 정답이 된다.

　　 poetry reading 시 낭송 adore 아주 좋아하다 piece (문학·예술) 작품 imagery 심상, 문학적 형상 compliment 칭찬하다 inquire 묻다

36

M WebTech Systems, this is Regis.

W Hi, Regis. Can you put me through to Mr. Jennings?

M I'm sorry. He's in a meeting right now. Can I take a message?

W No, I think I'll try him later. What would be a good time?

M He should be done by 2 o'clock.

W OK, please tell him I'll call then.

Q What is the woman mainly doing in the conversation?

(a) Rescheduling a meeting.

(b) Leaving a message for Regis.

(c) Trying to contact Mr. Jennings.

(d) Apologizing for missing a meeting.

번역 M 웹테크 시스템의 레지스입니다.
　　 W 안녕하십니까, 레지스 씨. 제닝스 씨 좀 연결해 주시겠어요?
　　 M 죄송합니다. 지금 회의 중이세요. 메시지 남기시겠어요?
　　 W 아니요, 제가 다시 걸게요. 언제가 적당할까요?
　　 M 2시까지는 끝날 겁니다.
　　 W 알겠어요, 그때 제가 전화한다고 전해주세요.

　　 Q 여자가 주로 하고 있는 것은?
　　 (a) 회의 일정 다시 짜기.
　　 (b) 레지스에게 메시지 남기기.
✔　 (c) 제닝스 씨와 연락하려고 시도하기.
　　 (d) 회의 불참에 대해 사과하기.

해설 여자가 통화하고자 하는 사람이 회의 중이라 통화를 못하는 상황이다. 나중에 다시 걸겠다고 했으므로 (c)가 정답이다.

　　 reschedule 일정을 다시 세우다 contact 연락을 취하다 apologize 사과하다 miss 놓치다

37

W So, you want a two-bedroom place downtown?

M That's right. For under a thousand a month.

W OK, that might be a little difficult.

M You don't have any leads for me?

W At that price range, you'll only be able to get one bedroom.

M I might be willing to make that sacrifice.

Q What is the main topic of the conversation?

(a) The woman's concern about her place.

(b) The woman's monthly rental costs.

(c) The man's plan to move downtown.

(d) The man's hunt for an apartment.

번역 W 그래서, 시내 방 2개짜리 집을 원하신다고요?
M 그렇습니다. 한 달에 1,000달러 미만으로요.
W 알겠습니다만 그건 좀 어려울 것 같네요.
M 무슨 방법이 없을까요?
W 그 가격대로는 방 1개짜리 집만 가능합니다.
M 기꺼이 감수해야겠네요.
Q 대화의 주제는?
(a) 여자의 집 걱정.
(b) 여자의 월세.
(c) 남자의 중심가로 이사 계획.
✔(d) 남자의 아파트 구하기.

해설 남자가 시내 중심가로 이사 가려고 집을 구하고 있는 상황으로 (c)는 틀린 내용은 아니나 일단 집을 먼저 구해야 하므로 구체적으로 설명한 (d)가 정답이다.
lead 문제 해결의 기미 **be willing to** 기꺼이 ~하다
sacrifice 희생 **rental** 임대의 **hunt** 탐색, 추적

38

W Do you sell custom stationery here?

M No, ma'am, this is a hardware store.

W I was given this address as a place to buy stationery.

M This is 2-11 West Fifth Street. Is that the address you have?

W Let's see. Oh, it says 2-11 East Fifth. My mistake.

M That's quite all right.

Q Which is correct about the woman according to the conversation?

(a) She is shopping for hardware supplies.

(b) She already purchased stationery.

(c) She had incorrect information.

(d) She is at the wrong address.

번역 W 여기에서 주문형 문구류를 파나요?
M 아니요, 여기는 철물점입니다.
W 문구류를 살 수 있다고 해서 이 주소를 얻었는데요.
M 이곳은 서 5번가 2-11번지예요. 가지고 있는 주소가 맞나요?
W 한번 볼게요. 오, 여기에는 동 5번가 2-11번지라고 써 있어요. 제 실수네요.
M 괜찮아요.
Q 여자에 관해 옳은 것은?
(a) 철물 제품을 사려고 한다.
(b) 이미 문구류를 구입했다.
(c) 틀린 정보를 갖고 있다.
✔(d) 잘못된 주소지에 와 있다.

해설 문구류를 사고자 하는 여자가 주소와 다른 철물점에 와서 주인과 대화를 나누고 있는데 갖고 있는 주소가 틀린 게 아니므로 (c)는 오답이고, (d)가 정답이다.
custom 주문한, 맞춘 **stationery** 문구류 **hardware store** 철물점 **supply** 필수품, 배급 **purchase** 구입하다

39

M I'm headed out for a walk. Be back in an hour.

W Will you take your cell phone?

M Well, it's been acting up lately. I'm not sure it works.

W But what if something happened and you needed help?

M Oh, I'll be fine. It's a safe neighborhood.

W It still makes me uneasy.

Q Which is correct according to the conversation?

(a) The man will walk a couple of hours.

(b) The man had recently lost his cell phone.

(c) The woman is concerned for the man's safety.

(d) The woman believes it is a safe neighborhood.

번역 M 산책하러 나갈게요. 한 시간 안에 돌아올 겁니다.

　　　W 휴대폰 가져가실래요?

　　　M 글쎄요, 그게 요즘 기능이 나빠져서요. 작동할지 모르겠네요.

　　　W 하지만 무슨 일이 일어나서 도움이 필요하면 어쩌려고요?

　　　M 괜찮을 거예요. 이 주변은 안전해요.

　　　W 그래도 난 불안해요.

　　　Q 대화에 따르면 옳은 것은?

　　　(a) 남자는 두어 시간 산책할 것이다.

　　　(b) 남자는 최근에 휴대폰을 잃어버렸다.

　　　✔(c) 여자는 남자의 안전을 걱정한다.

　　　(d) 여자는 주변이 안전하다고 믿는다.

해설 여자가 휴대폰을 두고 외출하려는 남자를 걱정하고 있고 남자는 한 시간 안에 돌아온다고 하므로 (a), (d)는 대화와 어긋나며 (c)가 정답이다.

head out 출발하다 **act up** 제기능을 못하다

be concerned for ~을 걱정하다 **neighborhood** 근처, 이웃

40

W Oh, the game's on. Are the Bandits winning?

M I'm not sure. I haven't seen a score since I started watching.

W Well, are they playing well?

M They're doing all right—a lot better than the Lions.

W Good. Oh, there's the score. They're up by three!

M Excellent. They should be able to win.

Q Which is correct according to the conversation?

(a) The man has not been watching the game.

(b) The woman is not interested in the score.

(c) The Bandits are beating the Lions.

(d) The Bandits' game is finally over.

번역 W 어, 경기를 하고 있네. 밴디트 팀이 이기고 있어?

　　　M 잘 모르겠어. 경기를 보기 시작한 후로 점수를 못 봤어.

　　　W 음, 잘하고 있어?

　　　M 잘해. 라이온즈 팀보다 훨씬 잘해.

　　　W 훌륭해. 오, 점수가 나오네. 3점 앞서고 있어!

　　　M 멋져. 그들이 이길 수 있을 거야.

　　　Q 대화에 따르면 옳은 것은?

　　　(a) 남자는 경기를 보고 있지 않았다.

　　　(b) 여자는 점수에 관심이 없다.

　　　✔(c) 밴디트 팀은 라이온즈 팀을 이기고 있다.

　　　(d) 밴디트 팀의 경기는 마침내 끝났다.

해설 경기를 보고 있던 남자와 뒤늦게 관전을 시작한 여자의 대화로 밴디트 팀이 3점 앞서고 있다는 내용이 나오므로 (c)가 정답이다. 남자의 마지막 말을 통해 아직 경기가 끝나지 않았음을 알 수 있으므로 (d)는 옳지 않다. They're up by three에서 by는 '(정도·비율을 나타내어) ~만큼'이라는 뜻이다.

score 득점, 점수 **beat** 패배시키다, 이기다

41

M I need a new exercise shirt. This one isn't light enough.

W You should get one made of nylon.

M What's the benefit of that?

W It's much lighter than cotton and lets air pass through.

M Do you have workout clothes made from nylon?

W No, but I want to.

Q Which is correct about the woman according to the conversation?

(a) She thinks the man's shirt is fine.

(b) She advises on getting a nylon shirt.

(c) She recommends some cotton clothing.

(d) She wears exercise shirts made of nylon.

번역 M 새 운동 셔츠가 필요해요. 이건 별로 가볍지 않거든요.
W 나일론 셔츠를 사야겠네요.
M 그건 뭐가 좋은데요?
W 면보다 훨씬 가볍고 공기가 통하죠.
M 나일론 운동복 있으세요?
W 아직 없는데 사고 싶네요.

Q 여자에 관해 옳은 것은?
(a) 남자의 셔츠가 괜찮다고 생각한다.
✔(b) 나일론 셔츠를 사라고 조언한다.
(c) 면 의류를 추천한다.
(d) 나일론 운동복을 입는다.

해설 여자가 가벼운 운동 셔츠를 원하는 남자에게 나일론 셔츠를 권하고 있으므로 (b)가 정답이다. 남자의 마지막 질문인 나일론 운동복이 있냐는 말에 부정을 했으므로 (d)는 오답이다.
nylon 나일론 **benefit** 이득, 혜택 **pass through** 통과하다
workout 운동, 연습 **cotton** 면

42

M How can Professor Fisher set so many textbooks?

W I know. His class will cost me 500 bucks for books.

M Well, maybe we could split the burden.

W Hmm… so you buy half the books, and I'll buy the rest?

M Right. It's a good solution, right?

W OK. Let's do it.

Q Which is correct about the man and woman according to the conversation?

(a) They are not in Professor Fisher's class.

(b) They cannot afford to buy any textbooks.

(c) They decided to use textbooks at the library.

(d) They will share purchasing a class's textbooks.

번역 M 피셔 교수는 어떻게 그렇게 많은 교과서를 정할 수 있어?
W 그러게 말이야. 그 수업 듣느라고 책값이 500달러나 들 거야.
M 어, 우리가 그 부담을 나눌 수 있을 것 같은데.
W 음, 그러면 서로 책을 반씩 사자는 말이지?
M 맞아. 좋은 해결책이잖아?
W 좋아. 그렇게 하자.

Q 두 사람에 관해 옳은 것은?
(a) 피셔 교수의 수업을 듣지 않는다.
(b) 교과서를 살 여유가 없다.
(c) 도서관에 있는 교과서를 사용하기로 결정했다.
✔(d) 수업용 교과서를 나눠서 구입할 것이다.

해설 같은 수업을 듣는 남녀가 수업 교재가 비싸서 같이 부담하자는 내용이다. 교과서를 살 돈이 없다는 (b)는 추측이고 반씩 사자는 것에 서로 동의했으므로 (d)가 정답이다.
textbook 교과서 **split** 분할하다 **burden** 부담, 짐
solution 해결, 해법 **share** 분담하다

43

M Can I help you locate something?

W I'm looking for a quality frozen dinner.

M Ah, you need something quick and easy.

W Yes, I just don't have time to cook.

M In that case, try these. I like them the best.

W Thanks, I think I'll give them a try.

Q What can be inferred about the man?

(a) He is a new employee at the store.

(b) He sometimes eats frozen dinners.

(c) He has few fresh foods in stock.

(d) He does not like frozen foods.

번역 M 찾으시는 거 도와드릴까요?

W 괜찮은 냉동 일품 요리를 찾고 있어요.

M 아, 빠르고 쉽게 할 수 있는 것이 필요하시군요.

W 네, 요리할 시간이 없거든요.

M 그런 경우라면, 이것을 드셔보세요. 전 이게 제일 좋던데요.

W 고맙습니다. 한번 시도해 볼게요.

Q 남자에 관해 유추할 수 있는 것은?

(a) 가게에 새로 온 종업원이다.

✔(b) 때로 냉동 음식을 먹는다.

(c) 비축된 신선한 음식이 거의 없다.

(d) 냉동 음식을 싫어한다.

해설 frozen dinner는 포장만 벗기고 데우면 즉시 먹을 수 있는 일품 요리이다. 남자가 어떤 걸 추천하며 제일 맛있다고 하는 것으로 보아 정답은 (b)이다. (a)에서 종업원이 새로 왔는지는 알 수 없다.

quality 질 좋은, 상류의 **frozen** 얼린, 냉동의 **give it a try** 시도해 보다 **in stock** 재고가 있는

44

M I heard you got a flat tire on Highway 1.

W Yeah, at night in the pouring rain, no less.

M Did you call for a tow truck?

W No, I didn't want to pay for that. I changed it myself.

M Really? I had no idea you were so resourceful.

W It wasn't too bad. I did get soaking wet, though.

Q What can be inferred from the conversation?

(a) The man has never changed a tire before.

(b) The man is impressed by the woman's efforts.

(c) The woman does not mind walking in the rain.

(d) The woman pays monthly for roadside assistance.

번역 M 1번 도로에서 타이어가 펑크 났다고 들었어요.

W 네, 밤에 비가 쏟아지고 있는데 그랬어요.

M 견인차 불렀어요?

W 아니요, 그걸로 돈을 쓰고 싶지 않았어요. 제가 타이어를 갈았지요.

M 정말이에요? 그렇게 다재다능한지 몰랐네요.

W 그렇게 나쁘지 않았어요. 흠뻑 젖기는 했지만요.

Q 대화에서 유추할 수 있는 것은?

(a) 남자는 이전에 타이어를 교체해 보지 않았다.

✔(b) 남자는 여자의 노력에 감명을 받았다.

(c) 여자는 아무렇지도 않게 빗속을 걸어갔다.

(d) 여자는 도로 긴급 지원 서비스를 위해 매달 돈을 내고 있다.

해설 여자가 빗속에서 펑크 난 타이어를 갈았다고 했으므로 (c)는 어긋나며, (a), (d)에 관해서는 언급된 내용이 없다. 여자의 말을 듣고 남자가 놀랐으므로 (b)를 유추할 수 있다.

flat tire 바람 빠진 타이어 **pour** 붓다 **tow truck** 견인차 **resourceful** 기략이 풍부한, 변통성 있는 **soak** 흠뻑 젖다 **roadside assistance** 도로 긴급 지원 서비스

45

W Ryson Electronics is moving operations to India.

M So, what's the big problem with that?

W It's going to cost the local economy about 3,000 jobs.

M But Ryson has to do it to remain competitive.

W I disagree. It could try other cost-cutting measures.

M Well, the decision's already been made.

Q What can be inferred about the woman from the conversation?

(a) She sympathizes with the man's viewpoint.

(b) She used to be an employee of Ryson.

(c) She disapproves of Ryson's decision.

(d) She feels the local economy is strong.

46

Chupacabra is a contemporary mythical predator believed to roam across North, Central, and South America, killing livestock animals and drinking their blood. The creature's name translates from Spanish as "goat sucker," a reference to its purported blood-sucking tendency and its preference for goats in particular. Sightings of the fabled creature were first reported in Puerto Rico in the 1990s. In the decades since, accounts of chupacabra have come in from other regions, including Texas, Mexico, and Colombia.

Q What is the main topic of the talk?

(a) A series of mysterious livestock deaths.

(b) Predators that endanger ranchers' goat herds.

(c) A fabled predator said to inhabit the Americas.

(d) Shared myths among the cultures of the Americas.

번역 W 라이슨 일렉트로닉 사가 인도로 공장을 옮기려고 해요.
M 그래, 그러는데 큰 문제가 있나요?
W 지역 경제에 약 3,000개의 일자리 손실이 있겠죠.
M 하지만 라이슨이 경쟁력 있으려면 그렇게 해야 해요.
W 전 반대예요. 다른 비용 절감 방책을 시도할 수 있잖아요.
M 글쎄요. 결정은 이미 났는데요.

Q 여자에 관해 유추할 수 있는 것은?
(a) 남자의 견해에 공감한다.
(b) 라이슨의 직원이었다.
✔(c) 라이슨의 결정에 찬성하지 않는다.
(d) 지역 경제가 튼튼하다고 생각한다.

해설 지역 회사의 공장 이전을 두고 이전에 긍정적인 남자와 반론을 펴는 여자의 대화이다. 따라서 (a), (d)는 어긋나며, (b)는 대화에서는 알 수 없으므로 정답은 (c)가 된다.
operation 작업, 운영 cost 희생시키다, 잃게 하다 competitive 경쟁의 cost-cutting 비용 절감의 measure 수단, 방책 sympathize 공감[동의]하다 disapprove 찬성하지 않다

번역 츄파카브라는 북 · 중앙 · 남아메리카를 돌아다니며 가축을 죽여 피를 빨아먹는다고 여겨지는 현대의 신화적인 육식 동물이다. 이 동물의 이름은 스페인어로 '염소 흡혈자'로 번역되는데 피를 빨아먹는 경향이 있고 특히 염소를 선호한다는 것 때문에 붙은 이름이다. 이 전설적인 동물이 관찰된 예는 1990년대 푸에르토리코에서 처음 보고되었다. 그 후 수십 년간 츄파카브라에 관한 이야기는 텍사스, 멕시코, 콜롬비아를 포함한 다른 지역에서도 나오고 있다.

Q 담화의 주제는?
(a) 일련의 가축들의 원인 불명의 죽음.
(b) 농장주 염소 떼를 위협하는 육식 동물들.
✔(c) 아메리카에 서식한다고 하는 전설적인 육식 동물.
(d) 아메리카 대륙 문화 간에 공유된 신화.

해설 전설적인 동물 츄파카브라에 관한 기사이다. 본문에서 fabled creature라 했지만 myth라고 규정하지는 않았으므로 (d)는 맞지 않다. (a)는 내용에서 언급되지 않았으며, (b)는 predators라고 복수형을 사용하였으므로 (c)가 정답이 된다.
predator 약탈자, 육식 동물 roam 배회하다 livestock 가축 sucker 빠는 사람[것] reference 언급, 가리킴 purported ~라고 하는 rancher 농장주 fable 꾸며낸 이야기의, 전설적인 myth 신화, 전설

47

By learning about disease prevention, we can take responsibility for our health. To stay healthy, we need to eliminate risk factors that stem from the choices we make. This includes choices such as whether or not we smoke, how we eat, and how much we exercise. Additionally, we must commit to routine checkups and detection screenings. These can ensure that early warning signs of illness are dealt with before they become severe.

Q What is the main idea of the talk?
(a) Preventative measures help us maintain health.
(b) Injuries are easier to prevent than diseases.
(c) Health checkups should be taken seriously.
(d) Risky behavior creates health problems.

번역 질병 예방법을 배움으로써 우리는 건강에 대해 책임을 다할 수 있다. 건강 유지를 위해 우리의 선택에서 발생하는 위험 요소를 없애야 한다. 이것은 담배를 피우느냐 마느냐, 어떻게 먹느냐, 얼마나 운동을 하느냐와 같은 선택들을 포함한다. 그 외에도 우리는 정기적인 건강 진단과 질병 탐지 검사를 꼭 해야 한다. 이러한 것은 질병의 초기 경고 징후가 질병이 심각해지기 전에 치료되는 것을 확실하게 할 수 있다.

Q 담화의 주제는?
✓(a) 예방 조치는 우리가 건강을 유지하는 데 도움이 된다.
(b) 부상은 질병보다 예방하기가 더 쉽다.
(c) 건강 진단은 심각하게 행해져야 한다.
(d) 위험스러운 행동은 건강 문제를 야기한다.

해설 첫 문장이 주제문으로 질병을 예방함으로써 건강을 지킬 수 있다고 했다. (b)에서 Injuries는 본문에서 언급되지 않았고, (c)의 건강 검진을 심각하게 해야 한다는 것은 오답을 유도한 함정이므로 정답은 (a)이다.

prevention 예방(법) **eliminate** 제거하다 **factor** 요소 **stem from** ~에서 유래하다 **ensure** 보장하다 **commit** 전념하다, 약속하다 **routine** 정기적인, 일상의 **detection** 탐지, 발견 **screening** 심사 **preventative** 예방의 **measure** 방책

48

Quiet Dungeon is a board game café featuring a complete inventory of the hottest games on the market today. All games are available to try in our café, including the award-winning Marauders of Melchalor. Grab a latte at the bar and sit down with your closest friends to finally test out that board game you've been meaning to try. We're open every day, from noon to midnight.

Q What is mainly being advertised?
(a) Extended business hours of a store.
(b) A website that ranks board games.
(c) A coffee shop with games to play.
(d) Popular games sold at a café.

번역 콰이어트 던전은 현재 시중에 나와 있는 가장 인기 있는 게임 목록을 모두 갖춘 보드 게임 카페입니다. 상을 받은 게임인 '멜칼로의 약탈자들'을 포함하여 모든 게임을 우리 카페에서 할 수 있습니다. 바에서 라떼 한 잔을 들고 가까운 친구들과 앉아서 정말 하고 싶었던 보드 게임을 드디어 직접 하세요. 매일 12시부터 자정까지 엽니다.

Q 주로 어떤 광고인가?
(a) 가게의 연장된 영업 시간.
(b) 보드 게임 순위를 매겨 놓은 홈페이지.
✓(c) 게임을 할 수 있는 커피점.
(d) 카페에서 팔린 인기 있는 게임들.

해설 커피를 마시면서 보드 게임을 즐길 수 있는 a board game café라고 첫 문장에서 말하고 있으므로 본 광고의 대상은 커피점이다. 마지막 문장에서 from noon to midnight을 듣고 (a)를 고를 수 있지만 광고의 전체 내용은 아니다.

feature 특징을 이루다 **inventory** 재고 (목록) **marauder** 약탈자 **grab** 움켜쥐다 **latte** 라떼 커피 **test out** 실제로 해 보다 **extended** 연장된 **rank** 순위를 매기다 **popular** 인기 있는

49

If you dread the thought of answering multiple-choice questions about math, don't worry—you're in the right classroom. During the semester, we'll learn about techniques that will help even the least confident test takers ace the math portion of the MTAS exam. We'll spend the first part of the semester familiarizing ourselves with the types of questions on the MTAS. For the rest of the course, we'll learn about all of the math concepts that show up on the exam, so you'll be completely prepared on test day.

Q What is the talk mainly about?
(a) Math concepts tested by the MTAS.
(b) Strategies for solving math problems.
(c) Possible MTAS math grade improvements.
(d) Aspects of MTAS covered over the semester.

번역 당신이 수학의 선다형 문제를 생각만 해도 두렵다면 걱정하지 마십시오. 당신은 딱 맞는 교실에 오셨습니다. 이번 학기 동안 아무리 자신이 없는 수험자 일지라도 MTAS 시험의 수학 부분에서 최고 점수를 맞도록 도움을 주는 기법을 배우게 됩니다. 이번 학기 전반부는 MTAS 문제 유형에 익숙해지는 데 시간을 보낼 것입니다. 이 강좌의 나머지는 시험에 나오는 모든 수학 개념을 학습하여 시험 당일에 대비하여 완벽히 준비하게 됩니다.

　Q 담화의 주된 내용은?
　(a) MTAS에서 테스트한 수학 개념.
　(b) 수학 문제를 풀기 위한 전략.
　(c) 가능성 있는 MTAS 수학 성적의 향상.
　✔(d) 이번 학기에 다루게 되는 MTAS의 여러 양상.

해설 시험 대비 강좌에 관한 글로 이 시험에 출제되는 수학 문제 해결 기법과 개념 등을 다룬다고 했으므로 (d)가 정답이다. (b)의 내용이 언급되었으나 그 전략을 구체적으로 다룬 것이 아니므로 주된 내용으로 볼 수 없다.
　dread 두려워하다 **multiple-choice** 선다형의 **confident** 자신이 있는 **portion** 부분, 몫 **familiarize** 익숙하게 하다 **concept** 개념 **strategy** 전략 **improvement** 향상, 진보

50

Remaining open-minded is not always easy. But there is value in probing not only the assumptions that underlie other people's beliefs, but also evaluating the assumptions that underlie your own. When you find yourself resisting or rejecting a certain idea or theory, take a moment to consider why you do. Then think about what might change your mind. We sometimes expend mental energy producing justifications and defenses for our current position instead of honestly evaluating new, challenging proposals.

Q What is the main idea of the lecture?
(a) We should scrutinize our thinking.
(b) We need to reject untested hypotheses.
(c) Staying true to your values is important.
(d) Changing your mind should be avoided.

번역 편견이 없는 상태를 유지한다는 것은 늘 쉬운 일은 아닙니다. 다른 사람의 확신에 기초가 되는 추측을 규명하는 것뿐만 아니라, 자신의 확신의 기초가 되는 추측을 평가하는 것도 의의가 있습니다. 자신이 어떤 아이디어나 이론을 반대하거나 거부할 때 잠시 왜 그러는지 여유를 갖고 생각해 보세요. 그런 다음, 무엇이 마음에 변화를 주는가를 떠올려 보세요. 우리는 때때로 새롭고 도전적인 제안을 정직하게 평가하는 대신에 우리의 현재 입장을 정당화하거나 방어하는 데 정신적 에너지를 쏟고 있습니다.

　Q 강의의 주제는?
　✔(a) 우리는 우리의 사고를 면밀히 조사해야 한다.
　(b) 우리는 입증되지 않은 가정을 거부해야 한다.
　(c) 가치 기준에 충실하는 게 중요하다.
　(d) 마음을 바꾸는 것은 피해야 한다.

해설 첫 문장의 Remaining open-minded is not always easy를 내세우며 그 근거로서 우리 생각에 내재된 assumptions 때문이라고 한다. 따라서 사고 과정을 조사하고 신중히 평가하는 것이 중요하다는 (a)가 정답이다.
　open-minded 선입견[편견]이 없는 **probe** 규명하다, 조사하다 **assumption** 가설, 가정 **underlie** ～의 기초가 되다 **evaluate** 평가하다 **resist** 저항[반대]하다 **justification** 정당화 **defense** 방어 **challenging** 도전적인 **scrutinize** 면밀히 조사하다 **hypothesis** 가정, 전제 **avoid** 회피하다

51

The findings of a new health-related study suggest that high fructose corn syrup causes significantly more weight gain than other types of sweeteners. The study was carried out by researchers with Princeton University. They measured weight gain among a group of rats that were fed high fructose corn syrup. Meanwhile, they monitored another group that consumed the same caloric quantity in table sugar. The researchers reported that the rats fed high fructose corn syrup gained 48 percent more weight than the rats that consumed sugar.

Q What idea is mainly expressed in the news report?
(a) Consuming any type of sweetener results in obesity.
(b) High fructose corn syrup is less healthy than sugar.
(c) Table sugar causes an average weight gain of 48%.
(d) High fructose corn syrup could be lethal to rats.

번역 새로운 건강 관련 연구 결과에 의하면 높은 과당을 함유한 옥수수 시럽이 다른 종류의 감미료보다 더욱 심각하게 체중 증가의 원인이 된다고 한다. 이 연구는 프린스턴 대학의 연구원들이 시행한 것이다. 이들은 높은 과당을 함유한 옥수수 시럽을 사료로 먹인 한 쥐 집단의 체중 증가를 측정하였다. 한편, 동일한 칼로리의 일반 설탕을 섭취한 다른 집단의 쥐의 상태를 관찰하였다. 연구원들에 의하면 높은 과당을 함유한 옥수수 시럽을 먹인 쥐들의 체중이 설탕을 섭취한 쥐보다 48퍼센트 더 많이 증가했다고 한다.

Q 뉴스의 주제는?
(a) 어떤 종류의 감미료를 섭취하든 비만을 일으킨다.
✔(b) 높은 과당을 함유한 옥수수 시럽은 설탕보다 건강에 더 안 좋다.
(c) 일반 설탕은 평균 48퍼센트의 체중 증가를 일으킨다.
(d) 높은 과당을 함유한 옥수수 시럽은 쥐들에게 치명적일 수 있다.

해설 첫 문장에 기사의 핵심이 나오고, 마지막 문장에서 구체적으로 제시하고 있다. (a)는 일반적 상식으로 추론한 것이고, (c)의 48퍼센트의 체중 증가는 일반 설탕보다 높은 과당을 함유한 옥수수 시럽에 해당하는 수치이므로 정답은 (b)이다.

fructose 과당 **corn syrup** 옥수수 시럽 **sweetener** 감미료 **monitor** 측정하다 **consume** 소비하다, 먹다 **caloric** 열량의 **table sugar** 일반 설탕 **obesity** 비만 **lethal** 치명적인

52

Lack of access to water is a crippling problem for people all over the planet, especially those living in remote areas or in regions recovering from a disaster. But a small desalination device currently under development could significantly impact such populations. The device converts salt water into drinking water while simultaneously removing contaminants, viruses, and bacteria. It can be solar powered or battery operated and is portable for easy use and distribution in case of a major catastrophe in which critical infrastructure is damaged.

Q Which is the main topic of the talk?
(a) A proposed large-scale desalination project.
(b) A life-saving portable desalination device.
(c) Limiting deaths with water desalination.
(d) Helping the poor gain access to water.

번역 물을 얻지 못하는 것은 지구상의 모든 사람들, 특히 벽지에 살거나 재난 복구 지역의 사람들에게는 엄청난 타격을 주는 문제이다. 그러나 현재 개발 중인 소형 탈염 장치는 그러한 사람들에게 중대한 영향을 미칠 수 있다. 이 장치는 바닷물을 마실 수 있는 물로 변환시키면서 동시에 오염 물질, 바이러스, 박테리아를 제거한다. 그것은 태양열을 동력으로 하거나 배터리로 작동될 수 있고, 중요한 사회 기반 시설이 손실되는 대규모 재해가 일어날 경우에 손쉽게 사용하고 배급할 수 있도록 휴대 가능하게 되어 있다.

Q 담화의 소재는?
(a) 대규모 탈염법 프로젝트안.
✔(b) 휴대용 구명 탈염 장치.
(c) 물의 탈염으로 인한 사망자수 제한.
(d) 가난한 사람들이 물을 얻도록 도와주기.

해설 간단한 장치로 바닷물을 식수로 전환할 수 있게 하여 식수를 구하지 못하는 사람들에게 큰 영향을 준다는 내용이 핵심이므로 정답은 (b)이다. (c), (d)는 본문을 기반으로 추론 가능하지만 언급되지는 않은 내용이다.

lack 결핍, 결여 **access** 접근, 이용 **crippling** 큰 타격을 주는 **desalination** 탈염(법) **device** 장치, 설비 **impact** 강한 영향을 주다 **convert** 전환하다 **contaminant** 오염 물질 **portable** 휴대 가능한 **distribution** 배급, 배분 **catastrophe** 대재해 **infrastructure** (사회의) 기반 시설

53

A cell is a small enclosure containing various chemicals and molecules, bound by a membrane. Some organisms are made up of only one cell while others contain millions of cells, all operating in conjunction. As you might expect, the cell of a single-celled organism is rather different from the cells of a multi-celled organism, since different duties are required of these different classes of cells. Nonetheless, all cells share at least one commonality: the presence of a membrane.

Q   Which is correct according to the lecture?
(a) No organism can exist with only one cell.
(b) Cells often fail to work harmoniously together.
(c) Single-celled organisms resemble multi-celled ones.
(d) All classes of cells feature an outside membrane.

번역   세포란 여러 화학 물질과 분자들을 함유하고, 세포막으로 경계를 이루고 둘러싸인 조그마한 것입니다. 어떤 생물은 오직 1개의 세포로 이루어진 반면, 다른 것들은 수백만 개의 세포를 갖고 있는데, 이 모든 것이 연관되어 작용하고 있습니다. 여러분도 예상하듯이 단세포 생물의 세포는 다세포 생물과 상당히 다릅니다. 왜냐하면 이 세포들의 각각의 종류는 각각의 임무를 필요로 하기 때문입니다. 그럼에도 불구하고 모든 세포는 적어도 하나의 공통점을 갖고 있는데, 그것은 세포막의 존재입니다.

Q   강의에 따르면 옳은 것은?
(a) 오직 1개의 세포를 갖는 생물은 존재하지 않는다.
(b) 세포들은 종종 조화롭게 작용을 하지 못한다.
(c) 단세포 생물은 다세포 생물과 유사하다.
✔(d) 모든 종류의 세포들은 표면의 세포막을 특징으로 한다.

해설   (a)는 본문에서 Some … made up of only one cell라고 했으므로 틀리며, (b)는 본문의 operating in conjunction이라는 내용과 다르다. 마지막 문장에서 모든 세포의 공통적인 특징이 세포막의 존재라고 했으므로 정답은 (d)이다.
enclosure 둘러쌈, 포위   **molecule** 분자   **bound by** ~와 경계를 이룬   **membrane** 얇은 막, 세포막   **organism** 생물체, 유기체   **conjunction** 연결, 합동   **class** 종류   **presence** 실재, 존재   **commonality** 공통성

54

Although it is a diminutive eight lines long, Robert Frost's *Nothing Gold Can Stay*, written in 1923, is one of his most famous works. Laden with poetic devices, the poem contemplates the fleeting beauty of nature through the use of alliteration, which is the repetition of the same sound at the beginning of words. One line, for example, contains the breathy alliteration of the words "hardest," "hue," and "hold," while another line iterates a sound through the series of "dawn," "down," and "day."

Q   Which is correct about *Nothing Gold Can Stay* according to the lecture?
(a) It is Frost's longest poem.
(b) It was composed in 1932.
(c) It is about the beauty of gold.
(d) It contains a lot of alliteration.

번역   비록 짧은 8행의 길이지만 로버트 프로스트의 1923년에 쓰인 〈금빛은 오래가지 않는 것〉은 그의 가장 유명한 작품 중 하나이다. 시적 장치로 가득 찬 이 시는 단어의 처음에 동일한 음을 반복하는 두운을 사용하여 자연의 덧없는 아름다움을 바라보고 있다. 예를 들어, 한 행에는 hardest, hue, hold 같은 숨소리가 섞인 두운을 갖고 있는 반면에 다른 행은 dawn, down, day가 연속되며 되풀이된다.

Q   〈금빛은 오래가지 않는 것〉에 대해 옳은 것은?
(a) 프로스트의 가장 긴 시다.
(b) 1932년도에 지어졌다.
(c) 금의 아름다움에 관한 것이다.
✔(d) 많은 두운을 지니고 있다.

해설   프로스트의 시 한 편에 관한 고찰을 담은 내용이다. (a)는 언급되지 않았고, 1923년에 썼다고 하므로 (b)는 어긋나며, beauty of nature에 관한 시라고 했으므로 (c) 역시 오답이다. 행마다 두운을 사용했다는 것으로 보아 (d)가 정답이다.
diminutive 소형의, 작은   **laden with** ~로 가득 찬   **poetic** 시적인   **contemplate** 응시하다, 고려하다   **fleeting** 빨리 지나가는, 덧없는   **alliteration** 두운   **breathy** 숨소리가 섞인   **iterate** 되풀이하다

55

Owners Tashi Moretti and Ingrid Anderson welcome you to the grand opening of Borealis Teahouse, a friendly community space in the center of the West End Arts District. They offer a diverse assortment of fair trade coffee, local beer and wine, and healthy snacks suitable for every diet. The opening of Borealis Teahouse is the realization of a lifelong dream for Moretti and Anderson. They put years into the renovation and rehabilitation of the abandoned historic warehouse into a teahouse.

Q   Which is correct according to the advertisement?
(a) New owners will take over Borealis Teahouse.
(b) West End Arts District is absent of new teahouses.
(c) Borealis Teahouse is opening its doors to the public.
(d) Moretti and Anderson made a home of an old warehouse.

번역 사장인 타쉬 모레티와 잉그리드 앤더슨은 웨스트 엔드 예술 거리 중심지에 위치한 친근한 공동체 공간인 보레알리스 찻집 개점 행사에 당신을 초대합니다. 여기서는 다양한 종류의 공정 무역 커피, 지역산 맥주, 포도주, 모든 음식에 어울리는 건강식 간식거리를 제공합니다. 보레알리스 찻집의 개점은 모레티 씨와 앤더슨 씨의 평생의 꿈을 실현한 것입니다. 그들은 수년 동안의 시간을 들여 버려진 역사 깊은 창고 건물을 개조하고 복원하여 찻집으로 바꿨습니다.

Q   광고에 따르면 옳은 것은?
(a) 새 주인이 보레알리스 찻집을 인수할 것이다.
(b) 웨스트 엔드 예술 거리는 새 찻집이 없다.
✔(c) 보레알리스 찻집은 일반 대중에게 개방할 것이다.
(d) 모레티 씨와 앤더슨 씨는 낡은 창고를 집으로 만들었다.

해설 두 명의 주인이 예술 거리의 낡은 창고를 개조하여 만든 찻집 개점을 알리는 광고로 (c)가 정답이다. (a)는 인수한 것이 아니므로 답이 될 수 없고, (b)는 담화에서 유추할 수 없는 내용이다. (d)는 home이 아니라 teahouse여야 한다.
community 지역 사회, 공동체   **assortment** 여러 가지 모음
fair trade coffee 공정 무역 커피   **suitable** 적당한
renovation 수리   **rehabilitation** 회복, 복구   **warehouse** 창고   **take over** 인수하다   **absent** ~가 없는   **public** 대중

56

Shiatsu, which is a Japanese word meaning "finger pressure," is the name for a form of light-touch massage. It relies on extremely simple techniques that involve applying pressure with the palms, fingers, and thumbs. Shiatsu was based on much older forms of gentle-touch therapy practiced in China for hundreds of years. It diverged into a distinct therapeutic practice in the twentieth century. The first use of the term "shiatsu" appeared in a 1915 book, and the Japanese government officially recognized the new therapeutic method in 1964.

Q   Which is correct according to the talk?
(a) Japanese massage practices go by Chinese names.
(b) Shiatsu involves light pressure applied by the hands.
(c) Japan adopted massage therapy in the twentieth century.
(d) Shiatsu was recognized by the Japanese government in 1915.

번역 일본어로 '지압'을 뜻하는 시아추는 가볍게 누르는 마사지 요법의 이름이다. 이것은 지극히 간단한 기술에 의존하는데 이 기술은 손바닥, 손가락, 엄지손가락으로 압력을 가하는 것이다. 시아추는 수백 년간 중국에서 행해졌던 오래된 가벼운 마사지 요법에 기초했다. 그것은 20세기에 별개의 치료 요법으로 갈라졌다. '시아추'라는 용어는 1915년에 출간된 한 책에서 처음 사용되었고, 일본 정부는 1964년에 이 새로운 치료 방법을 공식적으로 인정했다.

Q   담화와 일치하는 것은?
(a) 일본의 마사지 요법은 중국어 이름으로 불린다.
✔(b) 시아추는 손으로 가볍게 누르는 것이다.
(c) 일본은 20세기에 마사지 요법을 도입했다.
(d) 시아추는 1915년에 일본 정부에 의해 인정되었다.

해설 손가락의 압력을 이용한 Shiatsu라는 마사지 치료법에 관한 글로 정답은 (b)이다. 어원이 Japanese word라고 했으므로 (a)는 오답이고, (c)에서 massage therapy는 Shiatsu가 아니라 일반적인 마사지 요법을 가리키므로 어긋난다.
apply 적용하다   **palm** 손바닥   **therapy** 치료, 요법   **diverge** 갈라지다, 분기하다   **distinct** 별개의, 뚜렷한   **therapeutic** 치료(법)의   **go by** ~을 따르다   **adopt** 승인하다, 채택하다

57

The scientific achievements of astronomer Caroline Herschel, born in Germany in 1750, include the discovery of a comet that still carries her name. Whenever she had free time, Herschel would observe the sky with her 27-inch telescope. She detected a companion galaxy of the Andromeda Galaxy and discovered eight comets during an eleven-year period. Her accomplishments did not go unrecognized. In 1787, King George III, ruler of Great Britain, offered her a salary to work as an assistant to his royal astronomer which she accepted.

Q Which is correct according to the lecture?
(a) Herschel's birthplace was Great Britain.
(b) Herschel was able to discover 11 comets.
(c) Herschel discovered the Andromeda Galaxy.
(d) Herschel worked as an astronomer's assistant.

번역 1750년 독일 태생의 천문학자 캐롤라인 허셀의 과학 업적 중에는 그녀의 이름을 딴 혜성의 발견이 포함되어 있다. 시간이 날 때마다 허셀은 27인치 망원경으로 하늘을 관찰하였다. 그녀는 11년이란 기간 동안 안드로메다 성운의 동반성(同伴星) 성운을 탐지했고 8개의 혜성을 발견했다. 그녀의 업적은 인정을 받지 않을 수 없었다. 1787년에 영국의 왕 조지 3세는 그녀에게 월급을 주면서 왕실 천문학자의 조수로 일하도록 했다.

Q 강의와 일치하는 것은?
(a) 허셀은 영국 태생이다.
(b) 허셀은 11개의 혜성을 발견할 수 있었다.
(c) 허셀은 안드로메다 성운을 발견했다.
✔(d) 허셀은 천문학자 조수로 일했다.

해설 허셀이 독일 태생이고 11년간 8개의 혜성을 발견했으므로 (a), (b)는 오답이고, 안드로메다 성운이 아니라 안드로메다 성운의 동반성(companion galaxy)을 발견했으므로 (c)도 아니다. 영국 왕실 천문학자 조수로 일했다는 (d)가 정답이다.
astronomer 천문학자 **comet** 혜성 **detect** 발견하다, 탐지하다 **companion** 동료; 동반성(同伴星) **unrecognized** 인정받지 못하는 **assistant** 조수 **birthplace** 출생지, 고향 **galaxy** 은하계, 은하수

58

At the 1960 Summer Olympics in Rome, Ethiopian marathoner Abebe Bikila became the first black African to take home a gold medal. In fact, it was chance that led to Bikila competing in the 1960 Games. Bikila was added to the Ethiopian team as a replacement for a competitor who suffered a last-minute injury. Unable to obtain appropriately fitted shoes before the race, Bikila decided to run the marathon barefoot. Completing the entire course without shoes, Bikila finished the marathon in record-breaking time to become an Olympic legend.

Q What can be inferred from the lecture?
(a) Not many Ethiopian runners like wearing shoes.
(b) Ethiopian marathoners are relatively uncommon.
(c) Running barefoot was later banned at the Olympics.
(d) Bikila was not originally part of the Ethiopian team.

번역 1960년 로마 하계 올림픽에서 에티오피아 마라톤 선수 아베베 비킬라는 금메달을 딴 첫 아프리카인이 되었다. 사실, 비킬라가 1960년 올림픽 경기에 참가한 것은 우연이었다. 비킬라는 마지막 순간 부상으로 인해 불참한 선수를 대신하는 선수로 에티오피아 팀에 합류하였다. 경기 전에 발에 맞는 신발을 구할 수가 없어서 비킬라는 맨발로 마라톤을 뛰기로 했다. 신발을 신지 않고 전 코스를 완주하여 비킬라는 마라톤 신기록의 시간으로 경기를 끝내 올림픽의 전설이 되었다.

Q 추론할 수 있는 것은?
(a) 소수의 에티오피아 선수들이 신발 신는 것을 좋아한다.
(b) 에티오피아 마라톤 선수들은 비교적 드물다.
(c) 맨발로 달리는 것은 나중에 올림픽 경기에서 금지되었다.
✔(d) 비킬라는 원래 에티오피아 팀에 속해 있지 않았다.

해설 전설적인 마라토너 아베베에 관한 글이다. 한 에티오피아 선수가 부상당하여 대신 출전했다고 했으므로 (d)가 정답이고, 나머지는 본문에서 언급되지 않은 내용이다.
replacement 교체, 대신 **competitor** 경쟁자 **appropriately** 적절하게 **record-breaking** 기록을 깨는 **legend** 전설 **relatively** 비교적, ~에 비해서 **barefoot** 맨발로 **ban** 금지하다

59

If you have ever dreamed of traveling the world, consider participating in one of Houses for Cameroon's upcoming service trips. Volunteers travel abroad to build houses in regions where local need is great. We welcome anyone who wants the opportunity to make a difference in the lives of others. Our only requirement is that applicants be in good health, as home construction involves some strenuous activity. The cost of this program is $200 per person and volunteers must make their own way to Cameroon. Food and housing during your two-week stay is included.

Q   What can be inferred from the advertisement?
(a) Applicants without building experience are not accepted.
(b) Houses for Cameroon operates in multiple countries.
(c) Individuals have to bring tents and sleeping bags.
(d) Volunteers must pay for their travel costs.

번역 세계 여행을 꿈꾸었다면 곧 있을 카메룬을 위한 집짓기 봉사 여행에 참가할 것을 고려해 보십시오. 지원자들은 지역적 요구가 많은 지역에서 집을 짓기 위해 해외로 여행을 하게 됩니다. 다른 사람의 삶에 기여할 수 있는 기회를 원하는 사람은 누구든 환영합니다. 우리의 유일한 요구 조건은 지원자가 건강한 상태여야 된다는 것입니다. 주택 건축은 힘든 활동을 수반하기 때문입니다. 이 프로그램의 비용은 1인당 200달러이며 지원자가 직접 카메룬으로 와야 합니다. 2주간 식비와 숙박비가 포함됩니다.

Q   유추할 수 있는 것은?
(a) 건축 경험이 없는 지원자는 받아들이지 않는다.
(b) 카메룬을 위한 집짓기는 여러 나라에서 운영되고 있다.
(c) 개개인은 텐트와 침낭을 가져와야 한다.
✔(d) 자원 봉사자들은 자신들의 여행 비용을 지불해야 한다.

해설 주택 건축 자원 봉사 자격으로 good health만 요구했으므로 (a)는 틀리며, food and housing이 제공되므로 (c)도 어긋난다. (b)의 내용은 본문에서 유추할 수 없으며 volunteers must make their own way to Cameroon라고 했으므로 (d)가 정답이다.
upcoming 다가오는   **volunteer** 지원자, 자원 봉사자
requirement 필요 조건   **applicant** 응모자, 지원자
strenuous 열심인, 노력을 요하는   **make one's own way** (애써) 나아가다, 가다   **multiple** 다수의   **individual** 개인의

60

The bagpipe may be Scotland's quintessential native instrument, but bagpipe use predates the development of the Scottish bagpipe. References to the bagpipe in European artwork attest to the instrument's presence in continental Europe prior to its arrival in the British Isles. The first recorded evidence of it appeared in Chaucer's *The Canterbury Tales* in the fourteenth century. Some believe the Roman emperor Nero played an early form of the bagpipe. And other antecedents of the bagpipe date at least as far back as the ancient civilizations of the Near East.

Q   What can be inferred from the lecture?
(a) The earliest bagpipes were produced in Europe.
(b) The evidence for Roman bagpipes is not conclusive.
(c) *The Canterbury Tales* explains the history of the bagpipe.
(d) The bagpipe was not popular among Near East populations.

번역 백파이프는 스코틀랜드의 전형적인 민속 악기이나 백파이프 사용은 스코틀랜드의 백파이프 발생보다 앞선다. 유럽의 예술작품에서 백파이프에 대한 언급들이 그 악기가 영국에 도입되기 이전에 유럽 대륙에 존재했음을 입증한다. 그것이 최초로 기록된 증거는 14세기 초서의 〈캔터베리 이야기〉에 나타난다. 어떤 이들은 로마 황제 네로가 초기 형태의 백파이프를 연주했다고 생각한다. 백파이프의 다른 선례들은 적어도 근동의 고대 문명까지 거슬러 올라간다.

Q   유추할 수 있는 것은?
(a) 초기의 백파이프는 유럽에서 만들어졌다.
✔(b) 로마의 백파이프의 증거는 확실한 게 아니다.
(c) 〈캔터베리 이야기〉는 백파이프의 역사를 설명한다.
(d) 백파이프는 근동 사람들 사이에 대중적이지 않았다.

해설 스코틀랜드의 민속 악기인 백파이프가 역사적인 기록으로 볼 때 이미 존재했다는 내용이다. 〈캔터베리 이야기〉에서 백파이프가 언급된 기록이 있다고 했지 그 역사를 설명한 것은 아니므로 (c)는 오답이고, 네로 황제와의 관련은 일부의 견해일 뿐 증거는 아니므로 (b)가 정답임을 알 수 있다.
quintessential 전형적인   **predate** ~보다 선행하다
reference 참조 (문헌)   **artwork** 수공예품   **attest** 입증하다
continental 대륙의   **British Isles** 영국 제도   **antecedent** 전례; 선행자   **Near East** 근동(서남 아시아 및 중동 지역)
conclusive 결정적인, 확실한

☐	associate	제휴자
☐	warranty	보증서
☐	top-notch	최고의
☐	bundle up	옷을 껴입다
☐	declare	신고하다
☐	itinerary	여행 일정
☐	fracture	골절
☐	act up	말을 안 듣다, 제기능을 못하다
☐	resourceful	기략이 풍부한, 변통성 있는
☐	predator	약탈자, 육식 동물
☐	roam	배회하다
☐	purported	~라고 소문이 난, 일컬어지는
☐	stem from	~에서 유래하다
☐	feature	특징을 이루다
☐	assumption	가설, 가정
☐	probe	규명하다, 조사하다
☐	scrutinize	면밀히 조사하다
☐	hypothesis	가설, 전제
☐	obesity	비만
☐	lethal	치명적인
☐	crippling	큰 타격을 주는
☐	contaminant	오염 물질
☐	infrastructure	(사회의) 기반 시설
☐	conjunction	연결
☐	laden with	~로 가득 찬
☐	contemplate	심사숙고하다, 응시하다
☐	assortment	여러 가지 모음
☐	diverge	갈리다, 분기하다
☐	barefoot	맨발로
☐	strenuous	열심인

ACTUAL TEST 7

PART I	1 (d)	2 (b)	3 (b)	4 (b)	5 (c)	6 (c)	7 (b)	8 (d)	9 (b)	10 (c)
	11 (b)	12 (d)	13 (c)	14 (c)	15 (d)					
PART II	16 (b)	17 (a)	18 (b)	19 (a)	20 (b)	21 (a)	22 (d)	23 (d)	24 (d)	25 (b)
	26 (c)	27 (c)	28 (d)	29 (a)	30 (b)					
PART III	31 (c)	32 (d)	33 (b)	34 (a)	35 (b)	36 (a)	37 (c)	38 (d)	39 (c)	40 (c)
	41 (c)	42 (c)	43 (d)	44 (c)	45 (d)					
PART IV	46 (a)	47 (b)	48 (c)	49 (c)	50 (b)	51 (c)	52 (b)	53 (c)	54 (c)	55 (c)
	56 (b)	57 (b)	58 (c)	59 (a)	60 (b)					

ACTUAL TEST 7   Part I

1

W When's the first train to Madrid?
M _____
(a) It's certainly an old city.
(b) I always try to get first class.
(c) I haven't been here very long.
(d) There's one that leaves at 5:30.

번역 W 마드리드로 가는 첫 기차가 몇 시에 있나요?
    M _____
    (a) 그 도시는 오래된 것이 확실합니다.
    (b) 전 항상 일등석을 타려고 해요.
    (c) 여기 온 지 얼마 안 됐어요.
    ✔(d) 첫차는 5시 30분에 출발합니다.
해설 마드리드로 가는 첫 열차의 시각을 묻고 있으므로 구체적으로 시
    각을 명시한 (d)가 적절하다. 도시를 설명하거나 남자가 선호하는
    좌석 등급을 물어본 것은 아니므로 (a), (b)는 어색하다.
    certainly 분명히 **first class** 일등석

2

W You got grape juice on my blouse.
M _____
(a) I'd love a glass, thanks.
(b) I am so sorry about that.
(c) Well, I wouldn't say that.
(d) It is indeed a nice blouse.

번역 W 당신 포도 주스가 제 블라우스에 묻었네요.
    M _____
    (a) 한잔 마실게요, 고마워요.
    ✔(b) 정말 죄송합니다.
    (c) 글쎄요, 그렇게 말하진 않겠어요.
    (d) 정말 멋진 블라우스네요.
해설 여자는 자신의 블라우스에 남자의 포도 주스가 묻은 것을 알려주
    고 있다. 이 상황에서 사과의 내용이 담긴 (b)가 적절하다.
    indeed 정말로

3

M Watch out for the speed bumps coming up.

W _____

(a) OK, I'll go a little faster.
(b) They make driving a hassle.
(c) I agree. People drive too fast.
(d) I'd appreciate it if you fixed it.

M 저 앞에 과속 방지턱이 있으니 조심해요.

W _____

(a) 네, 좀 더 속도를 낼게요.
✔(b) 저런 게 운전할 때 아주 번거롭게 한다니까요.
(c) 맞아요. 사람들이 너무 과속해요.
(d) 당신이 고쳐주면 고맙겠어요.

해설 남자가 앞에 과속 방지턱이 있으니 조심하라고 하는 것은 달리던 속력을 줄여 천천히 운전하라는 뜻이 담겨 있다. 운전을 하고 있는 여자 입장에서는 갑자기 속력을 줄이게 만드는 과속 방지턱이 귀찮은 존재일 수밖에 없으므로 (b)가 적절한 응답이다.
watch out 조심해 **speed bump** 과속 방지턱 **hassle** 골치 아픈 것

4

W Who won the big game last night?

M _____

(a) That was just so much fun.
(b) It was the Buccaneers by 16.
(c) Great, I'm glad you got to see it.
(d) I've got butterflies in my stomach.

번역 W 어젯밤 대접전에서 누가 이겼지?

M _____

(a) 그 경기 아주 재미있었어.
✔(b) 버캐니어스가 16점차로 이겼어.
(c) 좋아, 너가 그 경기를 봤다니 기쁜걸.
(d) 난 아주 긴장돼.

해설 여자가 경기의 승자를 묻고 있으므로 승리한 팀 이름이 언급된 (b)가 자연스러운 응답이다. (a)는 경기가 어땠는지 물었을 때, (d)는 중요 경기 관람 직전 긴장되는 순간일 때 가능한 응답이다.
(Tampa Bay) Buccaneers 전미미식축구리그(NFL) 팀
get butterflies in one's stomach 긴장되다

5

M Which way to the Research and Development Department?

W _____

(a) They're the best in the industry.
(b) I hear they're looking to expand.
(c) They're in the annex, second floor.
(d) I'm heading just down the hall too.

번역 M 연구 개발 부서가 어느 쪽에 있나요?

W _____

(a) 그들은 업계 최고예요.
(b) 그들이 확장할 생각이라고 들었어요.
✔(c) 별관 2층에 있어요.
(d) 저도 복도를 따라 가고 있어요.

해설 남자가 특정 부서의 위치를 물어보는 상황이므로 (a)와 (b)는 그 부서 자체에 대한 설명이므로 답이 될 수 없고 구체적인 위치를 설명하는 (c)가 적절하다.
Research and Development Department 연구 개발 부서
look to 고려하다 **annex** 별관 **down the hall** 복도를 따라

6

W Are we still on for our picnic this weekend?

M _____

(a) I've got some snacks to eat.
(b) There was a lot of rain then.
(c) Sure, I'll see you at the park.
(d) Well, I'd love to, but I just ate.

번역 W 이번 주말 우리 소풍 계획은 그대로인 거죠?

M _____

(a) 나에게 간식이 좀 있어요.
(b) 그때 비가 많이 왔어요.
✔(c) 물론이죠. 공원에서 만나요.
(d) 그러고 싶은데, 방금 먹었어요.

해설 여자가 주말에 잡혀 있었던 소풍 계획에 변동이 없는지를 재차 확인하는 상황이다. 따라서 변동이 없으니 공원에서 만나자는 (c)가 가장 자연스러운 응답이다. (d)는 함께 식사하자는 제의를 정중히 거절할 때 쓸 수 있는 표현이다.
on 계속하여, 죽 **snack** 간식

7

W Why can't your mother move to a nursing home?

M _____

(a) Let's go visit her there.
(b) I prefer having her here.
(c) It has attentive medical care.
(d) You're always welcome, Mom.

번역 W 어머니를 왜 양로원으로 모시지 않나요?
M _____
(a) 어머니를 뵈러 양로원에 갑시다.
✔(b) 난 어머니가 여기 계신 것이 더 좋아요.
(c) 집중 치료를 받을 수 있어요.
(d) 언제나 환영해요, 어머니.

해설 남자에게 어머니를 양로원으로 옮기지 않는 이유를 묻고 있는데 어머니가 양로원에 있다는 (a)나 양로원 자체를 설명하는 (c)는 어색하고, 자신이 모시는 것이 더 좋아서 옮기지 않는다는 (b)가 적절한 응답이다.
nursing home 양로원   attentive medical care 집중 치료

8

W It makes no sense to build a light rail in Carbondale.

M _____

(a) I'll take you to the station.
(b) It's close. An hour by train.
(c) It's easier to get there by car.
(d) You're right. It's not feasible.

번역 W 카본데일에서 경전철 공사를 한다니 말도 안 돼.
M _____
(a) 내가 역까지 데려다 줄게.
(b) 여기서 가까워. 기차로 한 시간 정도야.
(c) 거긴 차로 가는 게 더 편해.
✔(d) 맞아. 실행 가능성이 없어.

해설 여자는 카본데일에서 경전철 공사가 시행되는 것에 대해 강한 의문을 표시하고 있으므로 여자의 의견에 남자의 동의 또는 반대가 가능한데 (d)가 적절한 응답이다.
make no sense 이치에 맞지 않다   light rail 경전철   Carbondale 미국 일리노이 주 남부 도시   feasible (사업 등이) 실행 가능한

9

W Homebuyers should try for a 20-percent down payment.

M _____

(a) I'll give it to you for only 10.
(b) I don't agree with that strategy.
(c) Instead, I can lend you the money.
(d) Regardless, your home looks amazing.

번역 W 주택구입자들은 계약금을 20% 내도록 해야 합니다.
M _____
(a) 저는 10퍼센트일 경우에만 당신에게 넘기겠어요.
✔(b) 그 계획에는 동의할 수 없는데요.
(c) 대신 당신에게 돈을 빌려줄 수 있어요.
(d) 어쨌든, 집이 아주 멋지네요.

해설 여자의 주택 구입 계약금 비율 제안에 대해 남자의 동의나 반대의 응답이 나와야 자연스러우므로 (b)가 적절하다.
down payment 계약금   strategy 전략, 계획   regardless 어쨌든, 그럼에도 불구하고

10

M It's a pleasure to make your acquaintance, Jennifer.

W _____

(a) Oh, we go back forever.
(b) I know, she's just lovely.
(c) Please, my friends call me Jen.
(d) Jennifer's not in at the moment.

번역 M 만나서 반가워요. 제니퍼.
W _____
(a) 아, 우린 알고 지낸 지 오래됐어요.
(b) 그러게요. 그녀는 정말 사랑스럽죠.
✔(c) 그냥 젠이라고 불러주세요.
(d) 제니퍼는 지금 없는데요.

해설 남자와 여자가 처음 만나서 인사를 하는 상황이다. 통성명을 하면서 남자가 Jennifer라고 불렀으므로 여자가 편하게 Jen이라고 불러달라고 하는 (c)가 가장 자연스러운 응답이 된다.
make one's acquaintance 처음 만나서 알게 되다   go back forever 아주 오랫동안 알고 지내다   at the moment 지금

11

M Are you taking advantage of the new tax credit?

W _____

(a) I got the credit for it.
(b) It's not applicable in my job.
(c) I'm going to make a payment.
(d) Just hire an accountant to do it.

번역 M 새로운 세금 공제 제도를 잘 활용하고 있나요?

W _____

(a) 저의 공로를 인정받았어요.
✔(b) 그 제도는 제가 하는 일에는 적용이 안 돼요.
(c) 값을 지불할 거예요.
(d) 그 일을 맡을 회계사를 고용하세요.

해설 새로운 세금 공제 제도를 유리하게 잘 이용하고 있는지를 묻는 남자의 말에 대한 여자의 응답으로 (b)가 가장 자연스럽다.
take advantage of ~을 유리하게 이용하다 **tax credit** 세금 공제 **get the credit for** ~에 대한 공을 인정받다 **applicable** 적용 가능한

13

M Saul got into another argument with the boss.

W _____

(a) You know he'd never do it.
(b) Yeah, I'm tired of arguing, too.
(c) He's too headstrong sometimes.
(d) Whenever he has some free time.

번역 M 사울이 상사와 또 언쟁을 했다는군.

W _____

(a) 그가 절대 그러지 않으리란 걸 너도 알잖아.
(b) 응, 나도 언쟁이 지겨워.
✔(c) 그는 가끔 보면 너무 고집불통이야.
(d) 그는 한가할 때마다 그러더군.

해설 사울이 또 언쟁을 했다는 남자의 말에 대해 (c)가 가장 자연스러운 응답이며 사울이 이미 언쟁을 한 사실이 있으므로 (a)는 어색하다.
get into argument 언쟁하다 **headstrong** 고집불통의

12

M This is Harold Chang. I have a question about my account.

W _____

(a) We are open all hours.
(b) I can account for that one.
(c) It depends on your account.
(d) I'll just pull up your information.

번역 M 저는 해롤드 창이라고 하는데요. 제 계좌에 대해 문의하고 싶습니다.

W _____

(a) 저희는 24시간 영업합니다.
(b) 그것에 대해 제가 설명드릴 수 있습니다.
(c) 고객 계좌 상태에 따라 다릅니다.
✔(d) 잠깐 고객님 정보를 찾아보겠습니다.

해설 남자가 은행 직원에게 본인의 계좌에 대해 문의하고 싶어 하는데 직원인 여자가 자세한 문의 내용을 듣기 전에 먼저 고객의 기본 정보를 찾아보겠다는 (d)가 가장 자연스럽다.
account 계좌 **pull up one's information** ~의 정보를 조회하다

14

M Julia is over two hours late, and she hasn't called in.

W _____

(a) Then, apologize for the delay.
(b) I know, I spoke to her a minute ago.
(c) That doesn't sound like Julia at all.
(d) What a relief. I'm glad she's all right.

번역 M 줄리아가 두 시간도 넘게 지각이네. 못 온다는 전화도 없고.

W _____

(a) 그럼 지연된 걸 사과해.
(b) 알아. 그녀에게 방금 전 얘기했어.
✔(c) 그건 전혀 줄리아답지 않은걸.
(d) 정말 다행이야. 그녀가 괜찮다니 기쁘군.

해설 줄리아가 직장에 아무런 연락도 없이 2시간 넘게 지각을 한다는 남자의 말에 이어지는 응답으로 (c)가 적절하다. 줄리아와 연락이 된 상황이 아니므로 (b)는 어색하다.
call in (직장에 결근을 이유로) 전화하다 **apologize** 사과하다 **relief** 안도, 안심

15

M I got an offer of fourteen thousand five hundred for the car.

W _____

(a) Submit an offer and see.
(b) I'd rather buy the cheaper one.
(c) I've spent so much on car repairs.
(d) That's more than your asking price!

번역 M 차를 14,500달러에 사겠다는 제안을 받았어.
W _____
(a) 일단 제안을 하고 지켜 봐.
(b) 나라면 더 저렴한 걸 사겠어.
(c) 차 수리에 굉장히 많은 돈을 들였어.
✔(d) 네가 부른 것보다 높은 가격인데!

해설 자동차 구입 의사가 있는 사람에게 가격 제안을 받았다는 남자의 말에 이어질 가장 자연스러운 응답은 (d)이고, (a), (b)는 차량 구매자의 입장에서 할 수 있는 말이다.

offer 제의, 제안   asking price 팔려는 사람이 원하는 가격

ACTUAL TEST 7   Part II

16

M Need anything from the store?

W Sure, how about a loaf of bread?

M I thought we still had some left.

W _____

(a) Don't worry. I'll buy some more.
(b) We're down to a couple slices.
(c) I'm trying to eat less bread.
(d) Please toast some for me.

번역 M 가게에서 뭐 사야 할 게 있나?
W 응, 빵을 좀 사야 하지 않을까?
M 아직 남은 게 좀 있는 줄 알았는데.
W _____
(a) 걱정 마. 내가 좀 더 살게.
✔(b) 몇 조각 안 남았어.
(c) 빵을 좀 덜 먹으려고 해.
(d) 조금만 구워줘.

해설 여자가 빵을 사야 한다고 하자 남자가 남은 빵이 있는 줄 알았다고 했으므로 (b)가 가장 자연스러운 응답이다.

loaf 빵 한 덩이   toast (노릇노릇하게) 굽다

17

M Dorm Services, this is Keller.

W Hi, we've got no power over here in West Dorm.

M Oh no, how long has it been like that?

W _____

(a) It went out late last night.
(b) I just need to plug this in.
(c) The power should be on now.
(d) I've always lived in West Dorm.

번역 M 기숙사 관리실, 켈러입니다.
W 안녕하세요. 여기 서쪽 기숙사 건물에 전기가 안 들어오는데요.
M 이런, 안 들어온 지 얼마나 되었나요?
W _____
✔(a) 어젯밤 늦게 전기가 나갔어요.
(b) 이걸 전원에 연결해야겠어요.
(c) 전기가 지금쯤 들어와야 하는데요.
(d) 저는 계속 서쪽 기숙사 건물에 살았어요.

해설 여자가 전화로 기숙사에 전기가 들어오지 않는다고 하자 언제부터 그런 상태였는지 묻는 말에 전기가 나간 시간을 알려주는 (a)가 적절한 응답이다.

power 전력   plug in 전기 콘센트에 꽂다

18

M I have to work late this afternoon.

W But what about our movie plans?

M I should be home by 7.

W _____

(a) Well, I didn't really enjoy it.
(b) OK, then we can still make it.
(c) Great, I'll reschedule the date.
(d) I wish you'd called me from home.

번역 M 오늘 오후 늦게까지 일해야 해.
W 그럼 우리 영화 보기로 한 건?
M 7시까지 집에 갈게.
W _____
(a) 글쎄, 그다지 재미있지는 않았어.
✔(b) 알았어. 그럼 영화는 볼 수 있겠네.
(c) 좋아, 데이트 계획을 다시 잡아야겠네.
(d) 집에서 전화해 줬으면 좋았을 텐데.

해설 같이 영화 보기로 했는데 남자가 오후 늦게까지 일해야 해서 시간이 약간 늦어질 수 있음을 알려주므로 (b)가 적절한 응답이다.

make it (제시간에) 도착하다   reschedule 일정을 변경하다

19

M I like your hair today, Sue.

W Thanks. I decided to try a new style.

M It makes you look younger.

W _____

(a) What a nice thing to say.

(b) I'll let her know how you feel.

(c) It was my birthday yesterday.

(d) Tell me your hairdresser's number.

번역 M 수, 오늘 헤어스타일 맘에 드는데.

　　 W 고마워. 좀 새로운 스타일을 시도해 보기로 했어.

　　 M 그렇게 하니 어려 보여.

　　 W _____

　　✔(a) 그렇게 말해 줘서 고마워.

　　 (b) 네 기분이 어떤지 그녀에게 알려줄게.

　　 (c) 어제가 내 생일이었어.

　　 (d) 너의 헤어 디자이너 연락처 좀 알려줘.

해설 여자의 새로운 헤어스타일에 대해 남자가 칭찬하고 있는 상황이므로 칭찬에 대해 (a)와 같이 고마움을 표현하는 것이 자연스러운 응답이다. (d)는 여자의 응답 후 남자가 할 만한 대답이다.

style 스타일, 방식　**hairdresser** 미용사

20

W Can you believe how cold it is out there?

M I know. I wasn't prepared for this country's climate.

W Is it going to be like this every winter?

M _____

(a) I'll be here every year.

(b) I'm afraid it probably will be.

(c) Here, see if this one feels better.

(d) We might as well check the forecast.

번역 W 밖에 날씨가 얼마나 추운지 몰라요.

　　 M 그러게요. 이 나라 날씨가 이 정도일 거라고 예상 못했어요.

　　 W 매년 겨울마다 이렇게 추울까요?

　　 M _____

　　 (a) 전 매년 여기 있을 거예요.

　　✔(b) 아마도 그럴 것 같은데요.

　　 (c) 여기, 이게 좀 더 나은지 한번 해봐요.

　　 (d) 일기 예보를 확인해 보는 편이 낫겠어요.

해설 매년 날씨가 이렇게 추울지 남자의 생각을 묻고 있으므로 (b)가 적절하다. (d)는 매년 겨울의 날씨 상태를 알려주는 것이 아니므로 어색하다.

climate 기후　**might as well** ~하는 편이 낫다

21

M Can I interest you in anything else today?

W Probably not. I'm pretty full.

M Dessert? Coffee? Tea?

W _____

(a) Just the check, thanks.

(b) I'd like the entire order to go.

(c) Hold on. I haven't ordered yet.

(d) OK, let's meet at the restaurant.

번역 M 다른 메뉴도 좀 안내해 드릴까요?

　　 W 괜찮아요. 무지 배가 부른걸요.

　　 M 디저트 드시겠어요? 커피나 홍차?

　　 W _____

　　✔(a) 감사합니다만 그냥 계산서 주세요.

　　 (b) 전부 다 싸가겠어요.

　　 (c) 잠깐만요. 아직 주문을 안 했어요.

　　 (d) 네, 식당에서 만나요.

해설 식당 손님인 여자에게 음식을 더 주문할지 물어보고 있다. 이미 식사를 해서 배부른 상황이라 더 이상 주문할 생각이 없어 보이므로 (a)가 자연스러운 응답이다.

entire 전체의　**to go** (음식 등을) 포장해 가는

22

W I'm running out of room in my passport.

M You can get extra pages added.

W Really? How do I do that?

M _____

(a) I can get some more stamps.

(b) Purchase a plane ticket online.

(c) I can't because I lost my passport.

(d) Just send it to the Passport Office.

번역 W 제 여권에 남은 공간이 별로 없어요.

　　 M 페이지를 더 추가할 수 있어요.

　　 W 그래요? 어떻게 하면 되나요?

　　 M _____

　　 (a) 도장을 더 찍을 수 있어요.

　　 (b) 비행기표를 온라인으로 구입하세요.

　　 (c) 여권을 잃어버려서 그렇게 할 수 없어요.

　　✔(d) 여권을 여권 관리 사무소로 보내세요.

해설 여자가 여권 페이지를 추가하는 방법을 묻고 있으므로 그걸 설명하는 (d)가 적절한 응답이다.

run out of ~을 다 써버리다　**room** 공간　**Passport Office** 여권 관리 사무소

23

M Congratulations on finishing your novel!

W Thanks, but I've still got a long way to go.

M I thought you said you'd completed it.

W _____

(a) It's an autobiographical novel.

(b) I can accompany you if you'd like.

(c) I'll let you know when I've read it.

(d) Right. But I still have to find a publisher.

번역 M 소설 집필 끝낸 거 축하해요!

　　W 고마워요. 하지만 아직 갈 길이 멀어요.

　　M 다 썼다고 말하지 않았어요?

　　W _____

　　(a) 그것은 자전적인 소설이에요.

　　(b) 원하면 같이 가줄 수 있어요.

　　(c) 다 읽으면 말해줄게요.

　　✔(d) 맞아요. 하지만 이제 출판사를 찾아야 해요.

해설 여자가 소설 집필을 마친 것을 남자가 축하해 주고 있지만 여자는 아직 갈 길이 멀다고 말하고 있으므로 그 이유가 될 수 있는 (d)가 적절하다.

a long way to go 갈 길이 먼　**autobiographical** 자전적인　**accompany** 동행하다　**publisher** 출판사

24

W I heard you got an offer on the house.

M Yeah, but it was nothing to get excited about.

W Oh really? Not high enough?

M _____

(a) No, the construction is high quality.

(b) He might be able to make an offer.

(c) I'd like some more living space.

(d) Actually, it was insultingly low.

번역 W 집을 사겠다는 사람이 나타났다고 들었어.

　　M 응, 근데 별로 흥분할 게 못 돼.

　　W 아 그래? 가격이 별로 높지 않아?

　　M _____

　　(a) 아니, 건설 수준은 높아.

　　(b) 그가 어쩌면 제안을 할 수도 있어.

　　(c) 좀 더 생활 공간이 있었으면 좋겠는데.

　　✔(d) 사실 가격이 터무니없이 낮아.

해설 남자가 집을 팔게 되었는데도 좋아하는 기색이 아니라서 그 이유를 묻고 있으므로 가격에 대해 언급한 (d)가 적절한 응답이다. 이미 제안을 받았으므로 (b)는 어색하다.

offer 제안, 제의　**insultingly** 모욕적으로

25

W Do you have this jacket in a smaller size?

M I'm sorry, no, but we can alter it for you.

W Hmm, what do you charge for that?

M _____

(a) I think it would still be too small.

(b) It's free if you're a store member.

(c) That jacket's on sale—50% off.

(d) All we do is take in the hem.

번역 W 이 재킷 더 작은 사이즈 있나요?

　　M 죄송하지만 없습니다. 하지만 저희가 수선을 해드릴 수 있어요.

　　W 음, 비용은 얼마가 드나요?

　　M _____

　　(a) 그래도 여전히 너무 작을 것 같은데요.

　　✔(b) 저희 가게 회원이면 무료입니다.

　　(c) 그 재킷은 50% 세일 중입니다.

　　(d) 저희는 단을 좀 줄여드릴 뿐이에요.

해설 여자가 수선 비용을 묻고 있으므로 회원일 경우 무료라고 답하는 (b)가 가장 적절한 응답이다. 비용을 묻는데 수선 방법을 말하는 (d)는 어색하다.

alter 수선하다　**take in the hem** 단을 줄이다

26

W Comfort Stay Guest Services, how may I help you?

M Yes, do you have any weekend packages?

W We do. Three nights and six meals for $299.

M _____

(a) That's not what my bill shows.

(b) A great vacation. Just too short.

(c) Sounds great. I'd like to book that.

(d) I'd prefer staying at a guest house.

번역 W 컴포트 스테이 게스트 서비스입니다. 무엇을 도와드릴까요?

　　M 네, 혹시 주말 패키지가 있나요?

　　W 네. 3박 6끼 식사에 299달러입니다.

　　M _____

　　(a) 제 계산서에 적힌 것과 다른데요.

　　(b) 아주 멋진 휴가였어요. 다만 너무 짧군요.

　　✔(c) 좋네요. 그걸로 예약하겠어요.

　　(d) 게스트 하우스에 머무르는 편이 더 좋은데요.

해설 남자가 숙박업소에 주말 패키지에 대해서 묻고 있으므로 패키지의 요금을 듣고 만족하며 예약하겠다는 (c)가 가장 자연스럽다. (a)는 호텔 투숙 후 체크 아웃할 때 계산서 등이 잘못됐을 때 가능한 응답이다.

book 예약하다　**guest house** 게스트 하우스, 소규모 호텔

27

W I'm going to snack on some peanuts. Want any?

M No thanks, I'm allergic to peanuts.

W Oh, that's too bad. Is it serious?

M _____

(a) It's really itching me now.

(b) I could really use a glass of water.

(c) It can be life-threatening if I eat one.

(d) What an unfortunate allergy to have.

번역 W 간식으로 땅콩을 먹을 건데 너도 좀 먹을래?
　　M 아니 괜찮아. 땅콩 알레르기가 있어서.
　　W 저런, 안됐다. 심하니?
　　M _____
　　(a) 지금 막 심하게 가려워.
　　(b) 물 한 잔 있으면 돼.
　✔(c) 땅콩 하나라도 먹으면 목숨을 잃을 수도 있어.
　　(d) 그런 알레르기가 있다니 참 안됐다.

해설 남자의 땅콩 알레르기의 심각성을 묻고 있으므로 부가 설명을 한 (c)가 적절한 응답이다. (d)는 여자가 할 말이므로 어색하다.
　　be allergic to ∼에 알레르기가 있다　**itch** 가렵다
　　life-threatening 생명을 위협하는

28

W I can't make up my mind about lunch.

M I've got a hankering for something spicy.

W In that case, what would you say to Korean?

M _____

(a) I guess it has Korean influences.

(b) I'm not familiar with the language.

(c) I could skip lunch, to be honest.

(d) Wow, you read my mind!

번역 W 점심에 뭘 먹어야 할지 못 고르겠어.
　　M 난 뭔가 매운 게 먹고 싶은데.
　　W 그렇다면 한국 음식은 어떨까?
　　M _____
　　(a) 내 생각에 그건 한국 영향을 받은 것 같아.
　　(b) 나는 그 언어에 익숙하지 않아.
　　(c) 솔직히 말하면 점심을 안 먹어도 상관없어.
　✔(d) 와, 어떻게 내 맘을 잘 아니!

해설 남자가 매운 음식이 먹고 싶다고 하자 여자가 한국 음식을 제안하는데 거절 또는 동의하는 응답이 이어져야 자연스러우므로 (d)가 적절하다.
　　spicy 매운　**hankering** 갈망　**be familiar with** ∼에 익숙하다　**skip** 건너뛰다

29

M Shall we look over the loan options again?

W We've already looked them over twice.

M I know, but I'm still undecided.

W _____

(a) I guess it's wise to be cautious.

(b) You made the wrong loan choice.

(c) It'd be better to review them again.

(d) I'd be happy to look around for you.

번역 M 대출 상품들 다시 살펴볼까요?
　　W 우리 벌써 두 번이나 봤잖아.
　　M 맞아, 하지만 아직 결정을 못 내리겠어.
　　W _____
　✔(a) 주의 깊게 살펴보는 것이 현명한 것 같아.
　　(b) 네가 대출 상품을 잘못 골랐어.
　　(c) 그것들을 다시 검토해 보는 편이 낫겠어.
　　(d) 널 위해 얼마든지 둘러볼 수 있어.

해설 대출 상품에 대해 남자가 고민하면서 다시 살펴보고 싶어 하므로 (a)와 같은 반응이 가장 적절하다. (c)는 여자의 첫 번째 말과 다르므로 적절한 응답이 아니다.
　　look over ∼을 살펴보다　**loan** 대출　**cautious** 조심스러운, 신중한　**look around** 둘러보다

30

W Still into making home furniture, Mark?

M No, I haven't done that for a year now.

W Oh, too bad. You had a real talent for it.

M _____

(a) Sure, I can whip something up for you.

(b) Thanks, but it was just a passing fad.

(c) I'm so glad you liked the decor.

(d) I made this one for you.

번역 W 마크, 지금도 가구 만들기에 열심이야?
　　M 아니, 그만둔 지 일년 됐어.
　　W 저런, 정말 소질 있었는데.
　　M _____
　　(a) 물론, 널 위해 뭐든 금방 만들어 줄 수 있어.
　✔(b) 고마워. 하지만 한때 잠깐 빠졌던 취미였어.
　　(c) 장식이 맘에 든다니 정말 기뻐.
　　(d) 널 위해 이걸 만들었어.

해설 남자가 가구 만들기에 소질이 있으면서도 그만둔 것을 아쉬워하는 여자의 말에 (b)가 가장 자연스러운 응답이다.
　　into ∼에 빠져 있는　**whip up** ∼을 잽싸게 만들어내다
　　passing fad 일시적인 열광　**decor** 장식

ACTUAL TEST 7   Part III

31

M Hello, how can I help you?

W Yes, my friend recommended the earrings at this store.

M Great. Looking for anything in particular?

W Something casual… and also cheap.

M Sure. Follow me and I'll show you the proper section.

W OK, thanks.

Q What is the woman mainly doing in the conversation?

(a) Buying a gift for her friend.

(b) Explaining about a store's sale.

(c) Asking about inexpensive jewelry.

(d) Thanking the man for his recommendation.

번역 M 어서 오세요, 무엇을 도와드릴까요?

W 제 친구가 이 가게 귀걸이를 추천해서요.

M 그러시군요. 뭐 특별히 찾는 거라도 있으세요?

W 캐주얼한 스타일이요. 저렴하고요.

M 네. 그런 귀걸이가 있는 곳으로 안내해 드리겠습니다. 따라오시죠.

W 감사합니다.

Q 여자는 주로 무엇을 하고 있나?

(a) 친구에게 줄 선물 사기.

(b) 가게 세일에 대해 설명하기.

✔(c) 저렴한 액세서리 문의.

(d) 남자의 추천에 대해 감사를 표하기.

해설 친구가 추천해 준 가게에서 캐주얼 스타일의 저렴한 귀걸이를 찾고 있는 여자와 점원인 남자의 대화이다. 귀걸이는 jewelry에 포함되므로 (c)가 정답이다.

recommend 추천하다 **earring** 귀걸이 **in particular** 특별히 **casual** 캐주얼한, 약식의 **proper** 적당한

32

W How was your spring break, Omar?

M Oh, pretty dull. I had to work.

W Are you serious? You didn't get to go anywhere?

M Nope. But I know you went to Mexico. How was it?

W So much fun. I wish you'd been able to come.

M Me too. Maybe next year.

Q What are the man and woman mainly discussing?

(a) Where they should travel to next year.

(b) When the woman will take a break.

(c) Why the man has to work so much.

(d) What they did over their vacation.

번역 W 오마르, 봄 방학 어떻게 보냈니?

M 아, 상당히 지루했지. 일을 해야 했거든.

W 정말이니? 아무 데도 안 다녀온 거야?

M 응. 넌 멕시코에 갔다면서. 어땠니?

W 굉장히 재미있었어. 너도 왔으면 좋았을 텐데.

M 그러게. 내년에는 갈 수 있을지도 모르지.

Q 두 사람의 대화 내용은?

(a) 내년에 어디로 여행을 갈지.

(b) 여자가 언제 휴식을 할지.

(c) 남자가 왜 그렇게 일을 많이 해야 하는지.

✔(d) 방학 동안 무엇을 했는지.

해설 방학이 끝나고 남자와 여자가 만나 방학을 어떻게 보냈는지 서로 물어보고 있다. 남자는 아무 데도 가지 않고 일만 했고 여자는 멕시코에서 즐거운 시간을 보냈다고 했으므로 정답은 (d)이다.

(a)의 경우 남자의 마지막 대화에서 언급하기는 했지만 세부 내용일 뿐이다.

spring break 봄 방학 **dull** 지루한 **take a break** 휴식을 취하다

33

M   Ms. Krueger, this is Sam White calling from HR.

W   Hi Sam, what can I do for you?

M   The executives want you to attend today's 3 o'clock meeting.

W   OK, which room is it?

M   Conference room 27, on the third floor.

W   Thank you. I'll be there in half an hour.

Q   What is the man mainly doing in the conversation?

(a) Transferring the woman to HR.

(b) Relaying instructions to the woman.

(c) Sharing meeting minutes with the woman.

(d) Informing the woman of a schedule change.

번역 M   크루거 씨, 저는 인사부 샘 화이트입니다.

W   안녕하세요 샘, 무슨 일이신가요?

M   임원 분들이 오늘 3시 회의에 참석하라고 하시는데요.

W   알겠습니다. 몇 호실로 가면 되나요?

M   회의실은 3층 27호실입니다.

W   감사합니다. 30분 후에 가겠습니다.

Q   남자는 주로 무엇을 하고 있나?

(a) 여자를 인사부로 전근시키기.

✔(b) 여자에게 상부 지시사항을 전달하기.

(c) 여자와 회의록 내용을 공유하기.

(d) 일정 변경에 대해 여자에게 알려주기.

해설 대화에서 남자의 주요 목적은 회의에 참석하라는 임원들의 지시사항을 여자에게 전달하는 것이고 추가 사항으로 회의실 위치를 알려주고 있으므로 정답은 (b)이다.

HR 인사부(Human Resources)   **executive** 임원, 중역   **conference** 회의   **relay** 전달하다   **instruction** 명령, 지시   **minutes** 회의록

34

W   How's Singapore, Michael?

M   Fantastic. There are so many job opportunities here.

W   That's great. I'm sure you're traveling a lot, too.

M   You bet. It's close to everything!

W   You're so lucky to be able to live there.

M   I wouldn't trade it for anything.

Q   What is the main topic of the conversation?

(a) The advantages of living in Singapore.

(b) New job opportunities in Singapore.

(c) The woman's upcoming vacation.

(d) The man's love of travel.

번역 W   마이클, 싱가폴 어때?

M   환상적이야. 여긴 일자리도 아주 많아.

W   그거 좋은데. 여행도 많이 다니지?

M   당연하지. 가까운 데 갈 곳이 아주 많아.

W   거기 살다니 정말 좋겠다.

M   그 무엇하고도 바꿀 수 없지.

Q   대화의 소재는?

✔(a) 싱가폴에서 생활하는 이점.

(b) 싱가폴에서 새로운 취업 기회.

(c) 앞으로 있을 여자의 휴가.

(d) 남자의 여행 취미.

해설 여자가 남자에게 싱가폴 생활에 대해 묻자 남자는 취업 기회도 많고 여행하기도 좋아서 그곳에 사는 것이 매우 만족스럽다고 말하고 있으므로 대화의 전체 소재는 (a)이다. (b)와 (d)는 대화의 단편적인 내용에 불과하므로 답이 될 수 없다.

job opportunity 취업 기회   **wouldn't trade ... for anything** ~을 무엇과도 바꾸지 않겠다   **upcoming** 다가오는

35

M Well, I'm glad the interview's over.

W How do you think it went?

M I was nervous. They asked so many unexpected questions.

W Oh, I'm sure you answered them just fine.

M I don't know. I'd be surprised to hear back from them.

W That's not the attitude to have!

Q What is the main topic of the conversation?

(a) The man's performance at his job.

(b) The man's feeling about an interview.

(c) The woman's interview with the man.

(d) The woman's worries about a job interview.

번역 M 면접이 끝나서 기뻐.
W 면접은 어땠어?
M 긴장됐어. 예상치 못한 질문들을 많이 하더라고.
W 넌 분명 잘 대답했을 거야.
M 모르겠어. 다시 연락이 온다면 놀라운 일이지.
W 그런 태도는 바람직하지 않아!

Q 대화의 소재는?
(a) 남자가 자신의 일을 수행하는 능력.
✔(b) 남자가 면접에 대해 느낀 점.
(c) 여자가 남자를 면접 본 것.
(d) 취업 면접에 대한 여자의 우려.

해설 남자는 면접이 끝나서 기뻐하고 있으면서도 면접에서 예상치 못한 질문들을 받아 긴장했으며 면접 결과에 대해 자신 없다는 태도를 보이고 있다. 전체적으로 면접에 대해 본인이 느낀 점들을 말하고 있으므로 (b)가 정답이다.

be over 끝나다   **attitude** 태도   **performance** 수행, 성과

36

W Well, this place has gone downhill.

M I agree. The food is terrible now.

W Look at this, mine isn't even warm in the middle.

M Why don't you send it back?

W It's too much trouble. I just won't come back here.

M It's sad. It used to be so good.

Q What is the conversation mainly about?

(a) How a restaurant's quality has worsened.

(b) What is wrong with the woman's food.

(c) What dishes they will order next time.

(d) How they can get a refund.

번역 W 여기 점점 더 장사가 안 되는 것 같아요.
M 맞아요. 요즘 음식이 형편없어요.
W 이것 좀 봐요. 제 건 가운데가 데워지지도 않았어요.
M 다시 해달라고 말하지 그래요?
W 너무 귀찮아요. 그냥 여기 다시 안 올래요.
M 유감스럽군요. 예전엔 참 맛있었는데요.

Q 대화의 주된 내용은?
✔(a) 레스토랑의 질이 얼마나 떨어졌는지.
(b) 여자의 음식이 무엇이 잘못되었는지.
(c) 다음에는 어떤 음식을 주문할지.
(d) 어떻게 환불을 받아낼지.

해설 레스토랑의 질이 점점 나빠지고 있다는 여자의 말에 남자가 구체적으로 예를 들며 동의하고 있는데 레스토랑의 질이 어떻게 떨어졌는지를 말하고 있기 때문에 (a)가 정답이다. (b)는 여자의 음식에만 초점을 두고 있어서 대화의 주된 내용으로 보기 어렵다.

go downhill 쇠퇴하다   **worsen** 악화되다   **refund** 환불

37

M Hi, I'm calling about the one bedroom you're advertising?

W The one in Waterbrook? It's still available.

M Excellent. And the monthly rent is $800?

W Yes, and that includes all your utilities.

M OK. Could I come and take a look?

W Absolutely. Just let me know when.

Q What is the man mainly doing in the conversation?

(a) Deciding to buy a house.

(b) Complaining to his landlord.

(c) Inquiring about a rental property.

(d) Arranging to tour the woman's home.

번역 M 안녕하세요. 원룸 광고를 보고 전화드리는데요.

W 워터브룩에 있는 것 말씀이신가요? 아직 비어 있습니다.

M 잘됐군요. 월세가 800달러 맞죠?

W 네, 관리비 모두 포함해서입니다.

M 알겠습니다. 가서 둘러봐도 될까요?

W 물론이죠. 언제 오시는지 말씀만 해주세요.

Q 남자는 주로 무엇을 하고 있나?

(a) 주택 구입을 결정하기.

(b) 집주인에게 불만 사항 말하기.

✔(c) 임대용 주택에 관해 문의하기.

(d) 여자의 집을 둘러보기 위한 사전 준비하기.

해설 남자가 원룸 광고를 보고 집주인에게 전화를 걸어 문의하고 있으므로 정답은 (c)이며, 월세 가격을 언급한 것을 보아 주택을 구매하려는 것이 아니므로 (a)는 맞지 않다.

available 구할 수 있는 **utilities** 전기, 가스, 수도를 포함한 공공 요금 **landlord** 집주인 **rental property** 임대용 주택 **tour** 견학하다; 둘러보다

38

W Charles, are you OK? You left in a hurry yesterday.

M I was having severe chest pains.

W Oh no. Did you go to the hospital?

M Yes, my wife picked me up and took me there.

W Then, is everything alright?

M Yes, but they don't know for sure what caused it.

Q Which is correct according to the conversation?

(a) The man suffered from a sore leg.

(b) The man's wife met him at the hospital.

(c) Chest pains continue to trouble the man.

(d) Doctors could not explain the man's pain.

번역 W 찰스, 괜찮은 거예요? 어제 일찍 가던데요.

M 가슴 통증이 심했거든요.

W 저런. 병원에는 다녀왔어요?

M 네, 아내가 차로 픽업해서 병원에 데려다 줬어요.

W 그럼 이제 괜찮은 건가요?

M 네, 하지만 의사들도 통증의 원인이 뭔지 확실히는 모르더군요.

Q 대화에 따르면 옳은 것은?

(a) 남자는 다리 통증을 앓았다.

(b) 남자의 아내는 그를 병원에서 만났다.

(c) 남자는 가슴 통증으로 계속 고생하고 있다.

✔(d) 의사들은 남자의 통증을 설명하지 못했다.

해설 가슴 통증이 있는 남자는 부인과 함께 병원을 다녀왔고 지금은 괜찮다고 했다. 의사들이 가슴 통증의 원인을 확실히 알지 못했다고 남자가 말했으므로 (d)가 정답이다. (b)는 남자의 아내가 그를 데리러 와서 병원으로 함께 갔기 때문에 오답이다.

in a hurry 서둘러 **chest pain** 가슴 통증 **suffer** 고통 받다 **sore leg** 다리 통증 **trouble** 괴롭히다

39

M Have you seen the new action show on TBC?

W You mean *The Fighter Diaries*? No, not yet.

M Don't bother. I caught the first episode and it's atrocious.

W That's too bad. I guess the writing's not very good.

M No, it's the acting. Where do they find these people?

W Yeah, good TV actors are hard to come by.

Q Which is correct according to the conversation?

(a) The man has not seen the TBC show.

(b) The man liked *The Fighter Diaries*.

(c) The woman missed the TBC action show.

(d) The woman knows many good TV actors.

번역 M TBC에서 하는 새 액션 드라마 봤어?
W 〈파이터 다이어리〉 말하는 거야? 아직 못 봤는데.
M 볼 필요없어. 첫 회 봤는데 아주 형편없어.
W 그거 유감이네. 아마 극본이 별로인가 보지.
M 아니, 연기가 문제야. 이런 배우들을 어디서 구한 건지 몰라.
W 맞아, 훌륭한 TV 배우들은 구하기 힘들지.

Q 대화에 따르면 옳은 것은?
(a) 남자는 TBC 드라마를 보지 않았다.
(b) 남자는 〈파이터 다이어리〉를 좋아했다.
✔(c) 여자는 TBC 액션 드라마를 보지 못했다.
(d) 여자는 훌륭한 TV 배우들을 많이 알고 있다.

해설 새로운 TV 드라마에 출연하는 배우들의 연기가 형편없다고 남자가 불평을 하고 있다. 여자는 아직 드라마를 보지 않은 상황이므로 (c)가 정답이다. 남자는 끔찍하다고 말할 정도로 강한 반감을 보이고 있으므로 (b)는 답이 될 수 없다.
episode (드라마 등의) ~회 **atrocious** 형편없는, 끔찍한
acting 연기 **come by** ~을 얻다

40

W Professor, can I take an elective course next semester?

M Have you completed all your required courses?

W No, I still have a couple left.

M Well, you'd wait on the elective till senior year, then.

W You think I might have trouble fitting in the required ones?

M No, but better safe than sorry.

Q Which is correct according to the conversation?

(a) The woman is going to graduate next semester.

(b) The woman has finished her required courses.

(c) The man recommends not taking an elective.

(d) The man thinks the woman is failing school.

번역 W 교수님, 다음 학기에 선택 과목을 하나 수강해도 될까요?
M 필수 과목을 모두 이수했나?
W 아뇨, 아직 몇 개 남았어요.
M 음, 그렇다면 선택 과목 수강은 4학년이 될 때까지 기다리는 게 좋을 것 같은데.
W 제가 필수 과목 수강하는 데 문제가 있을 거라고 생각하세요?
M 아니, 그래도 나중에 후회하는 것보다는 낫지.

Q 대화에 따르면 옳은 것은?
(a) 여자는 다음 학기에 졸업할 것이다.
(b) 여자는 필수 과목을 모두 이수했다.
✔(c) 남자는 선택 과목을 수강하지 말라고 충고하고 있다.
(d) 남자는 여자가 낙제하리라고 생각한다.

해설 남자는 필수 과목을 다 이수하기 전에는 선택 과목을 수강하지 말 것을 조언하고 있으므로 (c)가 정답이다. 남자가 이렇게 말하는 것은 여자가 낙제할 것을 우려해서가 아니라 만약을 위해 조심하라는 의미이므로 (d)는 맞지 않다.
elective course 선택 과목 **required course** 필수 과목
senior 대학교 4학년 **fit in** ~이 들어갈 (시간적) 공간을 만들다
better safe than sorry 나중에 후회하는 것보다 미리 조심하는 게 낫다

41

M You're driving a little fast, aren't you?

W You think so? I'm going about 80.

M But the limit on this highway is 60.

W Is it really? I didn't know. I'll ease up.

M It's dangerous to go that fast, regardless of the law.

W You're right, thanks.

Q Which is correct about the woman according to the conversation?

(a) She thought she was going at 60.

(b) She knows the speed limit.

(c) She is going to slow down.

(d) She ignored the man.

번역 M 당신 좀 과속하는 것 같은데, 안 그래?

W 과속한다고요? 80으로 달리고 있는데요.

M 하지만 이 고속도로 제한 속도는 60인걸.

W 정말로요? 몰랐네요. 속력을 줄일게요.

M 법이 어떻든 간에 그렇게 빨리 달리는 건 위험해.

W 맞아요, 고마워요.

Q 여자에 관해 옳은 것은?

(a) 60으로 달리고 있었다고 생각했다.

(b) 제한 속도를 알고 있다.

✔(c) 여자는 속력을 줄일 것이다.

(d) 여자는 남자의 말을 무시했다.

해설 여자가 고속도로를 80으로 운전하고 있는 상황에서 남자가 제한 속도 60을 상기시켜 주며 제한 속도와 상관 없이 80으로 달리는 것은 위험하다고 지적해 주고 있다. 이에 대해 여자는 남자의 의견에 동의하며 속력을 줄이겠다고 하므로 (c)가 정답이다.

ease up 속력을 줄이다 **regardless of** ~에 상관없이
speed limit 제한 속도 **slow down** 속력을 줄이다

42

W Congratulations on getting the job, Trevor!

M Thanks for that.

W You don't look too happy. Why the long face?

M They're not going to pay me what I thought they would.

W Well, in this economy, we have to take what we can get.

M That's why I'll put up with it.

Q Which is correct about the man according to the conversation?

(a) He is suffering from unemployment.

(b) He did not get the job applied for.

(c) He had hoped for a better salary.

(d) He will complain about his pay.

번역 W 트레버, 취직 축하해!

M 고마워.

W 그런데 기분이 별로 좋아 보이지 않네. 왜 시무룩한 거야?

M 내가 예상한 것보다 급여가 낮아.

W 요즘 같은 경기엔 주는 대로 받을 수밖에 없지 뭐.

M 그래서 그냥 참고 넘어가려고 해.

Q 남자에 관해 옳은 것은?

(a) 실업 상태이다.

(b) 지원한 일자리를 얻지 못했다.

✔(c) 더 많은 급여를 받기 원했다.

(d) 급여에 대해 문제 제기를 할 것이다.

해설 남자가 취업은 되었지만 자신이 받으리라고 예상한 것보다 급여가 적어서 시무룩한 표정을 짓고 있으므로 더 많은 급여를 받고 싶어 했다는 (c)가 정답이다. 남자가 급여에 대해 불만은 있지만 경기가 좋지 않으니 어쩔 수 없다는 여자의 충고를 받아들여 급여를 문제 삼지 않겠다고 말했으므로 (d)는 적절하지 않다.

long face 표정이 시무룩하다 **economy** 경기 **put up with** ~을 참다 **unemployment** 실업 **apply for** ~에 지원하다

43

M Hi, can I help you?

W I'm looking for a good pair of rollerblades.

M This brand is the best we have. They're professional grade.

W Oh, I don't need that. I need a pair for casual exercise.

M OK, then may I suggest these?

W Those look perfect for rollerblading in the park.

Q What can be inferred about the woman?

(a) She wants the man to rollerblade with her.

(b) She used to be a professional rollerblader.

(c) She will purchase two pairs of rollerblades.

(d) She goes rollerblading in the park frequently.

번역 M 안녕하세요. 무엇을 도와드릴까요?
W 좋은 롤러블레이드를 사려고 하는데요.
M 이 브랜드가 저희 매장에서 가장 좋은 것입니다. 프로 선수용 이에요.
W 아, 프로 선수용은 필요 없고요. 일반 연습용을 찾는데요.
M 네, 그러면 이건 어떤가요?
W 공원에서 타기에 딱 맞는 롤러블레이드 같네요.
Q 여자에 관해 유추할 수 있는 것은?
(a) 남자가 자신과 함께 롤러블레이드를 타기 원한다.
(b) 예전에 롤러블레이드 프로 선수였다.
(c) 두 벌의 롤러블레이드를 구입할 것이다.
✔(d) 종종 공원에서 롤러블레이드를 탄다.

해설 롤러블레이드를 구입하려는 여자와 매장 직원의 대화이다. 가끔 연습하기 위해 필요하다는 것과 마지막에 공원에서 타기 딱 좋은 롤러블레이드라는 말에서 여자가 가끔 공원에서 연습한다는 사실을 유추할 수 있으므로 (d)가 정답이다.
brand 상표 **professional** 전문적인, 프로의 **casual** 평상시의 **purchase** 구매하다 **frequently** 종종

44

W Are you excited about meeting Kim tonight?

M If everything you've told me is true, then yes.

W She and I go way back. I think you'll fall for her.

M Well, let's not jump the gun here.

W But I just know you two will hit it off.

M Yeah, but let's just wait and see.

Q What can be inferred about the woman?

(a) She used to date the man.

(b) She has never actually met Kim.

(c) She is setting up two friends on a date.

(d) She hopes that the man will ask her out.

번역 W 오늘 밤 김을 만날 일이 기대되나요?
M 당신 말이 모두 사실이라면 뭐 그렇죠.
W 그녀와 저는 오래 알고 지낸 사이예요. 아마 그녀에게 반하실 걸요.
M 글쎄요. 너무 성급하게 굴지는 맙시다.
W 하지만 전 알아요. 둘이 잘 통할 거예요.
M 네, 그래도 좀 두고 봅시다.
Q 여자에 관해 유추할 수 있는 것은?
(a) 남자와 예전에 데이트를 하던 사이다.
(b) 사실 김을 만나본 적이 없다.
✔(c) 두 친구의 데이트를 주선하고 있다.
(d) 남자가 자기에게 데이트 신청하기를 바라고 있다.

해설 여자가 자신의 오랜 친구를 남자에게 소개시켜 주는 상황이므로 (c)가 정답이다. (a)는 여자와 남자가 데이트하던 사이라는 언급이 없고, 남자가 친구에게 데이트 신청하길 바라므로 (d)는 오답이다.
go way back 오랫동안 알고 지낸 사이다 **fall for** ~에게 반하다 **jump the gun** 성급하게 행동하다 **hit it off** (처음 만난 사람과) 마음이 잘 통하다 **set up ... on a date** 데이트를 주선하다 **ask out** 데이트를 신청하다

45

W   I haven't been sleeping well at all lately.

M   I'm not surprised. You've been so stressed out.

W   But doesn't stress make people tired?

M   Not always. I had terrible insomnia from stress once.

W   How did you get over it?

M   I started working out regularly.

Q   What can be inferred from the conversation?
(a) The woman has a stressful marriage.
(b) The man is concerned about his health.
(c) The woman is chronically overworked.
(d) The man no longer experiences insomnia.

번역   W   최근에 잠을 통 제대로 못 자고 있어요.

M   놀랄 일도 아니죠. 그동안 스트레스를 굉장히 많이 받았잖아요.

W   하지만 스트레스를 받으면 오히려 더 피곤하게 되지 않나요?

M   늘 그런 건 아니에요. 저도 스트레스 때문에 지독한 불면증에 시달린 적이 있어요.

W   어떻게 극복했나요?

M   규칙적으로 운동을 하기 시작했죠.

Q   대화에서 유추할 수 있는 것은?
(a) 여자는 결혼 생활로 스트레스를 받고 있다.
(b) 남자는 자신의 건강에 대해 우려하고 있다.
(c) 여자는 만성적으로 과로하고 있다.
✔(d) 남자는 더 이상 불면증을 앓고 있지 않다.

해설   여자가 심한 스트레스로 인해 불면증에 시달리고 있는 상황이다. 과로하고 있다는 언급은 없으므로 (c)는 답이 될 수 없다. 남자가 과거에 자신의 경험담을 말하며 규칙적인 운동으로 극복했다고 했으므로 (d)가 정답이다.

be stressed out 심한 스트레스를 받다   **insomnia** 불면증
get over ~을 극복하다   **work out** 운동하다   **chronically** 만성적으로

46

Compared to other members of the animal world, human beings are weaklings, some incapable of lifting the equivalent of their own body weight. Until recently, the rhinoceros beetle, capable of lifting 850 times its body weight, was regarded as the most stalwart member of the animal kingdom. But the dung beetle recently stole that title away when it showed researchers that it could carry 1,141 times its own body weight.

Q   What is the main topic of the lecture?
(a) Which animal is relatively the strongest.
(b) The relationship between diet and strength.
(c) The different abilities of humans and insects.
(d) Which species have the heaviest body weight.

번역   동물 세계의 다른 일원들과 비교할 때 인간은 자신의 몸무게에 해당하는 무게도 들어올릴 수 없는 약골이다. 최근까지는 체중의 850배를 들어올리는 장수풍뎅이를 동물 세계에서 가장 강한 동물로 보았다. 그러나 최근 쇠똥구리가 자기 체중의 1,141배를 들어올릴 수 있음을 연구가들이 밝힘에 따라 쇠똥구리가 장수풍뎅이의 챔피언 자리를 차지하게 되었다.

Q   강의의 소재는?
✔(a) 어떤 동물이 상대적으로 힘이 가장 센가.
(b) 다이어트와 힘의 관계.
(c) 인간과 곤충의 상이한 능력.
(d) 어떤 동물의 체중이 가장 많이 나가는가.

해설   동물 가운데서 자신의 체중 대비 가장 많은 무게를 들어올릴 수 있는, 상대적으로 힘이 가장 센 종에 관해 다루고 있으므로 (a)가 정답이다. 동물의 체중 자체가 얼마 나가는가는 전혀 언급하고 있지 않으므로 (d)는 어긋난다.

weakling 약골   **body weight** 체중   **rhinoceros beetle** 장수풍뎅이   **stalwart** 건장한   **dung beetle** 쇠똥구리

47

For much of its history, the science fiction genre has struggled with sexism. However, novels like Ursula K. Le Guin's *The Left Hand of Darkness* have made important strides in this regard. In the novel, Le Guin wrote about a world populated by a neuter society. She pondered what a culture without gender differences might look like. In so doing, she raised awareness about the issue of gender in science fiction.

Q What is the main idea of the talk?
(a) Science fiction is a relatively young genre.
(b) Le Guin's novel highlighted gender issues.
(c) Le Guin's *The Left Hand of Darkness* was popular.
(d) The fictional world of Le Guin is a reflection of Earth.

번역 공상 과학 소설 역사상 오랫동안 이 장르의 소설은 성차별에 맞서 계속 분투해왔다. 어슐러 K.르귄의 〈어둠의 왼손〉은 이러한 면에서 중요한 진전을 이루었다. 이 소설에서 르귄은 중성 사회가 존재하는 세계를 그렸다. 그녀는 성차별이 없는 문화가 어떤 모양을 하고 있을까에 대해 숙고하였고 그렇게 함으로써 공상 과학 소설에서 성 문제에 대한 인식을 높였다.

Q 담화의 요지는?
(a) 공상 과학은 상대적으로 신생 장르이다.
✔(b) 르귄의 소설은 성 문제를 집중 조명하였다.
(c) 르귄의 〈어둠의 왼손〉은 인기를 끌었다.
(d) 르귄의 공상 속 세계는 지구를 반영한 모습이다.

해설 공상 과학 소설 장르에서 이루어진 성차별 퇴치 노력의 대표적인 사례로 르귄의 작품을 소개하고 있다. 이 작품은 성 문제를 전면에 내세워 성차별이 없는 중성 사회를 그리고 있다는 것이므로 (b)가 정답이 된다. 〈어둠의 왼손〉이 인기를 끌었는지 르귄의 공상 세계가 지구를 닮았는지는 언급되어 있지 않기 때문에 (c)와 (d)는 답이 될 수 없다.

science fiction 공상 과학 **sexism** 성차별 **stride** 큰 걸음
in this regard 이러한 점에서 **populate** 거주하다 **neuter** 중성의 **ponder** 숙고하다 **raise awareness** ~에 대한 인식을 높이다

48

Orbiting space debris is an unavoidable byproduct of one of humankind's most impressive scientific achievements, space flight. Much of it will eventually slip out of orbit and burn up in the planet's atmosphere. However, space debris does sometimes pose problems for the International Space Station. Periodically, it must alter its orbit to avoid collision with junk in space. During a recent incident, the space station had to maneuver away from a chunk of a Soviet satellite. It was a piece of Kosmos 1275, which crumbled into pieces in 1981.

Q What is the main topic of the lecture?
(a) Recent Soviet space missions.
(b) The destruction of Kosmos 1275.
(c) The problem of space trash orbiting Earth.
(d) Obstacles overcome by the International Space Station.

번역 지구 궤도를 돌고 있는 우주 쓰레기는 우주 비행이라는 인류 역사상 가장 위대한 과학적 달성의 불가피한 부산물이다. 우주 쓰레기 중 대부분은 결국 궤도에서 벗어나 지구 대기에서 불타 없어질 것이다. 그러나 우주 쓰레기는 때로 국제 우주 정거장에 골칫거리가 되기도 한다. 때때로 세계 우주 정거장은 우주 쓰레기와의 충돌을 피하기 위해 궤도를 수정해야 한다. 최근의 예를 보면 우주 정거장은 구 소련 위성의 덩어리를 피하기 위해 궤도 변경 조작을 해야 했다. 그 덩어리는 1981년 부서져 조각나 버린 코스모스 1275호의 일부였다.

Q 강의의 소재는?
(a) 소련의 최근 우주 미션.
(b) 코스모스 1275호의 파괴.
✔(c) 지구 궤도를 도는 우주 쓰레기 문제.
(d) 세계 우주 정거장이 극복한 문제들.

해설 인류의 우주 비행에 따른 부수적 문제인 우주 쓰레기에 대해 다루고 있다. 지구 궤도를 돌고 있는 우주 쓰레기가 문제를 일으키고 있다는 것이 주된 내용이므로 (c)가 정답이다. (b)는 우주 쓰레기의 한 예인 코스모스 1275호의 파괴를 단순히 언급한 것에 지나지 않고, (d)는 초점이 우주 쓰레기가 아닌 세계 우주 정거장에 있으므로 정답이 될 수 없다.

orbit 궤도를 돌다 **space debris** 우주 쓰레기 **unavoidable** 피할 수 없는 **byproduct** 부산물 **slip out of** ~에서 미끄러져 나오다 **periodically** 간헐적으로 **maneuver** 조작하다 **chunk** 덩어리 **crumble** 부스러지다

49

Some people claim that video games cause violence and crime among juveniles. Research, however, does not support this idea. An analysis of recent federal crime statistics shows that juvenile violence is in fact at a 30-year low. This comes at a time when video games are more popular than ever before. Between 1995 and 2008, the arrest rate for juvenile murderers dropped by 71.9%, while video game sales quadrupled. It is clear that gamers understand there is a difference between fantasy and reality and do not mimic game violence in real life.

Q What is the main idea of the talk?
(a) Research suggests a link between gaming and crime.
(b) Violence in video games is becoming too graphic.
(c) Video games do not cause youth to be violent.
(d) Today's youth are adept at video game play.

번역 어떤 사람들은 비디오 게임이 청소년 폭력과 범죄를 야기한다고 주장한다. 그러나 연구가들은 이러한 의견에 동의하지 않는다. 최근 연방 범죄 통계 분석에 따르면 청소년 폭력이 지난 30년 만에 최저 수준을 기록하고 있다. 이러한 분석은 비디오 게임이 그 어느 때보다 인기를 얻고 있는 시점에 이루어진 것이다. 1995년에서 2008년 사이 청소년 살인범 체포율이 71.9% 감소한 반면, 비디오 게임 판매율은 4배 증가했다. 게이머들이 판타지와 현실 간에 차이가 있음을 이해하고 실생활에서 게임의 폭력을 모방하지는 않는 것이 분명하다.

Q 담화의 요지는?
(a) 연구에 따르면 게임과 범죄가 연계되어 있다고 한다.
(b) 비디오 게임 속 폭력이 너무나 생생히 묘사되고 있다.
✔(c) 비디오 게임은 청소년을 폭력적으로 만드는 요인이 아니다.
(d) 오늘날 청소년들은 비디오 게임을 잘한다.

해설 비디오 게임과 청소년 폭력 간에 연관 관계가 없음을 통계 자료 분석 결과를 들어 밝히고 있으므로 정답은 (c)가 된다. (a)는 일부 사람들의 주장이 그렇다는 것이고, (b)와 (d)는 언급되지 않았다.
juvenile 청소년 **murderer** 살인범 **quadruple** 4배가 되다 **mimic** 모방하다 **graphic** 생생한 **adept at** ~에 능한

50

We at Season of Summer in Vancouver pride ourselves on the fact that the ingredients in our artful dishes are always sourced from local organic farmers. For this, we have received praise from the local publication *Organic Weddings*. It doesn't matter whether your catered event is an intimate outdoor wedding or a formal reception for 1,000 in the Vancouver Convention Center. Count on us to provide you with the utmost quality and service.

Q What is mainly being advertised?
(a) A wedding venue in a convention hall.
(b) A catering service in the Vancouver area.
(c) The artistic projects of *Organic Weddings*.
(d) The creative chefs at a Vancouver restaurant.

번역 저희 밴쿠버 여름은 항상 지역 유기 농가로부터 저희의 멋진 요리에 들어가는 재료를 항상 공급받는 것에 자부심을 갖고 있습니다. 이는 지역 간행물인 〈오가닉 웨딩〉으로부터 호평을 받은 점이기도 합니다. 소규모 야외 결혼식이든 밴쿠버 컨벤션 센터에서 열리는 1,000명 규모의 공식 리셉션이든 상관없습니다. 최상의 품질과 서비스를 여러분께 제공해 드릴 것을 약속드립니다.

Q 주로 광고되고 있는 것은?
(a) 컨벤션 홀에서 열리는 결혼식.
✔(b) 밴쿠버 지역의 출장 요리 서비스.
(c) 〈오가닉 웨딩〉의 예술 프로젝트.
(d) 밴쿠버 레스토랑의 창의적인 요리사들.

해설 광고는 밴쿠버 지역에서 제공되는 출장 요리 서비스를 홍보하기 위한 것이므로 (b)가 정답이다. 내용에서 언급된 Convention Center, wedding, Organic Wedding 등과 같은 단어들 때문에 (a)나 (c)를 선택하지 않도록 유의한다.
ingredient 재료 **artful** 솜씨 좋은 **organic** 유기농의 **publication** 출판물 **intimate** 사적인 **count on** ~을 믿다 **utmost** 최상의 **venue** 개최 장소 **catering** (행사 등) 음식 공급 **artistic** 예술적인

51

Every month, the outdoor magazine *Sooner* invites readers to submit their most stunning snapshots in an amateur photographer competition. The deadline to enter December's competition, based on the theme "Natural Grandeur," is Friday. Submit your images soon if you'd like a chance at winning this month's grand prize. It's a 10-megapixel digital camera. The grand-prize winner and eleven runners-up will be featured in print in *Sooner*'s January issue and in its quarterly newsletter.

Q What is the main topic of the announcement?
(a) The guidelines for submitting articles to *Sooner*.
(b) Proposed themes for an upcoming competition.
(c) The approaching deadline for a contest.
(d) Best ways to capture digital images.

번역 아웃도어 전문 잡지인 〈앞서가는 사람〉은 매달 독자들의 가장 멋진 스냅샷을 공모하는 아마추어 사진 공모전을 개최합니다. 12월 공모 시한은 금요일이며 주제는 '자연의 웅장함'입니다. 이번 달 대상을 노리신다면 서둘러 이미지를 제출해 주십시오. 상품은 1,000만 화소짜리 디지털카메라입니다. 대상 수상자와 11명의 입상자들은 〈앞서가는 사람〉 1월호와 계간 소식지에 실리게 됩니다.

Q 공지사항의 소재는?
(a) 〈앞서가는 사람〉에 기사 제출에 대한 안내.
(b) 곧 있을 사진 공모전에 제시된 주제들.
✔(c) 다가오는 사진 공모전의 시한.
(d) 디지털 이미지를 포착하는 최고의 방법.

해설 잡지사가 개최하는 아마추어 사진 공모전 마감이 금요일이니 서둘러 이미지를 제출하라는 내용이므로 (c)가 정답이다. (b)는 부분적인 내용이므로 소재가 될 수 없다.
sooner 선점자 **stunning** 깜짝 놀라게 하는 **snapshot** 스냅샷(순간 촬영 사진) **theme** 주제, 테마 **grand prize** 대상 **megapixel** 100만 화소 **runner-up** 상위 입상자 **quarterly** 분기별로 **guideline** 가이드라인, 지침

52

University of Leicester geologists believe Earth has entered a new phase in the geologic timescale. According to the scientists, human development has inflicted unprecedented change in the last two centuries. Earth has been drastically altered by frenzied population growth, the morphing of cities into mega-metropolises, and rampant fossil fuel use. The scientists propose we may have triggered a new geological period. While not everyone agrees with the University of Leicester researchers, there is enough support for their assertion that scientific debate is already underway.

Q What is mainly being discussed in the lecture?
(a) The effect of population growth on Earth.
(b) The theory of a human-induced geologic period.
(c) Arguments supporting a reduction in fossil fuel use.
(d) Research conducted on the history of Earth's geology.

번역 레스터 대학의 지질학자들은 지구가 지질학적 연대기상 새로운 단계에 접어들었다고 생각한다. 이들에 따르면 인류의 개발은 지난 2세기 동안 전례 없는 커다란 변화를 가져왔다. 지구는 인구의 폭발적 증가, 거대 도시화, 무절제한 화석 연료 사용 등으로 인해 극심한 변화를 겪어왔다. 레스터 대학 지질학자들은 우리가 새로운 지질학적 시대를 시작하는 방아쇠를 당겼다고 말한다. 모든 사람들이 이 레스터 대학 연구가들의 의견에 동의하지는 않지만 이들의 주장을 지지하는 사람들이 많은 까닭에 과학적 논쟁이 이미 진행되고 있다.

Q 강의의 주요 내용은?
(a) 지구 상에서의 인구 증가의 영향.
✔(b) 인간이 유발한 지질학적 연대에 대한 이론.
(c) 화석 연료 사용 감축을 지지하는 주장.
(d) 지구 지질학 역사에 관해 실시된 연구.

해설 강의는 레스터 대학 지질학자들의 인간 활동으로 인해 새로운 지질학적 연대가 시작되었다는 주장을 골자로 하고 있으므로 (b)가 정답이다. 인구 증가나 화석 연료 사용 등은 그러한 연대의 시작을 촉발한 인간 활동의 일부 예에 불과하므로 (a)나 (c)는 답이 될 수 없다.
geologist 지질학자 **geologic timescale** 지질학적 연대 **drastically** 과감하게 **frenzied** 광적인 **morph into** ～로 변하다 **mega-metropolis** 거대 도시 **rampant** 절제되지 않은 **fossil fuel** 화석 연료 **trigger** 촉발시키다 **assertion** 주장 **debate** 논쟁 **underway** 진행 중인 **induce** 유발하다, 일으키다

53

In addition to serving as Roman emperor for nearly 20 years, Marcus Aurelius was a noteworthy figure in the history of Western philosophy. His particular brand of philosophical thought is regarded as a strain of Stoicism, which originated in Athens around the third century BC. The Stoic school of thought focused on living in harmony with reason and nature. Aurelius postulated that happiness "depends on the quality of your thoughts" and advised against entertaining "notions unsuitable to virtue and reasonable nature."

Q Which is correct according to the lecture?
(a) Marcus Aurelius ruled Rome for a brief period.
(b) Marcus Aurelius was the founder of Stoic philosophy.
(c) The philosophy of Aurelius is categorized as Stoicism.
(d) The idea of living without a care was part of Stoic belief.

번역 마르쿠스 아우렐리우스는 로마의 황제로서 약 20여 년을 통치했을 뿐만 아니라 서구 철학사상 주목할 만한 인물이었다. 그의 독특한 철학적 사고 방식은 스토아 철학의 성향을 가진 것으로 간주된다. 스토아 철학은 기원전 3세기경 아테네에서 유래된 것으로 기본 사상은 이성과 자연 사이에서 조화로운 생활에 초점을 두는 것이다. 아우렐리우스는 행복이란 '자신의 사고의 질에 좌우'되는 것이라고 가정했으며 '미덕과 합리적 본성에 부적절한 인식'에 탐닉하는 것에 대해 충고했다.

Q 강의 내용 중 옳은 것은?
(a) 마르쿠스 아우렐리우스는 짧은 기간 동안 로마를 다스렸다.
(b) 마르쿠스 아우렐리우스는 스토아 철학의 창시자였다.
✔(c) 아우렐리우스의 철학은 스토아 철학으로 분류된다.
(d) 걱정 없는 삶이라는 관념은 스토아적 신념의 일부였다.

해설 아우렐리우스의 독특한 철학적 사고 방식이 스토아 철학의 성향을 가진 것으로 간주된다는 내용이 있으므로 (c)가 정답이다. 아우렐리우스가 통치한 기간은 약 20년 정도로 짧은 기간이라고 할 수 없으며, 그의 철학 이전에 이미 스토아 철학이 존재했으므로 스토아 철학의 창시자도 아니므로 (a), (b) 모두 정답이 아니다. 또한 스토아 학파가 이성과 자연의 조화를 중시했지만 그것이 걱정 없는 삶을 추구한 것은 아니므로 (d)도 맞지 않다.
in addition to ~에 더하여 **serve** ~로서 근무하다, 일하다 **noteworthy** 주목할 만한 **figure** 인물 **philosophy** 철학 **strain** 경향 **Stoicism** 스토아 철학 **originate** 유래하다 **postulate** ~을 가정하다 **notion** 개념, 생각 **virtue** 미덕 **reasonable** 합리적인

54

The success of a photojournalist depends on his or her ability to stay abreast of local events. This helps photojournalists be at an event when it happens to capture the news. One tool photojournalists rely on to keep up to date is a police scanner. It's a radio receiver that picks up communications between the dispatchers at the police bureau and personnel in the field. By listening to police chatter, photojournalists pick up on breaking stories as the earliest reports come across the airwaves.

Q Which is correct according to the talk?
(a) Photojournalists often rely on luck.
(b) Police scanners are banned to the public.
(c) Photojournalists monitor police transmissions.
(d) Police communicate with local photojournalists.

번역 사진 기자의 성공은 지역 사건들에 얼마나 정통해 있는가 하는 능력에 달려 있다. 이러한 능력이 있어야만 사진 기자들은 사건이 벌어지는 현장에서 뉴스를 담을 수 있다. 사진 기자들이 최신 정보를 확보하기 위해 의존하는 도구 중 하나는 경찰 스캐너다. 이는 경찰서 상황실 대원과 현장 출동한 경찰 간의 대화를 들을 수 있는 라디오 수신기이다. 경찰들의 대화를 들으면서 사진 기자는 전파를 타고 흘러나오는 가장 빠른 보도들을 접하게 됨으로써 속보들을 건지게 된다.

Q 담화 내용 중 옳은 것은?
(a) 사진 기자들은 때로 운에 의존한다.
(b) 경찰 스캐너는 일반인에게는 금지되어 있다.
✔(c) 사진 기자들은 경찰 통신을 감청한다.
(d) 경찰은 지역 사진 기자들과 통신한다.

해설 사진 기자의 중요한 도구 중 하나로 경찰 스캐너를 소개하고 있는데 이 도구가 경찰들의 대화를 엿들을 수 있게 해준다고 하므로 (c)가 정답이다. (a)나 (b)는 본문에서 언급되어 있지 않다.
photojournalist 사진 기자 **abreast of** ~에 정통한 **capture** 포착하다 **rely on** 의존하다 **up to date** 최신의 **communication** 의사소통, 연락 **dispatcher** 배치된 사람 **bureau** 사무실, 국 **personnel** 직원 **field** 분야 **airwave** 방송 전파 **transmission** 통신

55

Lincolnville-based Cuisine Industries is one of a handful of companies under contract to provide field rations for the armed forces. Preparing and packaging 100,000 meals per month, the employees of Cuisine Industries work around the clock to feed those serving their country. Exciting new meal options are now being tested in the field, including Penang Curry and Mozzarella Panini. Cuisine Industries will officially introduce these new flavors to their product line by the end of the summer.

Q Which is correct according to the advertisement?
(a) Cuisine Industries has no industry competitors.
(b) Employees of Cuisine Industries work regular hours.
(c) New Cuisine Industries meals are under development.
(d) Armed forces are not due to receive any new meal options.

번역 링컨빌에 본사를 두고 있는 퀴진 인더스트리스는 군대 야전식 공급 계약을 맺고 있는 소수 회사 중 하나입니다. 퀴진 인더스트리스의 직원들은 국가를 위해 수고하는 군인들에게 식사를 제공하기 위해 매달 10만 인분 식사를 준비하고 포장하느라 밤낮을 가리지 않고 일하고 있습니다. 최근에는 기대되는 신 메뉴들을 현장에서 테스트하고 있는데 그 중에는 페낭 커리와 모짜렐라 파니니도 포함되어 있습니다. 퀴진 인더스트리스는 여름이 다 가기 전에 이러한 신 메뉴들을 제품 라인에 공식 출시할 것입니다.

Q 광고 내용 중 옳은 것은?
(a) 퀴진 인더스트리스는 업계 경쟁사가 없다.
(b) 퀴진 인더스트리스 직원들은 정규 근무시간에 일한다.
✔(c) 퀴진 인더스트리스의 신 메뉴들은 현재 개발 단계에 있다.
(d) 군인들은 신 메뉴들을 받을 자격이 없다.

해설 현재 테스트 단계에 있는 퀴진 인더스트리스 신 메뉴들을 소개하고 있으므로 (c)가 정답이다. 군대 야전식 공급 계약을 맺은 회사가 소수 있다고 언급했으며 퀴진 인더스트리스의 직원들이 밤낮을 가리지 않고 일을 하고 있다고 했으므로 (a)와 (b)는 오답이다.
cuisine 요리(법) a handful of 소수의 field ration 야전식 armed forces 군대 around the clock 24시간 serve 국가를 위해 일하다 officially 공식적으로 flavor 맛

56

Great chefs know that the perfect stock is deceptively simple, requiring but a few fine ingredients mingled together over low heat. Indeed, the importance of starting with fresh ingredients cannot be overstated. Old ingredients tend to have lackluster and uninspiring flavors, which will ultimately be transferred to your final dish. Low heat, the second requirement for a perfect stock, means your concoction should never boil. Water between 170 and 180 degrees Fahrenheit is just right.

Q Which is correct according to the talk?
(a) Some ingredients become more flavorsome with age.
(b) Two key requirements are needed for great stock.
(c) Superior stock is made by boiling ingredients.
(d) Never heat stock above 100 degrees.

번역 위대한 요리사들은 완벽한 육수를 만드는 것이 얼마나 믿을 수 없을 만큼 간단한지를 알고 있다. 단지 몇 개의 좋은 재료를 섞어서 낮은 온도에서 조리하면 되는 것이다. 사실 신선한 재료의 중요성은 아무리 강조해도 지나치지 않다. 오래된 재료들은 신선하고 강렬한 맛을 내지 못하게 마련이고, 이는 최종적으로 식탁에 오르는 음식의 맛에도 영향을 준다. 완벽한 육수를 만드는 두 번째 필수 요건은 낮은 온도에서의 조리인데 음식을 절대 끓여서는 안 된다는 것이다. 화씨 170에서 180도 정도의 온도가 적절하다.

Q 담화 내용 중 옳은 것은?
(a) 어떤 재료들은 시간이 지나면서 더 맛있어진다.
✔(b) 훌륭한 육수를 만드는 데는 두 가지 필수 요건이 있다.
(c) 고급 육수는 재료를 끓여서 만든다.
(d) 육수를 100도가 넘는 온도로 끓이지 말라.

해설 맛있는 육수를 끓이기 위해서는 신선한 재료와 낮은 온도 조리 원칙 두 가지를 지켜야 한다는 것이 위 담화의 주요 내용으로 (b)가 정답이다. (a)와 (d)는 언급되지 않았고, 재료를 끓이지 말라고 했으므로 (c)는 상반된 내용이다.
chef 요리사 stock (요리에 사용되는 기본) 육수 deceptively 믿을 수 없을 정도로 mingle 섞다 lackluster 흐릿한, 활기 없는 uninspiring 시시한, 활기차지 못한 ultimately 결국 concoction 조합물 Fahrenheit 화씨 flavorsome 맛이 있는 with age 시간이 지나면서

57

After the fall of Saigon in 1975, many hundreds of thousands of Vietnamese living in the southern part of the nation fled. The earliest wave of Vietnamese refugees often left because of their affiliation with the fallen government. Conditions quickly worsened, and a war with China led to the oppression of ethnic Chinese in Vietnam. Many more people then became refugees and risked their lives to escape. Consequently, a considerable portion of the 3 million Vietnamese living overseas today left Vietnam as refugees after 1975.

Q   Which is correct according to the talk?
(a) More than 3 million people left Vietnam in 1975.
(b) Vietnamese refugees often had government connections.
(c) China offered assistance to Vietnam after the fall of Saigon.
(d) Most Vietnamese refugees after Saigon fell were ethnic Chinese.

번역   1975년 사이공의 몰락 이후 베트남 남부 지역에 살고 있던 수십만 명의 베트남 사람들이 조국을 떠났다. 초창기 망명자들의 경우 몰락한 정부와 관계가 있었기 때문에 망명을 한 경우가 상당수 있었다. 상황은 급속하게 악화되어 중국과의 전쟁은 베트남 내 거주하던 소수 중국 민족에 대한 탄압으로 이어졌고 이번에는 더 많은 사람들이 목숨을 건 망명을 시도하게 되었다. 결과적으로 오늘날 해외에 거주하고 있는 3백만 베트남 사람들의 상당수가 1975년 이후 고국을 떠난 망명자들이다.

Q   옳은 내용은?
(a) 1975년에 3백만 명이 넘는 사람들이 베트남을 떠났다.
✔(b) 베트남 망명자들은 정부와 관계 있는 경우가 종종 있었다.
(c) 중국은 사이공 몰락 이후 베트남에 원조를 제공했다.
(d) 사이공 몰락 이후 대부분 베트남 망명자들은 중국 소수 민족이었다.

해설   초기 망명자들 가운데 정부 관계자들이 상당수 있었다는 내용이 있으므로 (b)가 정답이다. (a)의 3백만 명은 현재 해외 거주 베트남 사람들의 숫자이며, 중국과의 전쟁 후 중국 민족에 대한 탄압 때문에 중국 민족의 망명이 많았지만 사이공 몰락 이후 망명자들 대부분이 중국 민족이었다고 할 수는 없으므로 (a)와 (d)는 정답이 될 수 없다. (c)는 언급된 바 없다.

fall 몰락   **flee** 달아나다   **refugee** 난민, 망명자   **affiliation** (제휴·가맹) 관계   **oppression** 억압   **ethnic** 민족의   **considerable** 상당한   **portion** 부분, 일부   **overseas** 해외로

58

Vitruvian Man is one of the most recognized drawings of da Vinci. It depicts a male figure with arms and legs stretched out and rendered in two overlapping positions. The overall effect is of a four-armed, four-legged being. Drawn in 1487, *Vitruvian Man* is an illustration of the notes of the ancient Roman architect Vitruvius on his opinion of ideal human proportions. These included specifics such as the palm being equivalent to the width of four fingers and the length of the ear being one-third the length of the face.

Q   What can be inferred from the lecture?
(a) Da Vinci also drew a Vitruvian Woman.
(b) Da Vinci drew multiple versions of *Vitruvian Man*.
(c) Palms in *Vitruvian Man* are as wide as four fingers.
(d) *Vitruvian Man* has a nose that is one-third the face length.

번역   〈비트루비우스의 인체 비례〉는 레오나르도 다 빈치의 가장 유명한 작품 중 하나이다. 이 작품은 남성이 팔과 다리를 펼친 모습을 묘사하고 있는데 두 가지 포즈가 겹쳐져 있는 형태로 되어 있다. 전체적으로 보면 네 개의 팔과 네 개의 다리를 가진 인체의 모양이 된다. 1487년에 그려진 〈비트루비우스의 인체 비례〉는 고대 로마 건축가인 비트루비우스가 이상적인 인체 비율에 대해 피력한 의견을 회화화한 것이다. 그가 말한 이상적인 인체 비율은 예를 들면 손바닥의 넓이는 4개의 손가락이 차지하는 넓이와 동일해야 하며 귀의 길이는 얼굴 전체 길이의 3분의 1이 되어야 한다.

Q   강의에서 유추할 수 있는 것은?
(a) 다 빈치는 비트루비우스의 여성 인체 비례도 그렸다.
(b) 다 빈치는 〈비트루비우스의 인체 비례〉의 여러 버전을 그렸다.
✔(c) 〈비트루비우스의 인체 비례〉에서 손바닥 넓이는 손가락 4개의 넓이와 같다.
(d) 〈비트루비우스의 인체 비례〉에서 코의 길이는 얼굴 길이의 3분의 1에 해당한다.

해설   비트루비우스의 인체 비례는 고대 로마 건축가인 비트루비우스의 생각을 그림으로 표현한 것이므로 인체 비율에 대한 그의 의견이 반영되어 있고 그 예로 제시된 손바닥 넓이에 대한 내용이 일치한다는 (c)가 정답이다. (a)와 (b)는 언급되지 않은 내용이고 (d)는 코의 길이가 아니라 귀의 길이라야 맞다.

recognized 유명한   **depict** 묘사하다   **male** 남성의   **render** ~상태가 되게 하다   **overlapping** 겹치는   **overall** 전체의   **architect** 건축가   **proportion** 비율   **specifics** 세부사항   **equivalent** 동등한   **width** 폭, 너비   **length** 길이

59

Many runners will tell you that anyone can do their sport and it offers many rewards. Perhaps you've always been daunted by the prospect of running. You shouldn't be. All you have to do is take the first step of simply dreaming that you can become a good runner. As you proceed in your training program, you'll amaze yourself with personal breakthroughs as you gradually build your miles and physical fitness. Running can help you redefine your sense of your limitations.

Q What can be inferred from the talk?
(a) The speaker has positive feelings about running.
(b) Running is the most common sport on the planet.
(c) Runners are typically happier people than non-runners.
(d) The speaker assumes some people are unsuited to running.

번역 많은 주자들이 달리기는 누구나 할 수 있는 운동이고 많은 보상을 안겨준다고 말한다. 아마도 당신은 달리기를 한다는 예상만으로도 압도되어 버릴 것이다. 그러나 그럴 필요가 없다. 당신이 할 일은 단순히 훌륭한 주자가 될 수 있다는 상상을 하는 첫 단계를 시작하는 것뿐이다. 훈련 프로그램을 진행하다 보면 점점 달리는 거리가 늘어나고 체력이 향상됨에 따라 스스로 만들어가는 비약적인 발전에 놀라게 될 것이다. 달리기는 당신의 한계에 대한 개념을 재정립하도록 해준다.

Q 담화에서 유추할 수 있는 것은?
✔(a) 화자는 달리기에 대해 긍정적인 감정을 갖고 있다.
(b) 달리기는 지구상에서 가장 일반적인 스포츠이다.
(c) 달리기를 하는 사람들은 달리기를 하지 않는 사람들보다 일반적으로 더 행복하다.
(d) 화자는 일부 사람들은 달리기에 적합하지 않다고 추측한다.

해설 화자는 달리기에 대해 일반적인 관념과 달리 시작하기 어려운 운동이 아니며 달리기를 했을 때 좋은 결과가 나타나고 많은 보상이 있다고 한다. 화자가 달리기에 대해 긍정적인 시각을 갖고 있음을 알 수 있으므로 (a)가 정답이다. (b)와 (c)는 일반적으로 생각해볼 수 있는 내용이긴 하나 위 담화에서 유추할 수 있는 것은 아니다.

reward 보상 daunt 압도하다 prospect 예상 proceed 계속 진행하다 breakthrough 비약적 발전 redefine 재정의하다 positive 긍정적인 assume 가정하다, 추정하다

60

The phase of Pablo Picasso's career referred to as his Blue Period began in 1901 and lasted through 1904. The work he produced during this span of time is characterized by a downbeat mood and, of course, heavy use of the color blue. The subject matter in his paintings was similarly melancholy, including prisons, beggars, and prostitutes. Living as an impoverished artist in Paris, Picasso's work during this time may have been reflective of his personal circumstances.

Q What can be inferred about Picasso's Blue Period from the lecture?
(a) It was based on what other artists were painting.
(b) It coincided with an unhappy time in his life.
(c) It earned him substantial financial rewards.
(d) It followed a period of critical acclaim.

번역 파블로 피카소의 작품 활동 시기 중 청색 시대라고 불리는 기간은 1901년에 시작되어 1904년에까지 이른다. 이 기간에 피카소가 만들어낸 작품들의 특징은 암울한 분위기를 띠고 있다는 것이며 물론 청색이 과도하게 사용되었다. 그림의 소재 또한 유사하게 우울한 빛깔을 띠고 있는데, 예를 들어 감옥, 거지, 창녀 등이 등장했다. 파리에서 가난한 예술가의 생활을 하던 이 시기 피카소의 작품은 아마도 자신의 개인적 환경을 반영했을 것이다.

Q 피카소의 청색 시대에 대해 유추할 수 있는 것은?
(a) 다른 작가들의 작품에 기반을 두었다.
✔(b) 그의 인생 중 불행했던 시기와 일치했다.
(c) 그에게 상당한 경제적 보상이 주어졌다.
(d) 그가 호평을 받은 작품 활동을 하던 시기 다음이었다.

해설 이 시기 피카소의 작품들이 우울한 분위기를 띠고 있으며, 파리에서 가난하게 생활하던 자신의 주변 환경을 반영했으리라는 내용으로 볼 때 그의 인생 중 불행했던 시기에 해당한다고 볼 수 있으므로 (b)가 정답이다.

phase 단계 career 경력 span 기간 characterize 특징 짓다 downbeat 암울한 melancholy 우울한, 침울한 prostitute 매춘부 impoverished 가난한 reflective of ~을 반영하는 coincide with ~와 일치하다 substantial 상당한 acclaim 갈채, 호평

☐	hassle	골치 아픈 것, 소동
☐	get butterflies in one's stomach	긴장되다
☐	annex	별관
☐	feasible	실행 가능한
☐	headstrong	고집불통의
☐	call in	(결근 등의 이유로 직장에) 전화하다
☐	take in the hem	(옷의) 단을 줄이다
☐	hankering	갈망
☐	passing fad	일시적인 열광
☐	atrocious	형편없는
☐	elective course	선택 과목
☐	ease up	속력을 줄이다
☐	go way back	오랫동안 알고 지낸 사이다
☐	hit it off	(처음 만난 사람과) 마음이 잘 통하다
☐	insomnia	불면증
☐	chronically	만성적으로
☐	stalwart	건장한
☐	stride	큰 걸음
☐	ponder	숙고하다
☐	byproduct	부산물
☐	periodically	정기적으로
☐	maneuver	조작하다
☐	juvenile	청소년(의)
☐	mimic	모방하다
☐	adept at	~에 능한
☐	publication	출판물
☐	venue	개최지, 장소
☐	geologist	지질학자
☐	rampant	절제되지 않은
☐	postulate	~을 가정하다

ACTUAL TEST 8

PART I	1 (b)	2 (d)	3 (d)	4 (c)	5 (c)	6 (c)	7 (b)	8 (d)	9 (d)	10 (d)
	11 (b)	12 (d)	13 (c)	14 (c)	15 (d)					
PART II	16 (d)	17 (b)	18 (c)	19 (b)	20 (a)	21 (a)	22 (c)	23 (c)	24 (c)	25 (a)
	26 (d)	27 (a)	28 (d)	29 (b)	30 (b)					
PART III	31 (d)	32 (a)	33 (a)	34 (c)	35 (a)	36 (c)	37 (a)	38 (d)	39 (d)	40 (b)
	41 (c)	42 (d)	43 (d)	44 (c)	45 (b)					
PART IV	46 (a)	47 (b)	48 (d)	49 (c)	50 (c)	51 (c)	52 (c)	53 (a)	54 (b)	55 (d)
	56 (a)	57 (c)	58 (a)	59 (c)	60 (d)					

ACTUAL TEST 8   **Part I**

1

W   Are you having trouble getting online?

M   _____

(a) At least it was before lunch.
(b) Yeah, I'll go reset the router.
(c) Nope, I left it at home today.
(d) I should have it on my laptop.

번역   W   인터넷에 접속하는 데 문제가 있으세요?
     M   _____
     (a) 적어도 점심 전이었어요.
     ✔(b) 네, 가서 라우터를 다시 켜야겠어요.
     (c) 아뇨, 오늘은 그걸 집에 두고 왔어요.
     (d) 그걸 노트북 컴퓨터에 뒤야겠어요.

해설   인터넷 접속에 문제가 있느냐는 질문에 긍정, 부정 대답이 나와야
자연스러우므로 (b)가 적절하다.
have trouble -ing ~하는 데 어려움을 겪다   **get online** 인터
넷에 접속하다   **router** 라우터(네트워크 전달 중계 장치)

2

M   Who were those guys at the door?

W   _____

(a) You said they were coming at 5:00.
(b) I thought you would remember it.
(c) The florist shop on Main Street.
(d) People I knew in high school.

번역   M   문에 있던 그 사람들 누구였니?
     W   _____
     (a) 네가 그 사람들이 5시에 온다고 했잖아.
     (b) 네가 그걸 기억하고 있을 거라 생각했는데.
     (c) 메인 가에 있는 꽃집이야.
     ✔(d) 고등학교 때 알던 사람들이야.

해설   those guys가 누구인지 묻고 있으므로 어떤 사람들인지 언급한
(d)가 가장 어울리는 응답이다. (a)는 어떤 사람인지를 설명하는
내용이 아니므로 어색하다.
florist 꽃집, 꽃집 주인

3

M Jenny, your editorial on the *Times* website was fantastic.

W _____

(a) I'll have to see about that.
(b) You put a lot of work into it.
(c) By the end of the week, I expect.
(d) That means a lot coming from you.

번역 M 제니, 〈타임즈〉 홈페이지에 실린 당신 사설 정말 멋졌어요.
　　 W _____
　　 (a) 그것에 대해 알아봐야겠어요.
　　 (b) 당신은 그것에 많은 공을 들였죠.
　　 (c) 이번 주 금요일까지인 것 같아요.
　　 ✔(d) 그런 말을 들으니 너무 기쁘네요.

해설 남자가 칭찬을 하고 있으므로 기뻐하거나 감사의 표현을 하는 (d)가 응답으로 알맞다. (b)는 주어가 I라면 가능한 응답이다.
　　 editorial 사설, 논설　**fantastic** 멋진　**the end of the week** 금요일

4

W Close that window, Eric. My papers are blowing away.

M _____

(a) I left it over there by the door.
(b) Maybe we should go inside.
(c) It suddenly got breezy in here.
(d) It's quite warm enough for that.

번역 W 에릭, 저 창문 좀 닫아. 내 서류가 날아가잖니.
　　 M _____
　　 (a) 저기 문 옆에 두었어.
　　 (b) 우리 안으로 들어가야겠다.
　　 ✔(c) 갑자기 여기로 바람이 불어왔네.
　　 (d) 그럴 만큼 따뜻해.

해설 문을 닫아 달라는 여자의 말에 수락이나 거절의 응답이 아니라 정답 (c)와 같이 상황에 대한 부연 설명이 이어질 수 있다.
　　 blow away 불어 날리다　**breezy** 산들바람이 부는　**quite** 꽤, 무척

5

M The elevator's broken again? You've got to be kidding me.

W _____

(a) I'm going to the 34th floor.
(b) Then don't take the elevator.
(c) We'll just have to use the stairs.
(d) That's right, sir. We've repaired it.

번역 M 엘리베이터가 또 고장 났어? 설마 아니겠지.
　　 W _____
　　 (a) 난 34층으로 갈 거야.
　　 (b) 그렇다면 엘리베이터를 타지 마.
　　 ✔(c) 우리 계단으로 가야 해.
　　 (d) 맞습니다, 선생님. 저희가 그걸 수리했습니다.

해설 엘리베이터가 고장 났으므로 계단으로 가자는 (c)가 가장 적절하며, (d)는 수리를 누가 했는지 묻는 질문이 아니므로 오답이다.
　　 broken 고장 난　**You've got to be kidding me.** 농담이겠지.　**stairs** 계단

6

W Where is Walnut Street from here?

M _____

(a) No, I just moved here.
(b) Coolidge Street. Nearby.
(c) At that intersection up there.
(d) That's a main street in town.

번역 W 월넛 가는 여기서 어느 쪽이죠?
　　 M _____
　　 (a) 아뇨, 저는 얼마 전에 이곳으로 이사 왔어요.
　　 (b) 쿨리지 가요. 근처예요.
　　 ✔(c) 저쪽 저 교차로예요.
　　 (d) 그곳은 도심의 중심가예요.

해설 여자가 길의 위치를 묻고 있으므로 이를 알려주는 (c)가 가장 적절한 응답이다.
　　 nearby 인근의　**intersection** 교차로　**main street** 중심가

7

M Why hasn't Maria called yet?

W _____

(a) I don't know her number.
(b) She's probably still sleeping.
(c) You didn't answer the phone.
(d) We talked on the phone recently.

번역 M 마리아는 왜 아직 전화를 안 하지?
　　W _____
　　(a) 난 그녀 번호를 몰라.
　　✔(b) 그녀는 아마 아직 자고 있을 거야.
　　(c) 네가 전화를 안 받았어.
　　(d) 우리 최근에 통화했는데.
해설 마리아가 아직 전화를 하지 않은 이유를 묻는 질문에 가장 어울리는 응답은 그녀가 아직 자고 있을 것이라는 (b)이다.
answer the phone 전화 받다　**talk on the phone** 전화 통화하다

8

W Which mountain is that? Looks like a loaf of bread.

M _____

(a) Look at where it is located.
(b) No, I'm not hungry right now.
(c) I did think we could hike there.
(d) It's named Breadloaf Mountain.

번역 W 저건 무슨 산이지? 마치 식빵 덩어리처럼 생겼는데.
　　M _____
　　(a) 거기 위치를 봐.
　　(b) 아니, 지금은 배가 안 고파.
　　(c) 우리가 거기서 도보 여행을 할 수 있을 거라 생각했지.
　　✔(d) 이름이 빵 덩어리 산이야.
해설 무슨 산인지를 묻는 여자의 말에 가장 어울리는 대답은 산의 이름을 알려주는 (d)이다. 산의 위치나 도보 여행에 관한 대화는 아니므로 (a), (c)는 어색하다.
a loaf of bread 빵 한 덩어리　**be located** 위치하다

9

M How long has this wind farm been here?

W _____

(a) Over 16 acres in area.
(b) It was scrapped long ago.
(c) Not enough to power this region.
(d) It opened sometime late last year.

번역 M 이 풍력 발전 지역은 생긴 지 얼마나 되었죠?
　　W _____
　　(a) 면적이 16에이커가 넘어요.
　　(b) 오래 전에 폐기되었어요.
　　(c) 이 지역에 전력을 제공할 만큼은 아니에요.
　　✔(d) 작년 말 어느 날 생겼어요.
해설 How long으로 시작하는 질문이므로 기간이나 시간과 관련된 응답이 와야 하므로 (d)가 가장 자연스럽다. 남자의 질문 뒷부분을 놓치고 (a)를 답으로 착각하지 않도록 한다.
wind farm 풍력 발전 지역　**acre** 에이커 (넓이를 재는 단위)　**scrap** 폐기하다, 버리다　**power** 전력을 공급하다

10

W What could you have possibly liked about that book?

M _____

(a) I asked before buying it.
(b) I know, but it wasn't at all.
(c) Hey, you'll spoil it for me.
(d) The illustrations were great.

번역 W 너라면 과연 저 책의 어떤 점을 좋아했을 것 같니?
　　M _____
　　(a) 내가 그걸 사기 전에 물어봤어.
　　(b) 알아, 하지만 전혀 아니었어.
　　(c) 이봐, 날 재미없게 만들 참이구나.
　　✔(d) 삽화가 멋졌어.
해설 책의 어떤 점을 좋아했을 것 같은지 묻고 있으므로 책의 장점에 대해 말하고 있는 (d)가 가장 적절한 대답이다. (c)는 책 내용을 미리 말해서 재미를 떨어뜨리지 말라고 할 때 쓸 수 있는 말이다.
spoil 망쳐 놓다　**illustration** 삽화

11

M Do you have your watch repair tools here?

W _____

(a) I don't know what time it is.
(b) They're in a box by the wall.
(c) One with a black leather strap.
(d) It's the watch mother gave me.

번역 M 시계 수리 도구들 여기 있니?

W _____

(a) 몇 시인지 모르겠어.
✔(b) 벽 옆에 있는 상자 안에 있어.
(c) 검정 가죽끈이 있는 걸로요.
(d) 그 시계는 엄마가 주셨어.

해설 시계를 고치는 데 필요한 도구가 있는 곳을 묻고 있으므로 위치를 언급한 (b)가 가장 적절하다. (c), (d)는 모두 시계에 관한 구체적인 내용이다.

leather 가죽 **strap** 끈

12

W I couldn't tell if the address was 313 Bentwood or Brentwood.

M _____

(a) Both addresses will be fine.
(b) One of my friends lives there.
(c) About a mile from Woodlawn Park.
(d) I'll check because I'm not sure, either.

번역 W 주소가 313 벤트우드였는지 브렌트우드였는지 잘 모르겠어.

M _____

(a) 두 주소 모두 괜찮을 거야.
(b) 내 친구 하나가 거기 살아.
(c) 우드론 공원에서 1마일 정도야.
✔(d) 나도 잘 모르니 확인해 볼게.

해설 여자가 주소를 잘 모르겠다고 하니 올바른 주소를 알려주거나 확인해보겠다는 말이 와야 자연스러우므로 (d)가 적절하다.

address 주소 **check** 확인하다

13

M How much does a gym membership here cost?

W _____

(a) I'm afraid it's out of stock.
(b) But I'm not sure if I'm ready.
(c) It's about 40 dollars a month.
(d) It gives you access to our facilities.

번역 M 여기 헬스 회원비는 얼마죠?

W _____

(a) 그건 품절된 것 같네요.
(b) 하지만 제가 준비가 된 건지 잘 모르겠어요.
✔(c) 한 달에 약 40달러예요.
(d) 그걸로 저희 시설을 이용하실 수 있어요.

해설 How much를 이용해 비용을 묻고 있으므로 구체적으로 알려주는 (c)가 가장 어울리는 응답이다. 남자의 대화 중 나온 membership만 기억했다가 (d)를 고르지 않아야 한다.

gym 헬스클럽(gymnasium) **membership** 회원 **out of stock** 품절이 된 **access to** ~로의 입장, 접근 **facility** 시설

14

W Have you been to see the new zoo exhibit?

M _____

(a) No thanks, I'll take next week.
(b) You might want to reserve it.
(c) Not yet, but I will eventually.
(d) I hope you enjoyed it there.

번역 W 새 동물원 전시를 보러 가본 적 있니?

M _____

(a) 고맙지만 괜찮아. 다음 주로 할게.
(b) 아마 예약해야 할 거야.
✔(c) 아직, 하지만 결국 가긴 갈 거야.
(d) 네가 그곳에서 즐거웠으면 해.

해설 가본 적이 있냐는 경험을 묻는 질문에 부정의 응답을 한 (c)가 가장 적절하다. 앞으로 갈 예정이라는 말은 아니므로 (a), (b)는 모두 어색하다.

exhibit 전시 **reserve** 예약하다 **eventually** 결국, 마침내

15

W I hear you're working on a short film. What's it about?

M _____

(a) Hope we finish before then.
(b) My friend Elisa did the audio.
(c) No, I haven't heard about it yet.
(d) It's actually really hard to describe.

번역 W 너 단편 영화 작업한다며. 무슨 영화야?
M _____
(a) 우리가 그 전에 끝낼 수 있길 바래.
(b) 내 친구 엘리사가 음향을 맡았어.
(c) 아니, 난 아직 그것에 대해 들은 바가 없는데.
✔(d) 사실 설명하기 좀 어려워.

해설 무엇에 관한 영화인지 영화 내용을 묻고 있으므로 설명하기 어렵다고 응답한 (d)가 가장 적절하다.
short film 단편 영화 **audio** 음향 **describe** 설명하다

17

W We need to set an auditing date for the business.

M I see. Should we hold a meeting?

W Yes, all department heads should attend.

M _____

(a) You've already told the employees.
(b) I'll check with them about a date.
(c) Mention I'm starting a business.
(d) That day won't work for me.

번역 W 우리는 사업에 대한 회계 감사일을 정해야 해요.
M 알겠어요. 회의를 소집해야 하나요?
W 네, 모든 부서장들은 참석해야 합니다.
M _____
(a) 당신이 이미 직원들에게 말했어요.
✔(b) 그분들에게 날짜에 대해 확인해 볼게요.
(c) 제가 사업을 시작한다고 언급하세요.
(d) 그날은 안 될 것 같아요.

해설 전 부서장들이 참석하는 회의 소집에 대해 날짜 확인을 언급한 (b)가 적절한 응답이다.
auditing 회계 감사 **head** 책임자 **mention** 말하다, 언급하다

ACTUAL TEST 8   **Part II**

16

W Did you hear that Marginal Street is closed?

M Wow, because of flooding?

W Yeah. Everything on the south side is underwater.

M _____

(a) Me neither, I can't open it.
(b) It won't be in this weather.
(c) But they'll probably still be closed.
(d) I don't remember flooding this bad.

번역 W 너 마지널 가가 폐쇄된다는 거 들었니?
M 세상에, 홍수 때문이야?
W 응. 남쪽 지역은 몽땅 물에 잠겼어.
M _____
(a) 나도. 그걸 못 열겠어.
(b) 이 날씨에서는 그렇지 않을 거야.
(c) 하지만 거긴 여전히 폐쇄되었을 수도 있어.
✔(d) 이렇게 심한 홍수는 처음 봐.

해설 홍수로 인해 도로가 폐쇄되었다는 말에 대해 놀랍다는 반응이 담긴 (d)가 가장 자연스러운 응답이다.
flooding 홍수, 범람 **underwater** 물 속의

18

W This fabric is made of banana fibers.

M You mean these briefs are made of bananas?

W I know it's odd, but they're very eco-friendly.

M _____

(a) No, I'm certain of it.
(b) Most people are surprised by it.
(c) I wonder what they'll think of next.
(d) The truth is, I just don't like the flavor.

번역 W 이 천은 바나나의 섬유질로 만들어졌어.
M 그럼 이 팬티가 바나나로 만들어졌던 말이야?
W 이상한 거 알아. 하지만 아주 친환경적이잖니.
M _____
(a) 아니, 난 그걸 확신해.
(b) 대부분의 사람들이 그것에 놀라.
✔(c) 사람들이 다음엔 뭘 생각해낼지 궁금해지네.
(d) 사실, 맛은 별로야.

해설 바나나의 섬유질로 만든 천에 대한 얘기를 들은 후 남자의 첫 반응을 볼 때 (c)와 같이 의아해하는 응답이 가능하다. (b)는 남자의 말을 들은 후 여자가 함직한 대답이다.
fabric 천, 직물 **fiber** 섬유, 섬유질 **briefs** (속옷) 팬티 **odd** 이상한 **eco-friendly** 친환경적인 **flavor** 맛

19

W This place must be pretty old.

M It's one of the oldest jazz clubs in the country.

W What about Preservation Hall in New Orleans?

M _____

(a) I've never been there before.

(b) That's the only one that's older.

(c) I'm sure you'll have a great time.

(d) But it's just not as cozy as this one.

번역 W 여기는 분명 꽤 오래된 것 같아.

　　 M 이건 전국에서 제일 오래된 재즈 클럽 중 하나야.

　　 W 뉴올리언즈에 있는 프리저베이션 홀은?

　　 M _____

　　 (a) 거기 한 번도 안 가봤어.

　　 ✔(b) 거기가 더 오래된 유일한 곳이지.

　　 (c) 분명 넌 즐거운 시간을 보낼 거야.

　　 (d) 하지만 거긴 여기만큼 아늑하지 않아.

해설 오래된 재즈 클럽에 대해 이야기하면서 두 곳 중 어디가 오래 되었는지 묻고 있으므로 둘 중 한 곳을 언급한 (b)가 가장 자연스럽다.

　　 pretty 매우 **cozy** 아늑한

20

W What kind of conservation work do you do?

M Well, for example, there's our sea turtle rescue program.

W So what does that involve?

M _____

(a) Rehabilitating turtles found on the beach.

(b) Surely there are other issues to address.

(c) I'm not sure which program you mean.

(d) I don't know how to help out.

번역 W 당신은 어떤 환경 보호 일을 하시나요?

　　 M 음, 예를 들어, 바다거북 구조 프로그램 같은 것이 있어요.

　　 W 그럼 어떤 일을 하게 되나요?

　　 M _____

　　 ✔(a) 해변가에서 발견된 거북이들을 치료하는 것이요.

　　 (b) 꼭 다뤄야 할 다른 문제들이 있어요.

　　 (c) 어떤 프로그램을 말씀하시는 건지 잘 모르겠네요.

　　 (d) 어떻게 도와야 할지요.

해설 바다거북 구조 프로그램에 관해 구체적인 일을 묻고 있으므로 (a)가 가장 적절하다.

　　 conservation 환경 보호 **rescue** 구조 **involve** 포함하다, 수반하다 **rehabilitate** 재활 치료를 하다 **address** 다루다

21

W So how was the class fashion show last night?

M A model tripped wearing one of my pieces.

W I hope that won't affect your grade.

M _____

(a) Me, too. I'm worried about that.

(b) Overall, better than I expected.

(c) I don't think my professor did.

(d) Too bad. I wish I could have.

번역 W 그래서, 어젯밤 너희 반 패션쇼는 어땠어?

　　 M 모델 하나가 내 작품을 입은 채 발을 헛디뎌서 넘어졌어.

　　 W 네 성적에 영향을 미치지 않으면 좋겠구나.

　　 M _____

　　 ✔(a) 나도. 그게 걱정돼.

　　 (b) 전체적으로 기대했던 것보다 좋았어.

　　 (c) 우리 교수님이 그러셨을 것 같진 않아.

　　 (d) 안됐구나. 나도 그랬다면 좋았을 텐데.

해설 패션쇼에서 있었던 일을 듣고 걱정을 하고 있으므로 (a)가 가장 적절하다. (b)는 걱정을 해주는 여자의 말과 어울리지 않는다. 오히려 여자의 첫 번째 질문에 대해 가능한 응답 예이다.

　　 trip 발을 헛디디다, 걸려 넘어지다 **affect** 영향을 미치다

22

M Excuse me, why is this box of tea so expensive?

W It's from tea plants that are over 30 years old.

M And what about the taste?

W _____

(a) Oh, I'm fine, thank you.

(b) I'm afraid we don't have any.

(c) You'll find it to be less bitter.

(d) It was produced in China too.

번역 M 죄송합니다만, 이 차는 왜 이렇게 비싼 거죠?

　　 W 30년 이상 된 차나무에서 딴 거라 그렇습니다.

　　 M 맛은 어떤데요?

　　 W _____

　　 (a) 아, 저는 괜찮아요. 감사합니다.

　　 (b) 죄송하지만 남아 있는 게 없네요.

　　 ✔(c) 맛이 좀 덜 쓸 거예요.

　　 (d) 그것도 역시 중국에서 생산되었습니다.

해설 남자가 차의 맛에 대해 묻고 있으므로 (c)가 가장 자연스럽다. (a)는 차를 권하는 말에, (b)는 재고의 유무에 대한 응답이 된다.

　　 bitter (맛이) 쓴 **produce** 생산하다

23

M It's time to start planting peas in the garden.

W But isn't it too early for planting?

M Nope. Ten degrees Celsius is warm enough.

W _____

(a) Yes, because I did it last year.
(b) Hopefully it will warm up soon.
(c) I didn't realize peas were so hardy.
(d) I'm not sure what the temperature is.

번역 M 정원에 콩을 심기 시작할 때야.
　　W 하지만 심기에 너무 이른 거 아냐?
　　M 아니. 섭씨 10도면 충분히 따뜻해.
　　W _____
　　(a) 그래, 내가 작년에 그걸 했거든.
　　(b) 곧 따뜻해졌으면 좋겠다.
　　✔(c) 콩이 그렇게 추위에 강한지 몰랐네.
　　(d) 기온이 몇 도인지 잘 모르겠어.
해설 콩을 심기에 날씨가 이른 것 같다는 여자의 말에 남자가 이 정도 기온이면 충분하다고 했으므로 (c)가 가장 적절하다. 날씨 얘기를 나누는 것이 아니므로 (b)와 (d)는 적절하지 않다.
　　Celsius 섭씨　**hardy** (식물이) 추위를 잘 견디는
　　temperature 기온

24

M How do I prepare my computer to sell?

W For a start, erase all data on your disk.

M Then what should I do?

W _____

(a) It would erase everything.
(b) If I were you, I would do it.
(c) Reinstall your operating system.
(d) If you want to sell your computer.

번역 M 내 컴퓨터를 팔려면 뭘 해야 하지?
　　W 우선, 디스크에 있는 모든 데이터를 지워야지.
　　M 그리고는 뭘 해야 해?
　　W _____
　　(a) 그게 모든 걸 다 지울 거야.
　　(b) 내가 너라면, 그걸 하겠어.
　　✔(c) 운영 체제를 다시 설치해.
　　(d) 네가 네 컴퓨터를 팔고 싶으면 말이지.
해설 컴퓨터를 팔기 위한 준비 절차를 묻고 있는 상황이므로 다음 단계를 알려주는 (c)가 가장 자연스럽다.
　　for a start 우선, 먼저　**reinstall** 재설치하다

25

W Barry, I missed the morning ferry to the island.

M That's disappointing! What about tomorrow?

W Yeah, I'll catch the first ferry in the morning.

M _____

(a) Then see you at the dock at 9:30.
(b) I was thinking it left at 11:15.
(c) At that new ferry by the pier.
(d) It was later than I expected.

번역 W 배리, 나 섬으로 가는 아침 페리를 놓쳤어.
　　M 이거 실망인걸. 내일은 어때?
　　W 좋아, 아침 첫 페리를 탈게.
　　M _____
　　✔(a) 그러면 선착장에서 9시 30분에 보자.
　　(b) 그게 11시 15분에 떠났던 것 같아.
　　(c) 부두 옆에 있는 저 새 페리에서.
　　(d) 내가 기대했던 것보다 늦게였어.
해설 내일 만날 것에 대한 약속을 정하고 있는 상황이므로 만날 시간과 장소를 말하는 (a)가 가능한 응답이다.
　　ferry 연락선, 페리　**dock** 부두, 선착장　**pier** 부두

26

M I like this teapot, but it looks rather fragile.

W Oh, it should be OK.

M Aren't you worried it might break right away?

W _____

(a) Good thing it didn't break.
(b) But I'd rather get this larger one.
(c) Well, it was useful while it lasted.
(d) It's probably stronger than it looks.

번역 M 이 찻주전자가 좋은데 좀 약할 것 같아.
　　W 아, 그거 괜찮을 거야.
　　M 금방 깨질 것 같아서 걱정되지 않아?
　　W _____
　　(a) 깨지지 않아서 다행이다.
　　(b) 하지만 난 차라리 이 큰 걸 사겠어.
　　(c) 음, 유지되는 동안은 쓸모 있었어.
　　✔(d) 보이는 것보다는 아마 견고할 거야.
해설 찻주전자가 약해 보여 걱정하는 남자에게 여자는 괜찮을 거라고 말하고 있으므로 (d)가 가장 자연스럽다. (b)는 남자가 여자의 대답을 들은 후 말할 수 있는 표현이다.
　　teapot 찻주전자　**fragile** 부서지기 쉬운　**last** 유지되다

27

M I'm looking for a flash for my camera.

W What kind of camera is it?

M It's a Holga 135.

W _____

(a) This model should do the trick.
(b) You didn't need to bring one.
(c) I can't remember the number.
(d) I couldn't find that brand.

번역 M 제 카메라에 맞는 플래시를 찾고 있어요.
W 카메라가 어떤 종류인데요?
M Holga 135예요.
W _____
✔(a) 이 모델이 아주 좋을 거예요.
(b) 가져오실 필요는 없었는데요.
(c) 번호가 기억나지 않네요.
(d) 그 브랜드를 찾을 수 없어요.

해설 여자는 상점의 직원으로, 자신의 카메라에 필요한 플래시를 찾고
있는 남자에게 제품을 권해주는 (a)가 가장 적절한 응답이다.
do the trick 성공하다, 효과가 있다 **brand** 상표

28

M What kinds of herbs are these?

W There's basil, rosemary, and peppermint.

M I like how you used tins as pots.

W _____

(a) Sure, you can use some if you want.
(b) Probably some other types as well.
(c) Peppermint is my favorite, too.
(d) I got the idea from a magazine.

번역 M 이건 어떤 종류의 허브들이죠?
W 바질, 로즈메리, 페퍼민트가 있어요.
M 항아리로 화분을 만드신 거 맘에 드네요.
W _____
(a) 물론이죠, 원하시면 조금 쓰셔도 돼요.
(b) 아마 다른 종류도 약간이요.
(c) 페퍼민트는 저도 제일 좋아하는 거예요.
✔(d) 한 잡지에서 아이디어를 얻었죠.

해설 남자가 항아리로 화분을 만든 것을 칭찬하고 있으므로 (d)와 같이
감사나 화분에 대한 부연 설명이 이어지는 것이 적절하다.
herb 허브 **tin** 깡통 **favorite** 특히 좋아하는 것

29

M Is there fish sauce in this dish?

W Hmm, I'm not really sure, sir.

M Can you check? I'm allergic to seafood.

W _____

(a) I didn't reveal the recipe.
(b) Of course, I'll go ask the chef.
(c) Then it might be too spicy for you.
(d) Customers always love our noodle dishes.

번역 M 이 요리에 생선 소스가 들어가나요?
W 흠, 잘 모르겠네요, 손님.
M 확인해 주실 수 있나요? 해물 알레르기가 있어서요.
W _____
(a) 전 요리법을 공개하지 않았어요.
✔(b) 물론이죠, 가서 요리사에게 물어보겠습니다.
(c) 그렇다면 손님께는 너무 양념이 강할 수 있겠네요.
(d) 고객분들은 항상 저희 국수 요리를 좋아하시죠.

해설 식당 손님인 남자가 종업원인 여자에게 특정 소스가 들어가는지
묻는 상황에서 (b)가 가능한 대답이다. (c), (d) 모두 식당에서
주문 시 종업원으로부터 들을 수 있는 말이지만 여기서는 어울리
지 않는다.
sauce 음식 소스 **recipe** 요리법 **spicy** 양념 맛이 강한

30

W I've been commissioned to do a building mural.

M That's wonderful! Congratulations, Cathy.

W Would you be interested in collaborating on it?

M _____

(a) Thanks, but I already did.
(b) I'm honored that you would ask.
(c) I saw your amazing artwork there.
(d) It was more time-consuming than expected.

번역 W 건물 벽화를 그려 달라는 의뢰를 받았어요.
M 그거 멋지네요! 축하해요, 캐시.
W 같이 작업할 생각 있으세요?
M _____
(a) 고맙지만, 전 벌써 했어요.
✔(b) 당신이 부탁해 준다면 저로서는 영광이죠.
(c) 거기서 당신의 멋진 작품을 봤어요.
(d) 생각했던 것보다 시간이 더 걸렸어요.

해설 여자가 공동 작업을 제의하고 있으므로 기꺼이 수락하는 (b)가
적절하다.
commission 의뢰를 하다, 주문하다 **mural** 벽화
collaborate 공동으로 작업하다, 협력하다 **time-consuming**
시간이 드는

31

M   Want to come camping with us this weekend?

W   Where are you thinking of going?

M   Oh, somewhere nearby.

W   You're not thinking of Mary Doyle Springs, are you?

M   Well, yeah, that's a possibility. Why?

W   It's been closed due to budget problems.

Q   What is mainly happening in the conversation?

(a) The man is explaining about camping.

(b) The man is arranging the woman's trip.

(c) The woman is telling about her weekend.

(d) The woman is warning about a camp site.

번역   M   이번 주말에 우리와 함께 캠핑 가지 않을래?

W   어디로 가려고 생각 중인데?

M   어, 가까운 곳 아무 데나.

W   메리 도일 스프링스를 고려 중인 건 아니지, 그지?

M   음, 그래, 거기도 괜찮고. 왜?

W   거긴 예산 문제 때문에 폐쇄되었거든.

Q   주로 일어나고 있는 것은?

(a) 남자가 캠핑에 대해 설명하고 있다.

(b) 남자가 여자의 여행을 주선하고 있다.

(c) 여자가 자신의 주말에 대해 말하고 있다.

✔(d) 여자가 야영지에 대해 주의를 주고 있다.

해설   야영을 가자고 제안하는 남자에게 여자가 야영지 한 곳이 폐쇄되었다는 말을 하면서 남자가 몰랐던 정보를 주고 있으므로 (d)가 정답이다.

possibility 가능성, 가능한 일   **budget** 예산   **arrange** 마련하다, 주선하다   **warn** 경고하다   **camp site** 야영지

32

W   Look at these old school papers I found in my closet.

M   How old were you when you did these, Susie?

W   Let's see... Ms. Jackson's class... that was fifth grade.

M   According to this report card, you were a good student.

W   What were my grades?

M   All A's, except for a B in spelling.

Q   What are the man and woman mainly discussing?

(a) Old records belonging to the woman.

(b) Ms. Jackon's disposition as a teacher.

(c) The grades the man received in fifth grade.

(d) Their strengths and weaknesses as students.

번역   W   내가 벽장에서 찾은 옛날 학교 문서들 좀 봐.

M   너 이걸 했을 때 몇 살이었니, 수지?

W   어디 보자… 잭슨 선생님 반이니까… 5학년 때네.

M   이 성적표를 보니 훌륭한 학생이었네.

W   내 성적이 뭐였는데?

M   철자에서 B를 하나 받은 것 외에는 모두 A야.

Q   두 사람이 주로 이야기하고 있는 것은?

✔(a) 여자의 오래된 기록들.

(b) 잭슨 선생님의 교사로서의 성향.

(c) 남자가 5학년 때 받은 성적.

(d) 서로의 학생 때의 강점과 약점들.

해설   여자가 벽장에서 찾은 학교 서류들과 성적표 등을 보면서 이야기를 나누고 있으므로 (a)가 정답이다. 잭스 선생님에 대한 구체적인 내용을 언급하지 않았고, 여자의 5학년 때 일이므로 (b), (c)는 모두 어긋난다.

closet 벽장   **report card** 성적표   **belong to** ~에게 속하다   **disposition** 기질, 성향   **strength** 강점, 장점

33

W This refrigerator model has an Energy Star rating.

M I noticed that sticker—what does it mean?

W It means it has met certain energy efficiency criteria.

M Interesting. And who established the criteria?

W The Environmental Protection Agency.

M Nice. I'll keep that in mind as I shop.

Q What is the man mainly doing in the conversation?

(a) Inquiring about an appliance rating.

(b) Shopping for refrigerated groceries.

(c) Calling the Environmental Protection Agency.

(d) Explaining which appliances are energy efficient.

번역 W 이 냉장고 모델은 에너지 스타 등급이 있어.
M 나도 그 스티커 봤어, 그게 뭘 나타내는 거야?
W 특정 에너지 효율 기준에 맞다는 뜻이야.
M 재미있네. 누가 그런 기준들을 정했는데?
W 미국 환경보호청에서.
M 멋진데. 쇼핑할 때 그걸 염두에 둬야겠다.

Q 남자가 주로 하는 것은?
✔(a) 전자제품 등급에 대해 묻기.
(b) 냉장 식품 구입하기.
(c) 환경보호청에 전화하기.
(d) 어떤 가정용 기기가 에너지 효율이 높은지 설명하기.

해설 남자가 가정용 기기에 붙은 에너지 스타 등급을 잘 몰라서 여자에게 묻고 있으므로 정답은 (a)가 된다. 대화 중 나온 refrigerator를 appliance로 패러프레이징한 것도 유념해서 듣자.
rating 등급 criteria 기준 (criterion의 복수형) establish 설립하다, 설정하다 The Environmental Protection Agency 미국 환경보호청(EPA) inquire 묻다 appliance 전자제품 refrigerated grocery 냉장 식품

34

W For compost, you need the right balance of ingredients.

M What do you mean by ingredients?

W Well, your refuse and clippings.

M So you mean grass clippings and weeds?

W Yes, and food scraps also.

M Oh, good. I always have a lot of those.

Q What is the conversation mainly about?

(a) What to do with dried leaves.

(b) How to get rid of food scraps.

(c) What items are used for composting.

(d) How to deal with weeds in the garden.

번역 W 퇴비를 위해선 재료들의 균형을 잘 맞춰야 해요.
M 재료들이란 어떤 거죠?
W 음, 쓰레기와 잘라낸 것들이요.
M 그러니까 잔디 깎은 것과 잡초를 말인가요?
W 네, 음식 찌꺼기들도요.
M 아, 잘됐네요. 그건 항상 많이 있어요.

Q 대화의 주된 내용은?
(a) 말린 잎으로 할 수 있는 것.
(b) 음식 찌꺼기를 없애는 법.
✔(c) 퇴비를 만들기 위해 필요한 것들.
(d) 정원 잡초 처리법.

해설 여자가 퇴비를 만들기 위해서 재료에 대해 소개하고 있고, 남자가 재료들에 대해 질문을 하고 있으므로 소재로 알맞은 것은 (c)이다. (a), (b), (d) 등에 나온 말린 잎, 음식 찌꺼기, 잡초 등은 모두 퇴비의 재료로 언급된 것들이다.
compost 퇴비, 퇴비를 만들다 ingredient 재료, 구성 성분 refuse 쓰레기 clipping 잘라낸 것 weed 잡초 food scrap 음식 찌꺼기

35

W Why is the boardwalk so crowded today?

M It's odd. It's very busy for a Tuesday.

W Is there some event going on in town?

M Of course! The Ontario Folk Festival is this week.

W Oh, right. I read that thousands of people are expected.

M No wonder it's so busy out here.

Q What is the main topic of the conversation?
(a) The reason the boardwalk is packed.
(b) The events at the Ontario Folk Festival.
(c) The location of the annual folk festival.
(d) The popularity of folk music in Ontario.

번역 W 오늘 해변 산책로가 왜 그렇게 붐비는 거죠?
M 이상하네요. 화요일치고 무척 붐비는데요.
W 시내에 무슨 행사라도 하고 있는 건가요?
M 그럼요! 온타리오 민속 축제가 이번 주예요.
W 아, 맞아요. 수천 명의 사람들이 올 걸로 기대된다고 읽었어요.
M 밖이 그렇게 붐비는 게 당연하군요.

Q 대화의 소재는?
✔(a) 산책로가 붐비는 이유.
(b) 온타리오 민속 축제의 행사들.
(c) 매년 열리는 민속 축제 장소.
(d) 온타리오에서의 민속 음악의 인기.

해설 평소와 다르게 산책로가 붐비는 이유에 대해 대화를 하면서 축제로 인해 시내가 붐비는 것을 알았으므로 정답은 (a)이다. (d)는 내용상 유추할 수는 있으나 소재로 보기는 어렵다.
boardwalk (해변 등에) 판자로 만든 산책로 **no wonder** ~는 놀랄 일이 아니다, 당연하다 **pack** (사람이) ~을 꽉 메우다 **popularity** 인기

36

W Andrew, let's meet to discuss the illustrations.

M Great, I have a couple ideas I want to go over.

W Do you have time tomorrow afternoon?

M The later, the better—I'd like to finish some sketches.

W Well, how does 5 pm sound?

M Perfect. I'll have everything ready by then.

Q What is the main topic of the conversation?
(a) Changing the deadline for an art project.
(b) The woman's plans for the illustrations.
(c) Scheduling a meeting for tomorrow.
(d) The content of Andrew's drawings.

번역 W 앤드류, 삽화에 대해 논의하러 좀 만나요.
M 좋아요. 검토하고 싶은 아이디어가 몇 개 있어요.
W 내일 오후에 시간 되세요?
M 늦을수록 좋은데요. 스케치를 몇 개 끝내고 싶어서요.
W 음, 오후 5시는 어때요?
M 좋아요. 그때까지 모든 걸 준비해 놓도록 하죠.

Q 대화의 소재는?
(a) 미술 프로젝트의 마감일 변경.
(b) 여자의 삽화 계획.
✔(c) 내일 회의 약속 잡기.
(d) 앤드류 그림의 내용.

해설 여자는 삽화가인 남자와 회의 시간을 정하기 위해 전화 통화하는 내용이므로 정답은 (c)이다. (d)는 내일 회의에서 논의하고자 하는 내용이다.
illustration 삽화 **go over** 검토하다 **deadline** 마감일 **content** 내용 **drawing** 그림

37

M Cindy, how can I tell if the corn's ready to be picked?

W Look at the silk tassel. Is it brown?

M Yeah. It's brownish tan.

W That's a good sign. Now puncture a kernel.

M What am I looking for?

W If you see a milky fluid, the corn's ripe for picking.

Q What is the woman mainly doing in the conversation?

(a) Explaining how to check a corn's ripeness.

(b) Asking for information about produce.

(c) Buying corn in a grocery store.

(d) Planting corn in a garden.

번역 M 신디, 옥수수 딸 준비가 되었다는 걸 어떻게 알 수 있죠?

W 옥수수 수염 술을 보세요. 갈색인가요?

M 네. 갈색을 띤 색이네요.

W 그게 좋은 신호예요. 그럼 옥수수 알에 구멍을 내보세요.

M 뭘 찾아야 하죠?

W 우윳빛의 액체가 보이면 따기 좋게 익은 거예요.

Q 여자가 주로 하는 것은?

✔(a) 옥수수의 익은 정도 확인하는 법 설명하기.

(b) 농작물에 대한 정보 요청하기.

(c) 식료품점에서 옥수수 사기.

(d) 정원에 옥수수 심기.

해설 여자가 남자에게 옥수수를 따기 좋은 시기를 확인하는 방법을 알려주고 있으므로 (a)가 정답이다. ready to be picked를 선택지 (a)에 나오는 ripeness로 패러프레이징한 것도 유의하자.
(b)는 너무 광범위한 선택지이고, 옥수수를 수확하려는 상황임을 감안하면 (d)는 어긋난다.
corn 옥수수 **silk** (옥수수) 수염 **tassel** 술(여러 가닥의 실로 된 것) **brownish tan** (갈색이 도는) 햇볕에 탄 색 **puncture** 구멍을 내다 **kernel** (옥수수) 알 **fluid** 액체 **ripe** 익은 **produce** 농작물

38

M I can't believe they want 600 dollars!

W Who? What are you talking about?

M Gerald's Motors. They want 600 to repair the car.

W Ouch—that's steep.

M I'm going to take the car to Norton Auto instead.

W Good idea. I'm sure they'll be cheaper.

Q Which is correct according to the conversation?

(a) The man thinks $600 is a good price.

(b) The man does not want his car repaired.

(c) The woman feels Gerald's Motors is reasonable.

(d) The woman believes Norton Auto is less expensive.

번역 M 그들이 600달러나 달라고 하니 믿을 수가 없군!

W 누구? 무슨 말이야?

M 제럴드 모터스 말이야. 차 수리하는 데 600달러를 내래.

W 아이고. 너무 비싸네.

M 대신 노튼 오토로 가져가 봐야겠어.

W 좋은 생각이야. 그쪽이 분명 더 쌀 거야.

Q 대화에 따르면 옳은 것은?

(a) 남자는 600달러가 적당한 가격이라고 생각한다.

(b) 남자는 차를 수리하고 싶어 하지 않는다.

(c) 여자는 제럴드 모터스 가격이 적정하다고 생각한다.

✔(d) 여자는 노튼 오토가 덜 비쌀 거라 여긴다.

해설 남자와 여자는 모두 제럴드 모터스에서 제시한 600달러가 너무 비싸다고 생각하고 있으므로 (a)와 (c)는 옳지 않다. 남자가 노튼 오토에 수리를 맡기려고 하자 여자가 그쪽 가격이 나을 거라고 확신하므로 (d)가 정답이다.
steep 너무 비싼 **instead** 대신에 **reasonable** 적정한, 너무 비싸지 않은

39

W   Wow, the Sydney Opera House really is amazing.

M   It was declared a World Heritage Site in 2007.

W   Really? I thought that was for much older places.

M   Yes. It's the most recently constructed World Heritage Site.

W   So there are none after 1973?

M   Right. No building after that is World Heritage.

Q   Which is correct according to the conversation?

(a) The woman has not seen the Sydney Opera House.

(b) The Opera House is not a World Heritage Site yet.

(c) World Heritage is just for unique architecture sites.

(d) No World Heritage Site was constructed after 1973.

번역 W 와, 시드니 오페라 하우스 정말 멋지네.
M 그 건물은 2007년에 세계문화유산으로 선포되었어.
W 정말? 그런 건 훨씬 오래된 장소에 해당되는 줄 알았는데.
M 그래. 오페라 하우스는 가장 최근에 지은 세계문화유산이야.
W 그렇다면 1973년 이후로는 아무것도 없다는 거야?
M 맞아. 그 이후로 지어진 세계문화유산인 건물은 전혀 없어.
Q 대화에 따르면 옳은 것은?
(a) 여자는 시드니 오페라 하우스를 보지 못했다.
(b) 오페라 하우스는 아직 세계문화유산이 아니다.
(c) 세계문화유산은 오직 독특한 건축물을 위한 것이다.
✔(d) 어떤 세계문화유산도 1973년 이후로는 지어지지 않았다.

해설 여자가 오페라 하우스를 보면서 남자로부터 세계문화유산으로 지정되었다는 설명을 듣고 있으므로 (a)와 (b)는 맞지 않다. 또한 여자의 말에서 세계문화유산으로 주로 오래된 장소가 지정되었다고 했으므로 (c) 역시 오답이다. 대화의 마지막 내용과 일치하는 (d)가 정답이다.

declare 공표하다 construct 건설하다, 짓다 World Heritage Site 세계문화유산 unique 독특한 architecture 건축의

40

W   Can I help you with anything, sir?

M   I'm in the market for a digital camera.

W   Are you looking for a big DSLR or a small point-and-shoot?

M   Point-and-shoot. Something that'll fit in my pocket.

W   How about this one? It's small but powerful.

M   I like the size, but do you have anything cheaper?

Q   Which is correct about the man according to the conversation?

(a) He is looking for a DSLR camera.

(b) He wants a camera that is relatively small.

(c) He bought the first camera he was shown.

(d) He is willing to pay a lot for a good camera.

번역 W 뭘 도와드릴까요, 손님?
M 디지털카메라에 관심이 있는데요.
W 대형 DSLR 찾으세요, 아니면 소형 자동 카메라 찾으세요?
M 자동 카메라요. 제 주머니에 들어갈 만한 걸로요.
W 이건 어떠세요? 작지만 성능이 좋습니다.
M 크기는 마음에 드는데 좀 더 싼 게 있나요?
Q 남자에 관해 옳은 것은?
(a) DSLR 카메라를 찾고 있다.
✔(b) 비교적 작은 카메라를 원한다.
(c) 제안받은 첫 카메라를 구입했다.
(d) 좋은 카메라에 많은 돈을 지불할 의사가 있다.

해설 여자는 카메라 상점의 직원이고 남자는 크기가 작은 자동 카메라를 사려고 하는 고객이므로 (b)만 옳은 진술이다. 여자가 처음 제시한 카메라에 대해 더 싼 것이 없는지 물어봤으므로 (c), (d)는 맞지 않다.

in the market for ~의 구입에 관심이 있는 point-and-shoot 보고 찍기만 하면 되는 relatively 비교적 be willing to 기꺼이 ~하다

41

W You look tired today, Malcolm.

M It's those pigeons. They wake me up at the crack of dawn.

W Well, I once had the same problem.

M Did you manage to get rid of them?

W Yeah, I planted tomatoes on my balcony, and they disappeared.

M Tomatoes, huh? I'll have to try that.

Q What will the man likely do next?

(a) Get rid of his tomatoes.

(b) Set his alarm clock earlier.

(c) Plant tomatoes at his home.

(d) Take a nap when he gets home.

번역 W 말콤, 오늘 피곤해 보이네요.

M 저 비둘기들 때문에 그래요. 저 새들이 동이 트기 무섭게 절 깨웠어요.

W 음, 저도 한번 같은 문제를 겪은 적이 있어요.

M 비둘기들을 용케 없애버렸나요?

W 네, 발코니에 토마토를 심었더니 없어져 버리더라고요.

M 토마토라고요? 한번 시도해 봐야겠네요.

Q 남자가 다음에 할 것 같은 일은?

(a) 자신의 토마토를 없앤다.

(b) 알람 시계를 더 일찍 맞춰 둔다.

✔(c) 자신의 집에 토마토를 심는다.

(d) 집에 돌아가서 낮잠을 잔다.

해설 비둘기 때문에 잠을 설친 남자에게 여자가 자신의 해결책을 이야기해 주었더니 남자가 자신도 시도하겠다 했으므로 여자가 했던 것처럼 집에 토마토를 심을 것임을 알 수 있다. 따라서 정답은 (c)가 된다.

pigeon 비둘기   at the crack of dawn 동이 트기 무섭게
manage to 간신히 ~해내다

42

M You might want to take your umbrella.

W Oh, is it raining?

M Yeah, it started pouring when I was walking back from lunch.

W I was hoping to eat lunch in the park today.

M Wouldn't be very pleasant.

W Maybe tomorrow.

Q What can be inferred about the man?

(a) He brought a bagged lunch.

(b) He wants to go to the park.

(c) He has an extra umbrella.

(d) He already ate lunch.

번역 M 우산을 가져가는 게 좋을 거예요.

W 아, 비가 오고 있나요?

M 네, 점심 먹고 돌아오는 길에 비가 쏟아지기 시작했거든요.

W 오늘 공원에서 점심 먹고 싶었는데.

M 그다지 쾌적하지 않을 거예요.

W 아무래도 내일 그래야겠네요.

Q 남자에 관해 유추할 수 있는 것은?

(a) 포장된 점심을 샀다.

(b) 공원에 가고 싶어 한다.

(c) 여분의 우산이 있다.

✔(d) 이미 점심을 먹었다.

해설 남자가 점심을 먹고 돌아오는 길에 비가 내리기 시작했다고 했으므로 남자가 이미 점심을 먹었다는 것을 유추할 수 있다. 따라서 (d)가 정답이 된다. 공원에 가고 싶어 하는 것은 남자가 아닌 여자이므로 (b)는 옳지 않다.

pour (비가) 마구 쏟아지다   pleasant 쾌적한, 즐거운
bagged 가방에 넣은, 포장된   extra 여분의

43

W Would you like to go to a movie tonight?

M Actually, I'm going to the Dahlia Brokova lecture.

W Oh, I've heard of her. What's it about?

M About translating Russian poets—it relates to our class.

W I had no idea. That sounds great.

M We can have dinner before if you want.

Q What can be inferred about the man?

(a) His choice in movies is usually bad.

(b) His favorite author is giving a speech.

(c) He translated a book of Russian poetry.

(d) He will attend a speaking event on campus.

번역 W 오늘 밤 영화 보러 가지 않을래?
   M 사실 난 달리아 브로코바의 강의를 들으러 가려고 하는데.
   W 아, 나도 그분에 대해 들었어. 무엇에 대한 강의야?
   M 러시아 시 번역에 관한 거야. 우리 수업과 관계가 있어서.
   W 몰랐어. 재미있겠는데.
   M 원하면 그 전에 저녁을 함께 먹어도 돼.

   Q 남자에 관해 유추할 수 있는 것은?
   (a) 남자의 영화 선택은 대개 좋지 않다.
   (b) 남자가 제일 좋아하는 작가가 연설을 할 예정이다.
   (c) 남자는 러시아 시에 관한 책을 번역했다.
   ✔(d) 남자는 학교에서 열리는 강연회에 참석할 것이다.

해설 여자의 영화를 보러 가자는 제의에 수업과 관련된 강의를 들으러 간다고 하므로 (d)가 정답이다. (a), (b), (c)는 각각 영화 보러 가자고 여자가 제의한 점, 가장 좋아하는 작가라고 언급한 적 없는 점, 남자가 러시아 시 번역 강의를 들을 예정이라는 점을 볼 때 모두 오답이다.

lecture 강의 **poet** 시인 **author** 저자, 작가 **give a speech** 연설하다 **translate** 번역하다

44

W Did you pick up a box of note cards?

M Yes, but there wasn't much to choose from.

W That's OK. As long as they have the right message.

M Right. They have a heartfelt thank you.

W How many cards are in the box?

M Sixteen, so I got two boxes.

Q What can be inferred about the couple from the conversation?

(a) They did not buy enough cards.

(b) They like the design on the cards.

(c) They will send more than 16 cards.

(d) They dislike writing thank-you notes.

번역 W 너 카드 한 상자 샀니?
   M 응, 하지만 고를 게 별로 없었어.
   W 괜찮아. 내용만 맞게 되어 있다면.
   M 맞아. 카드에 진심 어린 감사말이 써 있더라.
   W 상자에 몇 장이나 들어 있어?
   M 열 여섯 장. 그래서 두 상자를 샀어.

   Q 남녀에 대해 유추할 수 있는 것은?
   (a) 충분한 개수의 카드를 사지 않았다.
   (b) 카드의 디자인을 좋아한다.
   ✔(c) 열 여섯 장 이상의 카드를 보낼 것이다.
   (d) 감사의 말을 쓰는 것을 싫어한다.

해설 한 상자에 카드 열 여섯 장이 들어 있어서 두 상자를 샀다는 남자의 말로 보아 이들이 필요한 카드가 열 여섯 장 이상임을 알 수 있다. 따라서 (a)는 옳지 않고 (c)가 정답이다. 카드 종류가 많지 않았다는 남자의 말에 여자가 카드 문구가 괜찮으면 된다고 하므로 (b)는 정답이 될 수 없다.

note card (반으로 접힌) 카드 **heartfelt** 진심 어린

45

W At this college we have regular college students.

M Oh, so there are non-military students here?

W Yes. They're not part of the cadet corps.

M So the student population must be divided?

W No. The groups are completely integrated.

M Except cadets get military training, I presume.

Q What can be inferred from the conversation?
(a) The woman has left the college.
(b) The man is unfamiliar with the school.
(c) Military training is mandatory for all students.
(d) Cadets and traditional students do not get along.

번역 W 이 대학에는 일반 대학생들이 다닙니다.
M 아, 그러면 여기는 군대 소속이 아닌 학생들이 다니는 건가요?
W 네. 그들은 학군단 소속이 아녜요.
M 그렇다면 학생들은 분명히 분리되어 있겠군요?
W 아니요. 학생들은 완전히 통합되어 있어요.
M 사관 후보생들이 군사 훈련을 받는다는 점만 빼면 말이겠군요.

Q 대화에서 유추할 수 있는 것은?
(a) 여자는 대학을 떠났다.
✔(b) 남자는 학교에 대해 잘 모르고 있다.
(c) 모든 학생들은 군사 훈련을 의무적으로 받아야 한다.
(d) 사관 후보생들과 일반 학생들은 서로 잘 지내지 않는다.

해설 여자가 학교의 학생들에 대해 설명하고 있고 남자는 질문을 계속하고 있는 것으로 보아, 여자는 학교에 대해 잘 알고 있고 남자는 그러지 못하다는 것을 유추할 수 있으므로 (b)가 정답이다. 사관 후보생들만 군사 훈련을 받고 있고, 사관 후보생들과 일반 학생들이 완전히 통합되어 있다고 했으므로 (c), (d)는 어색하다.
cadet corps 학군단(학생 군사 교육단) completely 완전히 integrate 통합시키다 cadet 사관 후보생 military training 군사 훈련 presume 추론하다, 여기다 mandatory 의무적인

46

No being can physically experience the pain that another being feels. Even so, many of us can tell when other humans are in pain. We recognize certain behaviors that indicate the presence of pain, such as moaning and avoiding the pain stimulus. Animals display these same pain behaviors, suggesting that their pain sensations are like ours. Therefore, as we do with other humans, we must accept that the pain of other animals is real.

Q What is the main idea of the lecture?
(a) Animals experience pain like humans do.
(b) People can empathize with other humans.
(c) Pain behavior in animals is easy to identify.
(d) Physical pain is different from emotional pain.

번역 어떤 존재도 다른 존재가 느끼는 고통을 육체적으로 경험할 수 없습니다. 그렇다 해도, 많은 이들은 다른 사람이 고통을 겪을 때 그것을 알 수 있지요. 우리는 고통이 있다는 것을 나타내는 어떤 특정한 행동들, 예를 들어 신음이나 고통을 주는 자극물을 회피하는 것 등을 인지합니다. 동물들 역시 이러한 똑같은 고통 행동들을 보이는데, 이는 그들의 고통 지각이 우리 인간의 것과 같다는 것을 의미합니다. 따라서, 우리는 다른 사람들에게 그렇게 하듯이 다른 동물들의 고통 역시 진짜라는 것을 받아들여야만 합니다.

Q 강의의 주제는?
✔(a) 동물은 사람처럼 고통을 느낀다.
(b) 사람들은 다른 사람들에게 공감할 수 있다.
(c) 동물들의 고통 행동은 알아보기 쉽다.
(d) 육체적인 고통은 감정적인 고통과는 다르다.

해설 강의 후반부에 나오는 their pain sensations are like ours가 요지이므로 이를 잘 나타낸 (a)가 정답이다. (d)의 감정적인 부분은 강의에서 언급되지 않았고, (c)는 (a)를 뒷받침하는 내용이므로 주제로는 적합하지 않다.
even so 그렇기는 하지만 recognize 알아보다 behavior 행동 indicate 나타내다, 보여주다 presence 있음, 존재 moan 신음하다 stimulus (반응을 유발하는) 자극 display 내보이다, 보여주다 sensation 감각 empathize with ~에 공감하다 identify 알아보다, 발견하다

47

This is the time of year when hibernating bears begin waking up, and early signs of bear activity are appearing around Coal River Creek. We invite all visitors to review the safety regulations posted in the park. During this season especially, when hungry bears are about, hikers are advised to travel in groups. Make loud noises at frequent intervals in order to avoid surprising a bear on the trail. As always, garbage must be stowed in the special bear-proof cans provided at picnic areas throughout the park.

Q What is the purpose of the announcement?
(a) To explain bear hibernation habits.
(b) To inform visitors about bear activity.
(c) To explain new campground regulations.
(d) To encourage visitors to come to the park.

번역 연중 이맘때는 동면 중인 곰들이 잠에서 깨어나기 시작하는 때입니다. 곰들이 활동을 하는 초기 신호는 콜 리버 크릭 주변에 나타나는 것이지요. 모든 방문객들은 공원에 게시된 안전 수칙을 다시 잘 살펴보시기 바랍니다. 굶주린 곰들이 주변에 있을 수 있는 이런 시기에는 특히 하이킹하시는 분들은 단체로 움직이기를 권장합니다. 산책로의 곰들을 놀래키는 것을 방지하기 위해서는 큰 소음을 자주 내십시오. 언제나처럼, 쓰레기는 공원 곳곳에 있는 피크닉 구역에 제공되어 있는, 곰이 접근할 수 없는 특별한 통에 집어넣으셔야 합니다.

Q 안내방송의 목적은?
(a) 곰의 동면 습관을 설명하는 것.
✔(b) 방문객들에게 곰들의 활동을 알려주는 것.
(c) 새로운 야영지 수칙을 설명하는 것.
(d) 방문객들이 공원에 오도록 독려하는 것.

해설 안내방송 첫 부분에서 곰들이 잠에서 깨어나 활동을 시작한다고 말을 하고 있고, 이후 계속해서 안전 수칙을 말해주고 있으므로 안내방송의 목적으로 가장 적합한 것은 (b)임을 알 수 있다.
hibernate 동면하다 **review** 재검토하다, 되새기다 **safety regulation** 안전 수칙 **advise** 충고하다, 권고하다 **frequent** 잦은, 빈번한 **interval** 간격 **trail** 산길 **garbage** 쓰레기 **stow** (안전한 곳에) 집어넣다 **bear-proof** 곰이 접근할 수 없는 **announcement** 발표, 소식 **campground** 캠프 야영지

48

During the Neolithic Period, human ancestors began to practice settled agriculture on the Anatolian Plateau, now modern-day Turkey. They formed population centers filled with mud-brick dwellings. The biggest of these may have at one time hosted as many as 10,000 residents. Excavations of the site show that grain was probably the backbone of the local economy. The presence of valuable items made of obsidian, lead, and copper affirm that the community prospered in its day.

Q What is the lecture mainly about?
(a) Ancient Turkish cultural practices.
(b) The origin of agriculture in Turkey.
(c) The difficulties faced by early humans.
(d) Background to an early human settlement.

번역 신석기 시대에, 인류의 선조들은 오늘날의 터키인 아나톨리아 고원에서 정착 농경을 하기 시작했습니다. 그들은 흙벽돌로 된 주거지로 가득한 인구 밀집 지역을 형성했지요. 이들 중 가장 규모가 큰 지역은 한때 만 명 정도의 거주민을 수용했을지도 모릅니다. 이 지역에 대한 발굴에서 밝혀진 바로는, 아마도 곡물이 지역 경제의 중추였던 것으로 보여진다는 것이었습니다. 흑요석, 납, 구리로 만들어진 값진 물품들이 있었다는 것은 그 공동체가 그 당시 번창했다는 것을 확인시켜 줍니다.

Q 강의 내용은?
(a) 고대 터키의 문화 관습.
(b) 터키 농경의 기원.
(c) 초기 인류로 인해 닥친 어려움.
✔(d) 초기 인류 정착의 배경.

해설 신석기 시대에 초기 인류가 어디에서 어떻게 거주하며 어떤 물품들을 거래하고 만들었는지를 설명하고 있으므로 (d)가 정답이다.
(a)와 (b)는 강의 내용 중에 나온, 인류가 정착 농경을 시작한 지역인 아나톨리아 고원의 현재 지명 터키를 이용한 오답이다.
Neolithic Period 신석기 시대 **ancestor** 조상, 선조 **settled agriculture** 정착 농경 **plateau** 고원 **population center** 인구 밀집 지역 **mud-brick** 흙 벽돌 **dwelling** 주거(지), 주택 **resident** 거주자, 주민 **excavation** 발굴 **backbone** 근간, 중추 **presence** 존재, 있음 **obsidian** 흑요석 **lead** 납 **copper** 구리, 동 **affirm** 확인하다, 단언하다 **prosper** 번영하다, 번창하다 **settlement** 정착

49

Microeconomics is concerned with analyzing the behavior of component parts of the economy, rather than the economy as a whole. Issues central to microeconomics include demand for goods and services, as well as the behavior of businesses in an industry. Macroeconomics is the opposite. It is a branch of study that examines the economy from the broadest possible perspective. It looks at the economy as a whole, concentrating on economic growth, trade flow, inflation, and unemployment.

Q What is the main topic of the talk?
(a) Economic principles of supply and demand.
(b) Problems being addressed by economists.
(c) Two contrasting branches of economics.
(d) Central issues within microeconomics.

번역 미시 경제학은 경제를 전체적 요소로 보기보다는 경제를 구성하는 요소들의 작용에 관심을 둡니다. 미시 경제학의 중심이 되는 사안들에는 동일한 산업 내 기업들의 행동뿐만 아니라, 재화와 용역에 대한 수요도 포함되지요. 거시 경제학은 그 반대입니다. 거시 경제학은 경제를 가능한 넓은 관점에서 검토하는 학문의 한 분야입니다. 거시 경제학은 경제를 전체적으로 살펴보는데, 경제적 성장, 무역 흐름, 인플레이션, 실업 등에 집중합니다.

Q 담화의 소재는?
(a) 공급과 수요에 관한 경제 원칙들.
(b) 경제학자에 의해 제기되고 있는 문제들.
✔(c) 상반된 두 가지 경제학 분야.
(d) 미시 경제학 내의 중심 사안들.

해설 미시 경제학과 거시 경제학의 성격과 중심 사안들을 서로 비교하면서 설명해 나가고 있다. 정답은 (c)가 된다. (d)는 미시 경제학에 관해서만 언급하고 있어서 오답이다.
microeconomics 미시 경제학 be concerned with ~에 관심이 있다 analyze 분석하다 behavior 행동 component 요소 as a whole 전체로서 central 중심이 되는 demand 수요 goods and services 재화와 용역 industry 산업 macroeconomics 거시 경제학 opposite 반대의 examine 조사하다, 검토하다 perspective 시각, 관점 concentrate on ~에 집중하다 trade 무역 inflation 물가 상승 unemployment 실업 principle 원칙 supply 공급 contrasting 대조적인

50

Spring may be fast approaching in the rest of the world, but up here on Frosthawk Mountain the snow shows no sign of disappearing. The most recent storm dumped two feet of fresh powder on the Shale Bowl snowfields, and seven inches of snow have fallen at the base in the past 24 hours. So come on up and enjoy some of the most fantastic conditions of the season. All eleven lifts are operating, and all of our trails are open. There's great skiing and riding for beginners, experts, and everyone in between.

Q What is mainly being advertised?
(a) Deals on lift tickets for skiers.
(b) The opening of a new ski resort.
(c) Ideal conditions at a ski mountain.
(d) The arrival of spring at a national park.

번역 전 세계의 다른 지역들은 봄이 빠르게 찾아오는 것 같지만, 이곳 프로스트호크 산에는 눈이 사라질 조짐이 보이지 않습니다. 최근의 눈보라가 쉐일 볼 설원에 2인치나 되는 눈발을 쏟아 부었고, 아래 지역에는 지난 24시간 동안 7인치나 되는 눈이 쌓였습니다. 그러니 어서 오셔서 이 계절의 절정기를 즐겨보세요. 열한 개나 되는 리프트가 모두 작동 중이고, 모든 스키 슬로프가 개방되어 있습니다. 초급자와 전문가는 물론, 중간 어떤 레벨에 있는 분들이라도 멋지게 스키와 썰매를 즐길 수 있습니다.

Q 주로 광고하고 있는 것은?
(a) 스키 타는 사람들을 위한 리프트 표 거래.
(b) 새로운 스키 리조트의 개장.
✔(c) 스키 산의 이상적인 상태.
(d) 국립공원에 찾아온 봄.

해설 리프트와 슬로프 등이 언급된 것을 보고 (b)를 고르기 쉬운데 광고 앞부분에서 이 산에 눈이 많이 내려 스키를 타기에 최상의 상태라는 것을 알려주고 있으므로 (c)가 정답이다.
dump 버리다, 쏟아 붓다 snowfield 설원 base 아랫부분 operate 작동하다 trail 산길, (스키) 슬로프 expert 전문가 deal 거래 ideal 이상적인 arrival 도착, 도래 national park 국립공원

51

Soil erosion, the removal of dirt by the action of wind and water, is perhaps one of the lesser-known environmental problems humanity currently faces. Natural soil erosion is not necessarily problematic, for soil formation can keep pace with it. However, the kind of accelerated erosion that results from farming, logging, overgrazing, and other types of development vastly outpaces soil formation. Consequently, huge quantities of valuable agricultural topsoil are lost every year, contributing to the formation of barren, ecologically and agriculturally disastrous "dust bowls."

Q What is the main topic of the talk?
(a) The erosive effects of wind patterns.
(b) Ecological disasters around the globe.
(c) The environmental threat of soil erosion.
(d) Agricultural activities that are not well known.

번역 바람과 물의 작용에 의해 흙이 없어지는 현상인 토양 침식은, 아마도 인류가 현재 직면하고 있는 잘 알려지지 않은 환경 문제 중 하나일 것입니다. 자연적인 토양 침식은 반드시 문제가 되는 것은 아닙니다. 왜냐하면 토양 형성이 그와 보조를 맞춰 일어나니까요. 하지만 농경, 벌목, 과도한 방목, 다른 종류의 개발로 인한 가속화된 침식은 토양 형성의 속도를 막대하게 앞지릅니다. 그 결과, 엄청난 양의 값진 농경용 표토가 매년 사라져서 척박하고 생태학적으로나 농경적으로 재앙이 되는 '건조 지대'가 형성되는 데 기여하게 됩니다.

Q 담화의 소재는?
(a) 바람의 양상에 따른 부식 효과.
(b) 지구 곳곳의 생태학적 재앙들.
✔ (c) 토양 침식의 환경적 위협.
(d) 잘 알려지지 않은 농경 활동들.

해설 담화 앞부분에서 토양 침식이 현재 직면하고 있는 환경 문제 중 하나라고 설명하고 있고, 마지막 부분에서 개발로 인한 토양 침식의 결과 건조 지대가 형성된다고 했으므로 정답은 (c)임을 알 수 있다. soil erosion 토양 침식 dirt 흙 lesser-known 비교적 잘 알려지지 않은 problematic 문제가 되는 keep pace with ~와 보조를 맞추다 accelerated 속도가 붙은, 가속된 logging 벌목 overgrazing 과(도)방목 vastly 막대하게 outpace 앞지르다 consequently 그 결과 agricultural 농업의 topsoil 표토 contribute to ~에 기여하다 barren 척박한 ecologically 생태학적으로 dust bowl 건조 지대 erosive 침식적인

52

The mosquito has long been vilified as the transmitter of the infectious and deadly disease malaria. Nonetheless, researchers theorize that another role might be possible for the insect. That is, as a flying vaccination machine. A new study has managed to genetically modify a mosquito to deliver a malaria vaccine through its saliva. With each bite, the mosquito increases a person's immunity to the disease, and successive exposure has the potential to offer life-long protection.

Q What is the main topic of the lecture?
(a) The vaccines for malaria that can be taken orally.
(b) The genetic modification of pests like mosquitoes.
(c) The delivery of malaria vaccinations through mosquitoes.
(d) The control of malaria by eliminating mosquito populations.

번역 모기는 오랫동안 전염성의 치명적인 질병인 말라리아의 전달자로 비난을 받아왔습니다. 그럼에도 불구하고, 연구자들은 이 곤충에게 새로운 역할이 가능할 것이라는 이론을 제시하고 있습니다. 그것은 바로, 날아다니는 예방 접종 기구라는 것이지요. 한 새로운 연구가 용케도 모기의 타액을 통해 말라리아 백신을 전하도록 모기를 유전적으로 변형해 냈습니다. 한번 물 때마다, 모기는 질병에 대한 그 사람의 면역성을 증가시키게 되고, 연이은 백신 노출은 질병으로부터 일평생 동안 보호를 가능하게 해줄 수 있는 잠재력이 있습니다.

Q 강의의 소재는?
(a) 입으로 먹을 수 있는 말라리아 백신.
(b) 모기 같은 해충에 대한 유전적 변형.
✔ (c) 모기를 통한 말라리아 백신의 전달.
(d) 모기군 제거를 통한 말라리아 통제.

해설 모기를 유전적으로 변형하여 말라리아 백신을 전달할 수 있는 연구에 대해 이야기를 하고 있으므로 (c)가 정답이다. 말라리아 백신이나 통제에 관한 내용이긴 하지만 (a), (d)의 내용은 언급되지 않았고, (b)의 경우도 강의의 핵심은 유전적 변형을 통한 백신의 전달에 있으므로 답이 되기에 부족하다. vilify 비난하다 transmitter 전달자 infectious 전염되는 deadly 치명적인 nonetheless 그렇더라도 theorize 이론을 제시하다 vaccination 예방 접종 genetically 유전학적으로 modify 수정하다, 변경하다 saliva 침 immunity 면역력 successive 연속적인 life-long 평생 동안의 orally 입으로 pest 해충 eliminate 제거하다

53

A peaceful student demonstration in Prague was forcefully subdued by riot police on the night of November 17, 1989. Afterward, citizens throughout the country of Czechoslovakia responded against the police. It was the beginning of the Velvet Revolution, a nonviolent overthrow of the authoritarian government. In the wake of that November 17 incident, the number of dissidents rapidly grew. Their demands for reform became louder and louder. In December, Czechoslovakia's communist government collapsed, and in June of the following year democratic elections were held.

Q Which is correct according to the talk?
(a) Citizens were opposed to the police action.
(b) The Velvet Revolution lasted several years.
(c) Dissidents helped the communists gain power.
(d) The November 17 protests were soon quashed.

번역 프라하에서 발생한 평화적인 학생 시위는 1989년 11월 17일 밤에 폭동 진압 경찰에 의해 강압적으로 진압되었습니다. 그 후로, 체코슬로바키아 전역의 시민들은 경찰에 반기를 들며 대응했습니다. 그것이 바로 독재 정권에 대한 비폭력적인 타도 운동이었던 벨벳 혁명의 시작이었지요. 이 11월 17일 사건을 뒤따라, 반체제 인사들의 수는 급속히 늘어났습니다. 개혁을 향한 그들의 요구는 점점 더 커져 갔고요. 12월, 체코슬로바키아의 공산 정권은 붕괴되고 다음 해 6월에는 민주적인 선거가 시행되었습니다.

Q 담화에 따르면 옳은 것은?
✔(a) 시민들은 경찰의 대응에 반대했다.
(b) 벨벳 혁명은 수년간 지속되었다.
(c) 반체제 인사들은 공산주의자들이 권력을 얻도록 도왔다.
(d) 11월 17일의 시위는 조기 진압되었다.

해설 11월 17일 시위가 경찰에 의해 진압된 후 시민들이 경찰에 반기를 들었다는 내용이 이어지므로 (a)가 정답이다. (b)는 다음 해 6월에 민주적인 선거가 시행된 것으로 보아 벨벳 혁명이 수년간 지속된 혁명이 아니므로 오답이며, (c)도 반체제 인사들이 개혁을 요구했다는 내용이 나오므로 오답이다.

demonstration 시위, 데모 **forcefully** 강력하게, 강압적으로 **subdue** 진압하다 **riot police** 폭동 진압 경찰 **respond** 대응하다 **Velvet Revolution** 벨벳 혁명 (1989년 체코슬로바키아의 평화적 민주 혁명) **nonviolent** 비폭력의, 평화적인 **overthrow** 타도, 전복 **authoritarian** 독재적인, 권위주의적인 **in the wake of** ~에 뒤이어, ~을 뒤따라 **dissident** 반체제 인사 **reform** 개혁 **communist government** 공산 정부 **collapse** 무너지다 **democratic** 민주적인 **protest** 항의, 시위 **quash** 진압하다

54

Civil disobedience, the practice of breaking laws considered to be unjust, has a long tradition as a method of nonviolent resistance. The Indian independence leader Mahatma Gandhi was one of the most prominent advocates of this form of action. He urged his compatriots to reject British rule in India without violence or personal retaliation. Another famous champion of civil disobedience was American civil rights activist Rosa Parks, whose refusal to comply with racist regulations inspired a historic boycott.

Q Which is correct according to the lecture?
(a) Civil disobedience is a relatively new concept.
(b) Mahatma Gandhi advocated civil disobedience.
(c) British rule came about in India through civil disobedience.
(d) Some civil disobedience movements embraced violence.

번역 부당하다고 생각하는 법을 어기는 행동인 시민 불복종은 비폭력적인 저항의 방법으로서 오랜 전통을 가지고 있습니다. 인도 독립의 지도자인 마하트마 간디 역시 이러한 행동 양식의 가장 유명한 옹호자 중 한 사람이지요. 그는 동포들에게 어떠한 폭력이나 개인적인 보복도 저지르지 않은 채 인도 내의 영국 법을 거부하도록 강력히 권고했습니다. 시민 불복종의 또 다른 유명한 옹호자는 미국 인권 운동가인 로자 팍스인데, 인종 차별주의자들의 법규에 따르는 것을 거부했던 그녀의 행동은 역사적으로 유명한 보이콧을 불러일으켰습니다.

Q 강의에 따르면 옳은 것은?
(a) 시민 불복종은 비교적 새로운 개념이다.
✔(b) 마하트마 간디는 시민 불복종을 옹호했다.
(c) 영국 법은 시민 불복종을 통해 인도를 지배하게 되었다.
(d) 일부 시민 불복종 운동들은 폭력을 옹호했다.

해설 시민 불복종은 비폭력적인 저항법이라고 했으므로 (d)는 어긋나며 오랜 전통을 가지고 있다고 했으므로 (a) 역시 옳지 않다. 시민 불복종을 옹호한 대표 주자로 마하트마 간디와 로자 팍스를 예를 들어 설명하는 것으로 보아 정답은 (b)이다.

civil disobedience 시민 불복종 **unjust** 부당한 **nonviolent** 비폭력적인 **resistance** 저항 **prominent** 유명한 **advocate** 옹호자 **urge** 강력히 권고하다 **compatriot** 동포 **reject** 거부하다 **retaliation** 보복 **champion** 옹호자, 투사 **civil rights** 인권 **activist** 운동가, 활동가 **comply with** (법·명령 등에) 따르다 **racist** 인종 차별주의자(의) **inspire** 격려하다, 고취시키다 **historic** 역사적인 **boycott** 보이콧, 거부 운동 **embrace** 받아들이다

55

When preparing an herb garden, choose a site that receives around six hours of sunshine per day. Neutral to slightly alkaline soil that's loose and well draining is ideal. As you plan the design, consider the final height of each herb and plant taller herbs at the back of the garden where they will not overshadow shorter plants. As you till your planting space, mix in compost and organic fertilizers to enrich the soil. Allow the garden to rest for several weeks before tilling the area again, this time to a depth of 12 inches.

Q Which is correct about herb gardens according to the talk?
(a) Direct sunlight for no more than 3 hours is best.
(b) Any kind of alkaline soil should be avoided.
(c) Makes sure all herbs are about the same height.
(d) Till the garden bed twice before planting herbs.

번역 허브 정원을 준비할 때는, 매일 여섯 시간 정도의 햇살을 받을 수 있는 지역을 고르세요. 단단하지 않으면서도 배수가 잘 되는, 중성 내지 약간 알칼리성을 띠는 토양이 이상적입니다. 정원의 디자인을 계획할 때는 각 허브들의 최종 키를 고려해서, 높이 자라는 허브들을 정원의 뒤쪽, 즉 키가 작은 식물들에 그늘을 드리우지 않을 곳에 심으세요. 심을 장소의 흙을 갈 때는 토양을 풍요롭게 하기 위해 퇴비와 유기농 비료들을 섞도록 하세요. 그 지역을 다시 갈기 전에 몇 주 정도 정원을 쉬게 두고, 다시 갈 때는 12인치 깊이로 갈아주세요.

Q 허브 정원에 대해 옳은 것은?
(a) 3시간 미만의 직사광선이 제일 좋다.
(b) 어떤 종류의 알카리성 토양이라도 피해야 한다.
(c) 모든 허브들의 높이가 같도록 해야 한다.
✔(d) 허브를 심기 전에 정원의 화단을 두 번 갈아야 한다.

해설 매일 여섯 시간 햇살 받는 곳을 골라야 하고 토양은 중성이나 약 알칼리성을 띠는 것이 좋으며 키가 큰 허브를 키가 작은 허브보다 뒤쪽에 심으라고 했으므로 (a), (b), (c)는 모두 오답이다. 담화의 후반부에 처음 땅을 갈 때는 비료를 섞고 몇 주 쉰 뒤 다시 한 번 갈라고 했으므로 정답은 (d)가 된다.
neutral 중성의 alkaline 알칼리성의 loose (흙 등이) 단단하지 않은 draining 배수 overshadow 그늘을 드리우다 till (논밭을) 갈다 compost 퇴비, 두엄 organic fertilizer 유기농 비료 enrich 풍요롭게 하다, 강화하다

56

Air traffic controllers have the high-pressure job of coordinating the safe movement of aircraft through a given region of airspace. Because of the stressful nature of their work, they must meet stringent standards of physical and psychological health. Accordingly, conditions like diabetes, epilepsy, and heart disease preclude people from working in this industry. Some aviation authorities even have age restrictions that require controllers to retire at or before the age of 60.

Q Which is correct according to the lecture?
(a) Controllers are expected to meet rigorous health standards.
(b) People with diabetes can still be air traffic controllers.
(c) Heart disease has been related to controllers' stress.
(d) So far there are no regulations on controllers' age.

번역 항공 교통 관제사들은 정해진 영공 지역 내에서 항공기가 안전하게 운행하도록 조정해야 하는 압박감이 무척 심한 일을 하고 있습니다. 스트레스가 심한 그들 직업의 특성상, 관제사들은 엄격한 신체적, 심리적 건강 기준에 부합해야 합니다. 그런 이유로, 당뇨병, 간질, 심장병 같은 병을 앓는 사람들은 이 업계에서 일할 수 없습니다. 어떤 항공국들은 심지어 관제사들이 60세 이하에 은퇴하도록 하는 나이 제한을 가지고 있기도 합니다.

Q 강의에 따르면 옳은 것은?
✔(a) 관제사들은 엄격한 신체 기준에 부합하도록 요구받는다.
(b) 당뇨병 환자들은 여전히 항공 교통 관제사가 될 수 있다.
(c) 심장병은 관제사들의 스트레스와 관련이 있다.
(d) 지금까지는 관제사들의 나이에 관한 법규는 없다.

해설 관제사들은 엄격한 신체적, 심리적 건강 기준에 부합해야 한다고 했으므로 (a)가 정답이다. 당뇨병, 간질, 심장병을 가진 사람들은 관제사가 될 수 없고, 나이 제한이 있는 항공국도 있다고 했으므로 (b)와 (d)는 옳지 않다. 또 관제사는 스트레스가 심한 업무이지만, 그로 인해 심장병이 발생했다는 내용은 없으므로 (c) 역시 오답이다.
air traffic controller 항공 교통 관제사 pressure 압박(감) coordinate 조정하다 aircraft 항공기 given 정해진 airspace 영공 stringent 엄중한 accordingly 그런 이유로 diabetes 당뇨병 epilepsy 간질 preclude A from B A로 하여금 B하지 못하게 하다 aviation authority 항공국 restriction 제한 rigorous 엄격한

57

In the decades after its formation in 1968, the English rock band Black Sabbath had a profound influence on modern music. This was especially the case within its own genre—heavy metal—and related subgenres. One such subgenre is doom metal, which, as its name implies, summons dark emotions through the use of slow tempos, melancholic sounds, and brooding lyrics. The roots of doom metal were planted in the '60s and '70s. It came into its own during the '80s, with bands like Chicago's Trouble and Sweden's Candlemass.

Q Which is correct according to the talk?
(a) Doom metal preceded Black Sabbath.
(b) Fast tempos are predominant in doom metal.
(c) Sweden was home to an '80s doom metal band.
(d) Chicago's Trouble gained fame in the '60s and '70s.

번역 1968년에 결성된 후로 수십 년 동안, 영국의 록 밴드 블랙 사바스는 현대 음악에 심오한 영향을 미쳤습니다. 이런 심오한 영향은 그 밴드의 장르인 헤비메탈과 관련 하위 장르들에서 특히 두드러졌습니다. 그러한 하위 장르 중 하나는 둠메탈인데, 그 이름이 의미하듯, 느린 박자와 우울한 사운드, 음울한 가사를 통해 어두운 감정을 불러일으키는 음악입니다. 둠메탈의 뿌리는 60년대와 70년대에 심어졌습니다. 시카고의 트러블, 스웨덴의 캔들매스 같은 밴드들과 함께 둠메탈은 80년대에 진가를 발휘했습니다.

Q 담화에 따르면 옳은 것은?
(a) 둠메탈은 블랙 사바스보다 시기상으로 앞섰다.
(b) 빠른 박자는 둠메탈 음악에서 두드러진다.
✔(c) 스웨덴은 80년대의 둠메탈 밴드들의 고향이었다.
(d) 시카고의 트러블은 60년대와 70년대에 명성을 얻었다.

해설 블랙 사바스가 둠메탈에 영향을 미쳤다고 했고 둠메탈은 느린 박자가 특징이라고 했으므로 (a), (b)는 오답이다. 시카고의 트러블 밴드와 스웨덴의 캔들매스 밴드가 80년대에 인기가 높았다고 했으므로 (c)가 정답이며, (d)는 시기가 맞지 않다.

profound 엄청난, 심오한 genre 장르 subgenre 하위 장르
doom metal 둠메탈(헤비메탈의 하위 장르로 절망감을 강조한 장르) summon 불러일으키다 tempo 박자, 템포
melancholic (병적으로) 우울한 brooding 음울한 lyric 가사, 노랫말 come into its own 진가를 발휘하다 precede 선행하다 predominant 두드러진, 뚜렷한

58

The Drawing Table is a Toronto-based graphic design agency specializing in custom campaigns for local businesses, including identity branding, website design, and direct marketing. Before starting any project, we thoroughly research your company in order to develop an approach that suits your specific profile, audience, and objectives. Catering to local businesses, the Drawing Table offers you the opportunity to get to know the Toronto designers you'll be working with. Not every graphic design studio can promise your business a face-to-face consultation with the creative talent you're entrusting your brand to.

Q What can be inferred from the advertisement?
(a) Sit-down meetings with designers are rare.
(b) Local businesses receive discounted contracts.
(c) Toronto has many graphic designer companies.
(d) The Drawing Table focuses most on website design.

번역 드로잉 테이블은 토론토에 근거지를 둔 그래픽 디자인 대행사로, 브랜드 고안, 홈페이지 디자인, 다이렉트 마케팅 등을 포함한 지역 사업체들을 위한 주문 홍보를 전문적으로 하고 있습니다. 저희는 어떤 프로젝트를 시작하기 전에, 여러분 회사의 구체적인 프로필, 고객, 목적에 부합한 접근방식을 개발하기 위해 여러분의 회사를 철저히 연구합니다. 지역 사업체들의 구미에 맞추기 위해, 드로잉 테이블은 함께 작업하게 될 토론토의 디자이너들을 알아갈 수 있는 기회를 제공합니다. 여러분의 브랜드를 맡기게 될 창의적인 재능과 여러분의 사업체와 직접 얼굴을 맞대고 진행하는 상담은 모든 그래픽 회사들이 보장해 드리는 것이 결코 아닙니다.

Q 광고에서 유추할 수 있는 것은?
✔(a) 디자이너들과 직접 대면하는 회의는 드물다.
(b) 지역 사업체들은 할인된 금액으로 계약을 하게 된다.
(c) 토론토에는 많은 그래픽 디자이너 회사들이 있다.
(d) 드로잉 테이블은 주로 홈페이지 디자인에 중점을 둔다.

해설 광고의 마지막 부분에서 모든 그래픽 회사들이 직접 얼굴을 맞대고 하는 상담을 보장하지는 않는다고 했으므로 (a)가 정답임을 알 수 있다. 금액에 관한 내용이나 토론토에 있는 디자인 회사들의 수에 대해선 언급하지 않았으므로 (b), (c)는 오답이다.

agency 대행사 specialize ~을 전문적으로 다루다 local business 지역 사업(가) identity branding 브랜드 부여 direct marketing 다이렉트 마케팅(중간상을 배제하고 소비자에게 직접 판매하는 활동) objective 목적 cater to ~의 구미에 맞추다 consultation 상담 entrust A to B A를 B에 맡기다 sit-down meeting (의자에) 앉아서 하는 회의

59

The movement of most of the planets in the Solar System can be likened to the movement of a spinning top. The axis, or imaginary line through the center, is oriented vertically. Most of the axes of the planets are oriented the same way, vertically, with various tilt angles. Earth's tilt is around 23.5 degrees. However, one of the most curious tilts is that of Uranus, with an axial tilt of 98 degrees. It mimics a beach ball rolling on its side. Astronomers assume Uranus once collided with an Earth-sized planet that tipped it on its side.

Q What can be inferred from the lecture?
(a) Earth's tilt is a result of an early collision.
(b) Uranus will eventually retain a vertical tilt.
(c) Earth has an axial tilt of less than 30 degrees.
(d) Uranus's behavior is common in the Solar System.

번역 태양계의 대부분 행성의 움직임은 팽이의 움직임에 비유될 수 있습니다. 회전축, 또는 중심을 가로지르는 상상의 선은 수직 방향으로 향해 있습니다. 행성들의 대부분의 축도 같은 식으로 다양한 경사각을 가진 채 수직으로 향해 있습니다. 지구의 기울기는 약 23.5도입니다. 하지만 가장 특이한 경사각 중 하나는 천왕성의 기울기로, 98도 정도 축이 기울어 있습니다. 그것은 마치 비치볼이 옆으로 굴러가고 있는 것과 비슷합니다. 천문학자들은 천왕성이 한때 그것을 옆으로 기울게 만든, 지구 크기를 가진 어떤 행성과 충돌했을 것으로 추측합니다.

Q 강의에서 유추할 수 있는 것은?
(a) 지구의 기울기는 초기의 충돌로 인한 것이다.
(b) 천왕성은 결국 수직의 기울기를 유지할 것이다.
✔(c) 지구는 축의 기울기가 30도 이하다.
(d) 천왕성의 움직임은 태양계에서는 흔한 것이다.

해설 천왕성의 기울기는 태양계 행성 중 특이한 경우에 속하는 것으로 충돌로 인한 것일 가능성이 높다고 했으므로 (d)는 옳지 않다. (b)는 언급된 적이 없으며, 지구의 기울기는 23.5도라고 했으므로 (c)가 정답이다.

planet 행성 Solar System 태양계 liken to ~에 비유하다 spinning top (장난감) 팽이 axis 축 vertically 수직으로 tilt angle 경사각(傾斜角) Uranus 천왕성 axial 축의 mimic 모방하다, ~처럼 보이다 astronomer 천문학자 collide with ~와 충돌하다, 부딪치다 tip 기울이다 collision 충돌 retain 유지하다

60

In the early days of photography, photographic portraiture was regarded as impractical and pointless. During the long exposure times required, subjects often moved or blinked, blurring the final image. Improvements in the chemistry of photography eventually changed all of that, and soon photographers were producing sharp, extraordinary, and compelling portraits that captivated audiences. These changes also freed photographers from the former constraints of the medium, and new styles of portrait photography were invented.

Q What can be inferred from the lecture?
(a) Early photography was cheap and widespread.
(b) Audiences were captivated by blurring in early portraits.
(c) Portraiture remains less popular than landscape photography.
(d) Changes in photography chemistry shortened exposure times.

번역 사진술의 초창기 시절에 인물 사진 기법은 비현실적이고 무의미한 것으로 여겨졌습니다. 사진을 찍기 위해 필요한 긴 노출 시간 동안 대상 인물은 종종 움직이거나 눈을 깜빡여서 최종 상(像)을 흐릿하게 만들곤 했지요. 사진술의 화학 반응의 향상으로 인해 결국 그 모든 것이 변화되었고, 곧 사진사들은 사람들의 마음을 사로잡은, 또렷하고 놀랍고 눈을 뗄 수 없는 인물 사진을 만들어냈습니다. 또한 이러한 변화들로 사진사들은 이전의 매체 제약에서 자유롭게 되었고, 새로운 스타일의 인물 사진술이 고안되었습니다.

Q 강의에서 유추할 수 있는 것은?
(a) 초창기 사진술은 저렴하고 널리 보급되었다.
(b) 사람들은 초기 인물 사진의 흐릿함에 매료되었다.
(c) 인물 사진은 풍경 사진에 비해 인기가 덜하다.
✔(d) 사진술 화학 반응의 변화는 노출 시간을 줄여주었다.

해설 초창기 인물 사진 기법에서는 노출 시간이 길어 상이 흐릿하게 나왔지만 화학 반응의 향상으로 인해 또렷한 사진을 얻을 수 있게 되었다는 내용으로 보아, 화학 반응의 변화가 사진을 찍기 위한 노출 시간을 줄여주었음을 유추할 수 있으므로 답은 (d)다. 초창기 인물 사진은 그 흐릿함 때문에 사람들이 좋아하지 않았으므로 (a)와 (b)는 맞지 않다.

photographic portraiture 인물 사진 기법 impractical 비현실적인 pointless 무의미한 exposure 노출 subject 대상 blink 눈을 깜박이다 blur 흐릿하게 만들다 extraordinary 놀라운 compelling (너무나 흥미로워서) 눈을 뗄 수 없는 captivate ~의 마음을 사로잡다 portrait 인물 사진 constraint 제약 medium 매체

☐	editorial	사설, 논설
☐	scrap	폐기하다, 버리다
☐	auditing	회계 감사
☐	eco-friendly	친환경적인
☐	rehabilitate	재활 치료를 하다
☐	do the trick	성공하다, 효과가 있다
☐	collaborate	공동으로 작업하다
☐	disposition	기질, 성향
☐	compost	퇴비
☐	criteria	기준
☐	steep	너무 비싼
☐	point-and-shoot	보고 찍기만 하면 되는
☐	presume	추론하다, 여기다
☐	mandatory	의무적인
☐	moan	신음하다
☐	hibernate	동면하다
☐	stow	(안전한 곳에) 집어넣다
☐	excavation	발굴
☐	component	요소
☐	logging	벌목
☐	outpace	앞지르다
☐	vastly	막대하게
☐	erosive	침식성의
☐	vilify	비난하다
☐	orally	입으로
☐	subdue	진압하다
☐	overthrow	타도, 전복
☐	dissident	반체제 인사
☐	prominent	유명한
☐	retaliation	보복

i-TEPS
REVIEW

국내 최초 통합 영어능력 평가
*i*ntegrated-TEPS

✓ **의사소통에 필요한 듣기, 말하기, 읽기, 쓰기 능력을 통합하여 평가한다.**

듣기, 말하기, 읽기, 쓰기 능력은 서로 밀접한 관계를 가진 요소로 듣기, 읽기 능력 혹은 말하기, 쓰기 능력만을 단순히 측정해서는 정확한 영어능력을 평가하기 어렵다. *i*-TEPS는 유기적인 연관성을 지닌 이 네 가지 의사소통 능력을 통합적으로 측정하여 수험자의 영어능력을 정확하게 평가한다.

✓ **변별력과 신뢰도가 있는 시험이다.**

i-TEPS는 국내 최고 권위의 영어능력 평가로 듣기, 읽기 분야에서 탁월한 변별력을 인정받은 TEPS와 국내 최초 CBT 방식의 영어 말하기·쓰기 시험인 TEPS-Speaking & Writing의 성공 노하우를 바탕으로 개발되었다. 실전 영어능력을 보다 정밀하게 측정할 수 있도록 세분화된 채점 요소를 적용하고 있으며, 출제자와 채점자를 어학 분야의 최고 전문가들로 선정하여 높은 신뢰도와 탁월한 변별력을 지니고 있다.

✓ **실전 영어능력을 측정한다.**

간단한 대화를 할 수 있는 능력부터 도표를 보고 발표하는 분석력과 구성력까지, 접하는 상황에 따라 필요한 영어능력도 다양하다. *i*-TEPS는 유학이나 비즈니스 등 특정한 분야에서의 영어 활용 능력을 집중적으로 평가하는 타 시험과는 달리, 비즈니스 상황을 포함한 다양한 영어 사용 환경을 재현하여 실질적으로 활용 가능한 영어능력을 평가한다.

✓ **경제성과 효율성을 갖춘 시험이다.**

i-TEPS는 타 통합 영어능력 평가시험에 비해 응시료가 저렴하다. 한 번의 시험으로 듣기, 말하기, 읽기, 쓰기 능력을 종합적으로 평가하여 각각의 영역을 별도로 평가해야 하는 타 시험과 비교해도 응시료 부담이 적다. *i*-TEPS는 최소의 시간과 비용으로 수험자의 영어능력을 정확히 측정하는 높은 효율성을 갖춘 시험이다.

i-TEPS 영역별 유형 및 설명

i-TEPS는 기존의 TEPS와 TEPS-Speaking & Writing 시험을 토대로 듣기, 말하기, 읽기, 쓰기 능력을 종합적으로 측정하는 통합형 시험으로 개발되었다. Listening, Grammar & Vocabulary, Reading, Speaking, Writing의 5개 영역에 걸쳐 약 3시간 동안 진행되며, 총 143문항, 400점 만점으로 구성되어 있다.

영역		문제유형	문항수	시간		총점
Listening	Part 1	짧은 대화를 듣고 이어질 대화로 가장 적절한 답 고르기	15	35분		80점
	Part 2	긴 대화를 듣고 질문에 가장 적절한 답 고르기	15			
	Part 3	담화를 듣고 질문에 가장 적절한 답 고르기	10			
Grammar & Vocabulary	Part 1	대화문의 빈칸에 가장 적절한 답 고르기	15	20분		20점
	Part 2	단문의 빈칸에 가장 적절한 답 고르기	15			
	Part 3	대화문의 빈칸에 가장 적절한 어휘 고르기	15			20점
	Part 4	단문의 빈칸에 가장 적절한 어휘 고르기	15			
Reading	Part 1	지문을 읽고 빈칸에 가장 적절한 답 고르기	10	40분		80점
	Part 2	지문을 읽고 질문에 가장 적절한 답 고르기 (1지문 1문항)	19			
	Part 3	지문을 읽고 질문에 가장 적절한 답 고르기 (1지문 2문항)	6			
Speaking	Part 1	간단한 질문에 대답하기	1(3)		답변 10초	100점
	Part 2	소리내어 읽기	1	준비 30초	답변 45초	
	Part 3	일상 대화 상황에서 질문에 답하기	1(5)	준비 15초	답변 10초	
	Part 4	그림 보고 연결하여 이야기하기	1	준비 60초	답변 60초	
	Part 5	도표 보고 발표하기	1	준비 120초	답변 90초	
Writing	Part 1	받아쓰기	1	10분		100점
	Part 2	이메일 쓰기	1	15분		
	Part 3	의견 쓰기	1	30분		
계						400점

ALL ABOUT THE TEPS 등급표

등급	점수	영역	능력검정기준(Description)
1+급 Level 1+	901-990	전반	외국인으로서 최상급 수준의 의사소통능력 : 교양 있는 원어민에 버금가는 정도로 의사소통이 가능하고 전문분야 업무에 대처할 수 있음. (Native Level of Communicative Competence)
1급 Level 1	801-900	전반	외국인으로서 거의 최상급 수준의 의사소통능력 : 단기간 집중 교육을 받으면 대부분의 의사소통이 가능하고 전문분야 업무에 별 무리 없이 대처할 수 있음. (Near-Native Level of Communicative Competence)
2+급 Level 2+	701-800	전반	외국인으로서 상급 수준의 의사소통능력 : 단기간 집중 교육을 받으면 일반분야 업무를 큰 어려움 없이 수행할 수 있음. (Advanced Level of Communicative Competence)
2급 Level 2	601-700	전반	외국인으로서 중상급 수준의 의사소통능력 : 중장기간 집중 교육을 받으면 일반분야 업무를 큰 어려움 없이 수행할 수 있음. (High Intermediate Level of Communicative Competence)
3+급 Level 3+	501-600	전반	외국인으로서 중급 수준의 의사소통능력 : 중장기간 집중 교육을 받으면 한정된 분야의 업무를 큰 어려움 없이 수행할 수 있음. (Mid Intermediate Level of Communicative Competence)
3급 Level 3	401-500	전반	외국인으로서 중하급 수준의 의사소통능력 : 중장기간 집중 교육을 받으면 한정된 분야의 업무를 다소 미흡하지만 큰 지장은 없이 수행할 수 있음. (Low Intermediate Level of Communicative Competence)
4+급 Level 4+	301-400	전반	외국인으로서 하급 수준의 의사소통능력 : 장기간의 집중 교육을 받으면 한정된 분야의 업무를 대체로 어렵게 수행할 수 있음. (Novice Level of Communicative Competence)
4급 Level 4+	201-300		
5+급 Level 5+	101-200	전반	외국인으로서 최하급 수준의 의사소통능력 : 단편적인 지식만을 갖추고 있어 의사소통이 거의 불가능함. (Near-Zero Level of Communicative Competence)
5급 Level 5	10-100		

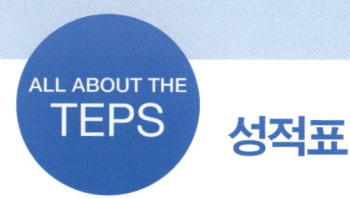

성적표

TEPS
Test of English Proficiency
developed by
Seoul National University

SCORE REPORT

NAME
HONG GIL DONG

DATE OF BIRTH
JAN. 01. 1980

GENDER
MALE

REGISTRATION NO.
0123456

TEST DATE
MAR. 02. 2008

VALID UNTIL
MAR. 01. 2010

NO : RAAAA0000BBBB

TOTAL SCORE AND LEVEL

SCORE	LEVEL
768	2+

SECTION	SCORE	LEVEL	%	0% ... 100%
Listening	307	2+	77 / 59	
Grammar	76	2+	76 / 52	
Vocabulary	65	2	65 / 56	
Reading	320	2+	80 / 61	

■ your percentage ■ average

OVERALL COMMUNICATIVE COMPETENCE

768

89.89%

A score at this level typically indicates an advanced level of communicative competence for a non-native speaker. A test taker at this level is able to execute general tasks after a short-term training.

SECTION			PERFORMANCE EVALUATION
Listening	PART I	86%	A score at this level typically indicates that the test taker has a good grasp of the given situation and its context and can make relevant responses. Can understand main ideas in conversations and lectures when they are explicitly stated, understand a good deal of specific information and make inferences given explicit information.
	PART II	66%	
	PART III	86%	
	PART IV	66%	
Grammar	PART I	84%	A score at this level typically indicates that the test taker has a fair understanding of the rules of grammar and syntax and has internalized them to a degree enabling them to carry out meaningful communication.
	PART II	75%	
	PART III	99%	
	PART IV	21%	
Vocabulary	PART I	72%	A score at this level typically indicates that the test taker has a good command of vocabulary for use in everyday speech. Able to understand vocabulary used in written contexts of a more formal nature, yet may have difficulty using it appropriately.
	PART II	56%	
Reading	PART I	68%	A score at this level typically indicates that the test taker is at an advanced level of understanding written texts. Can abstract main ideas from a text, understand a good deal of specific information and draw basic inferences when given texts with clear structure and explicit information.
	PART II	90%	
	PART III	66%	

THE TEPS COUNCIL

TEPS

Test of English Proficiency
developed by
Seoul National University

[TEPS] Test of English Proficiency Seoul National University

청해
Listening Comprehension

Actual Test 1

Actual Test 2

Actual Test 3

Actual Test 4

Actual Test 5

#		#		#	
1	ⓐⓑⓒⓓ	21	ⓐⓑⓒⓓ	41	ⓐⓑⓒⓓ
2	ⓐⓑⓒⓓ	22	ⓐⓑⓒⓓ	42	ⓐⓑⓒⓓ
3	ⓐⓑⓒⓓ	23	ⓐⓑⓒⓓ	43	ⓐⓑⓒⓓ
4	ⓐⓑⓒⓓ	24	ⓐⓑⓒⓓ	44	ⓐⓑⓒⓓ
5	ⓐⓑⓒⓓ	25	ⓐⓑⓒⓓ	45	ⓐⓑⓒⓓ
6	ⓐⓑⓒⓓ	26	ⓐⓑⓒⓓ	46	ⓐⓑⓒⓓ
7	ⓐⓑⓒⓓ	27	ⓐⓑⓒⓓ	47	ⓐⓑⓒⓓ
8	ⓐⓑⓒⓓ	28	ⓐⓑⓒⓓ	48	ⓐⓑⓒⓓ
9	ⓐⓑⓒⓓ	29	ⓐⓑⓒⓓ	49	ⓐⓑⓒⓓ
10	ⓐⓑⓒⓓ	30	ⓐⓑⓒⓓ	50	ⓐⓑⓒⓓ
11	ⓐⓑⓒⓓ	31	ⓐⓑⓒⓓ	51	ⓐⓑⓒⓓ
12	ⓐⓑⓒⓓ	32	ⓐⓑⓒⓓ	52	ⓐⓑⓒⓓ
13	ⓐⓑⓒⓓ	33	ⓐⓑⓒⓓ	53	ⓐⓑⓒⓓ
14	ⓐⓑⓒⓓ	34	ⓐⓑⓒⓓ	54	ⓐⓑⓒⓓ
15	ⓐⓑⓒⓓ	35	ⓐⓑⓒⓓ	55	ⓐⓑⓒⓓ
16	ⓐⓑⓒⓓ	36	ⓐⓑⓒⓓ	56	ⓐⓑⓒⓓ
17	ⓐⓑⓒⓓ	37	ⓐⓑⓒⓓ	57	ⓐⓑⓒⓓ
18	ⓐⓑⓒⓓ	38	ⓐⓑⓒⓓ	58	ⓐⓑⓒⓓ
19	ⓐⓑⓒⓓ	39	ⓐⓑⓒⓓ	59	ⓐⓑⓒⓓ
20	ⓐⓑⓒⓓ	40	ⓐⓑⓒⓓ	60	ⓐⓑⓒⓓ

Actual Test 6

#		#		#	
1	ⓐⓑⓒⓓ	21	ⓐⓑⓒⓓ	41	ⓐⓑⓒⓓ
2	ⓐⓑⓒⓓ	22	ⓐⓑⓒⓓ	42	ⓐⓑⓒⓓ
3	ⓐⓑⓒⓓ	23	ⓐⓑⓒⓓ	43	ⓐⓑⓒⓓ
4	ⓐⓑⓒⓓ	24	ⓐⓑⓒⓓ	44	ⓐⓑⓒⓓ
5	ⓐⓑⓒⓓ	25	ⓐⓑⓒⓓ	45	ⓐⓑⓒⓓ
6	ⓐⓑⓒⓓ	26	ⓐⓑⓒⓓ	46	ⓐⓑⓒⓓ
7	ⓐⓑⓒⓓ	27	ⓐⓑⓒⓓ	47	ⓐⓑⓒⓓ
8	ⓐⓑⓒⓓ	28	ⓐⓑⓒⓓ	48	ⓐⓑⓒⓓ
9	ⓐⓑⓒⓓ	29	ⓐⓑⓒⓓ	49	ⓐⓑⓒⓓ
10	ⓐⓑⓒⓓ	30	ⓐⓑⓒⓓ	50	ⓐⓑⓒⓓ
11	ⓐⓑⓒⓓ	31	ⓐⓑⓒⓓ	51	ⓐⓑⓒⓓ
12	ⓐⓑⓒⓓ	32	ⓐⓑⓒⓓ	52	ⓐⓑⓒⓓ
13	ⓐⓑⓒⓓ	33	ⓐⓑⓒⓓ	53	ⓐⓑⓒⓓ
14	ⓐⓑⓒⓓ	34	ⓐⓑⓒⓓ	54	ⓐⓑⓒⓓ
15	ⓐⓑⓒⓓ	35	ⓐⓑⓒⓓ	55	ⓐⓑⓒⓓ
16	ⓐⓑⓒⓓ	36	ⓐⓑⓒⓓ	56	ⓐⓑⓒⓓ
17	ⓐⓑⓒⓓ	37	ⓐⓑⓒⓓ	57	ⓐⓑⓒⓓ
18	ⓐⓑⓒⓓ	38	ⓐⓑⓒⓓ	58	ⓐⓑⓒⓓ
19	ⓐⓑⓒⓓ	39	ⓐⓑⓒⓓ	59	ⓐⓑⓒⓓ
20	ⓐⓑⓒⓓ	40	ⓐⓑⓒⓓ	60	ⓐⓑⓒⓓ

Actual Test 7

#		#		#	
1	ⓐⓑⓒⓓ	21	ⓐⓑⓒⓓ	41	ⓐⓑⓒⓓ
2	ⓐⓑⓒⓓ	22	ⓐⓑⓒⓓ	42	ⓐⓑⓒⓓ
3	ⓐⓑⓒⓓ	23	ⓐⓑⓒⓓ	43	ⓐⓑⓒⓓ
4	ⓐⓑⓒⓓ	24	ⓐⓑⓒⓓ	44	ⓐⓑⓒⓓ
5	ⓐⓑⓒⓓ	25	ⓐⓑⓒⓓ	45	ⓐⓑⓒⓓ
6	ⓐⓑⓒⓓ	26	ⓐⓑⓒⓓ	46	ⓐⓑⓒⓓ
7	ⓐⓑⓒⓓ	27	ⓐⓑⓒⓓ	47	ⓐⓑⓒⓓ
8	ⓐⓑⓒⓓ	28	ⓐⓑⓒⓓ	48	ⓐⓑⓒⓓ
9	ⓐⓑⓒⓓ	29	ⓐⓑⓒⓓ	49	ⓐⓑⓒⓓ
10	ⓐⓑⓒⓓ	30	ⓐⓑⓒⓓ	50	ⓐⓑⓒⓓ
11	ⓐⓑⓒⓓ	31	ⓐⓑⓒⓓ	51	ⓐⓑⓒⓓ
12	ⓐⓑⓒⓓ	32	ⓐⓑⓒⓓ	52	ⓐⓑⓒⓓ
13	ⓐⓑⓒⓓ	33	ⓐⓑⓒⓓ	53	ⓐⓑⓒⓓ
14	ⓐⓑⓒⓓ	34	ⓐⓑⓒⓓ	54	ⓐⓑⓒⓓ
15	ⓐⓑⓒⓓ	35	ⓐⓑⓒⓓ	55	ⓐⓑⓒⓓ
16	ⓐⓑⓒⓓ	36	ⓐⓑⓒⓓ	56	ⓐⓑⓒⓓ
17	ⓐⓑⓒⓓ	37	ⓐⓑⓒⓓ	57	ⓐⓑⓒⓓ
18	ⓐⓑⓒⓓ	38	ⓐⓑⓒⓓ	58	ⓐⓑⓒⓓ
19	ⓐⓑⓒⓓ	39	ⓐⓑⓒⓓ	59	ⓐⓑⓒⓓ
20	ⓐⓑⓒⓓ	40	ⓐⓑⓒⓓ	60	ⓐⓑⓒⓓ

Actual Test 8

#		#		#	
1	ⓐⓑⓒⓓ	21	ⓐⓑⓒⓓ	41	ⓐⓑⓒⓓ
2	ⓐⓑⓒⓓ	22	ⓐⓑⓒⓓ	42	ⓐⓑⓒⓓ
3	ⓐⓑⓒⓓ	23	ⓐⓑⓒⓓ	43	ⓐⓑⓒⓓ
4	ⓐⓑⓒⓓ	24	ⓐⓑⓒⓓ	44	ⓐⓑⓒⓓ
5	ⓐⓑⓒⓓ	25	ⓐⓑⓒⓓ	45	ⓐⓑⓒⓓ
6	ⓐⓑⓒⓓ	26	ⓐⓑⓒⓓ	46	ⓐⓑⓒⓓ
7	ⓐⓑⓒⓓ	27	ⓐⓑⓒⓓ	47	ⓐⓑⓒⓓ
8	ⓐⓑⓒⓓ	28	ⓐⓑⓒⓓ	48	ⓐⓑⓒⓓ
9	ⓐⓑⓒⓓ	29	ⓐⓑⓒⓓ	49	ⓐⓑⓒⓓ
10	ⓐⓑⓒⓓ	30	ⓐⓑⓒⓓ	50	ⓐⓑⓒⓓ
11	ⓐⓑⓒⓓ	31	ⓐⓑⓒⓓ	51	ⓐⓑⓒⓓ
12	ⓐⓑⓒⓓ	32	ⓐⓑⓒⓓ	52	ⓐⓑⓒⓓ
13	ⓐⓑⓒⓓ	33	ⓐⓑⓒⓓ	53	ⓐⓑⓒⓓ
14	ⓐⓑⓒⓓ	34	ⓐⓑⓒⓓ	54	ⓐⓑⓒⓓ
15	ⓐⓑⓒⓓ	35	ⓐⓑⓒⓓ	55	ⓐⓑⓒⓓ
16	ⓐⓑⓒⓓ	36	ⓐⓑⓒⓓ	56	ⓐⓑⓒⓓ
17	ⓐⓑⓒⓓ	37	ⓐⓑⓒⓓ	57	ⓐⓑⓒⓓ
18	ⓐⓑⓒⓓ	38	ⓐⓑⓒⓓ	58	ⓐⓑⓒⓓ
19	ⓐⓑⓒⓓ	39	ⓐⓑⓒⓓ	59	ⓐⓑⓒⓓ
20	ⓐⓑⓒⓓ	40	ⓐⓑⓒⓓ	60	ⓐⓑⓒⓓ

● 넥서스 수준별 TEPS 맞춤 학습 프로그램

서울대 기출문제

기출·독해

서울대 텝스 관리위원회 텝스 최신기출 1200제 2015-2016 문제집 | 서울대학교 TEPS관리위원회 문제 제공 | 352쪽 | 19,500원
서울대 텝스 관리위원회 텝스 최신기출 1200제 2015-2016 해설집 | 서울대학교 TEPS관리위원회 문제 제공 · 넥서스 TEPS연구소 해설 | 480쪽 | 25,000원
서울대 텝스 관리위원회 공식기출 1000 Listening | 서울대학교 TEPS관리위원회 문제 제공 | 432쪽 | 19,000원
서울대 텝스 관리위원회 공식기출 1000 Grammar | 서울대학교 TEPS관리위원회 문제 제공 | 188쪽 | 12,000원
서울대 텝스 관리위원회 공식기출 1000 Reading | 서울대학교 TEPS관리위원회 문제 제공 | 376쪽 | 16,000원
서울대 텝스 관리위원회 최신기출 1000 | 서울대학교 TEPS관리위원회 문제 제공 · 양준희 해설 | 628쪽 | 28,000원
서울대 텝스 관리위원회 최신기출 1200/SEASON 2~3 문제집 | 서울대학교 TEPS관리위원회 문제 제공 | 352쪽 | 19,500원
서울대 텝스 관리위원회 최신기출 1200/SEASON 2~3 해설집 | 서울대학교 TEPS관리위원회 문제 제공 · 넥서스 TEPS연구소 해설 | 472쪽 | 25,000원

실전 모의고사

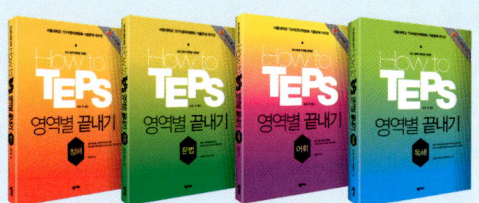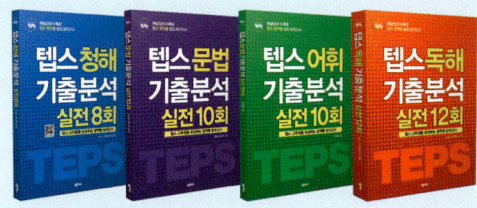

실전·어휘

How to TEPS 영역별 끝내기 청해 | 테리 홍 지음 | 424쪽 | 19,800원
How to TEPS 영역별 끝내기 문법 | 장보금 · 써니 박 지음 | 260쪽 | 13,500원
How to TEPS 영역별 끝내기 어휘 | 양준희 지음 | 240쪽 | 13,500원
How to TEPS 영역별 끝내기 독해 | 김무룡 · 넥서스 TEPS연구소 지음 | 504쪽 | 25,000원

텝스 청해 기출 분석 실전 8회 | 넥서스 TEPS연구소 지음 | 296쪽 | 19,500원
텝스 문법 기출 분석 실전 10회 | 장보금 · 써니 박 지음 | 248쪽 | 14,000원
텝스 어휘 기출 분석 실전 10회 | 양준희 지음 | 252쪽 | 14,000원
텝스 독해 기출 분석 실전 12회 | 넥서스 TEPS연구소 지음 | 504쪽 | 25,000원

초급 (400~500점)   ## 중급 (600~700점)

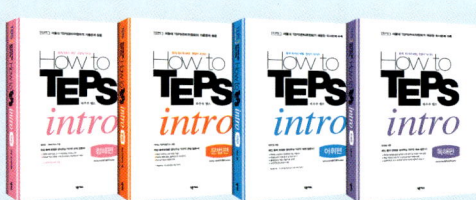

영역별

How to TEPS intro 청해편 | 강소영 · Jane Kim 지음 | 444쪽 | 22,000원
How to TEPS intro 문법편 | 넥서스 TEPS연구소 지음 | 424쪽 | 19,000원
How to TEPS intro 어휘편 | 에릭 김 지음 | 368쪽 | 15,000원
How to TEPS intro 독해편 | 한정림 지음 | 392쪽 | 19,500원

How to TEPS 실전 600 어휘편 · 청해편 · 문법편 · 독해편 | 서울대학교 TEPS 관리위원회 문제 제공(어휘), 이기헌(청해), 장보금 · 써니 박(문법), 황수경 · 넥서스 TEPS연구소(독해) 지음 | 어휘: 15,000원, 청해: 19,800원, 문법: 17,500원, 독해: 19,000원
How to TEPS 실전 700 청해편 · 문법편 · 독해편 | 강소영 · 넥서스 TEPS연구소(청해), 이신영 · 넥서스 TEPS연구소(문법), 오정우 · 넥서스 TEPS연구소(독해) 지음 | 청해: 16,000원, 문법: 15,000원, 독해: 19,000원

종합서

How to 텝스 뉴스타터 | 넥서스 TEPS연구소 지음 | 584쪽 | 25,900원
How to 텝스 초급용 모의고사 10회 | 넥서스 TEPS연구소 지음 | 296쪽 | 15,000원
How to 텝스 베이직 리스닝 | 고명희 · 넥서스 TEPS연구소 지음 | 320쪽 | 18,500원
How to 텝스 베이직 리딩 | 박미영 · 넥서스 TEPS연구소 지음 | 368쪽 | 19,500원

해설집이 수록된
텝스 영역별 실전 모의고사

텝스 청해
기출분석
실전 8회

텝스 고득점을 보장하는 영역별 모의고사

넥서스 TEPS연구소 지음

MP3 바로 듣기

Dictation Book

TEPS

넥서스

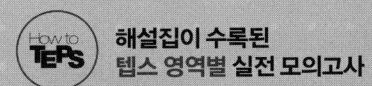

해설집이 수록된
텝스 영역별 실전 모의고사

텝스청해
기출분석
실전8회

DICTATION BOOK

넥서스

Listen to the following talk and fill in the blank.

16   Home repair can be _____, but if you utilize the resources available to you, there's practically no project you can't take on yourself. First, visit your local library and _____ in the home improvement section. Also, _____ classes are being offered in your area. Dedicate a month or two to study, and afterwards you'll have the confidence you need to fix your place up.

17   Insomnia is defined as a difficulty in falling or remaining asleep that is unrelated to environmental conditions. While often regarded as a single phenomenon, there are _____ distinguished by the duration of the disorder. _____, for instance, plagues patients for periods of days or weeks. _____ lasts longer, from three to six months, and chronic insomnia is measured in years. Each affects the body in different ways and is brought on by different causes.

18   Though the philosopher Plato lived in Athens during an era of democracy, he rejected this form of governance. Democratic leaders tended to rise to power _____, but in Plato's view wisdom was _____ so those who were wisest should be the ones in power. He even created a term for such a ruler—Philosopher King—and _____ in his most famous writing, *The Republic*.

19   _____ can be particularly destructive to the environment, and Waltham County is taking steps to contain it. Plastic shopping bags have been banned from area grocery stores, and restaurants are forbidden from _____ containers. Additionally, dozens of plastic recycling stations have been _____ around the county. Officials report that positive results are already being observed.

20   The latest offering from Rene LaRisse, *How I Lived*, is sure to be _____. LaRisse has always been hesitant to write about herself in her many bestselling _____, but *How I Lived* finally delivers. The novel recounts LaRisse's early childhood in Montreal, Canada, her marriage to artist Jean Barteau, and her emergence as one of the great Western writers of the twenty-first century. And of course, _____ in that unmistakable LaRisse style.

Listen to the following talk and fill in the blank.

46 You haven't seen elegance until you've _____ the 100% mahogany Victorian-style dining table from Furniture Plaza. Measuring 30 inches across and 84 inches long, this is the choice for those who want to _____. Also included is a _____ that adds another 18 inches of table length. On sale for four hundred and ninety nine dollars this week only at Furniture Plaza.

47 The Mountain Gorilla is found in four different countries in Central Africa and at present is classified _____. Most of the threats facing the gorillas are human caused. These included poaching, disease, habitat loss, and the wars and other violent conflicts that _____. It is hoped that by promoting the animals and their habitat as a tourist draw, sufficient funds can be raised for conservation. So far, _____.

48 Students reading Chaucer in high school often report that his works seem _____ in a foreign language. In a way they were. During Chaucer's time, _____ as Middle English was in use in England. Much older than our present-day Modern English, Middle English _____ from its Norman, or French, roots. So the next time you hear students complain that reading Chaucer is like learning a foreign language, you can tell them why.

49   Scientists now believe genetics may play an active role in causing
_____. Up until recently, it was thought that only
environmental factors were to _____. This new evidence
explains why some women experience a premature birth when all other
pregnancy _____. The next step is to analyze these
genetic catalysts more closely and hopefully develop a risk assessment
test for prospective mothers.

50   Tourism board officials now confirm that Sweden's most famous ice hotel,
which receives close to 10,000 guests each winter, will delay its opening
by up to a month. The hotel is one of the country's biggest attractions and
is constructed each fall from blocks of solid ice in northern Sweden. This
season, however, warm temperatures and a lack of snowfall have
_____. Management has no choice but to wait for more
_____ before _____ this year's hotel.

51   When refurbishing the floors of your home, there are many options
available to you. Wood is one of the most classic choices, but
_____ is difficult. Thus, materials like tile, concrete, and
laminate have become increasingly _____. They are easy
to install, _____ colors and patterns, and do not require
much effort to keep clean.

52 The group of artists known as Dadaists _____ that, in large part, can be seen as a response to the horrors of World War I. How could any civilization that _____, they argued, be worthy of respect. Their art sought to question and mock modern society and the mainstream art it produced. On the one hand, their productions were absurd. But the anti-establishment subtext of their pieces was quite powerful, and _____ today.

53 In the _____, the majority party is headed by the Speaker of the House. The position is elected by House members and _____ of setting the legislative agenda of the Congressional chamber. What many people don't know is that the Speaker is not constitutionally required to be a current member of the House of Representatives, though in the past everyone to hold this position has been. Additionally, if something were to happen to both the President and Vice President, the Speaker would _____. Both chambers of Congress are headed by the Speaker.

54 The current temperature is a _____ 85 degrees, but we can expect that to _____ this Wednesday evening as a northern front moves in. Temperatures will approach freezing tonight and won't rise much above 45 all day tomorrow. The _____ will last through Friday, but fortunately more moderate conditions look likely for the weekend. By early next week, we should be back to our spring averages—75 and humid.

55   People who desire the pleasure and convenience of a home swimming pool, but can't afford the traditional in-ground pool, often opt for an above-ground model. However, this might not be a wise investment. Above-ground pools are much more _____ damage, and they never last as long as in-ground pools. Moreover, the money required to maintain them quickly _____. Homeowners shopping for pools should _____ and go in-ground or save the purchase for another day.

56   The Marine Safety Commission has _____ for the communities of Welford and McDyson Beach. Aerial patrols have spotted at least two abnormally large great white sharks near the coast, and there are likely others in the area. Residents are encouraged but not required to stay out of the water until _____. Should the sharks be seen to move closer to shore, a _____ will go into effect.

57   We probably best know Louis Pasteur as the inventor of the method for removing harmful microorganisms from beverages, _____. It was named "pasteurization" after him. But the life work of this microbiologist was much more varied. His work was instrumental in proving the germ theory of disease, and he created numerous vaccines for _____ diseases. _____, Pasteur's contributions to science have perhaps saved more lives than those of any other individual.

58 If you're ready to embrace the age of electronic banking, then you're ready for Star Quest Banking Online. _____—monthly bills, mortgage and rent payments, taxes, and more—_____ platform, accessible from any computer with Internet connectivity. Star Quest also allows you to build your investment portfolio directly into your account profile, which truly gives you everything you need in one convenient service. And the best part is, as part of our special _____, the first 1,000 customers to sign up automatically receive a one hundred dollar credit to their account.

59 Did you ever wonder why most grocery stores are laid out in the same way? It's _____, for the placement of each item is guided by carefully conducted sales research. For instance, high-value items like produce, dairy, and specialty products are found around the store's perimeter, areas that _____. This system carries over into individual aisles as well, where high-profit items will always be placed at eye level, whereas their _____ occupy the bottom shelves. When it comes to product placement, nothing is left to chance.

60 As you all know, it's important for us to maintain _____ during these tough economic times. The country's citizens are hurting, so there's understandably some resentment towards the fact that our fourth-quarter earnings were so high. In order to improve our reputation, my advisors have recommended that we place a freeze on executive bonus payouts for the time being. _____, but I assure you the move will only be temporary. We'll _____ schedule as soon as the economic climate warms.

Listen to the following talk and fill in the blank.

46   Historically, state and federal laws have _____ set by local and municipal ordinances. With this in mind, it's time the municipality of Stewartsville took the problem of texting while driving into its own hands. This behavior is proven to be highly dangerous, both for the offender and everyone else on the road. I urge the town council to immediately implement a regulation banning texting while driving. The ordinance should _____ with _____ for violators.

47   Hi, this is Stan Stevens calling from Grand Rapids, Michigan. I came across your discount apparel website and saw that you're offering a Mountain Climber _____ at 50% off the _____. My question is whether there is anything wrong with this product to have caused the price to _____. The item in question is size medium and gray and black in color. I'd appreciate it if you could get back to me as soon as possible at 555-4922. Thanks.

48   If you know anything about modern dance, you've certainly heard the name Martha Graham. _____, Graham created what we call a language of movement, _____ of expressing emotion on the stage. But in her mind, she was _____ a dancer. This is why she remained on the stage well into her 70s despite critics who said she was too old. The loss of mobility in old age was difficult for her to accept, and she developed a dependence on alcohol to cope.

49

The National Renewable Energy Commission is introducing an exciting competition today. Its aim is to bring the private industry into the hunt for a source of clean, low-cost renewable energy. To do so, the commission is announcing the B-X Prize Race. A cash award of 10 million dollars will go to the first company that can _____ made from bamboo. _____ will have to be met in areas like carbon emissions, cost per pound, and sustainability, but the government is sure someone could _____ within the next five years.

50

Some of the world's deadliest diseases—such as malaria and yellow fever, to name just two—share a common transmission agent: the mosquito. Therefore, it follows that _____ of these diseases, people in at-risk regions should do whatever possible to lessen the numbers of mosquitoes. Mosquitoes reproduce by _____, so one simple remedy is to ensure that there are no still-water pools around the home. Plant irrigation overflow, rainwater in old tires, and even rain _____ to cut down on mosquito larvae.

51

While astronomers are searching for _____ far beyond our Solar System, _____ that it will be found closer to home. Europa is one of the large moons of Jupiter and is covered by a smooth coating of ice. Scientists hypothesize that below this ice exists an ocean of liquid water, heated by _____ that takes place as Europa's gravity interacts with that of Jupiter. If this hypothesis proves correct, there's a good chance that some form of life could exist within Europa's iced-over sea.

52   You choose to commute by bicycle to help the environment, right? So why

would you choose _____ that were any less

_____? At Bike Planet, every product we stock

_____ the Board of Green Retailers to be Earth-healthy

in addition to high-quality. From tires made of 100% recycled rubber to

pedal-powered head and taillights, we've got it all. Stop by and see us

today, or call for a catalogue at 555-9430.

53   Most of what we know about Tyrannosaurus Rex, king of the meat-eating

dinosaurs, is thanks to a man named Barnum Brown. Brown was

_____ working around the turn of the twentieth century,

and in 1902 he _____ of this dinosaur species. He went

on to find five partial T-Rex _____, the largest of which is

on display in New York's American Museum of Natural History.

54   Tyson Motors is happy to report that the _____ in our

late-2010-model SUVs has been found not to _____ to

drivers. That said, we _____ customer satisfaction, and

we will honor any and all returns of affected vehicles. This offer applies to

all SX-100 SUVs purchased new between June 30 and December 2, 2010.

See your local Tyson dealer for more details.

55   A new study shows it's not _____ of television viewing
that contributes to _____. Rather, unhealthy weight gain
_____ the number of commercials (specifically those for
junk foods) that children are exposed to. In the study, educational television
programming, which does not typically feature commercials, had no
measurable effect on the weight of young viewers. The scientists behind
the research are encouraging parents to replace their children's commercial
television viewing with watching educational DVD programs.

56   On one level, the fictional novel *The Grapes of Wrath* is about a bitterly
difficult period in American history: the Great Depression. But its full scope
is more universal. Author John Steinbeck _____, and
_____ the book's 1930s Western agricultural setting.
_____, the Joads, who are forced to migrate from their
farm in Oklahoma to look for work in California, illustrates the difficulties
faced by people all over this world who must struggle against poverty.

57   We honor our men and women in uniform; our soldiers are the objects of
our constant admiration and respect. Unfortunately, this adoration does
not follow them into civilian life once _____. A quick look
at homelessness statistics shows over half of all people living on the
streets in this country are retired members of the military. This is
unacceptable. Our politicians must act now to _____
and provide them with low-cost housing and other resources so they can
once again _____.

58   Many _____ that the recession has reached a turning point. In their defense, figures do show that manufacturing productivity, trade, and GDP are all _____. However, what no one seems to be talking about is that national unemployment is still _____ 15 percent—twice as high as anything that would be considered healthy. The government has implemented a number of programs aimed at creating jobs, but so far they have all failed. This leads me to believe we haven't seen the last of the recession.

59   The drug prolaxeticeline, a prescription treatment for heartburn, was approved by the Drug Administration last year after just three months of testing. Now, numerous complaints are being received from patients who say the drug has _____ high blood pressure levels. Thankfully, no deaths have yet occurred. In the face of _____, the DA is _____ all sales of prolaxeticeline _____ a thorough review of the situation.

60   Russian literature _____ in the nineteenth century, and the instigator of this was Alexander Pushkin. Pushkin was a Moscow-born poet whose writings influenced everything else that was to come. His work is _____ level of vocabulary. In fact, he identified and _____ in the Russian language, borrowing terminology from other languages or creating it himself. Not only that, the plot structures Pushkin originated are seen again and again in literature later or in the century.

Listen to the following talk and fill in the blank.

46   When Spanish conquistador Francisco de Orellana set out to explore the river systems of the South American interior, he had no idea _____. With 48 men and a single vessel, he left Ecuador and followed various tributaries until he reached the Amazon River. The men continued along this massive waterway, under near-constant attack from the native peoples who _____ through which they passed. Miraculously, nine months later, Orellana's band reached the mouth of the Amazon, completing the first navigation of _____.

47   The City of Springfield has _____ the construction of our first _____. The bid comes from CamTech Dynamics, which has developed similar systems in Morseville and Canton. We've decided to go with a combined bus and light rail network that will connect _____ with downtown Springfield. Work will begin in early April and is scheduled to be completed by the beginning of 2013.

48   There's good news today for sufferers of _____. After nearly 30 years, a generic version of the drug topiramate has finally been approved for use in the US, at a cost far below name-brand offerings. Previously, _____ was only available in Canada. Topiramate has been _____ in combination with other drugs to stabilize the mood swings characteristic of bipolar disorder. Reports on its efficacy vary, but the introduction of a new low-cost treatment option is undoubtedly a positive development for patients.

49 According to modern genetic analysis of old case evidence, a shockingly high percentage of prisoners executed over the last 50 years may in fact have been innocent. For me, this provides _____ against capital punishment. Most countries in the developed world have already _____ ,and we are _____ for continuing it. It is high time we joined the international consensus and put a stop to this barbaric and fundamentally unjust element of our justice system.

50 Want to help yourself and the environment at the same time? A membership at One World Gym could be the answer. Each of our treadmills, _____, and other resistance training machines are _____ an electrical generator that powers our facility. That's right—by using our machines, you're helping to keep the lights on at the gym. And because of members' assistance with our energy needs, One World is able to offer year-long memberships at _____ than our competitors. Stop by one of our convenient locations today for more information.

51 We start to see the development of a Regionalism movement in American literature in the late 19th century. _____ focus on specific places and themes particular to those places, instead of _____ as previous literature does. And, given the fact that Regionalist authors were usually writing about the places where they lived, their writing possesses _____. So it can be argued that Regionalists were writing as much for themselves as for the reading public.

52   At the beginning of the last decade, consumers _____ shopping for clothes online. Among the sticking points were the inability to _____ before purchasing them and _____. But since that time, improvements to the industry have resulted in a 600% increase in online clothing sales. Now, with competitive prices and hassle-free, no-cost return and exchange options, shoppers have little reason to ignore the savings benefits of online clothing stores.

53   _____ are all too common among very young infants aged 1 to 6 months. In an attempt to understand this phenomenon better, researchers have analyzed 534 incidents. It was ascertained that 3.3% of the 534 deaths occurred while the child _____ in a car seat. While this is a relatively low percentage, it is high enough to demand further study. Experts are not questioning the safety of car seats, but rather are advising parents to exercise _____ when placing newborns in an upright seated position.

54   Mr. Williams, this is Rebecca Day from S & T Roofing. I'm calling _____ order number 65-FF-27, and the invoice for that order which we received yesterday. The invoice shows that S & T placed an order with you for 7 crates of aluminum roofing panels, but this is not correct. Our order was for only 5 crates. All of the other information on the form is correct. I would appreciate it if you could _____ and _____. Thank you.

55 The _____ might be at risk from more than warming temperatures. We've recently learned that _____ originating off the Pacific coasts of North and South America have the capability to travel south as enormous swells and impact Antarctica. There, they can _____, aggravating damage being caused by climate change. Given this new data, it's possible that a catastrophic collapse of the ice shelf, resulting in significant sea level rise, could occur sooner than was originally forecast.

56 Police have officially _____ for Mr. Shawn DeMoody, who was reported missing over five days ago after attending a New Year's Eve party. An acquaintance who was the last to see DeMoody filed the report when he failed to show up for a New Year's Day soccer game and could not be reached by phone. _____ regarding the man's location, police say they will now concentrate on witness interviews and other tactics in their investigation. Anyone with any knowledge of DeMoody's _____ call the authorities at 555-0290.

57 _____ suggest that people who consume moderate amounts of chocolate _____ are less likely to suffer a stroke. Scientists point to chocolate's _____ as a possible explanation for the correlation. However, they admit that further investigation is required before the link can be confirmed. It is also possible that healthier people are simply more likely to eat chocolate regularly.

58
Nearly 600 miles of barrier fence have been _____ of the border between the US and Mexico. Though purportedly helping to stop the _____ and materials into America, the barriers have been shown in third-party studies to be completely ineffectual. More than 1,300 miles of border remain unfenced, so _____ can simply go around the walls. Additionally, the barriers are _____ the migration and survival activities of native wildlife. Tell Congress to put a stop to the expansion of this fiasco.

59
If you'll look at your workstations, you'll notice that we've installed new computer monitors throughout the department. It was a difficult decision to replace monitors that were only three years old, but _____ left us no choice. These new models should last significantly longer, and you can help us make sure that happens. Please _____ touching the monitors with your _____, and never eat or drink beverages other than water at your workstation. If you encounter any problems with the equipment, just let me know.

60
Ferdinand Marcos ended his first term as President of the Philippines in 1969 with immense popularity. He had accomplished more in regards to infrastructure development and government reform than any other Philippine national figure. Perhaps it was this phenomenal success that led to his transformation into _____. At the end of his second term in 1972, Marcos _____ in order to remain in power, and his next 14 years of rule were marked by _____.

Listen to the following talk and fill in the blank.

46 Canyon Valley Resort and Spa is a tranquil oasis surrounded by the stunning Chihuahua Desert. Our _____ villas, designed by Mexico City architect Fernanda Reyes, feature sundeck Jacuzzis and private tropical gardens, all _____ of Canyon Valley's signature Latin American style. _____ of the resort's setting, in combination with our superlative style and service, will make your stay with us an unforgettable one.

47 The French historian Pierre de Coubertin _____ the revival of the modern Olympic Games, based on the _____ held in ancient Greece's Olympia. Envisioning the Olympic Games as the embodiment of several important ideals, de Coubertin hoped that the games would encourage healthy international competition, promote peace, and _____. After the idea of reviving the international competition occurred to him in 1889, de Coubertin spent the next several years working out the logistical details. In 1896, Athens hosted the first modern Olympics.

48 Scientists believe that people who are bilingual have an advantage over monolinguals when it comes to learning a new language. Evidently, the very process of becoming bilingual makes language learning easier, regardless of whether or not the learner has an _____ languages. When researchers tasked bilinguals and monolinguals with learning vocabulary from an invented language, they discovered that the bilingual participants acquired _____ monolinguals.

49   Every autumn, monarch butterflies _____ a 2,000-mile southward journey across North America, from the northern US and Canada to the southern states and Mexico. Then in spring, monarchs leave the south and head up north again. Yet, _____ about two months, no individual monarch survives _____. In the spring, the butterflies returning to their northern habitat are two, three, or even four generations removed from the individuals that departed the previous autumn.

50   The vast majority of the million dollars _____ New South Wales for biomedical research will benefit the Coleman Laboratory in Stanmore, according to a statement released by Senator Alyssa Cloud. Slated to receive $744,000 in _____, the Coleman Lab will funnel the money into several projects. These will include its _____ cancer research program and its new cardiovascular research facility. With the economy in its current state, this injection of funds is hoped to supply a much-needed boost to Stanmore's largest employer.

51   Pausing to ask ourselves the right kinds of questions is essential to critical thinking. They help us _____ and relevance of what we read and hear. Queries such as, "Can that be verified?" help us gauge accuracy and lead us to conclusions about whether or not what has been said is actually true. To investigate _____, it is worth asking yourself how it relates to the larger issue with a question like, "How does that idea _____?"

52 _____ World War II, there was a tendency among writers to _____ and narrative experimentation in the telling of their stories. Regarded as one of the progenitors of postmodernism, the Irish author Samuel Beckett exemplified such practices in his work, eschewing traditional formats in his novels and plays and producing _____ of theater with his play *Waiting for Godot*. He, like so many other postmodern authors, abandoned convention in favor of innovative literary forms.

53 Since 1952 the monarch of Canada has been Queen Elizabeth II, a figurehead _____ fifteen other nations, including the United Kingdom. The Queen of Canada resides in Britain, so most of her royal duties are seen to by a representative, with the title of Governor General, who _____. As a cultural figure, the queen represents Canada in ceremonies both at home and abroad, such as _____ and at the openings of Olympic Games.

54 _____ and throughout the day tomorrow, with temperatures hovering just below 0 degrees _____ until about 2:00 pm and then dropping to -10 degrees _____ by sunset. So be sure to dress warmly if you're headed out to the Jets game tonight. There's a 70 percent _____, with snow accumulation of approximately one inch—nothing too serious, considering what we've seen in terms of snowfall over the past two weeks. Winds from the west will be light, picking up slightly around midnight.

55 When it first opened in Hampton three years ago, Summer Street Baking Co. was an immediate success. Owner Nell Birch's _____, including mini cupcakes, _____ empanadas, and _____ caramel cheesecakes, won her a _____. Soon, customers were asking her if she would consider opening up another shop in downtown Danbury. "I couldn't be more thrilled," Birch recently said of the opening of Summer Street Baking Co.'s second location, on High Street in Danbury. "This is going to give us the opportunity to really grow."

56 We want to _____ to the presence of a potentially harmful species of snail seen recently. It has recently begun to appear in this region, though it has never previously been observed this far north. _____ can be environmentally destructive, but _____ is its potential to harm humans, since it's a carrier of the meningitis-causing parasite. We would like to encourage all members of the community to report any sightings of the snails to the Pest Control Department and advise people to refrain from handling them.

57 To some, nanobacteria are extremely tiny life forms, far smaller than the generally accepted minimum size for living beings. Others believe that nanobacteria are nonliving crystalline objects. The origin of the debate goes back to 1998, when a Finnish research team _____ nanobacteria _____—a sure sign of life. Later research, however, suggested that what seemed like self-replication was actually just a strange form of crystal growth. _____ have failed to locate nanobacteria DNA and seem to support the position that nanobacteria are most likely not living organisms.

58 HostNow offers you fast, reliable web hosting with service that the larger hosting companies _____. We know that the relationship between customers and their hosting service is _____, so we're committed to helping you build a successful business. Our powerful and intuitive control panel makes it easy for you to manage your site and take advantage of _____. Create an account with HostNow today and enjoy a free weeklong trial.

59 It is said that the Greek thinker Archimedes stepped into a bath one day, observed a rise in the water level, and realized that _____ was _____ the volume of his submerged body. However basic this realization may sound to modern ears, in Archimedes' time it was nothing short of _____ in science. He realized that by measuring the displaced water, he could finally determine the volume of an irregularly shaped object.

60 Starting this week, we will be delivering a customer service survey to clients' tables when they request the bill. Operationally, this really only affects the wait staff, since they're the ones who will be handling the forms, but I still thought it _____ all of you about the purpose of the survey. The goal is to collect data from our clientele in order to discover if they have any unmet needs, _____ and weaknesses, and let them know that we're _____.

Listen to the following talk and fill in the blank.

46 Exactly how droughts affect the Amazon rainforest is not clear to scientists. Some believe that droughts actually help _____, since cloudless skies provide the _____ with more sunlight. Recently, researchers used satellite data to compare the greenness of rainforests over the past decades and concluded that there was little difference between drought and non-drought years. What these findings suggest is that rainforests are remarkably _____.

47 The surname Brahe is known to students mainly through the accomplishments of Tycho Brahe, _____ in the history of astronomy. However, Sophie Brahe, Tycho's sister, was also an astronomer. She first began assisting her older brother in his research when she was a teenager, helping him _____. Though her brother initially discouraged it, Sophie began educating herself by studying books, sometimes paying to have them translated from Latin. Eventually, recognizing her talent, Tycho supported her _____.

48 Great Pine Estate was established by Marion George in 1859. It was originally a coffee plantation, tended by generations of the George family throughout the nineteenth century. After Marion George's death, the plantation was purchased by Michael Om, an _____ from London, who converted the historic estate into _____ for tourists. _____ of the original estate, Om has preserved a piece of the island's history for future generations. Come and experience for yourself the spectacular beauty of the island as it existed in a bygone era.

49   Researchers from Purdue University found that _____
actually affect how they age. In 1995 and then in 2005, the researchers
surveyed the same group of adults ranging in age from 55 to 74. They
asked them about their _____ as well as how old they
feel. Participants who reported they felt young for their age were more
confident in their _____ 10 years later. This finding
suggests that feeling young helps aging adults maintain some of the
abilities that typically decline with age.

50   The director of the Monmouth Heritage Museum has a message for all
members of the community. You are invited to join us
_____ of _____ from the old Marden
Mill warehouses on Front Street. Renovations of _____
begin later this month. We hope to clear out both floors of each
50,000-square-foot warehouse by the end of the weekend, so we will need
all the help we can get. To lend a hand, meet at the Marden Mill
warehouses at 9 am this Saturday. Pliers, work gloves, and
sledgehammers will be needed.

51   Before the arrival of the Portuguese around 1470, the two islands that
comprise the African nation of São Tomé and Príncipe were
_____. Not long after the islands were settled, colonists
brought in slaves from mainland Africa. Sugar, coffee, and cocoa industries
were powered by slavery and, when that was officially
_____. Much later, during the twentieth century,
an independence movement known as the Movement for the Liberation of
São Tomé and Príncipe emerged. It succeeded in wresting control of the
country from Portugal and _____.

52 Cancer warning labels for cell phones might become a reality if state legislators approve a bill currently under review. But considering that we do not have any statistical evidence to _____ between cancer and cell phones, requiring _____. Recent studies carried out in Scandinavia and the US did not detect a connection between cell-phone use and cancer. Legislators should consult the science, _____ rumors, and reject the proposed bill.

53 In the US during World War II, many men left their jobs to become soldiers. Consequently, armies of women entered the workforce _____ in the _____ industry. Between 1940 and 1944, the number of women in the workforce increased by 57%. During that period, a song called "Rosie the Riveter" praised the work of women _____. The idea of Rosie the Riveter became a cultural symbol for working women during World War II.

54 In July of 1911, during the Antarctic winter, Edward Wilson, Birdie Bowers, and Apsley Cherry-Garrard _____ from their base camp. They were on a mission to visit an Emperor penguin rookery 140 miles away and obtain egg specimens that could be used for scientific study. _____, the three men traveled in darkness _____ and in temperatures as low as -57 Celsius, each carrying a load of 250 pounds. As Cherry-Garrard would later describe it in his memoir, it was perhaps "the worst journey in the world."

55

The subject matter of Sandro Botticelli's Early Renaissance painting *The Birth of Venus* derives from a Greek myth. In the myth, the goddess of love rises from the sea as a fully grown adult. In Botticelli's painting, the pale figure of his Venus perches _____, her auburn _____. The painting is not naturalistic. The proportions of his goddess are _____, and _____ impossible. Nonetheless, Botticelli still manages to evoke the Renaissance ideal of female beauty.

56

Though it certainly seems like a form of modern technology, the origin of the vending machine _____—to the first century, in fact. The Greek mathematician Hero of Alexandria conceived of the vending machine as a means of regulating _____ at temples. Temple-goers inserted a coin into a slot in the machine, which opened a valve, dispensing a portion of holy water. Much later, _____ the Industrial Age, the popularity of vending machines finally took off.

57

A species of bear, the giant panda has _____, though the staple of its idiosyncratic diet is a plant—bamboo. _____ of this unusual bear, scientists have discovered that the giant panda actually lacks the ability to fully digest its primary food. This fact suggests that the animal must be _____, not its genetics, for the digestion of the bamboo it consumes.

58 Online courses permit students with time-constraining responsibilities _____ to their availability. In addition, they enable individuals to _____, regardless of their geographical location. The University College of Winchester, offering 60 undergraduate and graduate degree programs online, can make your dream of higher education a reality. Let us unlock the door to careers in technology, science, and the humanities for you. Our _____ e-learning program is flexible, affordable, and challenging.

59 In 1879 an amateur archaeologist named Marcelino Sanz de Sautuola discovered cave paintings _____ the Paleolithic period. This cast into doubt contemporary beliefs about the skills and abilities of prehistoric humans. Consequently, _____ were leveled against Sautuola. Precisely dating the age of the paintings _____ for many years. However, in 2008 scientists used uranium-thorium dating to estimate that some of the paintings were created between 25,000 and 35,000 years ago. The dating confirmed Sautuola's work.

60 Help us prevent the spread of seasonal influenza among students and staff this winter. Throughout the school year, administrators should encourage students and _____, as this is the best way to prevent the spread of influenza. When there is _____ in the community, school administrators should postpone or cancel events to reduce the risk of infection through close contact. Keep in mind that _____ may at times be advisable to reduce the spread of influenza.

Listen to the following talk and fill in the blank.

46 Chupacabra is a contemporary mythical predator believed to
_____ North, Central, and South America, killing
livestock animals and drinking their blood. The creature's name translates
from Spanish as "goat sucker," a reference to _____ and
its preference for goats in particular. Sightings of the fabled creature were
first reported in Puerto Rico in the 1990s. In the decades since,
_____ chupacabra have come in from other regions,
including Texas, Mexico, and Colombia.

47 By learning about disease prevention, we can take responsibility for our
health. To stay healthy, we need to eliminate risk factors that
_____ we make. This includes choices such as whether
or not we smoke, how we eat, and how much we exercise. Additionally, we
must _____ and _____. These can
ensure that early warning signs of illness are dealt with before they become
severe.

48 Quiet Dungeon is a board game café _____ of the
hottest games on the market today. All games are available to try in our
café, including the award-winning Marauders of Melchalor.
_____ at the bar and sit down with your closest friends
to finally test out that board game you've been _____.
We're open every day, from noon to midnight.

49

If you dread the thought of answering multiple-choice questions about math, don't worry—you're in the right classroom. During the semester, we'll learn about techniques that will help even the least _____ ace the math portion of the MTAS exam. We'll spend the first part of the semester _____ the types of questions on the MTAS. For the rest of the course, we'll learn about all of the math concepts that _____ the exam, so you'll be completely prepared on test day.

50

Remaining open-minded is not always easy. But there is value in probing not only the assumptions that _____, but also evaluating the assumptions that underlie your own. When you find yourself resisting or rejecting a certain idea or theory, take a moment to consider why you do. Then think about what might change your mind. We sometimes _____ producing justifications and _____ instead of honestly evaluating new, challenging proposals.

51

_____ study suggest that high fructose corn syrup causes significantly more weight gain than other types of sweeteners. The study was carried out by researchers with Princeton University. They measured weight gain among a group of rats that _____ high fructose corn syrup. Meanwhile, they monitored another group that consumed the same caloric quantity in table sugar. The researchers reported that the rats fed high fructose corn syrup gained 48 percent more weight than the rats that consumed sugar.

52 Lack of access to water is _____ for people all over the planet, especially those living in remote areas or in regions recovering from a disaster. But a small desalination device currently under development could significantly impact such populations. The device converts salt water into drinking water while _____, viruses, and bacteria. It can be solar powered or battery operated and is portable for easy use and distribution in case of a major catastrophe in which _____ is damaged.

53 A cell is _____ various chemicals and molecules, _____. Some organisms _____ only one cell while others contain millions of cells, all operating in conjunction. As you might expect, the cell of a single-celled organism is rather different from the cells of a multi-celled organism, since different duties are required of these different classes of cells. Nonetheless, all cells share at least one commonality: the presence of a membrane.

54 Although it is _____, Robert Frost's *Nothing Gold Can Stay*, written in 1923, is one of his most famous works. Laden with poetic devices, the poem contemplates the fleeting beauty of nature through the use of alliteration, which is the repetition of the same sound at the beginning of words. One line, for example, contains _____ of the words "hardest," "hue," and "hold," while another line _____ through the series of "dawn," "down," and "day."

55   Owners Tashi Moretti and Ingrid Anderson welcome you to the grand opening of Borealis Teahouse, a friendly community space in the center of the West End Arts District. They offer _____ of fair trade coffee, local beer and wine, and healthy snacks suitable for every diet. The opening of Borealis Teahouse is the realization of a lifelong dream for Moretti and Anderson. They _____ and _____ of the _____ into a teahouse.

56   Shiatsu, which is a Japanese word meaning "_____," is the name for a form of light-touch massage. It relies on extremely simple techniques that _____ pressure with the palms, fingers, and thumbs. Shiatsu was based on much older forms of gentle-touch therapy practiced in China for hundreds of years. _____ a distinct _____ in the twentieth century. The first use of the term "shiatsu" appeared in a 1915 book, and the Japanese government officially recognized the new therapeutic method in 1964.

57   The scientific achievements of astronomer Caroline Herschel, born in Germany in 1750, include the discovery of a comet that still carries her name. Whenever she had free time, Herschel would observe the sky with her 27-inch telescope. She _____ galaxy of the Andromeda Galaxy and discovered eight comets during an eleven-year period. Her accomplishments did not _____. In 1787, King George III, ruler of Great Britain, _____ to work as an assistant to his royal astronomer which she accepted.

58 At the 1960 Summer Olympics in Rome, Ethiopian marathoner Abebe Bikila became the first black African to take home a gold medal. In fact, it was chance that led to Bikila competing in the 1960 Games. Bikila was added to the Ethiopian team as a replacement for a competitor who _____. Unable to obtain appropriately fitted shoes before the race, Bikila decided to _____. Completing the entire course without shoes, Bikila finished the marathon in _____ to become an Olympic legend.

59 If you have ever dreamed of traveling the world, consider participating in one of Houses for Cameroon's upcoming service trips. Volunteers travel abroad to build houses in regions where _____. We welcome anyone who wants the opportunity to make a difference in the lives of others. Our only requirement is that _____, as home construction involves some _____. The cost of this program is $200 per person and volunteers must make their own way to Cameroon. Food and housing during your two-week stay is included.

60 The bagpipe may be Scotland's quintessential native instrument, but bagpipe use _____ of the Scottish bagpipe. References to the bagpipe in European artwork attest to the instrument's presence in _____ its arrival in the British Isles. The first recorded evidence of it appeared in Chaucer's *The Canterbury Tales* in the fourteenth century. Some believe the Roman emperor Nero played an early form of the bagpipe. And _____ of the bagpipe date at least as far back as the ancient civilizations of the Near East.

Listen to the following talk and fill in the blank.

46   Compared to other members of the animal world, _____,
some _____ the equivalent of their own body weight.
Until recently, the rhinoceros beetle, capable of lifting 850 times its body
weight, was regarded as _____ of the animal kingdom.
But the dung beetle recently stole that title away when it showed
researchers that it could carry 1,141 times its own body weight.

47   For much of its history, the science fiction genre has struggled with sexism.
However, novels like Ursula K. Le Guin's *The Left Hand of Darkness* have
made important strides in this regard. In the novel, Le Guin wrote about a
world populated by _____. She _____
what a culture without gender differences might look like. In so doing, she
_____ about _____ in science fiction.

48   Orbiting space debris is an unavoidable byproduct of one of humankind's
most impressive scientific achievements, space flight. Much of it will
eventually _____ and burn up in the planet's atmosphere.
However, space debris does sometimes _____ for the
International Space Station. Periodically, it must alter its orbit to avoid
collision with junk in space. During a recent incident, the space station had
to _____ of a Soviet satellite. It was a piece of Kosmos
1275, which crumbled into pieces in 1981.

49   Some people claim that video games cause violence and crime among juveniles. Research, however, does not support this idea. An analysis of recent federal crime statistics shows that juvenile violence is in fact at a 30-year low. This comes at a time when video games are more popular than ever before. Between 1995 and 2008, the arrest rate for _____ dropped by 71.9%, while video game sales _____. It is clear that gamers understand there is a difference between fantasy and reality and do not _____ in real life.

50   We at Season of Summer in Vancouver pride ourselves on the fact that the ingredients _____ are always sourced from local organic farmers. For this, we have received praise from the local publication *Organic Weddings*. It doesn't matter whether your catered event is an _____ or a formal reception for 1,000 in the Vancouver Convention Centre. Count on us to provide you with _____ and service.

51   Every month, the outdoor magazine *Sooner* invites readers to submit their most _____ in an amateur photographer competition. The deadline to enter December's competition, based on the theme "Natural Grandeur," is Friday. Submit your images soon if you'd like a chance at winning this month's grand prize. It's a 10-megapixel digital camera. The grand-prize winner and eleven _____ will be featured in print in *Sooner*'s January issue and in _____.

52   University of Leicester geologists believe Earth has entered a new phase in the geologic timescale. According to the scientists, human development has _____ in the last two centuries. Earth has been _____ population growth, the morphing of cities into mega-metropolises, and _____. The scientists propose we may have triggered a new geological period. While not everyone agrees with the University of Leicester researchers, there is enough support for their assertion that scientific debate is already underway.

53   In addition to serving as Roman emperor for nearly 20 years, Marcus Aurelius was a _____ in the history of Western philosophy. His _____ thought is regarded as a strain of Stoicism, which originated in Athens around the third century BC. The Stoic school of thought focused on living in harmony with reason and nature. Aurelius postulated that happiness "depends on the quality of your thoughts" and advised against entertaining "_____ and reasonable nature."

54   The success of a photojournalist depends on his or her ability to _____. This helps photojournalists be at an event when it happens to capture the news. One tool photojournalists _____ date is a police scanner. It's a radio receiver that picks up communications between the dispatchers at the police bureau and personnel in the field. By listening to police chatter, photojournalists pick up on breaking stories as the earliest reports _____.

55   Lincolnville-based Cuisine Industries is one of _____ companies under contract to provide field rations for the _____. Preparing and packaging 100,000 meals per month, the employees of Cuisine Industries work around the clock to feed those serving their country. Exciting new meal options are now being tested in the field, including Penang Curry and Mozzarella Panini. Cuisine Industries will officially introduce these _____ by the end of the summer.

56   Great chefs know that the perfect stock is _____, requiring but a few fine ingredients _____ over low heat. Indeed, the importance of starting with fresh ingredients cannot be overstated. Old ingredients tend to have lackluster and uninspiring flavors, which will _____ to your final dish. Low heat, the second requirement for a perfect stock, means your concoction should never boil. Water between 170 and 180 degrees Fahrenheit is just right.

57   After the fall of Saigon 1975, many hundreds of thousands of Vietnamese living in the southern part of _____. The earliest wave of Vietnamese refugees often left because of their _____. Conditions quickly worsened, and a war with China led to the oppression of ethnic Chinese in Vietnam. Many more people then became refugees and risked their lives to escape. Consequently, _____ of the 3 million Vietnamese living overseas today left Vietnam as refugees after 1975.

58　　*Vitruvian Man* is one of the most recognized drawings of da Vinci. It
_____ with arms and legs stretched out and
_____. The overall effect is of a four-armed, four-legged
being. Drawn in 1487, *Vitruvian Man* is an illustration of the notes of the
ancient Roman architect Vitruvius on his opinion of ideal human
proportions. These included specifics such as the palm being
_____ of four fingers and the length of the ear being one-
third the length of the face.

59　　Many runners will tell you that anyone can do their sport and it offers many
rewards. Perhaps you've always been _____ the
prospect of running. You shouldn't be. All you have to do is take the first
step of simply dreaming that you can become a good runner. As you
proceed in your training program, you'll _____ personal
breakthroughs as you gradually build your miles and physical fitness.
Running can help you _____.

60　　The phase of Pablo Picasso's career referred to as his Blue Period began
in 1901 and lasted through 1904. The work he produced during this span
of time is characterized by _____ and, of course, heavy
use of the color blue. The subject matter in his paintings was similarly
melancholy, including prisons, beggars, and prostitutes. Living as
_____ in Paris, Picasso's work during this time may have
been _____.

Listen to the following talk and fill in the blank.

46 No being can physically experience the pain that another being feels. Even so, many of us can tell when other humans are in pain. We recognize certain behaviors that indicate the presence of pain, such as _____. Animals display these same pain behaviors, suggesting that their pain sensations are _____. Therefore, _____, we must accept that the pain of other animals is real.

47 This is the time of year when _____ begin waking up, and early signs of bear activity are appearing around Coal River Creek. We invite all visitors to review the _____ in the park. During this season especially, when hungry bears are about, hikers are advised to travel in groups. Make loud noises at frequent intervals in order to avoid surprising a bear on the trail. As always, _____ in the special bear-proof cans provided at picnic areas throughout the park.

48 During the _____, human ancestors began to practice settled agriculture on the Anatolian Plateau, now modern-day Turkey. They formed population centers filled with mud-brick dwellings. The biggest of these may have at one time hosted as many as 10,000 residents. Excavations of the site show that grain was probably _____. The presence of valuable items made of obsidian, lead, and copper affirm that the community _____.

49 Microeconomics is concerned with analyzing the behavior of component parts of the economy, rather than the economy as a whole. _____ microeconomics include demand for goods and services, as well as the behavior of businesses in an industry. Macroeconomics is the opposite. It is a branch of study that examines the economy from _____. It looks at the economy as a whole, concentrating on economic growth, _____, inflation, and unemployment.

50 Spring may be fast approaching in the rest of the world, but up here on Frosthawk Mountain the snow shows no sign of disappearing. The most _____ two feet of fresh powder on the Shale Bowl snowfields, and seven inches of snow have fallen at the base in the past 24 hours. So _____ and enjoy some of the most fantastic conditions of the season. All eleven lifts are operating, and _____. There's great skiing and riding for beginners, experts, and everyone in between.

51 Soil erosion, the removal of dirt by the action of wind and water, is perhaps one of the lesser-known environmental problems humanity currently faces. Natural soil erosion is not _____, for soil formation can _____. However, the kind of accelerated erosion that results from farming, logging, overgrazing, and other types of development _____. Consequently, huge quantities of valuable agricultural topsoil are lost every year, contributing to the formation of barren, ecologically and agriculturally disastrous "dust bowls."

52   The mosquito has long been _____ of the infectious and deadly disease malaria. Nonetheless, researchers theorize that another role might be possible for the insect. That is, as a flying vaccination machine. A new study has managed to genetically modify a mosquito to deliver a malaria vaccine through its saliva. With each bite, the mosquito increases a person's _____, and _____ has the potential to offer life-long protection.

53   A peaceful student demonstration in Prague was _____ by riot police on the night of November 17, 1989. Afterward, citizens throughout the country of Czechoslovakia responded against the police. It was the beginning of the Velvet Revolution, _____ of the authoritarian government. In the wake of that November 17 incident, _____ rapidly grew. Their demands for reform became louder and louder. In December, Czechoslovakia's communist government collapsed, and in June of the following year democratic elections were held.

54   Civil disobedience, _____ considered to be unjust, has a long tradition as a method of nonviolent resistance. The Indian independence leader Mahatma Gandhi was one of the _____ of this form of action. He urged his compatriots to reject British rule in India without violence or personal retaliation. Another famous champion of civil disobedience was American civil rights activist Rosa Parks, whose refusal to _____ racist regulations inspired a historic boycott.

55

When preparing an herb garden, choose a site that receives around six hours of sunshine per day. Neutral to slightly alkaline soil that's loose and _____. As you plan the design, consider the final height of each herb and plant taller herbs at the back of the garden where they will not _____. As you till your planting space, mix in compost and organic fertilizers to enrich the soil. Allow the garden to rest for several weeks before _____, this time to a depth of 12 inches.

56

Air traffic controllers have the high-pressure job of coordinating the safe movement of aircraft through a given region of airspace. Because of the stressful nature of their work, they must meet _____ of physical and psychological health. Accordingly, conditions like diabetes, epilepsy, and heart disease _____ working in this industry. Some aviation authorities even have _____ that require controllers to retire at or before the age of 60.

57

In the decades after its formation in 1968, the English rock band Black Sabbath had _____ modern music. This was especially the case within its own genre—heavy metal—and related subgenres. One such subgenre is doom metal, which, as its name implies, _____ through the use of slow tempos, melancholic sounds, and _____. The roots of doom metal were planted in the '60s and '70s. It came into its own during the '80s, with bands like Chicago's Trouble and Sweden's Candlemass.

58

The Drawing Table is a Toronto-based graphic design agency _____ for local businesses, including identity branding, website design, and direct marketing. Before starting any project, we thoroughly research your company in order to develop an approach that suits your specific profile, audience, and objectives. _____ local businesses, the Drawing Table offers you the opportunity to get to know the Toronto designers you'll be working with. Not every graphic design studio can promise your business _____ with the creative talent you're entrusting your brand to.

59

The movement of most of the planets in the Solar System can be likened to the movement of a spinning top. The _____ through the center, is oriented vertically. Most of the axes of the planets are oriented the same way, vertically, with various tilt angles. Earth's tilt is around 23.5 degrees. However, one of the most curious tilts is that of Uranus, with an axial tilt of 98 degrees. It _____ rolling on its side. Astronomers assume Uranus once _____ an Earth-sized planet that tipped it on its side.

60

In the early days of photography, photographic portraiture was regarded as impractical and pointless. During the long exposure times required, subjects often moved or blinked, _____. Improvements in the chemistry of photography eventually changed all of that, and soon photographers were producing sharp, extraordinary, and _____ that _____. These changes also freed photographers from the former constraints of the medium, and new styles of portrait photography were invented.

ANSWERS

16 a daunting task/ peruse the texts/ ascertain whether any do-it-yourself

17 multiple shades of insomnia/ Transient insomnia/ Acute insomnia

18 by means of rhetoric and persuasion/ the highest virtue/ expanded on the idea

19 Plastic litter/ issuing non-paper to-go/ set up

20 a fan pleaser/ psychological thrillers/ it's all told

46 laid eyes on/ dine and entertain in style/ removable leaf

47 as critically endangered/ plague this region of the continent / results are mixed

48 as if they were written/ a dialect known/ retained more influences

49 premature births/ blame for preterm labor/ benchmarks appear normal

50 resulted in poor ice formation/ substantial precipitation/ breaking ground on

51 maintaining it in pristine condition/ common in recent decades/ come in a variety of

52 adhered to an aesthetic/ engaged in such barbarity/ remains so even

53 US House of Representatives/ holds the responsibility/ assume the presidency

54 balmy/ plummet/ cold snap

55 susceptible to/ cancels out any up-front savings/ bite the bullet

56 issued a shark alert/ the alert is lifted/ mandatory swim ban

57 most commonly milk/ previously widespread/ All told

58 Consolidate all of your finances/ in one easy-to-use/ startup promotion

59 no coincidence/ see the most foot traffic/ lower-priced alternatives

60 a semblance of modesty/ I've reluctantly agreed/ reinstate your bonus

ACTUAL TEST 2

46 lagged behind the precedents/ be backed up/ stiff fines

47 fleece jacket/ retail price/ drop so substantially

48 As a choreographer/ crafting new ways/ first and foremost

49 develop a workable fuel/ Numerous benchmarks/ claim the prize

50 to curb the spread/ laying eggs in standing water/ puddles should be drained

51 signs of extraterrestrial life/ some hold out hope/ geological movement

52 bike accessories/ environmentally friendly/ is certified by

53 a fossil hunter/ dug up the first documented remains/ skeletons

54 steering-wheel defect/ pose a significant risk/ are committed to

55 the sedentary aspect/ childhood obesity/ is tied to

56 addresses the issue of poverty/ this theme transcends/ The plight of the central family

57 their military service terminates/ protect veterans/ live with dignity

58 pundits are claiming/ on the rise/ hovering around

59 triggered dangerously/ mounting criticism/ putting a hold on / pending

60 underwent a remarkable transformation/ marked by a highly nuanced/ filled numerous gaps

ACTUAL TEST 3

46 what was in store/ inhabited the regions/ the world's mightiest river

47 accepted a bid for/ mass transit system/ outlying suburbs

48 bipolar disorder/ the generic medication/ prescribed by psychiatrists

49 an inviolable argument/ outlawed the practice/ looked down on

50 stationary bikes/ hooked up to/ substantially lower prices

51 Works in this genre/ taking on universal issues/ a nostalgic quality

52 were skeptical about/ try on garments/ the hassle of returns

53 Sudden and unexplained deaths/ was seated upright/ extra caution

54 in regards to/ amend your records/ send over a revised invoice

55 Antarctic Ice Shelf/ storm-driven waves/ jostle the already-fragile shelf

56 called off the search/ With an utter lack of clues/ whereabouts is urged to

57 Preliminary studies/ on a regular basis/ high antioxidant content

58 thrown up along various segments/ flow of illegal immigrants/ traffickers/ adversely affecting

59 their rapidly deteriorating condition/ refrain from/ bare fingers

60 a ruthless dictator/ declared martial law/ corruption and outright crime

ANSWERS

ACTUAL TEST 4

46 sumptuously appointed/ imbued with the charm/ The captivating elegance

47 is credited with/ quadrennial event/ foster cross-cultural understanding

48 innate aptitude for/ twice as many vocabulary words as

49 embark on/ with a lifespan of/ the round-trip journey

50 allocated to/ federal grants/ cutting-edge

51 assess the accuracy/ the relevance of a statement/ pertain to the issue at hand

52 In the wake of/ rely on parody/ a genre-defying form

53 whose reign encompasses/ serves in her name/ in centennial celebrations

54 Expect clouds to persist overnight/ Celsius/ Celsius/ chance of snow flurries

55 delectable treats/ savory/ signature/ loyal and supportive clientele

56 alert the community/ As an invasive pest the snail/ of more concern

57 claimed to have observed/ self-replicating/ Subsequent studies

58 just can't beat/ mutually beneficial/ our arsenal of developer tools

59 the volume of the displaced water/ equivalent to/ a pivotal breakthrough

60 prudent to brief/ pinpoint our strengths/ dedicated to their satisfaction

ACTUAL TEST 5

46 rainforests thrive/ vegetation/ resistant to droughts

47 a famous figure/ observe a lunar eclipse/ scholarly endeavors

48 entrepreneur/ luxury accommodations/ Painstakingly restoring the faded grandeur

49 individuals' perceptions of their age/ chronological age/ cognitive abilities

50 in salvaging items/ historical significance/ the dilapidated complex

51 uninhabited/ abolished, forced labor/ achieving sovereignty

52 support the rumored link/ such labeling makes no sense/ disregard the unsubstantiated

53 to fill new openings/ war-oriented manufacturing/ on assembly lines

54 set off/ In pursuit of their objective/ under blizzard conditions

55 atop an enormous shell/ hair waving in the breeze/ implausible/ her stance

56 goes back a long way/ the distribution of holy water/ after the dawn of

57 the genes of a carnivore/ In sequencing the genome/ dependent upon gut microbes

58 to tailor an education schedule/ access world-class curricula/ award-winning

59 apparently dating to/ accusations of fraud/ remained a stumbling block

60 faculty to receive vaccinations/ a high incidence of flu/ preemptive school dismissals

ACTUAL TEST 6

46 roam across/ its purported blood-sucking tendency/ accounts of

47 stem from the choices/ commit to routine checkups/ detection screenings

48 featuring a complete inventory/ Grab a latte/ meaning to try

49 confident test takers/ familiarizing ourselves with/ show up on

50 underlie other people's beliefs/ expend mental energy/ defenses for our current position

51 The findings of a new health-related/ were fed

52 a crippling problem/ simultaneously removing contaminants/ critical infrastructure

53 a small enclosure containing/ bound by a membrane/ are made up of

54 a diminutive eight lines long/ the breathy alliteration/ iterates a sound

55 a diverse assortment/ put years into the renovation/ rehabilitation/ abandoned historic warehouse

56 finger pressure/ involve applying/ It diverged into/ therapeutic practice

57 detected a companion/ go unrecognized/ offered her a salary

58 suffered a last-minute injury/ run the marathon barefoot/ record-breaking time

59 local need is great/ applicants be in good health/ strenuous activity

60 predates the development/ continental Europe prior to/ other antecedents

ACTUAL TEST 7

46 human beings are weaklings/ incapable of lifting/ the most stalwart member

47 a neuter society/ pondered/ raised awareness/ the issue of gender

48 slip out of orbit/ pose problems/ maneuver away from a chunk

49 juvenile murderers/ quadrupled/ mimic game violence

50 in our artful dishes/ intimate outdoor wedding/ the utmost quality

51 stunning snapshots/ runners-up/ its quarterly newsletter

52 inflicted unprecedented change/ drastically altered by frenzied/ rampant fossil fuel use

53 noteworthy figure/ particular brand of philosophical/ notions unsuitable to virtue

54 stay abreast of local events/ rely on to keep up to/ come across the airwaves

55 a handful of/ armed forces/ new flavors to their product line

56 deceptively simple/ mingled together/ ultimately be transferred

57 the nation fled/ affiliation with the fallen government/ a considerable portion

58 depicts a male figure/ rendered in two overlapping positions/ equivalent to the width

59 daunted by/ amaze yourself with/ redefine your sense of your limitations

60 a downbeat mood/ an impoverished artist/ reflective of his personal circumstances

ACTUAL TEST 8

46 moaning and avoiding the pain stimulus/ like ours/ as we do with other humans

47 hibernating bears/ safety regulations posted/ garbage must be stowed

48 Neolithic Period/ the backbone of the local economy/ prospered in its day

49 Issues central to/ the broadest possible perspective/ trade flow

50 recent storm dumped/ come on up/ all of our trails are open

51 necessarily problematic/ keep pace with it/ vastly outpaces soil formation

52 vilified as the transmitter/ immunity to the disease/ successive exposure

53 forcefully subdued/ a nonviolent overthrow/ the number of dissidents

54 the practice of breaking laws/ most prominent advocates/ comply with

55 well draining is ideal/ overshadow shorter plants/ tilling the area again

56 stringent standards/ preclude people from/ age restrictions

57 a profound influence on/ summons dark emotions/ brooding lyrics

58 specializing in custom campaigns/ Catering to/ a face-to-face consultation

59 axis, or imaginary line/ mimics a beach ball/ collided with

60 blurring the final image/ compelling portraits/ captivated audiences

해설집이 수록된
텝스 영역별 실전 모의고사

텝스 청해
기출분석
실전 8회

TEPS

텝스 고득점을 보장하는 영역별 모의고사

✓ 텝스 영역별 최다 실전 문제 수록
✓ 텝스 청해 60문제×8회분
✓ 서울대 최신기출 유형 분석을 통한 문제 구성

How to TEPS
200만부
돌파

MP3 바로 듣기

학습 효과를 2배 올려 주는
특별 부가자료
www.nexusbook.com

MP3 무료
다운로드

고난도
Dictation
Book

단어장

어휘
테스트